FRECUENCIAS

Español comunicativo para el siglo XXI

Guía didáctica

Equipo **Frecuencias**

Nivel **A1**

Edi numen

© Editorial Edinumen, 2020
© Equipo Frecuencias nivel A1: Jesús Esteban y Marina García
© Autora de los contenidos de "Pronunciación y ortografía": Esther Beltrán

ISBN - Guía didáctica: 978-84-91794-11-0
Depósito legal: M-7811-2020

Impreso en España
Printed in Spain
0121

Coordinación pedagógica:
M.ª José Gelabert

Coordinación editorial:
Mar Menéndez

Diseño de maqueta:
Juanjo López y Sara Serrano

Diseño de portada y maquetación:
Juanjo López

Impresión:
Gráficas Muriel

Editorial Edinumen
José Celestino Mutis, 4. 28028 Madrid. España
Teléfono: (34) 91 308 51 42
Correo electrónico: edinumen@edinumen.es
www.edinumen.es

Reservados todos los derechos. No está permitida la reproducción parcial o total de este libro, ni su tratamiento informático ni la transmisión de parte alguna de esta publicación por cualquier medio mecánico, electrónico, por fotocopia, grabación, etc., sin el permiso previo y por escrito de los titulares del *copyright*.

Índice

- Introducción III
- Justificación metodológica IV
- Guía visual V
- La ELEteca VII
- Índice de proyecciones VII
- Introducción del *Libro del estudiante* INT3
- Índice del *Libro del estudiante* INT12
- Infografías sobre España, Hispanoamérica y el español en el mundo INT16
- Explotación didáctica y claves del *Libro del estudiante*
    - Unidad 1 2
    - Unidad 2 20
    - Unidad 3 38
    - Unidad 4 56
    - Unidad 5 74
    - Unidad 6 92
    - Unidad 7 110
    - Unidad 8 128
    - Unidad 9 146
    - Unidad 10 164
- Explotación didáctica y claves de las fichas de Pronunciación y ortografía 184
- Tabla de verbos 194
- Glosario 199
- Actividades con el corpus lingüístico CORPES XXI de la RAE 205
- Transcripciones 218
    - *Libro del estudiante* 218
    - Fichas de Pronunciación y ortografía 229
    - Serie *Hostal Babel* 232

Introducción

La *Guía didáctica* de **Frecuencias** se propone obtener el mayor rendimiento posible de las actividades y contenidos del *Libro del estudiante*.

Usted puede consultar en esta guía las sugerencias de explotación de las actividades de cada apartado, las claves de los ejercicios y las transcripciones.

Además, encontrará información adicional útil sobre contenidos culturales, gramaticales y léxicos con los que podrá resolver con más facilidad las dudas o preguntas que les puedan surgir a usted o a sus estudiantes.

Junto con esta información extra, aparecen actividades adicionales u opcionales con alternativas que amplían el material y que le permitirán presentar los contenidos de una manera sencilla y motivadora.

Dentro de la secuencia didáctica se presenta el material proyectable con el que usted podrá ampliar, reforzar o facilitar el trabajo de los estudiantes.

Justificación metodológica

Frecuencias sigue las recomendaciones del *Marco común europeo de referencia para las lenguas (MCER)* y su sílabo se ha elaborado a partir del *Plan curricular del Instituto Cervantes*.

La metodología de **Frecuencias** busca planteamientos derivados de la dimensión comunicativa de la lengua. Concibe la enseñanza y el aprendizaje como un proceso dinámico que se desarrolla sobre la base del diálogo y del intercambio de experiencias y conocimientos, coherente con el análisis de las necesidades comunicativas de los estudiantes. La enseñanza se centra en el estudiante, pues se lo valora como individuo que debe ser capaz de desarrollar su particular autonomía lingüística en un contexto sociocultural apropiado.

Frecuencias ofrece un programa curricular que trabaja las destrezas y los contenidos de manera específica y, a la vez, en conjunto. Combina la distribución ordenada de los contenidos léxicos, gramaticales y funcionales con la resolución, en una fase posterior, de tareas en las que el estudiante tiene que poner en funcionamiento los conocimientos adquiridos previamente. Esta combinación facilita el aprendizaje, ya que los contenidos se van presentando de manera progresiva a lo largo de los apartados, de modo que el estudiante, al enfrentarse a las tareas propuestas, ha adquirido ya todas las herramientas que necesita para resolverlas con éxito.

En la elaboración de **Frecuencias** se ha tenido en cuenta el conocimiento del mundo que tienen los estudiantes, así como las sinergias que se producen entre el grupo de clase y el docente. De este modo, las actividades que introducen los nuevos contenidos que se presentan en cada unidad han sido diseñadas considerando lo que sabe el estudiante por su experiencia y el intercambio de conocimientos que se produce en clase.

El objetivo de **Frecuencias** es ofrecer al estudiante el material necesario para desarrollar tanto competencias generales como comunicativas, promover su autonomía lingüística y proporcionarle los conocimientos necesarios de modo que pueda desenvolverse con facilidad en el universo sociocultural hispánico.

Al final de **Frecuencias** nivel **A1**, el estudiante podrá:

- presentarse y presentar a otras personas;
- pedir y dar información personal básica;
- conocer palabras y expresiones que se usan habitualmente, relativas a uno mismo, a su familia y a su entorno inmediato;
- pedir y dar información espacial de personas, objetos y lugares;
- describir lugares y el físico y el carácter de las personas;
- hablar de acciones que se están realizando;
- pedir y dar instrucciones, órdenes y consejos;
- proponer planes, aceptarlos o rechazarlos;
- relacionarse con los hablantes nativos de forma elemental;
- plantear y contestar preguntas sobre asuntos habituales del presente o del pasado inmediato;
- escribir textos breves y sencillos;
- conocer diferentes países, ciudades y lugares de interés, y personajes relevantes de España e Hispanoamérica.

Guía visual

La *Guía didáctica* de **Frecuencias** reproduce a doble página el *Libro del estudiante* de modo que usted encuentre en un solo volumen los contenidos de ambos libros, facilitándole su consulta y manejo.

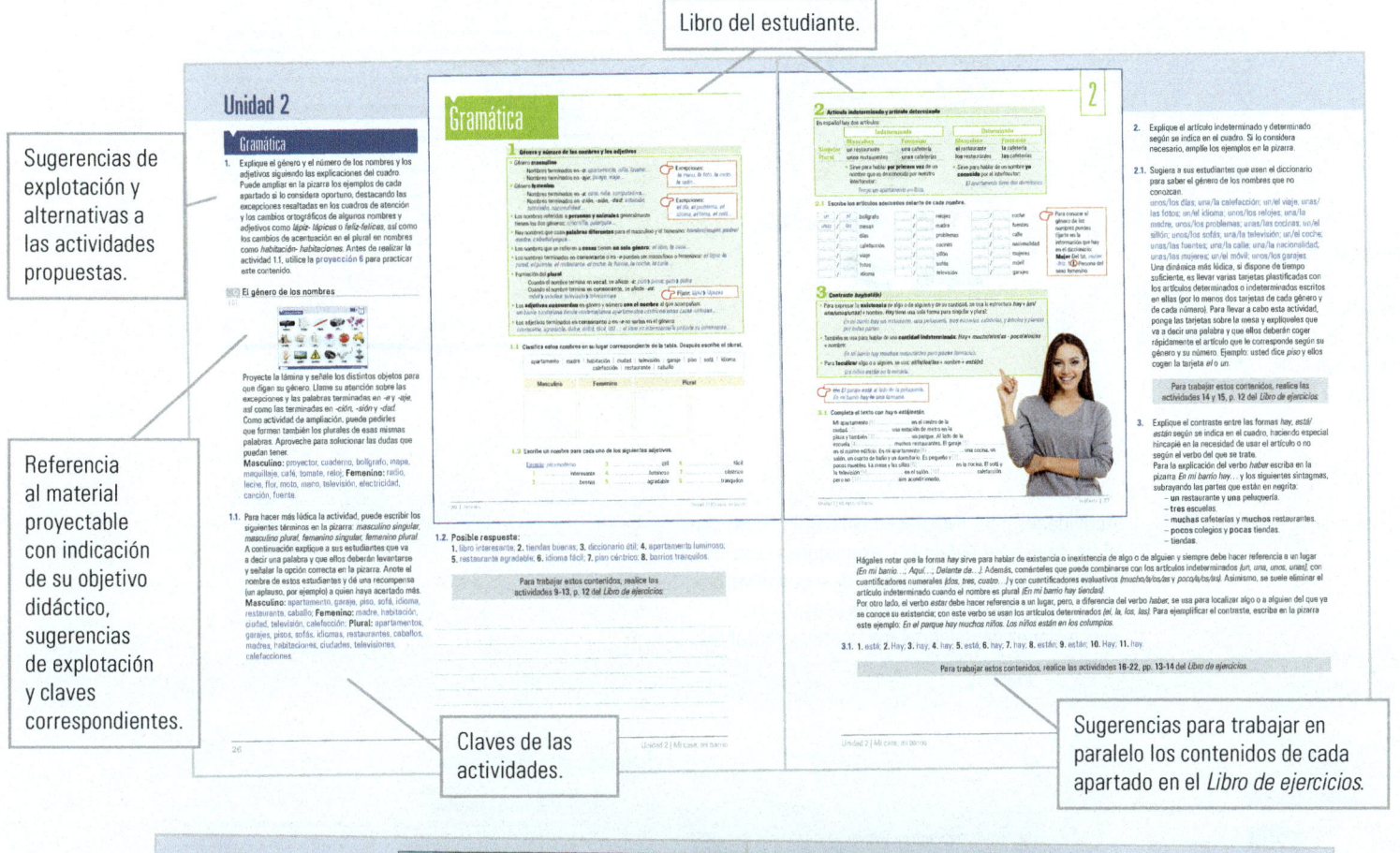

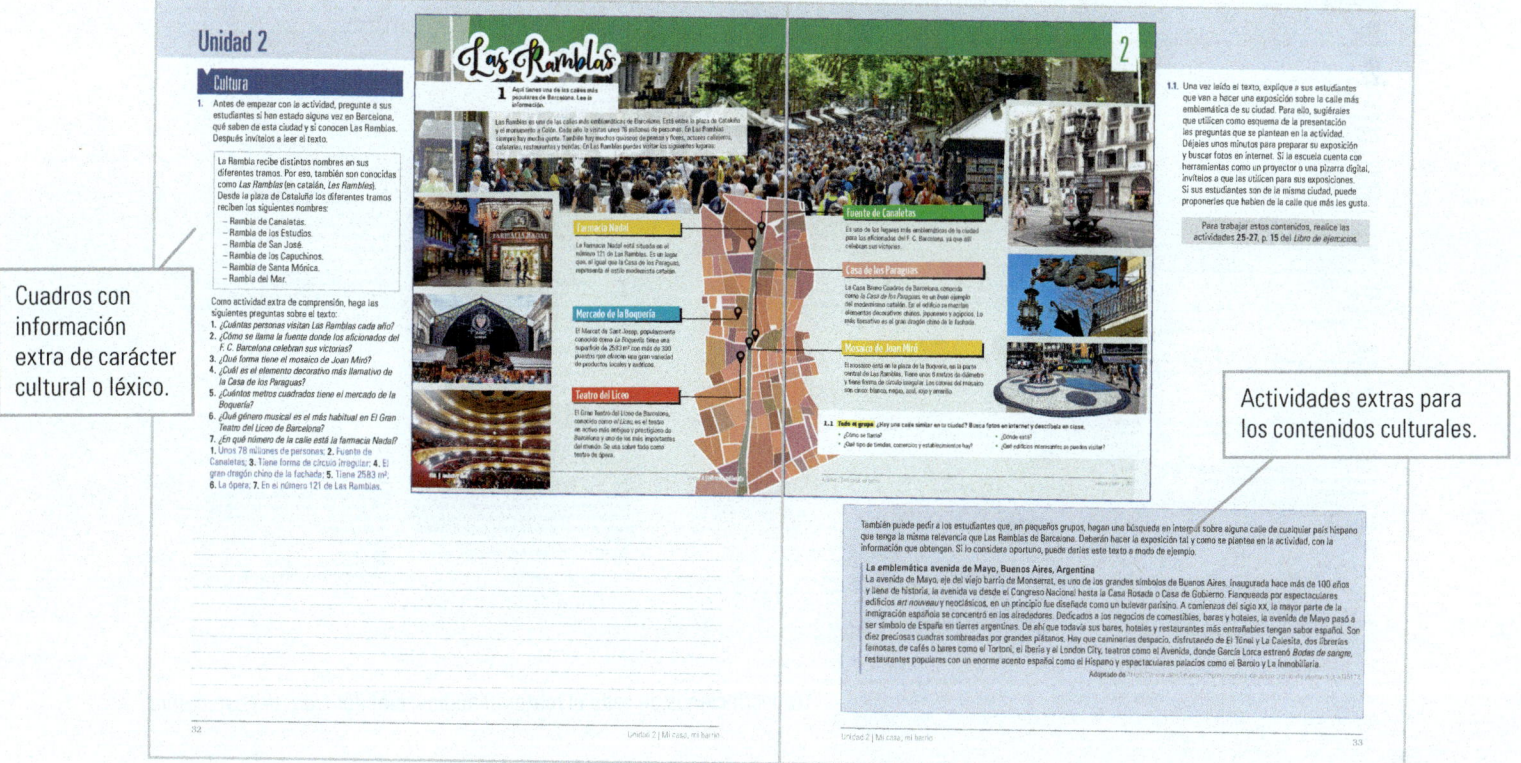

Libro del estudiante.

Sugerencias de explotación y alternativas a las actividades propuestas.

Referencia al material proyectable con indicación de su objetivo didáctico, sugerencias de explotación y claves correspondientes.

Claves de las actividades.

Sugerencias para trabajar en paralelo los contenidos de cada apartado en el *Libro de ejercicios*.

Cuadros con información extra de carácter cultural o léxico.

Actividades extras para los contenidos culturales.

Introducción

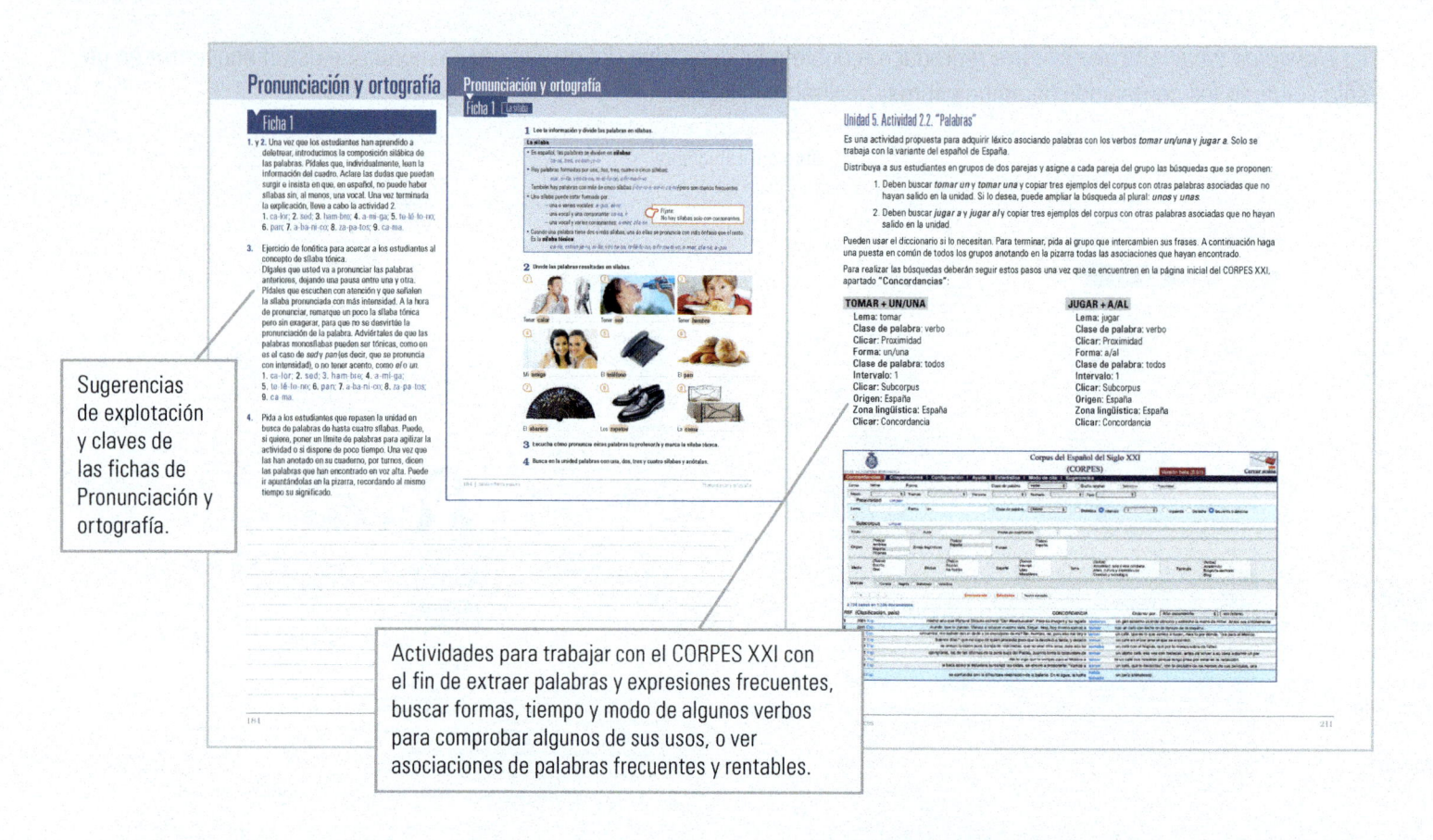

Sugerencias de explotación y claves de las fichas de Pronunciación y ortografía.

Actividades para trabajar con el CORPES XXI con el fin de extraer palabras y expresiones frecuentes, buscar formas, tiempo y modo de algunos verbos para comprobar algunos de sus usos, o ver asociaciones de palabras frecuentes y rentables.

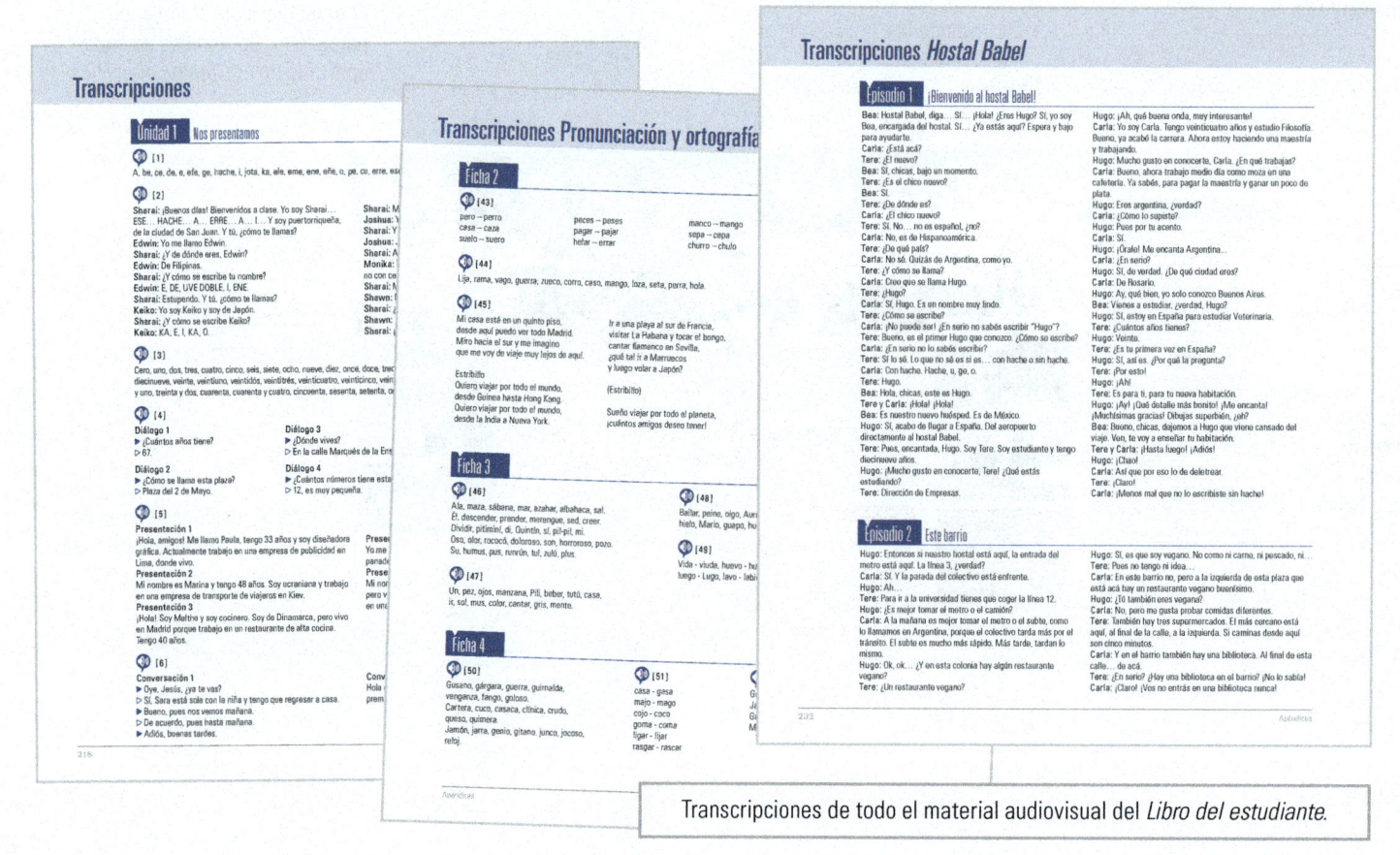

Transcripciones de todo el material audiovisual del *Libro del estudiante*.

La ELEteca (Extensión digital)

La **ELEteca** es una completa **plataforma *e-learning*** que ofrece funcionalidades y contenidos digitales que facilitan la enseñanza/aprendizaje de la lengua.

La ELEteca de la *Guía didáctica* de **Frecuencias** ofrece todo el **material audiovisual** del curso, las **proyecciones**, las **actividades interactivas** del estudiante, **material fotocopiable** en PDF y una gran variedad de recursos con el objetivo de facilitarle la labor dentro y fuera del aula.

Índice de proyecciones

Unidad 1
1. Números
2. Mario y María
3. Presentaciones
4. Abreviaturas y signos

Unidad 2
5. Las partes de la casa y el mobiliario
6. El género de los nombres
7. ¿Dónde está…?

Unidad 3
8. Vamos de viaje
9. Las preposiciones *a* y *en*
10. Ofertas de viaje
11. Dar información espacial

Unidad 4
12. Famosos y familiares
13. El aspecto físico
14. ¿Qué están haciendo?
15. La familia de Patricia

Unidad 5
16. Presente irregular
17. ¿A qué hora…?
18. Marcadores de frecuencia
19. Los horarios de los españoles

Unidad 6
20. Mapa de España
21. Marta y Rocío
22. ¡A mí también!
23. ¿Comida rápida o comida basura?
24. ¿Tapas, raciones o pinchos?

Unidad 7
25. Deseos, obligaciones y planes
26. ¿Qué te gusta hacer en la clase de español?
27. *Por* y *para*
28. Peligros que afectan a la biodiversidad

Unidad 8
29. El cuerpo humano
30. Dar consejos
31. Pedir favores, objetos y permiso
32. La dieta mediterránea

Unidad 9
33. ¿Qué ha hecho Mónica este mes?
34. Los indefinidos
35. Valoraciones
36. Test sobre Hispanoamérica

Unidad 10
37. Juego de tablero
38. La habitación de Candela
39. Transcripción audio 42
40. Mapa turístico de Cartagena de Indias

© Editorial Edinumen, 2020
© Equipo Frecuencias nivel A1: Marina García y Jesús Esteban
© Autora de los contenidos de "Pronunciación y ortografía": Esther Beltrán
© Asesores lingüísticos en Hispanoamérica: Hugo Roberto Wingeyer y Eloísa Covarrubias

Hugo Roberto Wingeyer, doctor en Lingüística Aplicada, es vicedecano de la Facultad de Humanidades de la Universidad del Nordeste (Chaco, Argentina)

La profesora y escritora Eloísa Covarrubias imparte talleres de narrativa y poesía en el Instituto Sonorense de Cultura (Hermosillo, México)

ISBN - Libro del estudiante: 978-84-91790-49-5
Depósito legal: M-3797-2020

Impreso en España
Printed in Spain
1220

Coordinación pedagógica:
M.ª José Gelabert

Coordinación editorial:
Mar Menéndez

Maquetación:
Juanjo López, Sara Serrano y Elena Lázaro

Diseño de portada y maqueta:
Juanjo López

Ilustraciones:
Carlos Casado

Estudio de grabación:
Producciones Activawords

Impresión:
Gráficas Glodami. Madrid

Vídeos:
Serie *Hostal Babel*, creada y producida por Edinumen

Créditos fotográficos en pág. 205

Editorial Edinumen
José Celestino Mutis, 4. 28028 Madrid. España
Teléfono: (34) 91 308 51 42
Correo electrónico: edinumen@edinumen.es
www.edinumen.es

Reservados todos los derechos. No está permitida la reproducción parcial o total de este libro, ni su tratamiento informático ni la transmisión de parte alguna de esta publicación por cualquier medio mecánico, electrónico, por fotocopia, grabación, etc., sin el permiso previo y por escrito de los titulares del *copyright*.

¡En Edinumen nos apasiona el español!

Desde nuestros inicios hace ya más de 30 años, nuestro objetivo ha sido siempre mejorar la experiencia del aprendizaje de español en todo el mundo. Nos enorgullece decir que el cien por cien de nuestros recursos están dedicados exclusivamente a la enseñanza y aprendizaje de español como lengua extranjera y segunda lengua.

Durante todos estos años, hemos tenido el enorme privilegio de trabajar al lado de entusiastas profesionales del español que viven y desarrollan su labor en multitud de países y, por lo tanto, representan realidades diferentes. Así, hemos constatado los cambios que se han ido produciendo y hemos afrontado juntos nuevos retos para lograr el objetivo que compartimos: que los estudiantes que deciden aprender español sean capaces de disfrutar también de un apasionante universo sociocultural y lingüístico tan completo como enriquecedor.

Este reto es hoy especialmente emocionante. Gracias al desarrollo de las nuevas tecnologías, la interacción entre culturas y personas interconectadas desde todos los lugares del mundo es permanente y se produce a un ritmo inimaginable hasta ahora. Los hablantes de español del siglo XXI son interlocutores en un universo compuesto por realidades lingüísticas y culturales muy diversas que se nutren entre sí.

En los últimos años ha habido un intento justificado de integrar en los materiales didácticos muestras de lengua que se asemejen lo más posible a los modelos reales. En este sentido, **Frecuencias** incorpora, por primera vez en un manual de ELE, una extensa muestra de ejemplos extraídos de las bases de datos o corpus[*] que, siempre al hilo de los contenidos tratados, ilustran variantes de carácter léxico, gramatical o comunicativo con el fin de acercar al estudiante a las diferentes realidades sociolingüísticas hispánicas.

Además, **Frecuencias** se ha desarrollado metodológicamente en dos ejes: el aprendizaje por contenidos y la resolución de tareas que permiten al estudiante poner en práctica los conocimientos adquiridos anteriormente, lo que favorece un aprendizaje activo y eficaz.

Por último, queremos destacar la colaboración entre **Edinumen**, especialistas en ELE, y la **Real Academia Española (RAE)** en la génesis del proyecto, así como el asesoramiento de la RAE en el uso de los corpus y su revisión final del presente trabajo. Sin su ayuda y apoyo este manual no podría haber visto la luz.

Estamos muy ilusionados de presentar este nuevo manual de ELE, que da respuesta a las necesidades de estudiantes y docentes para un aprendizaje real en el siglo XXI.

[1] Colección de textos de todos los países hispanohablantes en formato electrónico, con varios millones de palabras, que la Real Academia Española (RAE) ha codificado y clasificado y que permiten la búsqueda a través de formas, lemas, categorías gramaticales, zonas geográficas, etc.

Edinumen
Especialistas en ELE

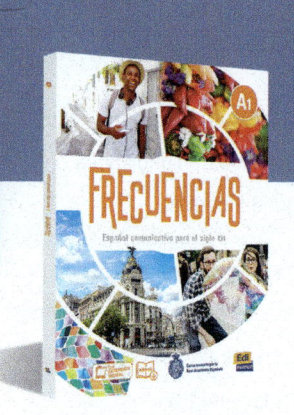

FRECUENCIAS

Frecuencias es el nuevo curso de español que da respuesta a las necesidades de estudiantes y docentes para un aprendizaje real en el siglo XXI.

Frecuencias sigue las recomendaciones del *Marco común europeo de referencia para las lenguas (MCER)* y su sílabo se ha elaborado a partir del *Plan curricular del Instituto Cervantes*.

El curso favorece un aprendizaje **activo**, de manera que el conocimiento de la lengua es **real**, **significativo y adaptado** a las **necesidades** del estudiante.

Una propuesta metodológica eficaz

Frecuencias combina el **aprendizaje por contenidos** con la **resolución**, en una fase posterior, de **tareas** en las que el estudiante tiene que poner en funcionamiento los conocimientos adquiridos previamente. Esta combinación facilita el aprendizaje, ya que los contenidos se van presentando **de manera progresiva** a lo largo de los apartados, de modo que el estudiante, al enfrentarse a las tareas, ha adquirido ya todas las herramientas que necesita para resolverlas con éxito.

Las actividades que se presentan son **significativas social y emocionalmente**, conectan con el estudiante y lo involucran en su aprendizaje. Estas actividades aumentan la **motivación** y favorecen la asimilación de lo aprendido.

La incorporación de los corpus de la RAE: CORPES XXI y CREA

Frecuencias incluye una extensa muestra de **ejemplos reales** extraídos de los corpus de la RAE para mostrar usos auténticos de lengua, con **variantes** que ejemplifican la riqueza lingüística del mundo hispánico, algunas **frecuencias** de uso y **combinatoria** de palabras, así como fenómenos de carácter **gramatical o comunicativo**.

Las muestras se destacan claramente en el manual a través de cuadros estratégicamente colocados junto a los contenidos a los que hacen referencia.

RAE — GRAMÁTICA
En las zonas voseantes de América, el imperativo tiene una forma propia para la persona vos *(hablá, bebé, abrí, empezá, volvé, elegí, tené, hacé, poné, vení, salí, decí…)*: *Empezá vos, por favor./Comé, comé, está muy bueno.*

Una visión global del mundo hispánico

La presencia de aspectos **culturales e interculturales** a lo largo de las actividades, así como en el apartado "Cultura", y la integración destacada de las **variantes hispánicas** facilitan la creación de una conciencia global del mundo hispánico y la adquisición de habilidades de comunicación por parte del estudiante. Todo esto le permite desenvolverse con éxito en una realidad lingüística y cultural tan compleja como la de la comunidad hispanohablante.

Un atractivo y motivador material audiovisual

Frecuencias presenta la serie **Hostal Babel**, comedia de situación específicamente creada para el manual, en la que, a través de una anécdota y su resolución, se repasan los contenidos de cada unidad. La serie está protagonizada por cinco personajes de distintos países de habla hispana.

Un diseño a doble página que facilita el aprendizaje

Frecuencias aporta un **atractivo y moderno diseño a doble página** que permite presentar los contenidos de manera **motivadora**, **clara y ordenada**, lo que facilita el aprendizaje.

En colaboración con la Real Academia Española (RAE)

La **Real Academia Española (RAE)** es miembro de la Asociación de Academias de la Lengua Española (ASALE), que se formó en México en 1951 y que está integrada actualmente por las veintitrés academias de la lengua española existentes en el mundo (veinte en América, además de España, Filipinas y Guinea Ecuatorial). Su objetivo es llevar a cabo una política lingüística panhispánica trabajando unidas para conseguir la integridad y el crecimiento de la lengua española.

Entre sus logros cabe destacar la publicación, en coautoría, del *Diccionario de la lengua española* a partir de su XXII edición, la *Ortografía* en sus ediciones de 1999 y 2010, y el *Diccionario panhispánico de dudas* (2005), así como la elaboración de distintas bases de datos o corpus.

Frecuencias es un proyecto desarrollado por **Edinumen** con la colaboración de la **Real Academia Española**. Esta colaboración se ha centrado en dos aspectos:
- por un lado, Edinumen ha tomado en consideración los corpus lingüísticos y bases de datos que la RAE ofrece, así como su conocimiento del uso del español, para el desarrollo del curso;
- por otro lado, el manual ha sido revisado por la Real Academia Española como lingüística, léxica y gramaticalmente correcto.

Los corpus: CORPES XXI y CREA

El **Corpus del Español del Siglo XXI (CORPES XXI)** es un proyecto impulsado por la Asociación de Academias de la Lengua Española (ASALE). Está formado por diferentes tipos de textos de todos los países del mundo hispánico. Reúne un conjunto de 400 millones de formas y palabras, con una distribución de un 70 % de América y un 30 % de España, que aparecen en textos producidos a partir de 2001.

El **Corpus de Referencia del Español Actual (CREA)** está diseñado para proporcionar información exhaustiva acerca de la lengua en un momento determinado de su historia y es lo suficientemente extenso para representar todas sus variedades relevantes. Se compone de una amplia variedad de textos escritos y orales, producidos en todos los países de habla hispana entre 1975 y 2004 y en los que es posible la búsqueda por formas, lemas y categorías gramaticales.

Frecuencias, curso de español revisado por la RAE y que incluye muestras auténticas de los corpus lingüísticos.

Estructura del libro

Cada nivel de **Frecuencias** está compuesto por **diez unidades didácticas** estructuradas en ocho apartados con unos objetivos específicos:

- **presentación** de los contenidos de la unidad;
- activación de los **conocimientos previos** de los estudiantes sobre el tema;
- presentación y actividades para la adquisición de **vocabulario**;
- presentación y práctica de los **contenidos gramaticales**;
- **secuencia comunicativa** para poner en práctica los conocimientos adquiridos, a través de tareas significativas y el **desarrollo de las cuatro destrezas**;
- presentación de **contenidos culturales** relacionados con el universo hispánico;
- actividades de **vídeo** sobre la serie *Hostal Babel*, que presenta en un contexto real y cotidiano los contenidos tratados en cada unidad;
- **evaluación** de lo aprendido y reflexión sobre el aprendizaje.

Los diferentes apartados han sido pensados para que se realicen en **una o dos sesiones** de clase cada uno de ellos, dependiendo de las necesidades y la progresión específica de cada grupo de estudiantes.

Las tareas están diseñadas para trabajar en **diferentes dinámicas: de modo individual**, **en parejas**, **en grupos pequeños y todo el grupo**, fomentando de esta manera el trabajo colaborativo y el intercambio de conocimientos entre los diferentes miembros de la clase. Estas dinámicas aparecen indicadas con las siguientes etiquetas:

En parejas   **En grupos pequeños**   **Todo el grupo**

Cada nivel de **Frecuencias** viene acompañado de un apéndice de **Pronunciación y ortografía** con diez fichas prácticas que trabajan el componente fonético y ortográfico y que pueden presentarse en clase según las necesidades específicas de cada grupo.

La ELEteca (extensión digital)

La **ELEteca** es una completa **plataforma *e-learning*** con funcionalidades y contenidos digitales que facilitan la enseñanza/aprendizaje de la lengua.

La ELEteca de **Frecuencias** ofrece **actividades interactivas** para la práctica en línea de los principales contenidos de cada apartado de las unidades, todo el **material audiovisual** del curso y una gran variedad de recursos tanto para el estudiante como para el docente.

Para entrar en la ELEteca, regístrate con el código que aparece en el interior de la cubierta en:

https://eleteca.edinumen.es/

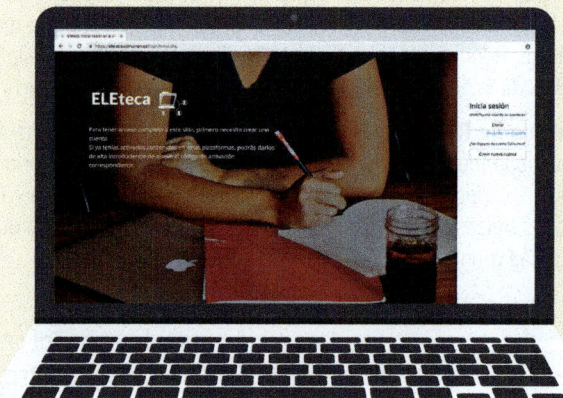

HOSTAL Babel

...cias presenta esta serie de ficción, en la que, a través del humor, se recogen los contenidos principales de cada unidad.

La acción transcurre principalmente en el **hostal Babel**, un lugar de encuentro en el que conviven cuatro estudiantes y Bea, la dueña del hostal.

El hostal Babel es un lugar divertido, familiar y con cierto toque bohemio. Un lugar ideal para vivir innumerables experiencias que acompañarán a los estudiantes a lo largo de todo el manual.

BEA
30 años, española
La dueña del hostal. Una mujer simpática, trabajadora, divertida y dinámica. Siempre de buen humor, lo mismo hace de amiga que de psicóloga o de árbitra en los conflictos que surgen en el hostal.

CARLA
21 años, argentina
Estudiante universitaria de Filosofía. Carla es una chica estudiosa, intelectual y formal. También es muy habladora y un poco "sabelotodo".

TERE
19 años, española
Estudiante de Empresariales, aunque poco amiga de las clases y muy amiga de las fiestas y la diversión. Extrovertida, simpática, dormilona y poco aplicada en sus deberes.

LEO
19 años, español
Estudia Química. Es un chico inteligente, aunque tímido, introvertido y con pocas habilidades sociales. Amante del cine fantástico, los cómics, la parapsicología y los videojuegos.

HUGO
20 años, mexicano
Estudia Veterinaria, es vegano, animalista y amante del yoga y de la vida sana. Aunque tiene algunos conflictos en el hostal, acaba entablando una gran amistad con sus compañeros.

No te pierdas *Hostal Babel*, un lugar de encuentro para la amistad, la tolerancia y la mezcla de culturas.

Estructura de las unidades y elementos gráficos — guía visual

Portada. En ella se encuentran resumidos los objetivos principales de cada unidad, así como imágenes y preguntas que introducen el tema y activan la motivación.

Preguntas de motivación.

Objetivos de aprendizaje.

Dinámica recomendada para las diferentes actividades.

¿Qué sabes? Apartado con actividades para sondear los conocimientos previos de los estudiantes sobre el tema a tratar, a la vez que se anticipa el vocabulario, algunas estructuras gramaticales y elementos culturales de los apartados sucesivos.

Uso de elementos visuales para la realización de muchas de las actividades.

INT 8

Introducción

Palabras. Secuencia de actividades de léxico que facilitan el aprendizaje del vocabulario contextualizado según el tema de la unidad. Las actividades están destinadas a que los estudiantes descubran palabras o expresiones y aprendan a combinarlas y a usarlas en contexto. Este aprendizaje se lleva a cabo a través de textos orales o escritos, imágenes, definiciones, cuadros semánticos… que permiten deducir e interpretar su significado.

Cuadro de atención que sirve para resaltar o recordar los contenidos importantes.

En este apartado, los cuadros de la RAE constatan diferencias léxicas entre el español de España y el de América con ejemplos extraídos de los corpus.

Gramática. La gramática se presenta sistematizada a través de cuadros diseñados para facilitar su aprendizaje y de actividades de reconocimiento y práctica guiada de los contenidos tratados.

En este apartado, los cuadros de la RAE presentan información referida a cuestiones gramaticales (contraste entre el español de España y el de América, frecuencias de uso, regímenes verbales, etc.) con ejemplos extraídos de los corpus.

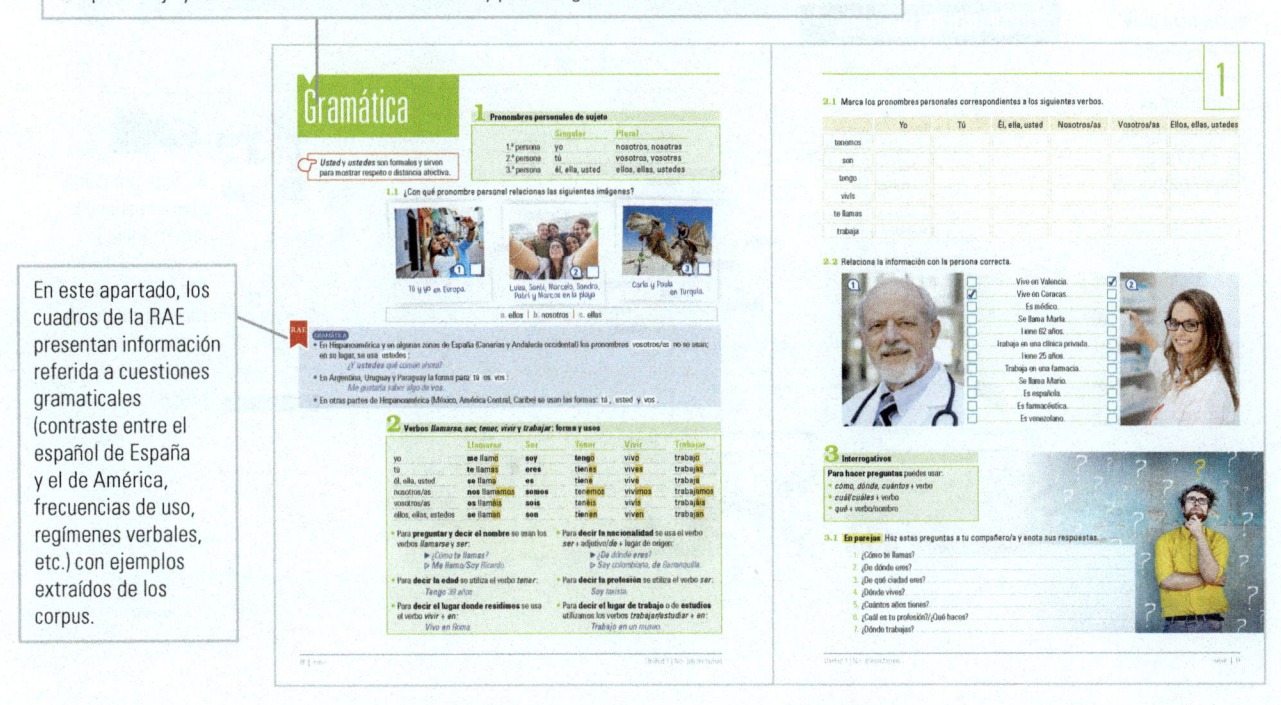

Introducción INT 9

Practica en contexto. El estudiante aprende a interactuar a través de las diferentes tareas presentadas en una secuencia didáctica coherente y significativa. Mediante estas tareas el estudiante pone en práctica los conocimientos adquiridos hasta el momento con actividades de comprensión y producción orales y escritas, interactuando según las diferentes dinámicas propuestas.

Los cuadros funcionales se presentan en el momento adecuado de la secuencia como una herramienta que el estudiante utiliza para resolver con éxito la tarea propuesta.

Cultura. Los contenidos culturales se presentan en una secuencia muy visual y dinámica en la que se tratan temas socioculturales de España e Hispanoamérica.

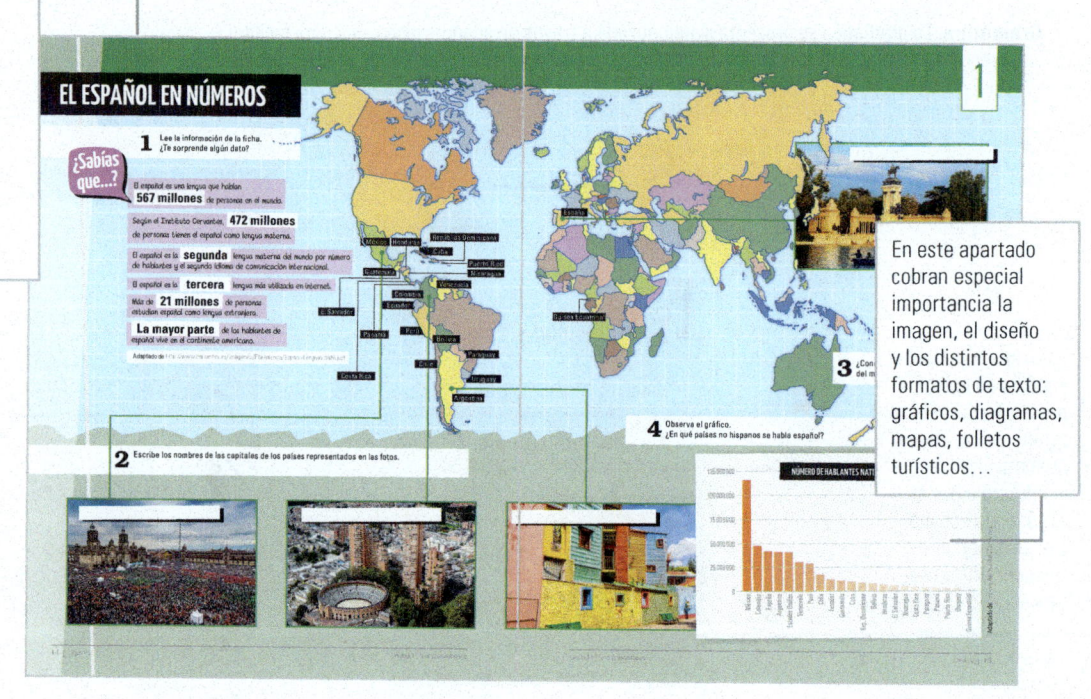

En este apartado cobran especial importancia la imagen, el diseño y los distintos formatos de texto: gráficos, diagramas, mapas, folletos turísticos…

INT 10   Introducción

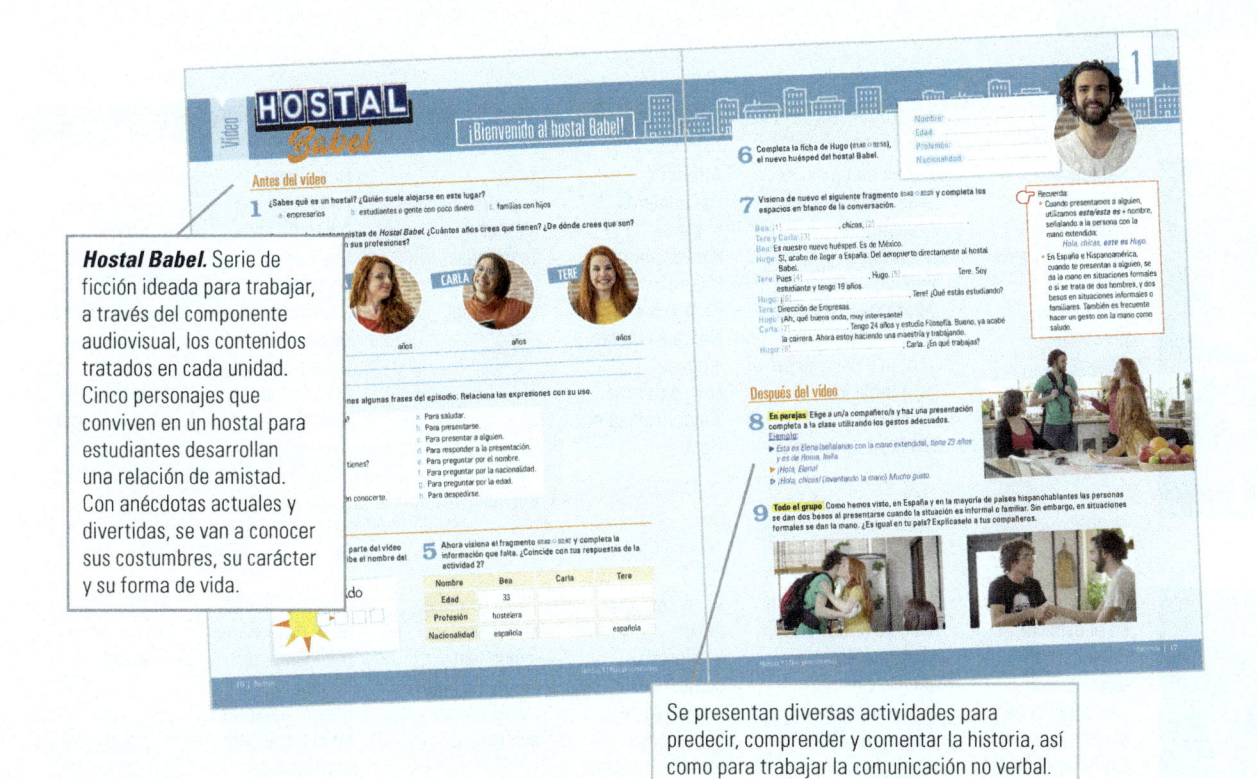

Hostal Babel. Serie de ficción ideada para trabajar, a través del componente audiovisual, los contenidos tratados en cada unidad. Cinco personajes que conviven en un hostal para estudiantes desarrollan una relación de amistad. Con anécdotas actuales y divertidas, se van a conocer sus costumbres, su carácter y su forma de vida.

Se presentan diversas actividades para predecir, comprender y comentar la historia, así como para trabajar la comunicación no verbal.

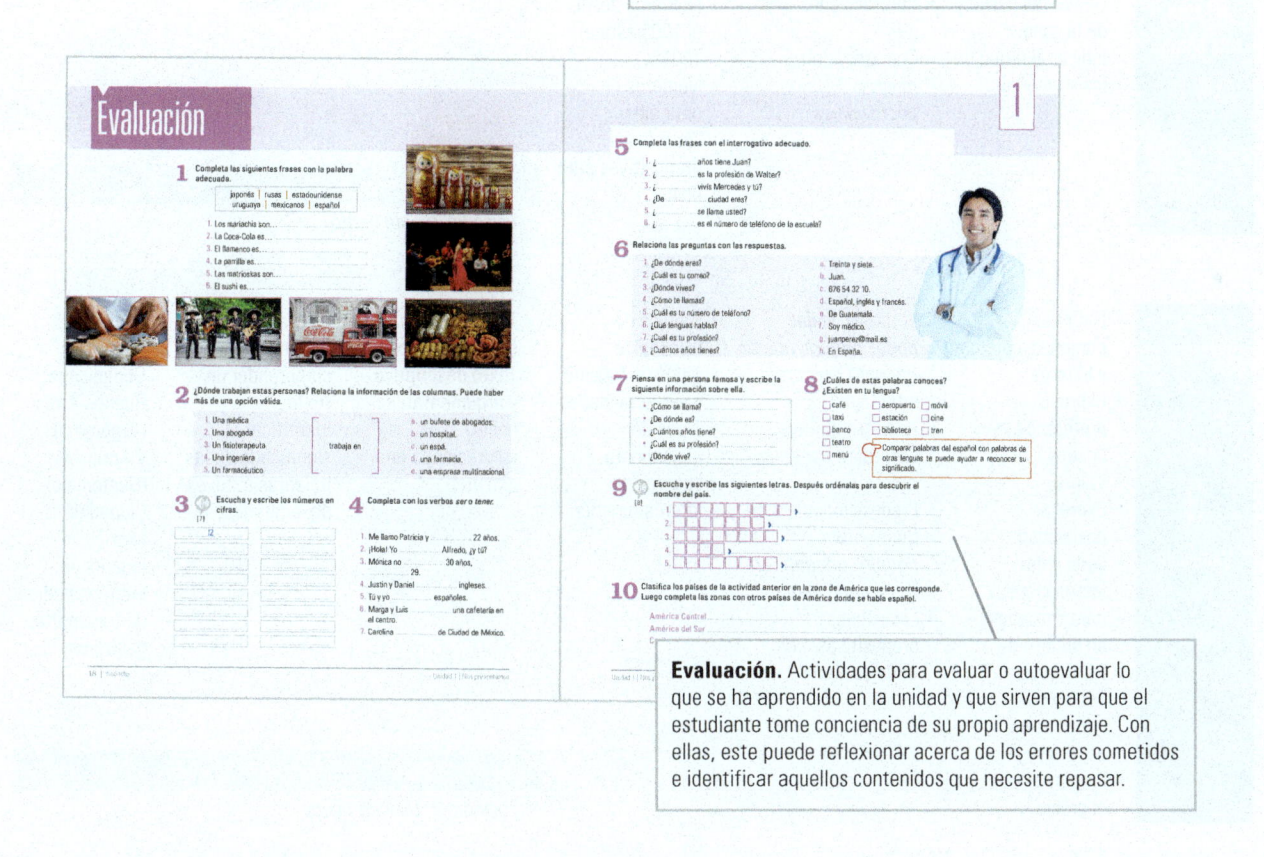

Evaluación. Actividades para evaluar o autoevaluar lo que se ha aprendido en la unidad y que sirven para que el estudiante tome conciencia de su propio aprendizaje. Con ellas, este puede reflexionar acerca de los errores cometidos e identificar aquellos contenidos que necesite repasar.

Introducción INT 11

Introducción INT11

Índice

	Comunicación	Gramática	Léxico	Tipos de texto	Técnicas y estrategias	Cultura
1 Nos presentamos pág. 2	• Saludar y despedirse • Presentarse y presentar a otros • Pedir y dar información personal • Deletrear • Pedir aclaraciones o repeticiones	• Verbos *llamarse, ser, tener, vivir* y *trabajar* • Pronombres personales • Interrogativos: *cómo, dónde, cuántos, cuál, qué* • Género y número de los gentilicios • Forma *vos* • *Tú/usted, ustedes*	• Alfabeto • Los números hasta el 111 • Profesiones • Países • Gentilicios • Nombres de las lenguas • Léxico para la supervivencia en clase	• Texto conversacional: diálogos • Texto descriptivo: rellenar un formulario	• Relacionar imágenes con palabras para facilitar el aprendizaje • Comparar con palabras de la lengua materna para aprender léxico	• Nombres y apellidos hispanos • Uso de la cortesía: *usted/ustedes* • El español en el mundo • Capitales del mundo hispano
				Vídeo: *Hostal Babel* • Episodio 1: *¡Bienvenido al hostal Babel!*		
2 Mi casa, mi barrio pág. 20	• Localizar objetos en el espacio • Hablar de la existencia o inexistencia de alguien o de algo • Expresar cantidad • Hablar del barrio y de la casa • Indicar el orden de los elementos	• Contraste *está(n)/hay* • Artículo determinado e indeterminado • Género y número de los nombres y adjetivos y su concordancia • Contracciones *al* y *del* • Cuantificadores: *mucho/a/os/as* y *poco/a/os/as*	• Vivienda: tipos, partes, mobiliario y objetos domésticos • La ciudad, el barrio y sus establecimientos • Números desde el 100 hasta el 1001 • Números ordinales • Locuciones prepositivas para ubicar	• Texto retórico: anuncio inmobiliario • Texto descriptivo: foro y correo electrónico	• Buscar palabras en el diccionario para saber el género • Buscar palabras en el diccionario para conocer su significado	• Las Ramblas de Barcelona (España)
				Vídeo: *Hostal Babel* • Episodio 2: *Este barrio*		
3 Vamos de viaje pág. 38	• Localizar personas, objetos y lugares • Expresar preferencias y deseos • Valorar • Expresar posibilidad • Pedir y dar instrucciones para traslados en medios de transporte • Pedir y dar información espacial • Preguntar y decir el precio	• Verbos *ir, viajar, poder, preferir, querer* • *Preferir* + nombre/infinitivo • *Poder* + infinitivo • Contraste *ser/estar/hay* • Preposiciones *a* y *en* • Contraste *porque/¿por qué...?* • *Lo mejor/lo peor* • Locuciones prepositivas: *cerca de/lejos de*	• Medios de transporte • Tipos de turismo y sus actividades • Tipos de alojamiento • Lugares de interés turístico	• Texto descriptivo: folleto turístico • Texto descriptivo y argumentativo: hacer valoraciones en una web	• Apoyarse en imágenes para comprender un texto • Identificar el significado de las palabras a través de imágenes	• Punta Cana (República Dominicana), Buenos Aires (Argentina) y Antigua (Guatemala) • Ciudad de México: lugares de interés, medios de transporte, gastronomía...
				Vídeo: *Hostal Babel* • Episodio 3: *Días de fiesta*		

	Comunicación	Gramática	Léxico	Tipos de texto	Técnicas y estrategias	Cultura
4 En familia pág. 56	• Hablar de la familia • Describir personas • Describir la ropa • Expresar posesión y pertenencia • Hablar de acciones que se están realizando • Señalar personas y objetos	• Presente de indicativo regular: *-ar, -er, -ir* • Adjetivos y pronombres demostrativos • Adjetivos posesivos • *Estar* + gerundio • Contraste *tener/llevar* para describir	• Familia • Léxico para la descripción física y del carácter • Ropa • Colores	• Texto descriptivo: catálogo web de ropa • Texto explicativo: página web de ONG, página de presentación	• Usar la misma preposición en preguntas y respuestas • Deducir el léxico a través de un texto e identificarlo con una imagen para formular hipótesis	• Diseñadores de moda del mundo hispano: Narciso Rodríguez, Carolina Herrera, Custo Dalmau y Manolo Blahnik

Vídeo: *Hostal Babel*
• Episodio 4: *Navidad en Babel*

	Comunicación	Gramática	Léxico	Tipos de texto	Técnicas y estrategias	Cultura
5 Igual que todos los días pág. 74	• Preguntar y decir la hora • Hablar de acciones habituales • Hablar de horarios, fechas y partes del día • Expresar frecuencia y el número de veces que se hace algo • Relacionar dos acciones temporalmente • Ordenar las acciones en el tiempo	• Presente de indicativo irregular: irregularidades vocálicas, primera persona irregular • Verbos reflexivos: *despertarse, vestirse*… • Preposiciones para expresar tiempo • Marcadores para ordenar las acciones: *primero, luego, después, por último*	• Acciones cotidianas • Partes del día • Días de la semana • Meses del año	• Texto informativo: horarios, fechas y partes del día • Texto descriptivo: costumbres de los españoles	• Asociar palabras con un verbo para hacer combinaciones • Identificar a las personas que hablan con sus imágenes correspondientes	• Horarios españoles

Vídeo: *Hostal Babel*
• Episodio 5: *El olor de tu café*

	Comunicación	Gramática	Léxico	Tipos de texto	Técnicas y estrategias	Cultura
6 No me gusta, ¡me encanta! pág. 92	• Expresar gustos, intereses y preferencias • Expresar acuerdo y desacuerdo con los gustos de otra persona • Pedir en el restaurante • Pedir la cuenta	• Verbos *gustar, encantar, interesar* • Adverbios cuantificadores: *mucho/bastante/poco/nada* • Adverbios *también* y *tampoco*	• Actividades de ocio y tiempo libre • Comida, bebida, platos y tapas	• Texto instructivo: la carta de un restaurante y el menú del día	• Completar una definición a través de un esquema • Clasificar actividades a través de un texto con imágenes	• Lugares de interés en Bilbao (España) • Las tapas en España

Vídeo: *Hostal Babel*
• Episodio 6: *Unas tapas muy ricas*

	Comunicación	Gramática	Léxico	Tipos de texto	Técnicas y estrategias	Cultura
7 Buenas intenciones pág. 110	• Hablar de planes, intenciones y proyectos • Expresar deseos • Expresar obligación y necesidad • Dar consejos y hacer sugerencias • Proponer y sugerir planes • Aceptar/rechazar una invitación • Dar una opinión y valorar • Expresar causa y finalidad	• Expresiones verbales con infinitivo: *tener que* + infinitivo; *querer* + infinitivo; *ir a* + infinitivo; *pensar* + infinitivo; *hay que* + infinitivo; *necesitar* + infinitivo • Marcadores temporales para expresar futuro: *esta tarde/noche, mañana, la semana que viene...* • Contraste *por/para*	• Excursiones, montaña, sol y playa • Lenguaje del aula • Plural de los nombres terminados en *-y* • Combinaciones de palabras: verbos + nombres	• Texto descriptivo: información sobre excursiones • Texto conversacional: formas de estudiar un idioma • Texto instructivo: consejos para aprender un idioma Vídeo: *Hostal Babel* • Episodio 7: *Uvas y campanadas*	• Cómo rechazar una propuesta o invitación explicando la causa • Conocer diferentes estrategias de aprendizaje de una lengua	• El parque nacional de los Picos de Europa (España) • El parque nacional Canaima (Venezuela) • Tradiciones del Año Nuevo en México, Argentina y España
8 Cuídate mucho pág. 128	• Hablar de enfermedades, dolencias y síntomas • Hablar de los estados de ánimo • Dar consejos, órdenes e instrucciones • Pedir permiso, objetos y favores • Aceptar y denegar peticiones	• Imperativo afirmativo: regular e irregular • Pronombres de objeto directo: *lo, la, los, las*	• El cuerpo humano • Enfermedades, dolencias y síntomas • Estados de ánimo • Cambios ortográficos en los verbos que terminan en *-car, -gar, -ger, -gir, -zar*	• Texto instructivo: instrucciones en máquinas • Texto explicativo: artículo Vídeo: *Hostal Babel* • Episodio 8: *¿Enferma?*	• Reduplicar el imperativo para conceder permiso • Clasificar palabras por campos semánticos	• La dieta mediterránea
9 Experiencias vividas pág. 146	• Hablar de acciones terminadas en un tiempo no terminado • Hablar de experiencias vividas • Hablar de la existencia o no de algo o de alguien • Hacer valoraciones • Discriminar acciones realizadas de las que no lo están con *ya* y *todavía no*	• Pretérito perfecto de indicativo regular e irregular • Marcadores temporales para expresar pasado reciente o hablar de experiencias: *esta mañana/tarde, este año/fin de semana, nunca, alguna vez...* • Adjetivos y pronombres indefinidos	• Productos, alimentos, envases y medidas • Experiencias vitales	• Página web: anuncio y campaña solidaria • Texto conversacional: blog • Texto descriptivo: cajas regalo • Texto explicativo: web de banco de alimentos, campaña solidaria Vídeo: *Hostal Babel* • Episodio 9: *Cajas y cajas y cajas...*	• Elaborar una historia con ayuda de imágenes desordenadas • Deducir acciones a través de un texto con imágenes	• Lugares insólitos de Hispanoamérica: el Salar de Uyuni, Vinicunca y los cenotes

Repaso de los principales contenidos del nivel

10 Fin de trayecto — pág. 164

Comunicación
- Hablar de:
  - acciones cotidianas y en desarrollo
  - experiencias pasadas
  - deseos, posibilidad, necesidad y obligación
  - planes y proyectos
  - gustos y preferencias
  - existencia e inexistencia
- Aconsejar y sugerir
- Dar instrucciones
- Pedir y dar información espacial

Gramática
- Presente de indicativo (repaso)
- *Ser, estar, tener, hay* (repaso)
- Imperativo (repaso)
- Estructuras con infinitivo y gerundio (repaso)

Léxico
- Viajes
- Comida, bebida y recetas de cocina
- Ocio y tiempo libre
- Acciones habituales
- Familia
- Descripción física y de carácter
- El cuerpo humano

Tipos de texto
- Texto instructivo: juego de mesa
- Texto instructivo: receta
- Texto retórico: publicaciones y etiquetas en la red social Instagram

Vídeo: *Hostal Babel*
- Episodio 10: *Fin de curso*

Técnicas y estrategias
- Discriminar palabras de un texto agrupándolas en un campo semántico
- Buscar información específica en un texto

Cultura
- Colombia: regiones de la Amazonia, andina, Caribe, de la Orinoquía y Pacífico

---

Pronunciación y ortografía — pág. 184

Ficha 1 La sílaba	184
Ficha 2 Los sonidos	185
Ficha 3 Vocales y diptongos	186
Ficha 4 Contraste de los sonidos /g/, /x/ y /k/ y las letras *g/j*	187
Ficha 5 Contraste de los sonidos /s/ y /θ/ y las letras *c/z/s*	188
Ficha 6 Contraste de los sonidos /l/, /r/ y /rr/ y las letras *r/rr*	189
Ficha 7 Los sonidos /ch/, /y/. La letra *y*	190
Ficha 8 La tilde diacrítica	191
Ficha 9 Contraste de los sonidos /n/ y /ñ/	192
Ficha 10 Las frases interrogativas y exclamativas	193

Tabla de verbos — pág. 194

Glosario — pág. 199

España datos de interés

Número de habitantes

46.5 millones de habitantes

España es el tercer país más visitado del mundo, superado únicamente por Francia y Estados Unidos.

La mayor reserva ecológica de Europa está en España: el parque nacional de Doñana.

Es el tercer país con más sitios Patrimonio de la Humanidad, por detrás de Italia y China.

- Italia (51)
- China (50)
- España (45)

Monumentos más visitados en España:
- La Alhambra (Granada)
- La Sagrada Familia (Barcelona)
- La Mezquita (Córdoba)
- La Catedral de Santiago de Compostela (La Coruña)
- La Catedral de Burgos (Castilla y León)

LA CORUÑA · GIJÓN · SANTANDER
SANTIAGO DE COMPOSTELA · OVIEDO · BILBAO · SAN SEBASTIÁN
PONTEVEDRA · LUGO · VITORIA · PAMPLONA
ORENSE · LEÓN · BURGOS · LOGROÑO
PALENCIA · SORIA · HUESCA · GERONA
ZAMORA · LÉRIDA · BARCELONA
VALLADOLID · ZARAGOZA · TARRAGONA
SEGOVIA
SALAMANCA · ÁVILA · GUADALAJARA
MADRID · TERUEL · CASTELLÓN DE LA PLANA
TOLEDO · CUENCA · ISLAS BALEARES
CÁCERES · PALMA DE MALLORCA · Menorca
VALENCIA · Mallorca
BADAJOZ · MÉRIDA · CIUDAD REAL · ALBACETE · Cabrera
Ibiza
ALICANTE · Formentera
CÓRDOBA · JAÉN · MURCIA
SEVILLA · CARTAGENA
HUELVA · GRANADA
MÁLAGA · ALMERÍA
CÁDIZ
ALGECIRAS
CEUTA
MELILLA

ISLAS CANARIAS
SANTA CRUZ DE TENERIFE · Lanzarote
La Palma · Fuerteventura
La Gomera · Tenerife · LAS PALMAS DE GRAN CANARIA
El Hierro · Gran Canaria

Es el líder mundial en donación de órganos.

Las cuevas de Altamira albergan el arte paleolítico más antiguo de Europa.

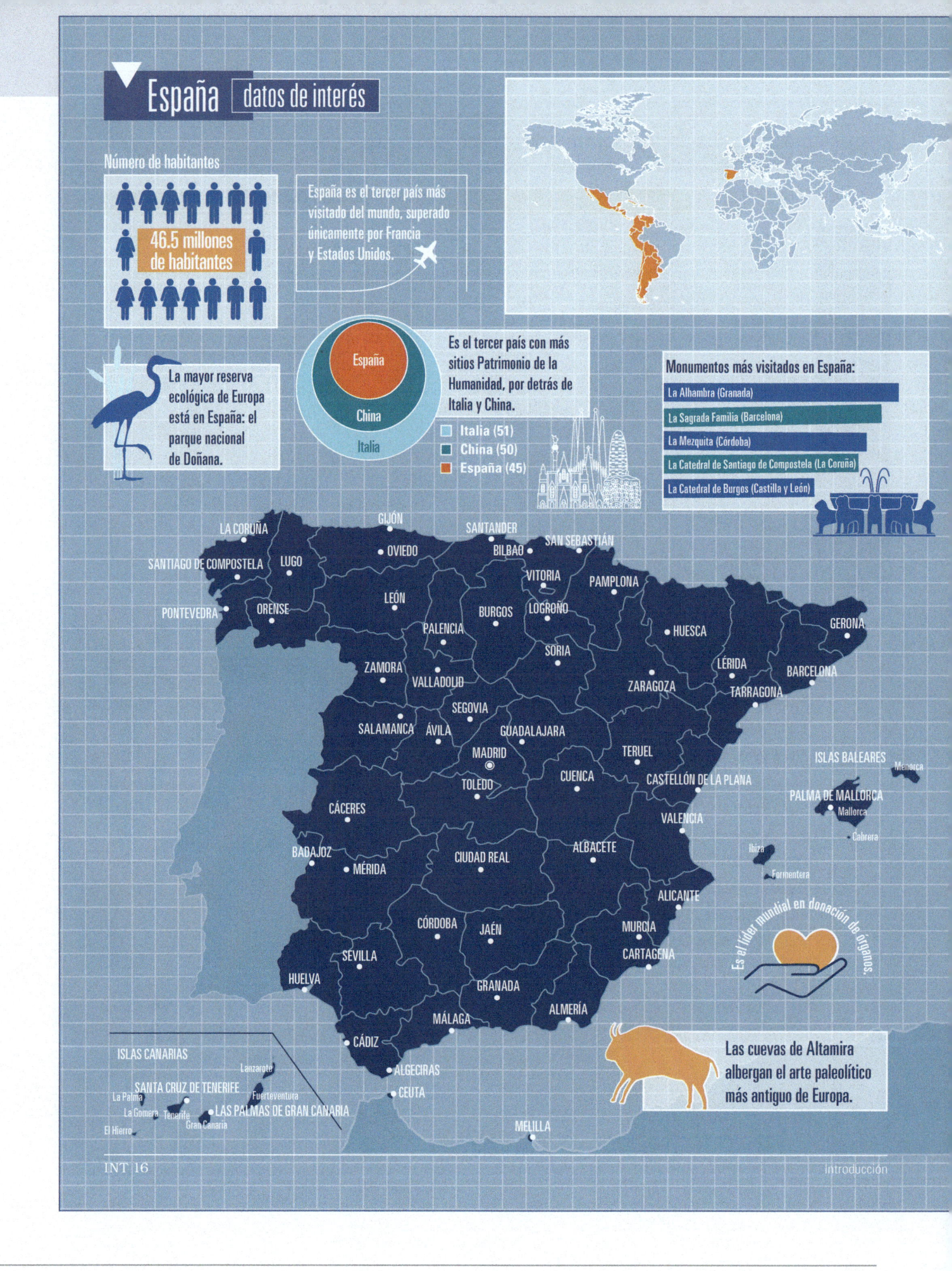

INT 16 — Introducción

Hispanoamérica | datos de interés

Según *National Geographic*, el glaciar Perito Moreno, dentro del parque natural Los Glaciares en Argentina, es el cuarto paraje natural más bello del mundo, y el parque nacional Canaima, en Venezuela, ocupa el lugar número 15.

¡Hola! La mayoría de los hablantes de español se encuentran en Hispanoamérica: **375 millones** de hablantes nativos

Países más visitados de Hispanoamérica
- México ≈ 40 000 000
- Argentina ≈ 7 000 000
- Chile ≈ 6 500 000
- República Dominicana ≈ 6 000 000

Principales culturas precolombinas
- **Azteca** (Sur de México, siglos XIV-XVI)
- **Maya** (México y Guatemala, siglos I-XVII)
- **Inca** (Ecuador, Perú, Bolivia, norte de Argentina y Chile, siglos XV-XVI)

Países señalados en el mapa: MÉXICO, CUBA, HAITÍ, REP. DOMINICANA, JAMAICA, PUERTO RICO, BELICE, GUATEMALA, HONDURAS, EL SALVADOR, NICARAGUA, COSTA RICA, PANAMÁ, VENEZUELA, COLOMBIA, GUYANA, SURINAM, GUAYANA FRANCESA, ECUADOR, PERÚ, BRASIL, BOLIVIA, PARAGUAY, CHILE, ARGENTINA, URUGUAY

Introducción — INT 17

¿Por qué estudio español?

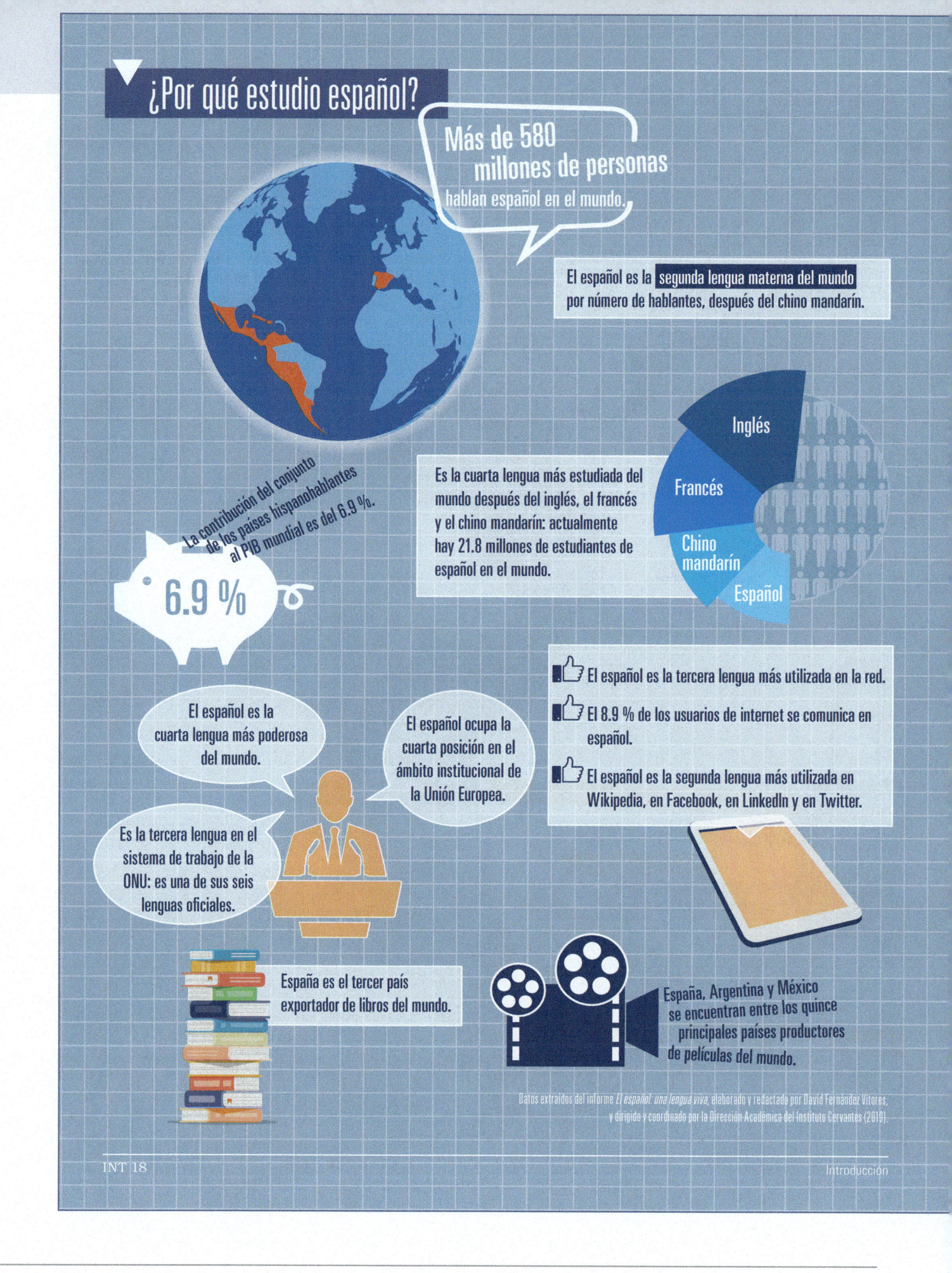

Más de 580 millones de personas hablan español en el mundo.

El español es la segunda lengua materna del mundo por número de hablantes, después del chino mandarín.

La contribución del conjunto de los países hispanohablantes al PIB mundial es del 6.9 %.

6.9 %

Es la cuarta lengua más estudiada del mundo después del inglés, el francés y el chino mandarín: actualmente hay 21.8 millones de estudiantes de español en el mundo.

- Inglés
- Francés
- Chino mandarín
- Español

El español es la cuarta lengua más poderosa del mundo.

El español ocupa la cuarta posición en el ámbito institucional de la Unión Europea.

Es la tercera lengua en el sistema de trabajo de la ONU: es una de sus seis lenguas oficiales.

👍 El español es la tercera lengua más utilizada en la red.

👍 El 8.9 % de los usuarios de internet se comunica en español.

👍 El español es la segunda lengua más utilizada en Wikipedia, en Facebook, en LinkedIn y en Twitter.

España es el tercer país exportador de libros del mundo.

España, Argentina y México se encuentran entre los quince principales países productores de películas del mundo.

Datos extraídos del informe *El español: una lengua viva*, elaborado y redactado por David Fernández Vitores, y dirigido y coordinado por la Dirección Académica del Instituto Cervantes (2019).

Libro del estudiante A1
Nivel

Unidad 1

Unidad 1

¡Hola!

Hello!

¿Cómo se dice *hola* en tu lengua?
¿Cómo se dice *adiós*?
¿Y *buenos días*?

Nos presentamos

Antes de comenzar la unidad, haga preguntas a sus estudiantes sobre las imágenes con el fin de motivarlos y activar los conocimientos previos que tengan de español. A continuación haga las tres preguntas que se proponen. Como actividad complementaria, puede pedirles que le digan palabras que conocen en español y anotarlas en la pizarra. De este modo los motivará y podrá reforzar el componente emocional, tan importante en estas primeras etapas del aprendizaje de una lengua.

Nos presentamos

En esta unidad vas a...
- Saludar y despedirte
- Presentarte y presentar a otra persona
- Identificarte: nacionalidad, profesión, edad…
- Deletrear palabras
- Conocer la importancia del español en el mundo

Unidad 1

¿Qué sabes?

1. El objetivo de esta actividad es que los estudiantes se presenten entre ellos. Aproveche la situación de la fotografía pidiéndoles que se fijen en la chica que se está presentando y le pregunta al chico por su nombre. Después ínsteles a que se presenten uno a uno al grupo siguiendo el modelo. Si lo cree pertinente, escriba en la pizarra *Me llamo...* y su nombre. Una vez terminada la presentación, pregúnteles si conocen el significado de las frases de las otras tres situaciones (preguntar por la profesión y responder; preguntar por el lugar de procedencia y responder; y preguntar por cómo se dice algo en español). Si tienen dudas, puede ayudarlos explicando en su idioma el significado de las frases o bien pedirles que usen el diccionario.

2. Ponga el audio y pídales a sus estudiantes que lean las letras mientras escuchan. Luego ponga de nuevo el audio y anímelos a que repitan las letras sin leerlas. Explíqueles que la *ch* y la *ll* se consideran dígrafos, es decir, un conjunto de dos letras que tienen un único sonido. Si lo considera adecuado, puede explicar también lo siguiente:
   1. Que la *h* es una letra muda, no tiene ningún sonido.
   2. Que la *b* y la *v* tienen el mismo sonido: /b/.

   Antes de continuar, dirija su atención al cuadro de la RAE, en el que se indican algunos cambios en la nomenclatura de las letras entre el español de España y el español de América. Dígales que, a través de estas notas van a conocer información complementaria sobre variantes geográficas del español, frecuencias de las palabras, combinatoria y otros aspectos lingüísticos relevantes; todo ello ilustrado mediante ejemplos reales extraídos de los corpus.

2.1. Esta actividad tiene por objeto que los estudiantes identifiquen y reconozcan las letras que acaban de aprender. Explíqueles que van a escuchar a una profesora y a unos estudiantes de español que se presentan diciendo y deletreando sus nombres. A continuación ponga el audio dos veces. Tienen que completar las letras que faltan de los nombres. Para evitar la ansiedad que puede producir una actividad de escucha en estos primeros estadios del aprendizaje, dígales que el objetivo de la actividad es solamente completar los nombres, de modo que no es necesario que comprendan cada una de las palabras que se dicen para resolver la actividad con éxito.
1. Sharai; **2.** Edwin; **3.** Keiko; **4.** Joshua; **5.** Monika; **6.** Shawn.

2.2. Actividad para realizar con toda la clase. Elija a un/a estudiante y pregúntele: *¿Cómo te llamas?* y *¿Cómo se escribe?*, para que deletree su nombre. Vaya escribiendo en la pizarra las letras que él/ella le diga. Cuando termine, pregúntele si está bien escrito. Haga salir a ese/esa estudiante a la pizarra para que repita la dinámica con un/a compañero/a. Los estudiantes se van turnando hasta que todos hayan deletreado y escrito algún nombre en la pizarra. Si ya conocen el nombre de todos, puede pedirles que deletreen su apellido o cualquier nombre inventado.

3 En parejas Relaciona las imágenes con los nombres de los países.

3.1 Todo el grupo ¿Y tú de dónde eres? Busca una foto de tu país y enséñasela al resto de la clase.

Unidad 1 | Nos presentamos   cinco | 5

---

3. Con esta actividad se presentan los nombres de algunos países a través de imágenes que los evocan. Así, se prepara a los estudiantes para realizar la actividad 3.1, en la que cada uno/a tendrá que buscar una imagen característica de su país. Haga que sus estudiantes trabajen en parejas y motívelos para que compartan información. Tenga en cuenta que no es necesario que sepan el nombre de lo que aparece en la foto, simplemente se trata de relacionar esas imágenes con los países. No obstante, si sus estudiantes muestran interés por conocer las palabras, deles la información.
1. C (la Torre Eiffel - Francia); **2.** E (las salchichas con chucrut - Alemania); **3.** A (la policía montada - Canadá); **4.** I (el canguro - Australia); **5.** B (una calle y coches en la ciudad de La Habana - Cuba); **6.** F (el oso panda - China); **7.** G (la máscara funeraria de Tutankamón - Egipto); **8.** D (la Torre del Oro - España); **9.** H (una pagoda con el monte Fuji de fondo - Japón).

3.1. Siga la instrucción del libro o plantéela de modo que sean los estudiantes los que tengan que adivinar el país de que se trata. Si son todos de la misma nacionalidad, puede realizar la actividad pidiendo a los estudiantes que busquen fotos de lugares representativos del propio país o de otros países. Los compañeros deben adivinar dónde están los lugares elegidos o de qué país se trata.

Unidad 1

Palabras

1. Ponga el audio y pídales que repitan los números al mismo tiempo que escuchan. Repita una segunda vez si lo cree necesario. Procure que se fijen en la escritura de los números destacados con letras rojas (números del 16 al 44). Haga también hincapié en la diferencia entre el número 100 *(cien)* y los posteriores *(ciento uno, ciento dos...)*, que no van unidos mediante la conjunción *y*. A continuación utilice la proyección 1 para practicar los números.

Números

Proyecte la lámina y vaya señalando aleatoriamente las diferentes cifras que aparecen en las imágenes para que sus estudiantes digan el número en español. Ponga especial atención en la pronunciación de los diptongos y en los números que suelen presentar más dificultades: 2, 12, 3, 13, 14, 15, 50 y 101.

Seis, doce, tres, trece, uno, catorce, nueve, ocho, diez, siete, once, cinco; veintitrés, ciento dos; catorce; noventa y dos, diecinueve; treinta y nueve; cuarenta y cinco; ochenta y siete; diez; treinta y cinco; veintinueve; cincuenta; ciento uno.

Como actividad complementaria, diga a sus estudiantes que escriban en un papel un número entre el 0 y el 111. Después pídales que se lo muestren a otro estudiante para que diga qué número es. Puede repetir la dinámica varias veces o plantearlo como un concurso por equipos.

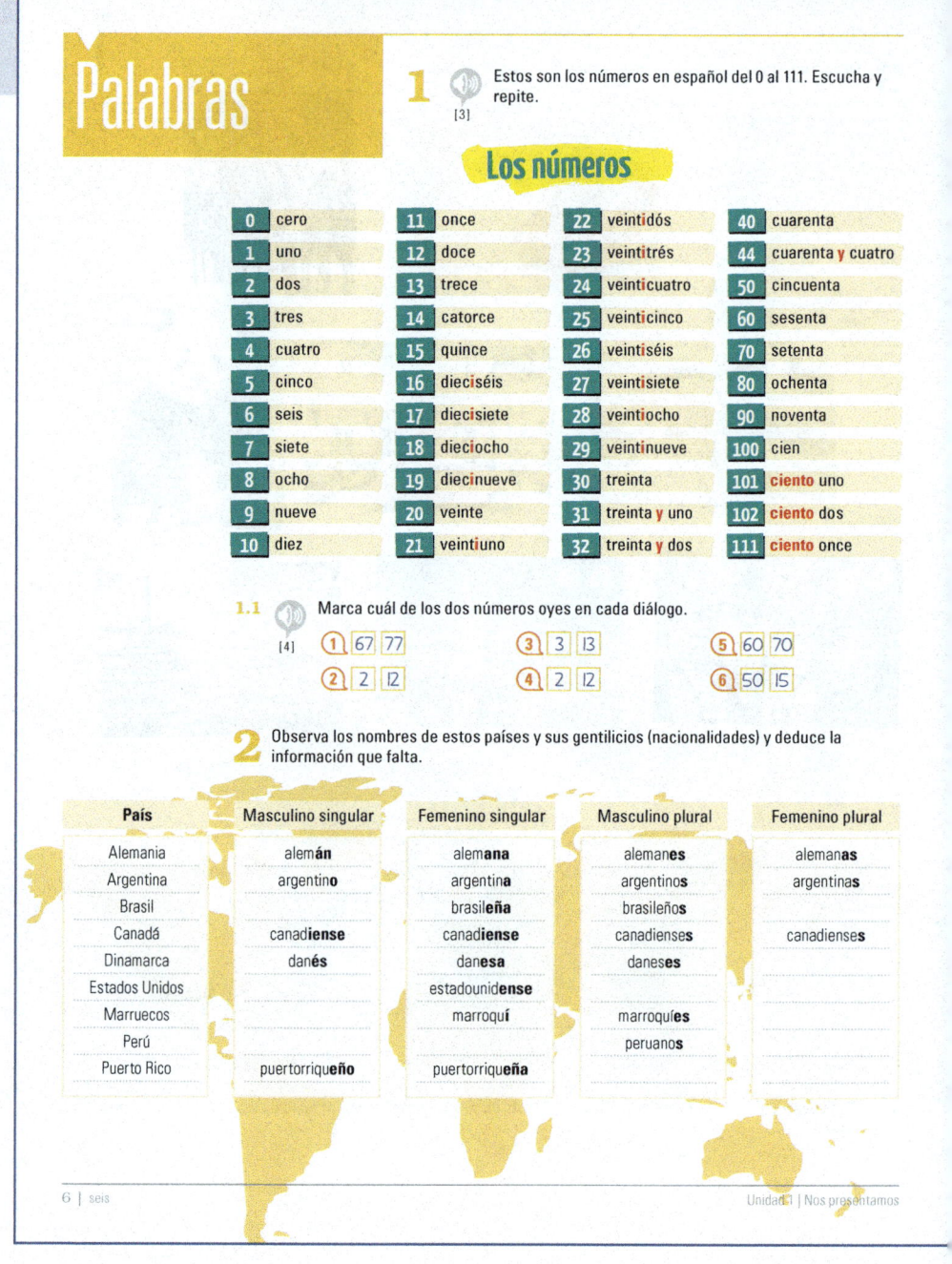

Palabras

1. Estos son los números en español del 0 al 111. Escucha y repite.

Los números

0	cero	11	once	22	veint**idós**	40	cuarenta
1	uno	12	doce	23	veint**itrés**	44	cuarenta **y** cuatro
2	dos	13	trece	24	veint**icuatro**	50	cincuenta
3	tres	14	catorce	25	veint**icinco**	60	sesenta
4	cuatro	15	quince	26	veint**iséis**	70	setenta
5	cinco	16	diec**iséis**	27	veint**isiete**	80	ochenta
6	seis	17	diec**isiete**	28	veint**iocho**	90	noventa
7	siete	18	diec**iocho**	29	veint**inueve**	100	cien
8	ocho	19	diec**inueve**	30	treinta	101	**ciento** uno
9	nueve	20	veinte	31	treinta **y** uno	102	**ciento** dos
10	diez	21	veint**iuno**	32	treinta **y** dos	111	**ciento** once

1.1 Marca cuál de los dos números oyes en cada diálogo.

① 67 77   ③ 3 13   ⑤ 60 70
② 2 12   ④ 2 12   ⑥ 50 15

2 Observa los nombres de estos países y sus gentilicios (nacionalidades) y deduce la información que falta.

País	Masculino singular	Femenino singular	Masculino plural	Femenino plural
Alemania	alem**án**	alem**ana**	aleman**es**	aleman**as**
Argentina	argentin**o**	argentin**a**	argentin**os**	argentin**as**
Brasil		brasil**eña**	brasileñ**os**	
Canadá	canad**iense**	canad**iense**	canadiens**es**	canadiens**es**
Dinamarca	dan**és**	dan**esa**	danes**es**	
Estados Unidos		estadounid**ense**		
Marruecos	marroqu**í**	marroqu**í**	marroqu**íes**	
Perú			peruan**os**	
Puerto Rico	puertorriqu**eño**	puertorriqu**eña**		

1.1. El objetivo de esta actividad es practicar la discriminación de números que tienen una pronunciación próxima. Ponga el audio y pídales que marquen el número del par que se dice.
1. 67; **2.** 2; **3.** 13; **4.** 12; **5.** 70; **6.** 50.
Para consolidar el aprendizaje, puede realizar una actividad oral controlada por parejas para practicar los números. Pídales que se den su número de teléfono real o inventado. Dígales que en español es normal dividir las cifras de teléfono en grupos de dos, por ejemplo: 6 76 17 70 25 ▸ *seis, setenta y seis, diecisiete, setenta, veinticinco*. Si tiene suficiente confianza y lo considera adecuado, puede convertir esta actividad en una tarea significativa si confeccionan una lista telefónica de la clase.

Para trabajar estos contenidos, realice las actividades **1-4**, p. 4 del Libro de ejercicios.

2. Se pide a los estudiantes que deduzcan aquellos gentilicios que faltan en el cuadro a partir de las muestras de lengua que se ofrecen. Explíqueles que deben fijar su atención en las diferentes terminaciones para poder completar el cuadro.
Masculino singular: brasileño, estadounidense, marroquí, peruano; Femenino singular: peruana; Masculino plural: estadounidenses, puertorriqueños; Femenino plural: brasileñas, danesas, estadounidenses, marroquíes, peruanas, puertorriqueñas.

2.1 Clasifica las nacionalidades según su terminación.

-o/-a	-és/-esa	-ano/-ana	-eño/-eña	-án/-ana	-ense	-iense	-í
argentino/a				alem**án**/**ana**			

2.2 **En parejas** Piensa en cinco países más y díselos a tu compañero/a, que tiene que decir el gentilicio (nacionalidad). Puedes consultar el diccionario.

3 **En parejas** ¿Dónde trabajan estas personas? Relaciona las imágenes con las profesiones. Recuerda que, en algunos casos, hay más de una opción válida.

médico/a | recepcionista | camarero/a | cocinero/a | abogado/a
ingeniero/a | enfermero/a | profesor/a | taxista | dependiente/a

cafetería | escuela | tienda | restaurante

hospital | hotel | empresa | taxi

☞ Relacionar imágenes con palabras te ayuda a aprender vocabulario.

3.1 **En parejas** Piensa en otras profesiones y díselas a tu compañero/a. Debe escribir dónde trabajan.
Ejemplo: piloto - en un avión

RAE
LÉXICO
Español de España ▸ camarero/a : *Oiga, por favor, camarero, ¿me puede dar un poco de sal?*
Español de América ▸ mesero/a, mozo/a : *El mesero se marcha y diez minutos después regresa con un vaso…*

2.1. Dígales que se fijen en las terminaciones resaltadas en negrita de la actividad 2 y que clasifiquen las nacionalidades en el lugar que corresponda del cuadro.
-o/-a: argentino/a; -és/-esa: danés/esa; -ano/-ana: peruano/a; -eño/-eña: brasileño/a, puertorriqueño/a; Ø/-a: alemán/ana; -ense: estadounidense; -iense: canadiense; -í: marroquí.

2.2. El objetivo de la actividad es ampliar el léxico relacionado con los países y las nacionalidades. Pídales que piensen en un país y que busquen su gentilicio en un diccionario o en internet. Si no lo encuentran, puede ayudarlos a buscarlo en la web del *Diccionario panhispánico de dudas*. A continuación, en parejas, propóngales que intercambien información sobre los países y gentilicios que han buscado. Si lo cree oportuno, realice la actividad en plenario ampliando la lista de países y gentilicios en la pizarra.

Para trabajar estos contenidos, realice las actividades **5-6**, pp. **4-5** del *Libro de ejercicios*.

3. Agrupe a sus estudiantes en parejas y pídales que observen las imágenes y que las relacionen con las profesiones de las personas que aparecen en ellas. Anímelos a que busquen en el diccionario las palabras del recuadro que no conocen. Recuérdeles que un profesional puede trabajar en varios lugares.
Posible respuesta:
cafetería: camarero/a; **escuela:** profesor/a; **tienda:** dependiente/a; **restaurante:** camarero/a, cocinero/a; **hospital:** médico/a, enfermero/a, recepcionista, camarero/a (los hospitales suelen tener cafetería o restaurante); **hotel:** recepcionista, camarero/a, cocinero/a (los hoteles suelen tener cafetería o restaurante); **empresa:** abogado/a, ingeniero/a, recepcionista; **taxi:** taxista.

3.1. Con esta actividad de ampliación, se pretende que los estudiantes piensen en otras profesiones para relacionarlas con sus correspondientes lugares de trabajo. Si no se les ocurren otras ocupaciones, sugiérales las que se proponen en la clave. Si lo desea, también puede mostrarles fotografías o algún vídeo en que se vea alguna profesión y trabajar ese léxico con apoyo visual. Remítalos al cuadro de la RAE para comentarles las variantes léxicas de la palabra *camarero/a* en el mundo hispanohablante.
Posible respuesta:
piloto/a: en un avión; **policía:** en una comisaría, en la calle; **peluquero/a:** en una peluquería; **cajero/a:** en un supermercado, en un banco…

Para trabajar estos contenidos, realice las actividades **7** y **8**, p. **5** del *Libro de ejercicios*.

Unidad 1

Gramática

1. Explíqueles los pronombres personales de sujeto que se presentan en el recuadro. Si lo cree oportuno, puede ampliar la explicación con el cuadro de la RAE, añadiendo las diferencias entre España e Hispanoamérica: el uso de la segunda persona del singular *vos* en lugar de *tú* en Argentina y en otros países del Cono Sur, así como la sustitución del pronombre *vosotros* por *ustedes* en toda Hispanoamérica y en algunas zonas de España, como Canarias y Andalucía occidental.

1.1. 1. b (tú y yo = nosotros. *Nosotras* no puede ser porque hay un hombre en la foto); **2.** a (ellos, porque en el grupo hay tanto hombres como mujeres); **3.** c (ellas, porque las dos son mujeres).

> Para trabajar estos contenidos, realice la actividad 9, p. 6 del *Libro de ejercicios*.

2. Explíqueles la conjugación de los verbos *llamarse*, *ser*, *tener*, *vivir* y *trabajar* siguiendo las indicaciones del cuadro. Haga hincapié en la irregularidad de los verbos *ser* y *tener*, respectivamente. A continuación explique el significado y funcionamiento de estos verbos y lea con ellos los ejemplos en los que estos aparecen contextualizados. Finalmente, si cree que sus estudiantes tienen nivel suficiente, puede proponerles que transformen los verbos de los ejemplos del singular al plural.

Gramática

1 Pronombres personales de sujeto

	Singular	Plural
1.ª persona	yo	nosotros, nosotras
2.ª persona	tú	vosotros, vosotras
3.ª persona	él, ella, usted	ellos, ellas, ustedes

Usted y *ustedes* son formales y sirven para mostrar respeto o distancia afectiva.

1.1 ¿Con qué pronombre personal relacionas las siguientes imágenes?

- Tú y yo en Europa. ①
- Luisa, Santi, Marcelo, Sandra, Patri y Marcos en la playa. ②
- Carla y Paula en Turquía. ③

a. ellos | b. nosotros | c. ellas

RAE GRAMÁTICA
- En Hispanoamérica y en algunas zonas de España (Canarias y Andalucía occidental) los pronombres *vosotros/as* no se usan; en su lugar, se usa *ustedes*:
  ¿Y ustedes qué comen ahora?
- En Argentina, Uruguay y Paraguay la forma para *tú* es *vos*:
  Me gustaría saber algo de vos.
- En otras partes de Hispanoamérica (México, América Central, Caribe) se usan las formas: *tú*, *usted* y *vos*.

2 Verbos *llamarse, ser, tener, vivir* y *trabajar*: forma y usos

	Llamarse	Ser	Tener	Vivir	Trabajar
yo	me llamo	soy	tengo	vivo	trabajo
tú	te llamas	eres	tienes	vives	trabajas
él, ella, usted	se llama	es	tiene	vive	trabaja
nosotros/as	nos llamamos	somos	tenemos	vivimos	trabajamos
vosotros/as	os llamáis	sois	tenéis	vivís	trabajáis
ellos, ellas, ustedes	se llaman	son	tienen	viven	trabajan

- Para **preguntar y decir el nombre** se usan los verbos *llamarse* y *ser*:
  ▶ *¿Cómo te llamas?*
  ▷ *Me llamo/Soy Ricardo.*

- Para **decir la edad** se utiliza el verbo *tener*:
  Tengo 39 años.

- Para **decir el lugar donde residimos** se usa el verbo *vivir* + *en*:
  Vivo en Roma.

- Para **decir la nacionalidad** se usa el verbo *ser* + adjetivo/*de* + lugar de origen:
  ▶ *¿De dónde eres?*
  ▷ *Soy colombiana, de Barranquilla.*

- Para **decir la profesión** se utiliza el verbo *ser*:
  Soy taxista.

- Para **decir el lugar de trabajo** o de **estudios** utilizamos los verbos *trabajar/estudiar* + *en*:
  Trabajo en un museo.

2.1 Marca los pronombres personales correspondientes a los siguientes verbos.

	Yo	Tú	Él, ella, usted	Nosotros/as	Vosotros/as	Ellos, ellas, ustedes
tenemos						
son						
tengo						
vivís						
te llamas						
trabaja						

2.2 Relaciona la información con la persona correcta.

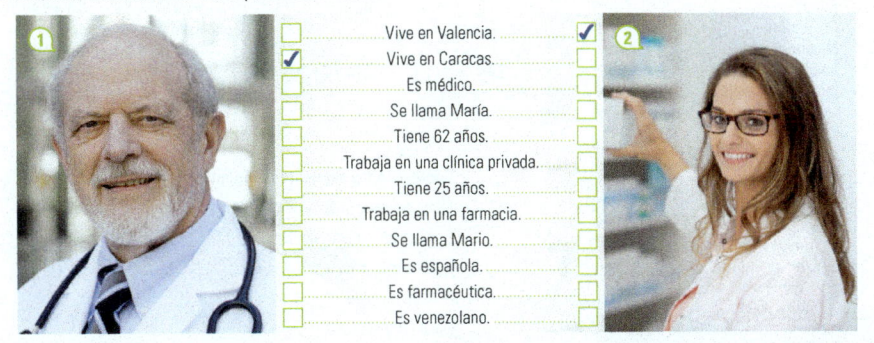

- Vive en Valencia.
- Vive en Caracas.
- Es médico.
- Se llama María.
- Tiene 62 años.
- Trabaja en una clínica privada.
- Tiene 25 años.
- Trabaja en una farmacia.
- Se llama Mario.
- Es española.
- Es farmacéutica.
- Es venezolano.

3 Interrogativos

Para hacer preguntas puedes usar:
- *cómo, dónde, cuántos* + verbo
- *cuál/cuáles* + verbo
- *qué* + verbo/nombre

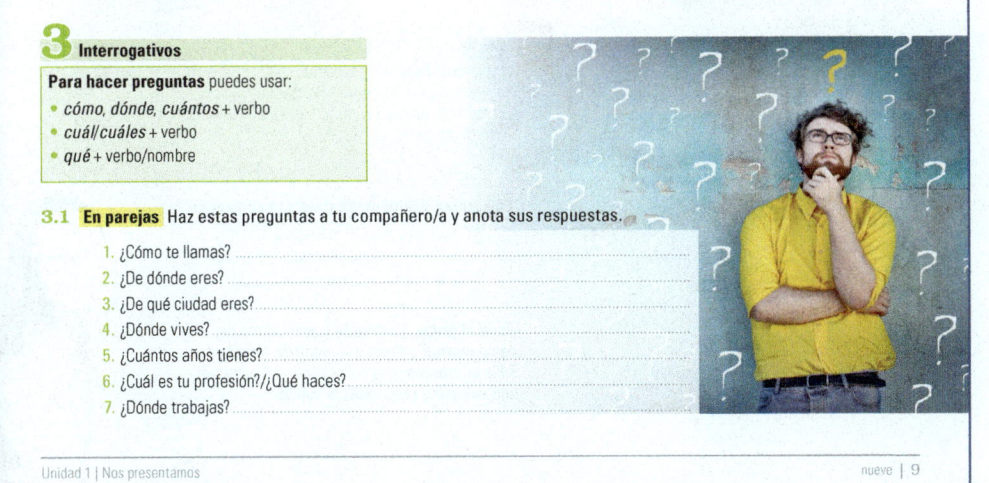

3.1 **En parejas** Haz estas preguntas a tu compañero/a y anota sus respuestas.

1. ¿Cómo te llamas?
2. ¿De dónde eres?
3. ¿De qué ciudad eres?
4. ¿Dónde vives?
5. ¿Cuántos años tienes?
6. ¿Cuál es tu profesión?/¿Qué haces?
7. ¿Dónde trabajas?

2.1. Una vez realizada la actividad, puede continuar con esta dinámica proponiendo a sus estudiantes una batería de formas verbales, a partir de los verbos presentados en la actividad 2 (*llamarse, ser, tener, vivir* y *trabajar*), de la siguiente manera: diga o muestre una tarjeta con la forma *trabajan* y sus estudiantes deben decir *ellos, ellas, ustedes*, y así sucesivamente.
tenemos: nosotros/as; **son:** ellos, ellas, ustedes; **tengo:** yo; **vivís:** vosotros/as; **te llamas:** tú; **trabaja:** él, ella, usted.

2.2. El objetivo de la actividad es que los estudiantes discriminen la información teniendo en cuenta la alternancia de género, así como el contenido que se desprende de las imágenes. Haga que sus estudiantes se fijen en que él es mayor que ella, en que a ella se la ve manipulando medicamentos, en que él lleva un fonendoscopio y en que *española* hace referencia a una mujer. Para la corrección de esta actividad puede usar la **proyección 2**.
1. Vive en Caracas; Es médico; Tiene 62 años; Trabaja en una clínica privada; Se llama Mario; Es venezolano. **2.** Vive en Valencia; Se llama María; Tiene 25 años; Trabaja en una farmacia; Es española; Es farmacéutica.

Mario y María
[2]

Para la corrección de la actividad 2.2, proyecte la lámina y explique la solución haciendo que sus estudiantes se fijen en los diferentes aspectos marcados.

Nombre: *Mario* es un nombre de hombre y *María*, de mujer; **Nacionalidad:** Terminación en *-o* para el masculino (*venezolano*) y terminación en *-a* para el femenino (*española*); **Profesión:** Terminación en *-o* para el masculino (*médico*, no *médica*) y terminación en *-a* para el femenino (*farmacéutica*, no *farmacéutico*). Además, se ve que Mario lleva un fonendoscopio, una herramienta de trabajo propia de las personas que se dedican a la medicina, y que María está manipulando medicamentos, algo habitual en los profesionales de farmacia; **Lugar de trabajo:** La *farmacéutica* trabaja en una *farmacia*. Hágales notar la relación de ambas palabras mediante el lexema *farmac-*; **Edad:** En la imagen se ve que Mario es mayor que María. Por tanto, María, con 25 años, es la de menor edad.

3. Presente los interrogativos siguiendo la explicación del cuadro y aporte algunos ejemplos para explicar su uso. Asimismo, aproveche la ocasión para recordar a sus estudiantes que, en español, los signos de interrogación y exclamación se escriben al comienzo y al final de la frase.

3.1. Esta actividad tiene por objetivo que los estudiantes interaccionen utilizando los interrogativos vistos en la actividad anterior y los verbos presentados en la actividad 2. Si sus estudiantes son todos del mismo país y se conocen, pídales que adopten una personalidad ficticia, que escriban en una ficha sus datos personales y que contesten a las siete preguntas para poder hacer un intercambio de información significativo.

Para trabajar estos contenidos, realice las actividades **10-14**, pp. **6-7** del *Libro de ejercicios*.

Unidad 1

Practica en contexto

1. Actividad de comprensión auditiva en la que, a través de cinco presentaciones, deben completar las fichas de las personas que se presentan con la información que falta. Antes de la escucha, lea con ellos las fichas respectivas y aclare el vocabulario si es necesario. El objetivo de esta actividad es que sus estudiantes pongan en funcionamiento lo aprendido hasta el momento haciendo una presentación completa: nombre, edad, profesión, nacionalidad, lugar de residencia y trabajo. A continuación ponga el audio dos veces y corrija en grupo.
1. Paula, 33 años, Lima; 2. 48 años, ucraniana; 3. cocinero, danés, restaurante; 4. francesa, Burdeos, panadería; 5. Carlos, informático, Barcelona.

1.1. En esta actividad deben completar las preguntas sobre las personas anteriores. Después explique los exponentes que se presentan en la banda lateral para preguntar por otra persona y dar información sobre ella. Dirija su atención al cuadro de la RAE, donde se muestran algunas diferencias léxicas en el campo de las profesiones entre España e Hispanoamérica. Después realice la actividad propuesta en la proyección 3.
1. Se llama Sara; 2. Tiene 40 años; 3. Es informático; 4. Vive en Kiev; 5. Trabaja en una empresa de publicidad.

Presentaciones

Elija a uno de sus estudiantes y pídale que presente a una de las personas que aparecen en la proyección. A continuación escoja a otros estudiantes para que presenten al resto de personas que aparecen.
Posible respuesta:
1. Se llama Sabine, tiene 50 años y es arquitecta. Es alemana, pero vive en Toronto; 2. Se llama Patrick, es estudiante, tiene 14 años, es colombiano y vive en Los Ángeles; 3. Se llama Adelina, es argentina y tiene 39 años. Es médica y vive en Marsella, Francia; 4. Sophia es policía y tiene 32 años. Es británica y vive en Londres; 5. Liulin es chino y es informático. Tiene 25 años y vive en Shanghái; 6. Se llama Kamal. Tiene 33 años y es actor. Vive en Melbourne, pero es indio.

Practica en contexto

1. Escucha estas presentaciones de profesionales y completa la información que falta.

	1	2	3	4	5
Nombre:		Marina	Malthe	Sara	
Edad:			40 años	30 años	27 años
Profesión:	diseñadora gráfica	conductora		panadera	
Nacionalidad:	peruana				mexicano
Lugar de residencia:		Kiev	Madrid		
Lugar de trabajo:	empresa de publicidad	empresa de transporte de viajeros			compañía multinacional

Preguntar y dar información personal
- ¿Cómo se llama?
- ¿Cuántos años tiene?
- ¿De dónde es?
- ¿Dónde vive/trabaja?
- ¿Cuál es la profesión de + nombre?
- Se llama + nombre
- Tiene + edad
- Es + nacionalidad/Es de + país
- Vive/Trabaja/Estudia en + lugar
- Es + profesión

Presentarte
- Me llamo + nombre
- Tengo + edad
- Soy + profesión
- Soy + nacionalidad/Soy de + país/ciudad
- Vivo en + ciudad/país
- Trabajo/Estudio en + nombre de la empresa/lugar de trabajo o estudios

Presentar a otro
- Mira/Mire, este/esta es…
- Te/Le presento a…

Responder a una presentación
- ¡Hola!
- Encantado/a (de conocerte/lo/la).
- Mucho gusto.

1.1 Contesta a las siguientes preguntas.
1. ¿Cómo se llama la panadera? ....
2. ¿Cuántos años tiene Malthe? ....
3. ¿Cuál es la profesión de Carlos? ....
4. ¿Dónde vive Marina? ....
5. ¿Dónde trabaja Paula? ....

RAE LÉXICO
Español de España ▸ conductor, chófer : *Se tarda entre 30 y 40 minutos; indicad al conductor que vais a las ruinas…*
Español de América ▸ chofer : *El chofer mira por el espejo retrovisor a la última pasajera.*

1.2 En parejas Ahora preséntate a tu compañero/a.
Ejemplo: Hola, soy Amelia. Tengo 27 años. Soy argentina, pero vivo en Madrid. Trabajo en una tienda de celulares y soy dependienta.

1.3 Todo el grupo Levántate y presenta a tu compañero/a a otros estudiantes. Responde a las diferentes presentaciones. Ellos tienen que saludar y responder al saludo.

1.2. Pida a sus estudiantes que preparen su propia presentación tomando como modelo las que aparecen en la actividad 1 y en la proyección 3. Antes de comenzar, explique los exponentes que aparecen en la banda lateral y dígales que se apoyen en ellos para realizar la tarea. Cuando vea que ya están preparados, preséntese usted a la clase e invíteles a que hagan lo mismo. Al finalizar, puede ampliar la actividad haciéndoles preguntas sobre la información que han dado los propios estudiantes.
Una alternativa a la actividad es que adopten una personalidad inventada, con nombres y apellidos españoles, y de ciudades y países hispanos. También se puede proponer llevar a clase perfiles de personajes famosos y que adopten uno de ellos para hacer la presentación.

1.3. Tras presentarse a sí mismos en la actividad anterior, pasamos a la práctica de las formas para presentar a otra persona y responder a la presentación. Primero, dígales que se fijen en los exponentes que se dan en la banda lateral y que presenten a uno de sus compañeros. Deberán responder a la presentación interactuando de forma alterna.

2 En parejas
Lee estas tarjetas profesionales y contesta a las preguntas de tu compañero/a.

1)
PSICÓLOGO
Samuel Eduardo Gómez
+34 617 254 457
samuel.gomez@gmail.com
C/ Amparo, 77, 2.º B | 30310 Cartagena

2)
Fisioterapeuta
Margarita Fuentes Escobar
941 27 09 87
Avda. Marqués de la Ensenada, 94
26003 - Logroño
www.clinicasalud.com/es

3)
CAROLINA MONTENEGRO
actriz
contrata@carolina-montenegro.com
Cel. +54 9 15-6863-3557   Tel. +54 11 4309-47010

4)
Kim Wilson
Profesora de inglés
kim.wilson@mail.com
Do you Speak English?
Móv. + 34 784 301 196

5)
Esteban Gil Izquierdo
ABOGADO
Pl. del Mercado, 4, 1.º izq.
37001 - Salamanca
esteban_gil@abogados-asociados.es
www.abogados-asociados.es

Estudiante A
1. ¿Cuál es el móvil de la actriz?
2. ¿Cuál es la dirección del psicólogo?
3. ¿Cuál es el código postal de la fisioterapeuta?
4. ¿Cuál es la dirección de correo electrónico de Kim?
5. ¿Cuál es la profesión de Kim?
6. ¿Cuál es la dirección web del bufete de abogados?
7. ¿Cuáles son los apellidos de Margarita?

Estudiante B
1. ¿Cuál es la página web de la clínica?
2. ¿Cuál es el correo electrónico de Esteban Gil?
3. ¿Cuál es el apellido de la actriz?
4. ¿Cuál es el móvil de la profesora de inglés?
5. ¿Cuál es el código postal de Samuel?
6. ¿Cuál es la profesión de Esteban?
7. ¿Cuál es la dirección de la fisioterapeuta?

Preguntar por datos personales
- ¿Cuál es el móvil/el celular/la dirección/el código postal/el correo electrónico/el sitio web... de...?
- ¿Cuáles son los apellidos de...?

En las tarjetas profesionales pueden aparecer las siguientes abreviaturas y signos:
- C/ › calle
- Av./Avd./Avda. › avenida
- Pl./Plza./Pza. › plaza
- Tfno./Tel./Teléf. › teléfono
- Móv. › móvil
- Cel. › celular
- @ › arroba
- www › uve doble, uve doble, uve doble; doble u, doble u, doble u; tres uves dobles; triple uve doble; triple doble u.
- . › punto
- - › guion, guion medio
- _ › guion bajo, barra baja
- / › barra

Pedir aclaraciones
- ¿Puedes repetir, por favor?
- Más despacio, por favor.
- ¿Cómo se dice en español "@"?
- ¿Qué significa "Pza."?

RAE · LÉXICO
Español de España › móvil : ¿Para qué quieres el móvil? ¿No lees los mensajes?
Español de América › celular : —Voy a llamar por el celular –dijo Richard–. ¡Aj! ¡No hay recepción!

Unidad 1 | Nos presentamos — once | 11

---

2. Antes de realizar la actividad, explique la información de los cuadros que aparecen en la banda lateral sobre abreviaturas y signos frecuentes en las tarjetas profesionales. Puede utilizar la **proyección 4** para focalizar la atención de los estudiantes en las explicaciones.

Abreviaturas y signos
[4]

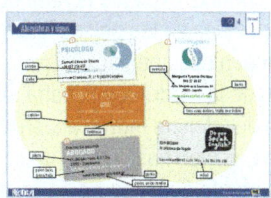

Proyecte la lámina y explique las diferentes abreviaturas y signos que aparecen en ella. Resuelva las dudas de sus estudiantes si fuese necesario. Déjela proyectada mientras realizan la actividad 2.

Agrupe a sus estudiantes en parejas, asígneles un papel (A o B) y pídales que respondan a las preguntas de su compañero/a. Anímelos a que utilicen los exponentes que aparecen en la banda lateral para pedir aclaraciones o repeticiones como estrategia comunicativa. Lea el cuadro de la RAE para seguir aprendiendo las diferencias léxicas entre España e Hispanoamérica. Una vez terminada la actividad, haga reflexionar a sus estudiantes sobre el uso de *cuál* y *cuáles* y los exponentes empleados para preguntar por datos. Como actividad complementaria, pídales que creen su propia tarjeta profesional usando las abreviaturas y signos que han aprendido y la personalidad inventada de la actividad 1.2.

Respuestas estudiante A: 1. www.clinicasalud.com/es; 2. esteban_gil@abogados-asociados.es; 3. Montenegro; 4. +34 784 301 196; 5. 30310; 6. Abogado; 7. Avda. Marqués de la Ensenada, 94.

Respuestas estudiante B: 1. + 54 9 15-6863-3557; 2. C/ Amparo, 77, 2.º B; 3. 26003; 4. kim.wilson@mail.com; 5. Profesora de inglés; 6. www.abogados-asociados.es; 7. Fuentes Escobar.

Unidad 1 | Nos presentamos — 11

Unidad 1

3. El objetivo de esta actividad es que el estudiante se familiarice con los formularios, ya que en su vida diaria es muy probable que se encuentre con modelos similares. Explíqueles que se trata de un modelo textual, físico o digital, donde el usuario debe introducir sus datos personales (nombre, apellidos, dirección, teléfono, etc.) para para que se almacenen y se procesen posteriormente.
   Como dato curioso, explique la nota que aparece sobre los apellidos en los países hispanos: las personas tienen dos apellidos, el primero del padre y el primero de la madre. En España, el orden de los apellidos lo deciden de mutuo acuerdo los propios progenitores, si bien hasta el 30 de junio de 2017 se usaba por defecto el del padre en primer lugar.

4. Pida a sus estudiantes que lean los diálogos y que se fijen en las situaciones de las cuatro fotografías. Anímelos a utilizar el diccionario para resolver las dudas que puedan tener y después haga una puesta en común. Procure no entrar en detalles para no anticipar la actividad siguiente, en la que se analizan los aspectos culturales, los léxico-gramaticales y, especialmente, los pragmáticos del uso de *tú* y *usted*.
   A. 4; **B.** 3; **C.** 1; **D.** 2.

   Deténgase en el cuadro de la RAE, en el que se muestran las diferencias léxicas de la expresión *café solo* entre España y algunos países de Hispanoamérica.

1

Diálogo 1
- Hola, buenos días.
- Buenos días, ¿en qué puedo ayudarle?
- Tengo una cita con el señor Moreno.
- Muy bien, ¿cómo se llama?
- Me llamo Nicolás Ibáñez.
- Un momento, por favor.

Diálogo 2
- Hola, Martín, buenos días. ¿Un café solo y un cruasán como siempre?
- ¡Cómo me conoces! Gracias, Pedro.

Diálogo 3
- Oye, ¿tienes un minuto?
- Sí, claro, dime.
- ¿Qué te parece esta foto para la página web?

Diálogo 4
- ¿Quiere algo de comer?
- Sí, pero no sé qué. ¿Tienen algo sin gluten?
- Por supuesto. Aquí tiene las tartas sin gluten.

RAE — LÉXICO
- Español de España ▸ café solo : *Prefiere un café solo y sin azúcar.*
- Español de República Dominicana y Venezuela ▸ café tinto : *[...] un café tinto en el sitio de costumbre.*
- Español de Argentina ▸ café chico : *A MEDIA MAÑANA: 1 vaso de agua mineral o 1 café chico.*

4.1 ¿Cómo son las situaciones anteriores? Marca con una X si son formales o informales.

	Formal	Informal		Formal	Informal
1.	☐	☐	3.	☐	☐
2.	☐	☐	4.	☐	☐

- Las formas *usted* y *ustedes* se usan para mostrar respeto social o distancia afectiva.
- Cuando el tratamiento es formal, el verbo se utiliza en tercera persona (singular o plural) en lugar de la segunda:
  ¿Cómo se llama (usted)?/¿Cómo te llamas (tú)?

5 Escucha el audio y marca con una X si saludan o se despiden. [6]

	Saludos	Despedidas		Saludos	Despedidas
1.	☐	☐	3.	☐	☐
2.	☐	☐	4.	☐	☐

Saludar
- ¡Hola!/¿Qué tal?/¿Cómo estás?
- Buenos días./Buenas tardes./Buenas noches.

Despedirse
- Adiós (+ buenos días/buenas tardes/ buenas noches).
- Hasta mañana./Hasta luego.

4.1. Con esta actividad se pretende que los estudiantes sean capaces de diferenciar las situaciones formales de las que no lo son. Para ello, pídales que vuelvan a leer los diálogos y deje que lleguen a sus conclusiones antes de presentar la información del cuadro de la banda lateral. Haga una puesta en común y después explique el cuadro. Mencione el uso de *tú* y *usted*, así como el de nombres o de apellidos, el lugar donde se desarrolla la situación, la edad de las personas, el tipo de saludo, etc.
Diálogo 1: Formal (en la recepción de una empresa); **Diálogo 2:** Informal (diálogo en un bar entre un camarero y un cliente habitual); **Diálogo 3:** Informal (una situación de trabajo entre dos compañeros); **Diálogo 4:** Formal (situación en un restaurante entre un camarero y una clienta).

5. Antes de reproducir el audio, explique las formas *usted/ustedes* y su valor, y las fórmulas para saludar y despedirse que se presentan en el cuadro de la banda lateral. A continuación explíqueles que van a escuchar a algunas personas y que tienen que identificar si se saludan o se despiden.
En la conversación 4, aunque la fiesta comienza, el interlocutor, después de agradecer la presencia de los invitados, se despide.
Despedidas: 1, 3, 4; **Saludos:** 2.

Para trabajar estos contenidos, realice las actividades **15-17**, pp. **7-8** del *Libro de ejercicios*.

Unidad 1

Cultura

1. Antes de empezar con la actividad, pregunte a sus estudiantes qué saben del idioma español, qué lugar creen que ocupa en el mundo y en qué países se habla; anote en la pizarra sus respuestas. A continuación pídales que lean el texto para que comprueben sus hipótesis.

2. Pregúnteles qué ciudades conocen del mundo hispano y, después, si saben el nombre de las capitales de los cuatro países destacados en la actividad. Si no las conocen, invítelos a que trabajen en parejas para que hagan la búsqueda en internet.
México: Ciudad de México; **Colombia:** Bogotá; **Argentina:** Buenos Aires; **España:** Madrid.

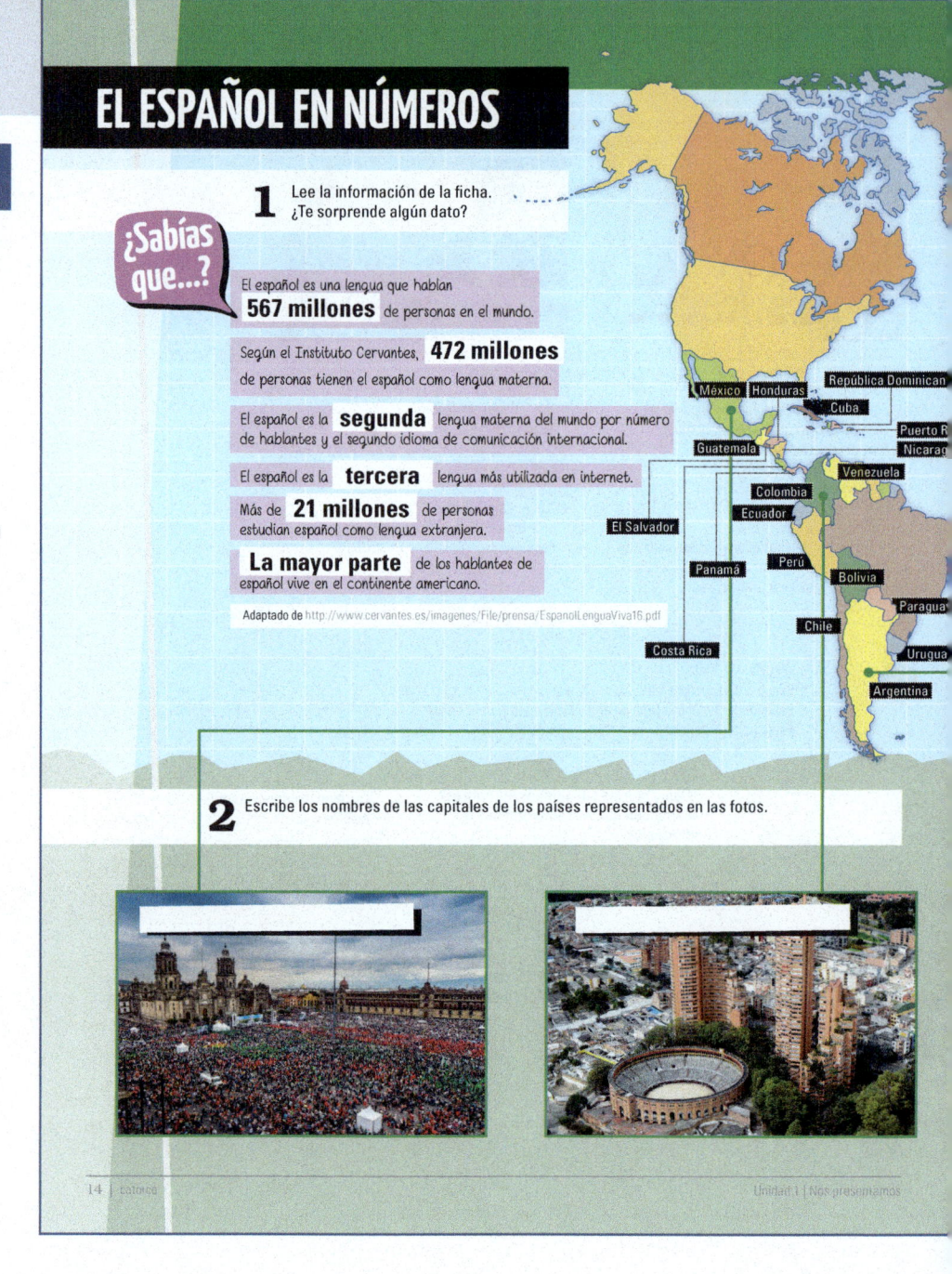

EL ESPAÑOL EN NÚMEROS

1 Lee la información de la ficha. ¿Te sorprende algún dato?

¿Sabías que...?

El español es una lengua que hablan **567 millones** de personas en el mundo.

Según el Instituto Cervantes, **472 millones** de personas tienen el español como lengua materna.

El español es la **segunda** lengua materna del mundo por número de hablantes y el segundo idioma de comunicación internacional.

El español es la **tercera** lengua más utilizada en internet.

Más de **21 millones** de personas estudian español como lengua extranjera.

La mayor parte de los hablantes de español vive en el continente americano.

Adaptado de http://www.cervantes.es/imagenes/File/prensa/EspanolLenguaViva16.pdf

2 Escribe los nombres de las capitales de los países representados en las fotos.

Unidad 1 | Nos presentamos

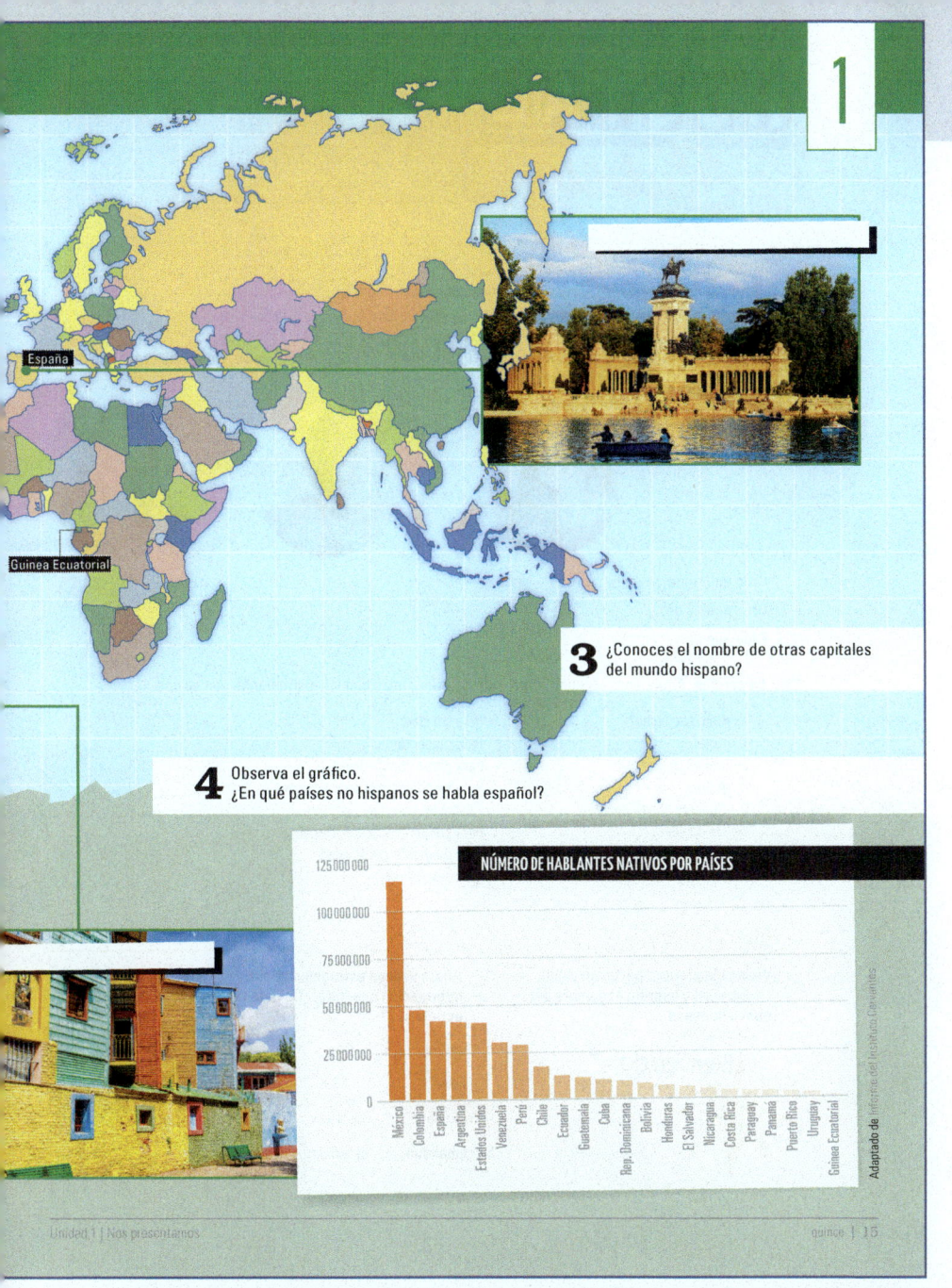

3. Distribuya a la clase en pequeños grupos y haga que trabajen cooperativamente para buscar en internet las capitales de los países donde el español es lengua oficial.
Honduras (Tegucigalpa); Guatemala (Ciudad de Guatemala); El Salvador (San Salvador); Nicaragua (Managua); Costa Rica (San José); Panamá (Ciudad de Panamá); Cuba (La Habana); República Dominicana (Santo Domingo); Puerto Rico (San Juan); Venezuela (Caracas); Ecuador (Quito); Perú (Lima); Chile (Santiago); Bolivia (La Paz); Paraguay (Asunción); Uruguay (Montevideo); Guinea Ecuatorial (Malabo).

4. Antes de dirigir su atención al gráfico, pregunte a sus estudiantes si saben cuáles son los cinco países con mayor número de hablantes nativos de español y si conocen algún país no hispano donde se hable dicha lengua. Luego permítales mirar el gráfico para comprobar sus hipótesis.
Destaque que, en Estados Unidos, por ejemplo, aunque no es un país hispano y el español no es una lengua oficial, hay casi tantos hispanohablantes como en Argentina o en España. Además, explique que en Guinea Ecuatorial el español es lengua oficial junto con el portugués y el francés. Por último, coménteles que Puerto Rico es un Estado Libre Asociado de Estados Unidos y que tiene dos idiomas oficiales: en primer lugar, el español y, en segundo lugar, el inglés.

Para trabajar estos contenidos, realice las actividades **18-20**, p. **9** del *Libro de ejercicios*.

Si lo considera oportuno, puede ampliar la actividad comentando el número de estudiantes de español como lengua extranjera que hay actualmente en el mundo.
Sugiérales que, en grupos, busquen información en internet y hagan un resumen de los países donde más se estudia español. Después cierre la actividad con la pregunta: *¿Cuál es el futuro del español?*

Hay más de 21 millones de personas que estudian español como lengua extranjera. Estados Unidos, Brasil y Francia están a la cabeza en números absolutos. Si nos centramos en Europa, además de Francia, es en Italia, Alemania y Reino Unido donde encontramos mayor número de estudiantes. También destaca en este sentido el aumento de estudiantes de español en el África subsahariana. Los países del área con mayor número de estudiantes de español son Benín, Costa de Marfil, Senegal, Gabón y Guinea Ecuatorial. Además, el porcentaje de población mundial que habla español como lengua nativa está incrementando, mientras que la proporción de hablantes de chino e inglés ha disminuido en los últimos tiempos.

El futuro del español
Se estima que, en 2030, los hispanohablantes seguirán siendo el 7.8 % de la población mundial. Sin embargo, también se prevé que, en 2100, este porcentaje se situará en el 6.6 %, debido fundamentalmente al descenso de la población de los países hispanohablantes. Otro dato interesante es que, en 2060, Estados Unidos será el segundo país hispanohablante del mundo, después de México. El español ya es un idioma global.

Adaptado de https://siele.org/web/blog/espanol-en-el-mundo

Unidad 1 | Nos presentamos

Unidad 1

Vídeo

1. Escriba en la pizarra las palabras *hotel* y *hostal* y, a continuación, pregúnteles por las diferencias que hay entre un tipo de alojamiento y otro. Anime a sus estudiantes a buscar en el diccionario ambas palabras para ver las diferencias. Después pregúnteles por el tipo de personas que creen que suele alojarse en un hostal y corrija en plenario.

   > **Hotel:** Establecimiento de hostelería capaz de alojar con comodidad a huéspedes o viajeros.
   > **Hostal:** Establecimiento hotelero de categoría inferior a la del hotel.

2. Presente a sus estudiantes a las tres protagonistas del hostal Babel que aparecen en las fotografías y anímelos a hacer hipótesis sobre su edad, su nacionalidad y su profesión.

3. 1. e; 2. a; 3. c; 4. h; 5. g; 6. f; 7. b; 8. d.

4. Visione la primera parte del vídeo 00:30 ⏵ 01:40 y pida a sus estudiantes que completen el cartel que ha dibujado Tere con el nombre del nuevo huésped.
   Hugo.

5. Ponga el segundo fragmento del vídeo 01:40 ⏵ 02:42 e indique a sus estudiantes que completen los datos que faltan en la tabla. A continuación pídales que comparen la información con las hipótesis que han hecho en la actividad 2.

Nombre	Bea	Carla	Tere
Edad	33	24	19
Profesión	hostelera	estudiante y moza (camarera)	estudiante
Nacionalidad	española	argentina	española

Vídeo

HOSTAL Babel

¡Bienvenido al hostal Babel!

Antes del vídeo

1 ¿Sabes qué es un hostal? ¿Quién suele alojarse en este lugar?
   a. empresarios   b. estudiantes o gente con poco dinero   c. familias con hijos

2 Estas son las protagonistas de *Hostal Babel*. ¿Cuántos años crees que tienen? ¿De dónde crees que son? ¿Cuáles crees que son sus profesiones?

BEA   CARLA   TERE

Creo que tiene… _____ años   _____ años   _____ años
Creo que es de… _____
Creo que es… _____

3 **En parejas** Aquí tienes algunas frases del episodio. Relaciona las expresiones con su uso.

1. ¿Cómo se llama?   a. Para saludar.
2. ¡Hola!   b. Para presentarse.
3. Este es Hugo.   c. Para presentar a alguien.
4. ¡Adiós!   d. Para responder a la presentación.
5. ¿Cuántos años tienes?   e. Para preguntar por el nombre.
6. ¿De dónde es?   f. Para preguntar por la nacionalidad.
7. Yo soy Carla.   g. Para preguntar por la edad.
8. Mucho gusto en conocerte. h. Para despedirse.

Durante el vídeo

4 Visiona la primera parte del vídeo (00:30 ⏵ 01:40) y escribe el nombre del nuevo huésped.

Bienvenido

5 Ahora visiona el fragmento 01:40 ⏵ 02:42 y completa la información que falta. ¿Coincide con tus respuestas de la actividad 2?

Nombre	Bea	Carla	Tere
Edad	33		
Profesión	hostelera		
Nacionalidad	española		española

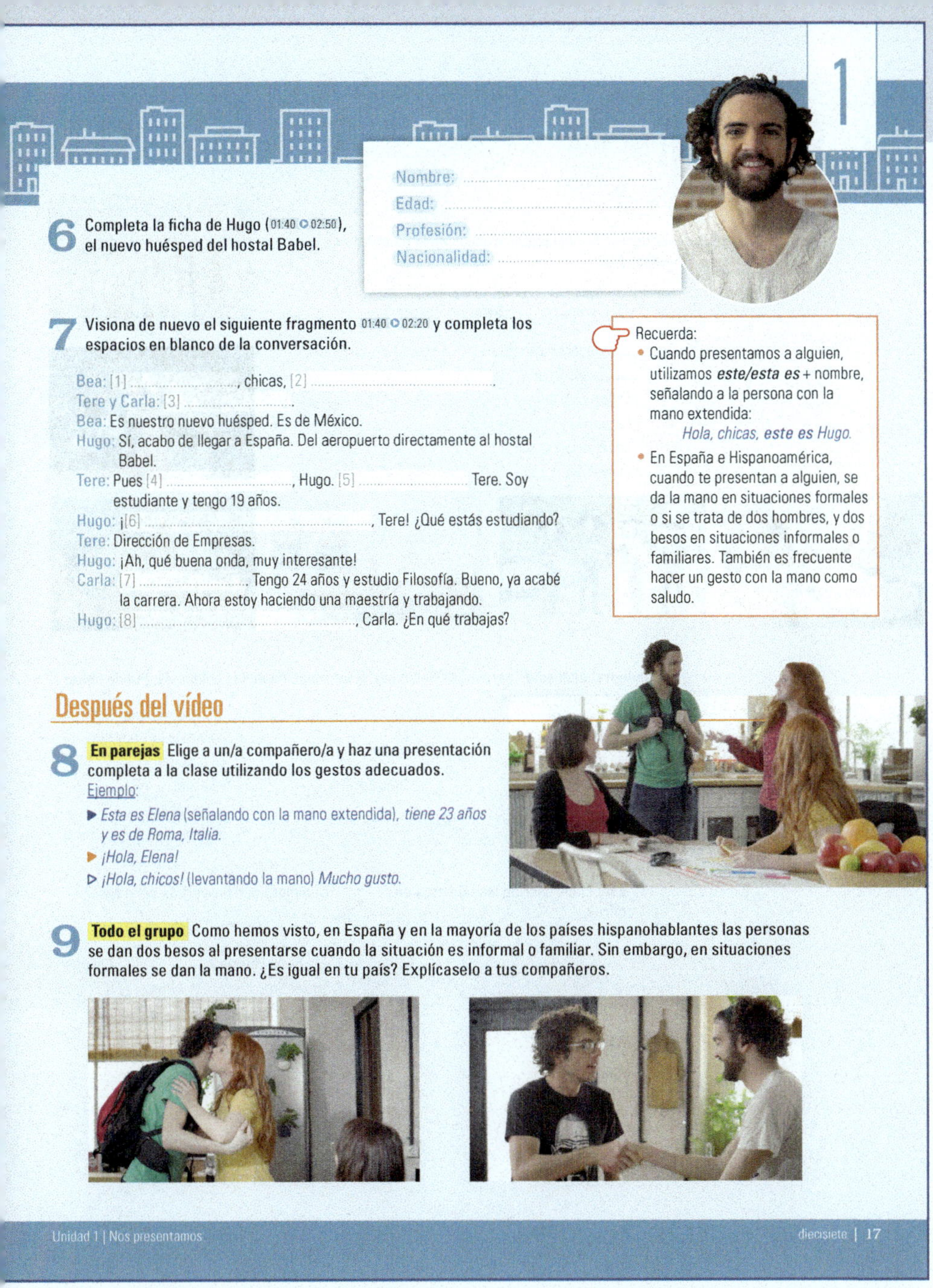

6 Completa la ficha de Hugo (01:40 02:50), el nuevo huésped del hostal Babel.

Nombre: ....
Edad: ....
Profesión: ....
Nacionalidad: ....

7 Visiona de nuevo el siguiente fragmento 01:40 02:20 y completa los espacios en blanco de la conversación.

Bea: [1] ...., chicas, [2] ....
Tere y Carla: [3] ....
Bea: Es nuestro nuevo huésped. Es de México.
Hugo: Sí, acabo de llegar a España. Del aeropuerto directamente al hostal Babel.
Tere: Pues [4] ...., Hugo. [5] .... Tere. Soy estudiante y tengo 19 años.
Hugo: ¡[6] ...., Tere! ¿Qué estás estudiando?
Tere: Dirección de Empresas.
Hugo: ¡Ah, qué buena onda, muy interesante!
Carla: [7] .... Tengo 24 años y estudio Filosofía. Bueno, ya acabé la carrera. Ahora estoy haciendo una maestría y trabajando.
Hugo: [8] ...., Carla. ¿En qué trabajas?

Recuerda:
- Cuando presentamos a alguien, utilizamos *este/esta es* + nombre, señalando a la persona con la mano extendida:
  Hola, chicas, este es Hugo.
- En España e Hispanoamérica, cuando te presentan a alguien, se da la mano en situaciones formales o si se trata de dos hombres, y dos besos en situaciones informales o familiares. También es frecuente hacer un gesto con la mano como saludo.

Después del vídeo

8 **En parejas** Elige a un/a compañero/a y haz una presentación completa a la clase utilizando los gestos adecuados.
Ejemplo:
▸ *Esta es Elena* (señalando con la mano extendida), *tiene 23 años y es de Roma, Italia.*
▸ *¡Hola, Elena!*
▸ *¡Hola, chicos!* (levantando la mano) *Mucho gusto.*

9 **Todo el grupo** Como hemos visto, en España y en la mayoría de los países hispanohablantes las personas se dan dos besos al presentarse cuando la situación es informal o familiar. Sin embargo, en situaciones formales se dan la mano. ¿Es igual en tu país? Explícaselo a tus compañeros.

Unidad 1 | Nos presentamos   diecisiete | 17

---

6. Visione el fragmento en el que Hugo se presenta (01:40 02:50) y, a continuación, pídales que completen la información de la ficha según lo que hayan entendido.
Nombre: Hugo; **Edad:** 20; **Profesión:** estudiante de Veterinaria; **Nacionalidad:** mexicano.

7. Vuelva a reproducir el fragmento y pida a sus estudiantes que completen la información que falta en la transcripción de la conversación. Después recuérdeles el uso de los demostrativos *este/esta* para presentar a alguien, así como los usos y costumbres en las presentaciones formales e informales en España y América que se describen en el cuadro recordatorio. Si lo desea, puede volver a mostrarles el fragmento para ilustrar las explicaciones presentadas en el cuadro. Una vez terminada la actividad, ponga el vídeo completo.
1. Hola; 2. este es Hugo; 3. ¡Hola!; 4. encantada; 5. Soy; 6. Mucho gusto en conocerte; 7. Yo soy Carla; 8. Mucho gusto en conocerte.

8. Antes de realizar la actividad, pida a sus estudiantes que observen la foto. Haga que se fijen en el gesto que hace Bea para presentar a Hugo. Después lea con sus estudiantes el diálogo del ejemplo interpretándolo con gestos y, a continuación, pídales que elijan a un compañero de la clase para hacer lo mismo. Haga hincapié en la gestualidad tanto de la persona que presenta a alguien como de las personas que responden al saludo.

9. Para terminar, anime a sus estudiantes a que expliquen cómo son las presentaciones formales e informales en sus países.

Unidad 1

Evaluación

1. **1.** mexicanos; **2.** estadounidense; **3.** español; **4.** uruguaya; **5.** rusas; **6.** japonés.

2. **1.** b; **2.** a, e; **3.** b, c; **4.** e; **5.** b, d.

3. 12, 94, 11, 6, 63, 84, 76, 2, 49, 14, 1, 19, 71, 55, 28, 16.
[7]

4. **1.** tengo; **2.** soy; **3.** tiene, tiene; **4.** son; **5.** somos; **6.** tienen; **7.** es.

Evaluación

1 Completa las siguientes frases con la palabra adecuada.

| japonés | rusas | estadounidense |
| uruguaya | mexicanos | español |

1. Los mariachis son…
2. La Coca-Cola es…
3. El flamenco es…
4. La parrilla es…
5. Las matrioskas son…
6. El *sushi* es…

2 ¿Dónde trabajan estas personas? Relaciona la información de las columnas. Puede haber más de una opción válida.

1. Una médica
2. Una abogada
3. Un fisioterapeuta
4. Una ingeniera
5. Un farmacéutico

trabaja en

a. un bufete de abogados.
b. un hospital.
c. un espá.
d. una farmacia.
e. una empresa multinacional.

3 Escucha y escribe los números en cifras.
[7]

12

4 Completa con los verbos *ser* o *tener*.

1. Me llamo Patricia y .... 22 años.
2. ¡Hola! Yo .... Alfredo, ¿y tú?
3. Mónica no .... 30 años, ... 29.
4. Justin y Daniel .... ingleses.
5. Tú y yo .... españoles.
6. Marga y Luis .... una cafetería en el centro.
7. Carolina .... de Ciudad de México.

18 | dieciocho — Unidad 1 | Nos presentamos

5 Completa las frases con el interrogativo adecuado.

1. ¿............... años tiene Juan?
2. ¿............... es la profesión de Walter?
3. ¿............... vivís Mercedes y tú?
4. ¿De .... ciudad eres?
5. ¿............... se llama usted?
6. ¿............... es el número de teléfono de la escuela?

6 Relaciona las preguntas con las respuestas.

1. ¿De dónde eres?
2. ¿Cuál es tu correo?
3. ¿Dónde vives?
4. ¿Cómo te llamas?
5. ¿Cuál es tu número de teléfono?
6. ¿Qué lenguas hablas?
7. ¿Cuál es tu profesión?
8. ¿Cuántos años tienes?

a. Treinta y siete.
b. Juan.
c. 676 54 32 10.
d. Español, inglés y francés.
e. De Guatemala.
f. Soy médico.
g. juanperez@mail.es
h. En España.

7 Piensa en una persona famosa y escribe la siguiente información sobre ella.

- ¿Cómo se llama?
- ¿De dónde es?
- ¿Cuántos años tiene?
- ¿Cuál es su profesión?
- ¿Dónde vive?

8 ¿Cuáles de estas palabras conoces? ¿Existen en tu lengua?

☐ café   ☐ aeropuerto ☐ móvil
☐ taxi   ☐ estación   ☐ cine
☐ banco   ☐ biblioteca ☐ tren
☐ teatro
☐ menú

Comparar palabras del español con palabras de otras lenguas te puede ayudar a reconocer su significado.

9 Escucha y escribe las siguientes letras. Después ordénalas para descubrir el nombre del país.
[8]

1. ☐☐☐☐☐☐☐☐☐ ▸ ....
2. ☐☐☐☐☐☐☐ ▸ ....
3. ☐☐☐☐☐☐☐☐ ▸ ....
4. ☐☐☐☐ ▸ ....
5. ☐☐☐☐☐☐☐☐ ▸ ....

10 Clasifica los países de la actividad anterior en la zona de América que les corresponde. Luego completa las zonas con otros países de América donde se habla español.

- América Central ....
- América del Sur ....
- Caribe ....

Unidad 1 | Nos presentamos   diecinueve | 19

---

5. 1. Cuántos; 2. Cuál; 3. Dónde; 4. qué; 5. Cómo; 6. Cuál.

6. 1. e; 2. g; 3. h; 4. b; 5. c; 6. d; 7. f; 8. a.

7. Respuesta abierta.

8. Respuesta abierta.

9. 1. LUEZVEANE ▸ Venezuela; 2. VALIBIO ▸ Bolivia; 3. SARDUHNO ▸ Honduras; 4. BUAC ▸ Cuba; 5. YUARAGPA ▸ Paraguay.
[8]

10. **América Central:** Honduras, Nicaragua, Guatemala, El Salvador, Panamá, Costa Rica; **América del Sur:** Venezuela, Bolivia, Paraguay, Uruguay, Argentina, Chile, Colombia, Perú, Ecuador; **Caribe:** Cuba, República Dominicana, Puerto Rico.

> México, el país con mayor número de hispanohablantes del mundo, está en América del Norte.

Unidad 2

2 Mi casa, mi barrio

¿Cómo es tu barrio, moderno o antiguo?

¿Tu barrio está en una ciudad grande o pequeña?

¿Vives en el centro de la ciudad o a las afueras?

¿Vives en una casa o en un piso?

Mi casa, mi barrio

Pregunte a sus estudiantes si reconocen la foto principal y si saben de qué ciudad se trata. Si no lo saben, acláreles que es la Gran Vía de Madrid, una de las calles más famosas y populares del centro de la ciudad. En la imagen se ve la estación de metro de Callao, uno de los lugares más concurridos de Madrid. Si alguno reconoce la calle, anímelo a que les cuente a sus compañeros qué hay y que se puede hacer en ella *(ver un musical, ir al cine, comprar ropa y libros, comer, pasear, hacer fotos...).* A continuación explíqueles el significado de la palabra *barrio* y después hágales las preguntas propuestas con el fin de motivarlos y activar sus conocimientos previos sobre el tema.

Si lo desea, puede añadir otros conceptos relacionados con la vivienda como *pueblo* o *casa de pueblo*, apoyándose en las fotos de menor tamaño y preguntándoles si en su país hay más pueblos o más ciudades.

En esta unidad vas a...

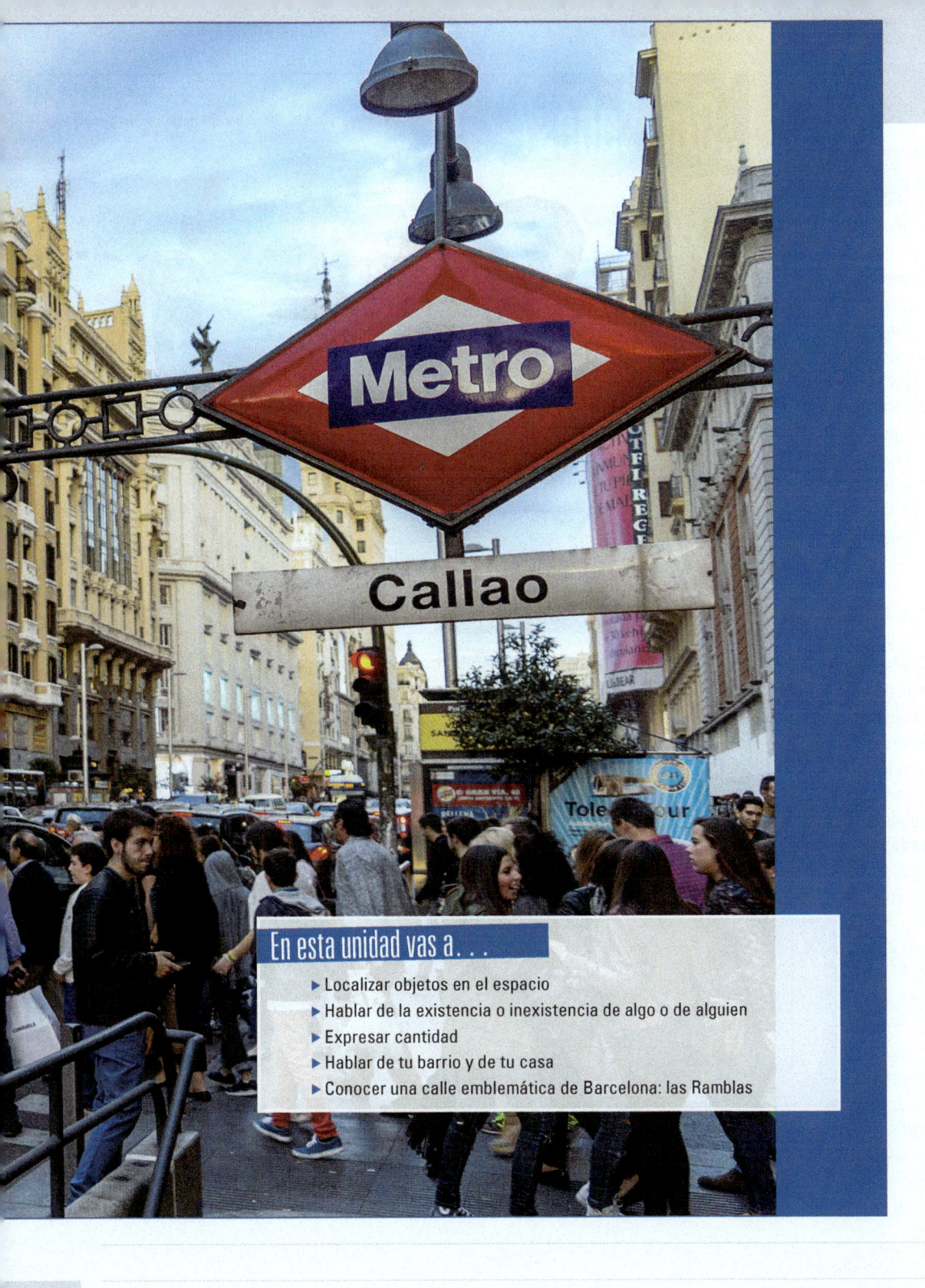

- Localizar objetos en el espacio
- Hablar de la existencia o inexistencia de algo o de alguien
- Expresar cantidad
- Hablar de tu barrio y de tu casa
- Conocer una calle emblemática de Barcelona: las Ramblas

Unidad 2

¿Qué sabes?

1. Antes de llevar a cabo la interacción oral, dirija la atención de sus estudiantes a las imágenes relacionando los lugares del barrio que aparecen con las acciones que se representan *(comer en un restaurante, llevar a los niños al colegio, correr por el parque, comprar el pan en una panadería, circular por el carril bici, hacer la compra en el supermercado, ir al hospital, ir a estudiar en metro...)*. A continuación pídales que añadan otros lugares públicos que suele haber en un barrio típico de su ciudad y que los comparen con los que aparecen en la actividad, para ver las diferencias. Por ejemplo, no en todos los barrios hay un hospital y no todas las ciudades tienen metro o carriles bici.

2. En esta actividad se presenta el léxico relacionado con los tipos de vivienda más comunes en España. Pídales que realicen la actividad en parejas sin mirar el diccionario, intentando adivinar el significado de las palabras propuestas observando las imágenes. Dirija la atención de los estudiantes al cuadro de la RAE, en el que se reseñan algunas diferencias léxicas entre España e Hispanoamérica en este campo léxico con sus ejemplos correspondientes. Después permita que comparen el resultado con otra pareja y deles la oportunidad de rectificar sus respuestas si lo necesitan. Luego corrija en plenario.
1. chalé adosado (propio de las afueras de una ciudad); **2.** casa baja (propia de los pueblos y de barrios antiguos en algunas ciudades españolas); **3.** casa con jardín y piscina (generalmente fuera de las ciudades y para personas de alto poder adquisitivo); **4.** casa con patio (generalmente en la mitad sur de España); **5.** edificio de pisos (principalmente en ciudades y pueblos grandes); **6.** urbanización (mayoritariamente en las afueras de las ciudades y en zonas de nueva construcción; la urbanización no es propiamente un tipo de vivienda, sino una zona residencial construida con una planificación determinada).

2.1. En este caso, el objetivo es que los estudiantes practiquen el vocabulario adquirido en la actividad anterior describiendo el tipo de vivienda en el que residen. Para facilitarles la tarea, escriba en la pizarra *Yo vivo en un/a…* Puede pedirles que muestren fotos de su casa a sus compañeros. Una vez terminada la actividad, reflexione con ellos sobre las diferencias que existen entre los tipos de vivienda en España y los de su país. Puede hacerles preguntas como:
- *¿Qué tipo de vivienda es más frecuente en tu país?*
- *¿Hay algún tipo de vivienda español que no existe allí? ¿Cuál?*
- *¿Hay algún tipo de vivienda típico de tu país que no existe en España?*

RAE LÉXICO

Español de España ▸ apartamento/piso:
Gloria quiere vender el piso en el que ha vivido toda su vida para irse al extranjero a trabajar.
Español de América ▸ departamento:
Laura y Consuelo, jóvenes que comparten departamento.

Español de España ▸ piscina:
La urbanización dispone de zonas comunes con jardines, piscinas y pistas de pádel.
Español de México ▸ alberca:
Una casa inmensa, terraza con vista a la playa, alberca y un piso con sala de estar.
Español de Argentina ▸ pileta:
Por ejemplo, nunca meterse en la pileta sin avisar a los mayores.

2.1 Todo el grupo ¿Hay viviendas similares en tu país? ¿En qué tipo de casa vives? Busca una imagen y enséñasela al resto de la clase.

Unidad 2 | Mi casa, mi barrio

Unidad 2

Palabras

1. Con esta actividad se presenta el léxico principal relacionado con la vivienda a través de dos anuncios inmobiliarios. Antes de empezar, pregunte a sus estudiantes qué creen que es más frecuente en España: la compra o el alquiler de la vivienda. Después explíqueles que van a leer dos anuncios de alquiler en un portal inmobiliario a los que les faltan algunas palabras relacionadas con el tipo de vivienda, las partes de la casa, algunos muebles y electrodomésticos, y otros elementos comunes del edificio. A continuación distribuya a los estudiantes en parejas y pídales que busquen en el diccionario las palabras extraídas de los textos. Por último, deberán completar los anuncios con las palabras. No dé todavía la solución de esta actividad, ya que proponemos corregirla con el audio de la actividad siguiente. Presente el cuadro de la RAE y comente las diferencias que hay entre el español de España e Hispanoamérica en este campo léxico. Si lo cree conveniente, puede pedirles que utilicen la variante hispana para que se familiaricen con ella.

1.1. Antes de poner el audio, explíqueles que van a escuchar la información que dos agentes inmobiliarios han dado a dos clientes para comentarles las dos ofertas que les pueden interesar: la del piso en la calle Viriato y la del chalé en la urbanización Miramar. A continuación ponga el audio para que comprueben las respuestas de la actividad 1.
Después haga una puesta en común y aproveche para resolver las dudas que hayan podido surgir respecto a las palabras de los anuncios.
Si lo desea, puede preguntarles si el precio de las viviendas es similar a los precios de alquiler de su país.
Anuncio A: 1. Piso; **2.** dormitorios; **3.** baño; **4.** ascensor; **5.** Nevera; **6.** Calefacción;
Anuncio B: 1. chalé; **2.** salón-comedor; **3.** garaje; **4.** armarios; **5.** sillas; **6.** microondas.
Antes de continuar, puede hacer las actividades de ampliación de vocabulario que se presentan en las proyecciones 5a y 5b.

Palabras

1 **En parejas** Lee la información de estos anuncios de alquiler y complétalos con las palabras de la tabla. Puedes usar el diccionario.

Tipo de vivienda	Partes de la casa	Muebles	Electrodomésticos	Otros
chalé	baño	armarios	microondas	garaje
piso	dormitorios	sillas	nevera	calefacción
	salón-comedor			ascensor

A CALLE VIRIATO
965 €/mes
65 m² | 2.º piso
Alquiler

[1] _____ de 65 m², exterior, muy céntrico y luminoso. Dos [2] _____, salón, cocina, [3] _____ y tres balcones. Sin amueblar.

Características
Edificio
• Cuatro plantas. • Sin [4] _____.
Equipamiento
• Cocina de gas. • Aire acondicionado.
• [5] _____. • [6] _____ central.
• Lavadora.

B URBANIZACIÓN MIRAMAR
790 €/mes
125 m²
Alquiler

Precioso [1] _____ de 125 m². Dos plantas, vistas al mar, primera línea de playa. Tiene tres dormitorios, [2] _____, cocina, dos baños, terraza de 35 m² y [3] _____ para dos coches.

Equipamiento
• Muebles: camas, [4] _____, dos sofás, sillón, televisión, mesa y [5] _____.
• Aire acondicionado.
• Cocina equipada: cocina eléctrica, nevera, lavadora, lavavajillas, horno y [6] _____.

RAE LÉXICO
Español de España › dormitorio/habitación :
Una cocina de considerables dimensiones, un cuarto de baño y tres dormitorios perfectamente amueblados.
Español de América › recámara : *Alrededor del patio están las recámaras, la sala-comedor y la cocina.*
Español de España › salón : *El salón es espacioso y [está] amueblado con refinamiento.*
Español de América › living : *Toman el café recién preparado en el living.*
Español de España › nevera/frigorífico :
Junto a la nevera abierta, Ángela llena un vaso de agua con un botellón de agua de cinco litros.
Español de América › heladera : *Marta abre la heladera y saca la leche.*
Español de España › lavadora : *Hay que hacer compra, preparar a los niños para el colegio, poner lavadoras, planchar...*
Español de América › lavarropas :
Para la ropa, blanqueadores, desmanchadores y los detergentes baja espuma para los lavarropas automáticos.

1.1 Escucha a estos agentes inmobiliarios y comprueba tus respuestas.
[9]

Las partes de la casa y el mobiliaro
[5a]
[5b]

Proyecte la lámina 5a para fijar el léxico relacionado con las partes de la casa que han visto en los anuncios, pero esta vez apoyándose en la imagen del plano de una vivienda. Luego deles una copia de la lámina 5b y dígales que, en parejas, escriban el nombre de los objetos y muebles de la casa que aparecen señalados con un número. Antes de corregir la actividad, pídales que comparen su lámina con la de otra pareja y que anoten las palabras que no tengan. Corrija la actividad en plenario.
1. lámpara; **2.** mesilla; **3.** cama; **4.** ventana; **5.** estantería; **6.** armario; **7.** ducha; **8.** toalla; **9.** espejo; **10.** lavabo; **11.** váter o inodoro; **12.** ordenador; **13.** escritorio; **14.** silla de escritorio; **15.** papelera; **16.** librería; **17.** televisión; **18.** reloj; **19.** aire acondicionado; **20.** sillón; **21.** escalera; **22.** mesa; **23.** silla; **24.** frigorífico/nevera; **25.** (horno) microondas; **26.** armario de cocina; **27.** cocina.

2 **En parejas** Observa las imágenes, lee las palabras y describe estos barrios.

residencial | céntrico | moderno | tranquilo | antiguo | ruidoso

Ejemplo: El barrio de la foto 1 es…

3 **En parejas** Mira el plano de este barrio y haz una lista de los edificios y de los establecimientos que hay. Puedes usar el diccionario si no sabes su significado. Trabaja con tu compañero/a.

3.1 **Todo el grupo** ¿Qué hay en tu barrio? ¿Qué no hay?

Ejemplo: En mi barrio hay dos cafeterías, un supermercado, una farmacia y una parada de autobús, pero no hay centro de salud.

RAE **LÉXICO**
Español de España y América › supermercado : *Quiero ir a un supermercado para conseguir algunas provisiones.*
Español de Venezuela › automercado : *Carmen de López estaba haciendo sus compras en el automercado San Diego de la Zona Industrial.*

Unidad 2 | Mi casa, mi barrio   veinticinco | 25

---

2. El objetivo de esta actividad es dotar a sus estudiantes de algunos adjetivos básicos para que sean capaces de describir, en líneas generales, cómo es su barrio. Para ello, presente los adjetivos propuestos y resuelva las dudas que puedan tener. A continuación agrúpelos en parejas y pídales que piensen en los adjetivos que pueden caracterizar los barrios representados en las fotos. Avíseles de que puede haber más de una solución.
Posible respuesta:
1. céntrico, moderno, ruidoso; **2.** residencial, tranquilo; **3.** céntrico, tranquilo, antiguo.

3. En esta actividad se introduce el léxico relacionado con el barrio. Para ello, se presenta una ilustración con los nombres de los edificios y establecimientos más comunes y otros elementos relacionados con el transporte y el urbanismo. Individualmente, los estudiantes deberán escribir una lista de los establecimientos y edificios que aparecen.
Centro comercial, farmacia, banco, tienda, centro de salud, colegio, supermercado, aparcamiento, parque, cafetería, gimnasio, parada de autobús, estación/boca de metro.

3.1. Una vez realizada la actividad 3, déjeles un poco de tiempo para que ordenen la información y, a continuación, pídales que cuenten al grupo lo que hay en su barrio y lo que no. Para facilitarles la tarea, escriba en la pizarra *En mi barrio hay un/a…* y, debajo, *En mi barrio no hay…* Si lo desea, puede pedirles que busquen su barrio en Google Maps para ayudarlos a recordar lo que hay y para ilustrar su descripción. Si cuenta con un proyector y un ordenador o con una pizarra digital, pueden describir su barrio con estos medios ante el resto de la clase a modo de presentación. Muéstreles el cuadro de la RAE para seguir aprendiendo las variantes léxicas del español de España e Hispanoamérica en este campo léxico. Para terminar, puede preguntarles si el barrio que se presenta en la actividad 3 es similar a los barrios de su país.

Para trabajar estos contenidos, realice las actividades **1-8**, pp. **10-11** del *Libro de ejercicios*.

Unidad 2

Gramática

1. Explique el género y el número de los nombres y los adjetivos siguiendo las explicaciones del cuadro. Puede ampliar en la pizarra los ejemplos de cada apartado si lo considera oportuno, destacando las excepciones resaltadas en los cuadros de atención y los cambios ortográficos de algunos nombres y adjetivos como *lápiz- lápices* o *feliz-felices*, así como los cambios de acentuación en el plural en nombres como *habitación- habitaciones*. Antes de realizar la actividad 1.1, utilice la proyección 6 para practicar este contenido.

El género de los nombres
[6]

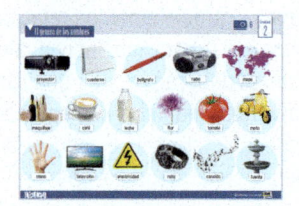

Proyecte la lámina y señale los distintos objetos para que digan su género. Llame su atención sobre las excepciones y las palabras terminadas en *-e* y *-aje*, así como las terminadas en *-ción, -sión* y *-dad*. Como actividad de ampliación, puede pedirles que formen también los plurales de esas mismas palabras. Aproveche para solucionar las dudas que puedan tener.
Masculino: proyector, cuaderno, bolígrafo, mapa, maquillaje, café, tomate, reloj; **Femenino:** radio, leche, flor, moto, mano, televisión, electricidad, canción, fuente.

1.1. Para hacer más lúdica la actividad, puede escribir los siguientes términos en la pizarra: *masculino singular, masculino plural, femenino singular, femenino plural*. A continuación explique a sus estudiantes que va a decir una palabra y que ellos deberán levantarse y señalar la opción correcta en la pizarra. Anote el nombre de estos estudiantes y dé una recompensa (un aplauso, por ejemplo) a quien haya acertado más.
Masculino: apartamento, garaje, piso, sofá, idioma, restaurante, caballo; **Femenino:** madre, habitación, ciudad, televisión, calefacción; **Plural:** apartamentos, garajes, pisos, sofás, idiomas, restaurantes, caballos, madres, habitaciones, ciudades, televisiones, calefacciones.

Gramática

1 Género y número de los nombres y los adjetivos

- Género **masculino**
  - Nombres terminados en *-o*: apartamento, niño, lavabo...
  - Nombres terminados en *-aje*: garaje, viaje...

  Excepciones: la mano, la foto, la moto, la radio...

- Género **femenino**
  - Nombres terminados en *-a*: casa, niña, computadora...
  - Nombres terminados en *-ción, -sión, -dad*: estación, televisión, nacionalidad...

  Excepciones: el día, el problema, el idioma, el tema, el sofá...

- Los nombres referidos a **personas y animales** generalmente tienen los dos géneros: niño/niña, gato/gata...
- Hay nombres que usan **palabras diferentes** para el masculino y el femenino: hombre/mujer, padre/madre, caballo/yegua...
- Los nombres que se refieren a **cosas** tienen **un solo género**: el libro, la casa...
- Los nombres terminados en **consonante** o en *-e* pueden ser masculinos o femeninos: el lápiz, la pared, el puente, el restaurante, el coche, la fuente, la noche, la calle...
- Formación del **plural**
  - Cuando el nombre termina en vocal, se añade *-s*: piso ▸ pisos; gato ▸ gatos
  - Cuando el nombre termina en **consonante**, se añade *-es*: móvil ▸ móviles; televisión ▸ televisiones

  Fíjate: lápiz ▸ lápices

- Los **adjetivos concuerdan** en género y número **con el nombre** al que acompañan: un barrio bonito/una tienda moderna/unos apartamentos céntricos/unas casas ruidosas...
- Los adjetivos terminados en **consonante** o en *-e* no varían en el género: interesante, agradable, dulce, difícil, fácil, útil...: el libro es interesante/la película es interesante...

1.1 Clasifica estos nombres en su lugar correspondiente de la tabla. Después escribe el plural.

apartamento | madre | habitación | ciudad | televisión | garaje | piso | sofá | idioma | calefacción | restaurante | caballo

Masculino	Femenino	Plural

1.2 Escribe un nombre para cada uno de los siguientes adjetivos.

Ejemplo: *piso* moderno
1. .... interesante
2. .... buenas
3. .... útil
4. .... luminoso
5. .... agradable
6. .... fácil
7. .... céntrico
8. .... tranquilos

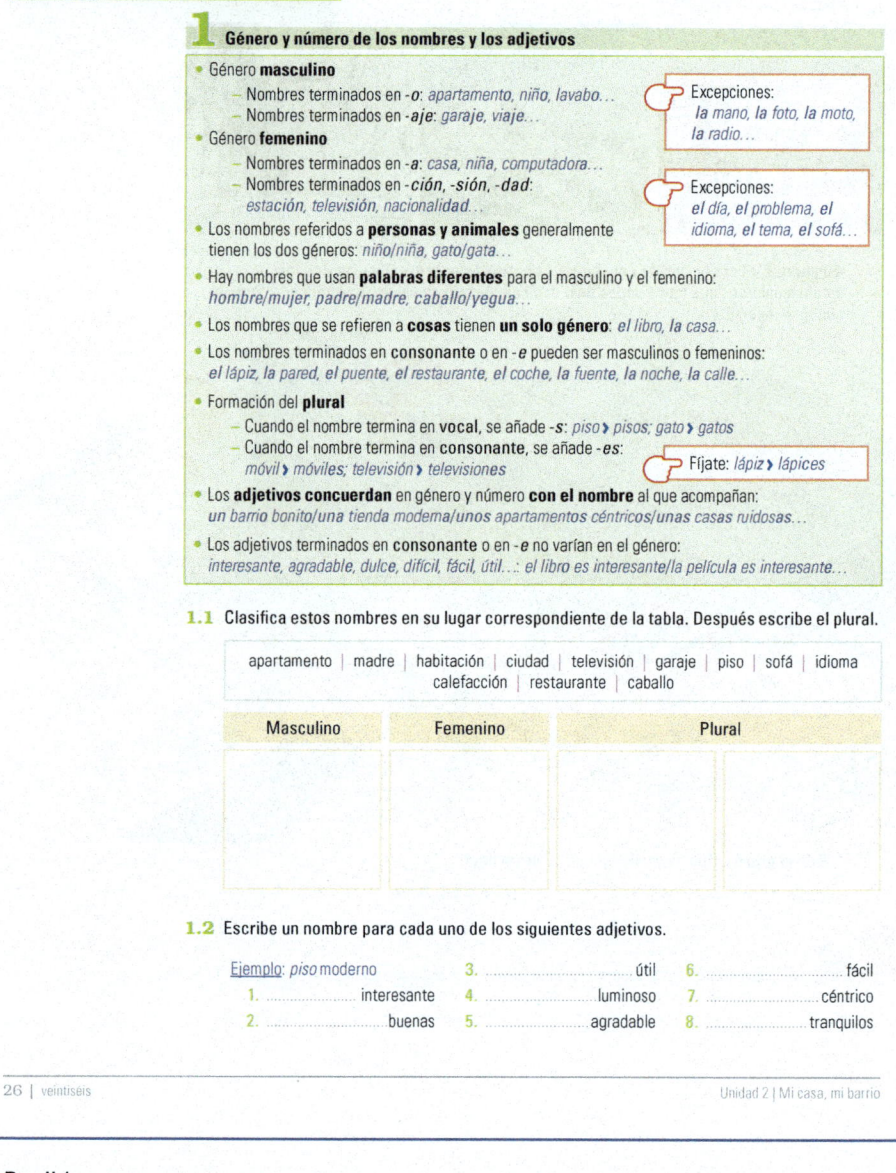

1.2. Posible respuesta:
1. libro interesante; **2.** tiendas buenas; **3.** diccionario útil; **4.** apartamento luminoso; **5.** restaurante agradable; **6.** idioma fácil; **7.** piso céntrico; **8.** barrios tranquilos.

> Para trabajar estos contenidos, realice las actividades **9-13**, p. **12** del *Libro de ejercicios*.

2 Artículo indeterminado y artículo determinado

En español hay dos artículos:

	Indeterminado		Determinado	
	Masculino	Femenino	Masculino	Femenino
Singular	un restaurante	una cafetería	el restaurante	la cafetería
Plural	unos restaurantes	unas cafeterías	los restaurantes	las cafeterías

- Sirve para hablar **por primera vez** de un nombre que es desconocido por nuestro interlocutor:

    Tengo un apartamento en Ibiza.

- Sirve para hablar de un nombre **ya conocido** por el interlocutor:

    El apartamento tiene dos dormitorios.

2.1 Escribe los artículos adecuados delante de cada nombre.

un	/	el	bolígrafo		/		relojes		/		coche
unas	/	las	mesas		/		madre		/		fuentes
	/		días		/		problemas		/		calle
	/		calefacción		/		cocinas		/		nacionalidad
	/		viaje		/		sillón		/		mujeres
	/		fotos		/		sofás		/		móvil
	/		idioma		/		televisión		/		garajes

> Para conocer el género de los nombres puedes fijarte en la información que hay en el diccionario: **Mujer** Del lat. *mulier, -ēris.* 1. **f.** Persona del sexo femenino.

3 Contraste *hay/está(n)*

- Para expresar la **existencia** de algo o de alguien y de su cantidad, se usa la estructura *hay + (un/una/unos/unas) +* nombre. *Hay* tiene una sola forma para singular y plural:

    En mi barrio hay un restaurante, una peluquería, tres escuelas, cafeterías, y árboles y plantas por todas partes.

- También se usa para hablar de una **cantidad indeterminada**: *Hay + mucho/a/os/as + nombre:*

    En mi barrio hay muchos restaurantes pero pocas farmacias.

- Para **localizar** algo o a alguien, se usa: *el/la/los/las +* nombre *+ está(n):*

    Los niños están en la escuela.

> ~~Un~~ El garaje está al lado de la peluquería.
> En mi barrio hay ~~la~~ una farmacia.

3.1 Completa el texto con *hay* o *está/están.*

Mi apartamento [1] .... en el centro de la ciudad. [2] .... una estación de metro en la plaza y también [3] .... un parque. Al lado de la escuela [4] .... muchos restaurantes. El garaje [5] .... en el mismo edificio. En mi apartamento [6] .... una cocina, un salón, un cuarto de baño y un dormitorio. Es pequeño y pocos muebles. La mesa y las sillas [8] .... en la cocina. El sofá la televisión [9] .... en el salón. [10] .... calefacció pero no [11] .... aire acondicionado.

Unidad 2 | Mi casa, mi barrio

veintisiete | 27

2. Explique el artículo indeterminado y determinado según se indica en el cuadro. Si lo considera necesario, amplíe los ejemplos en la pizarra.

2.1. Sugiera a sus estudiantes que usen el diccionario para saber el género de los nombres que no conozcan.
Unos/los días; una/la calefacción; un/el viaje; unas/las fotos; un/el idioma; unos/los relojes; una/la madre; unos/los problemas; unas/las cocinas; un/el sillón; unos/los sofás; una/la televisión; un/el coche; unas/las fuentes; una/la calle; una/la nacionalidad; unas/las mujeres; un/el móvil; unos/los garajes.
Una dinámica más lúdica, si dispone de tiempo suficiente, es llevar varias tarjetas plastificadas con los artículos determinados o indeterminados escritos en ellas (por lo menos dos tarjetas de cada género y de cada número). Para llevar a cabo esta actividad, ponga las tarjetas sobre la mesa y explíqueles que va a decir una palabra y que ellos deberán coger rápidamente el artículo que le corresponde según su género y su número. Ejemplo: usted dice *piso* y ellos cogen la tarjeta *el* o *un.*

> Para trabajar estos contenidos, realice las actividades **14** y **15**, pp. **12-13** del *Libro de ejercicios.*

3. Explique el contraste entre las formas *hay, está/están* según se indica en el cuadro, haciendo hincapié en la necesidad de usar el artículo o no según el verbo del que se trate.
Para la explicación del verbo *haber* escriba en la pizarra *En mi barrio hay...* y los siguientes sintagmas, subrayando las partes que están en negrita:
  – **un** restaurante y **una** peluquería.
  – **tres** escuelas.
  – **muchas** cafeterías y **muchos** restaurantes.
  – **pocos** colegios y **pocas** tiendas.
  – tienda**s**.

Hágales notar que la forma *hay* sirve para hablar de existencia o inexistencia de algo o de alguien y siempre debe hacer referencia a un lugar *(En mi barrio...; Aquí...; Delante de...).* Además, coménteles que puede combinarse con los artículos indeterminados *(un, una, unos, unas),* con cuantificadores numerales *(dos, tres, cuatro...)* y con cuantificadores evaluativos *(mucho/a/os/as* y *poco/a/os/as).* Asimismo, se suele eliminar el artículo indeterminado cuando el nombre es plural *(En mi barrio hay tiendas).*
Por otro lado, el verbo *estar* debe hacer referencia a un lugar, pero, a diferencia del verbo *haber,* se usa para localizar algo o a alguien del que ya se conoce su existencia; con este verbo se usan los artículos determinados *(el, la, los, las).* Para ejemplificar el contraste, escriba en la pizarra este ejemplo: *En el parque hay muchos niños. Los niños están en los columpios.*

3.1. 1. está; 2. Hay; 3. hay; 4. hay; 5. está; 6. hay; 7. hay; 8. están; 9. están; 10. Hay; 11. hay.

> Para trabajar estos contenidos, realice las actividades **16-19**, pp. **13-14** del *Libro de ejercicios.*

Unidad 2 | Mi casa, mi barrio

Unidad 2

Practica en contexto

1. El objetivo de esta actividad es que los estudiantes usen las locuciones prepositivas que se presentan, al mismo tiempo que ponen en práctica el léxico del barrio presentado en la actividad 3 del apartado "Palabras".

Antes de comenzar la actividad de práctica oral, presente el verbo *estar* completo y explique su relación con la preposición *en* y las locuciones prepositivas para localizar en el espacio según se indica en el cuadro de la banda lateral. Haga hincapié en las contracciones *al* y *del*, así como en los valores de la preposición *en* con el significado de *encima de* y *dentro de*.

Asigne a cada pareja un papel (A o B). A continuación pídales que oculten el dibujo contrario y que se pregunten por la información que les falta. Dígales que lo hagan de manera alterna para poder tener suficientes referencias espaciales que les ayuden a situar los elementos.

Después utilice la proyección 7 para hacer la corrección en plenario y aclarar las dudas que puedan surgirles.

¿Dónde está…?
[7]

Proyecte la lámina para corregir la actividad 1. Comience la corrección por el estudiante A y marque los lugares que se mencionan en la clave. Después corrija las respuestas del estudiante B. Tenga en cuenta que, al ver la proyección completa, puede haber más de una solución.

Posible respuesta:
Estudiante A: El supermercado está debajo de la peluquería; El coche está en el/dentro del garaje; El centro de salud está detrás del supermercado; La estación de metro está delante del supermercado.
Estudiante B: La farmacia está a la derecha del supermercado; El hotel está detrás de la farmacia; El gimnasio está encima del garaje; La parada del 43 está al lado de la farmacia (o delante del hotel o a la derecha de la farmacia).

Practica en contexto

Verbo *estar*
- El verbo *estar* es un verbo irregular:
yo	**estoy**
tú	**estás**
él, ella, usted	**está**
nosotros/as	**estamos**
vosotros/as	**estáis**
ellos, ellas, ustedes	**están**

- El verbo *estar* se utiliza para **localizar en el espacio** y se combina con la preposición *en* y otras expresiones de lugar:
  El lápiz está al lado del libro.
  El libro está dentro del baúl.
- La preposición *en* puede sustituir a *encima de* y *dentro de*:
  El libro está en/encima de la mesa.
  Los platos están en el/dentro del armario.
- Estas son las expresiones de lugar más comunes:

Fíjate:
a + el ▶ **al**   de + el ▶ **del**

1 **En parejas** Pregúntale a tu compañero/a dónde están los siguientes lugares del barrio y completa tu plano. Después compara la ubicación de los lugares para comprobar si está bien.

Estudiante A
- el supermercado
- el coche
- el centro de salud
- la estación de metro

Estudiante B
- la farmacia
- el hotel
- el gimnasio
- la parada de autobús del 43

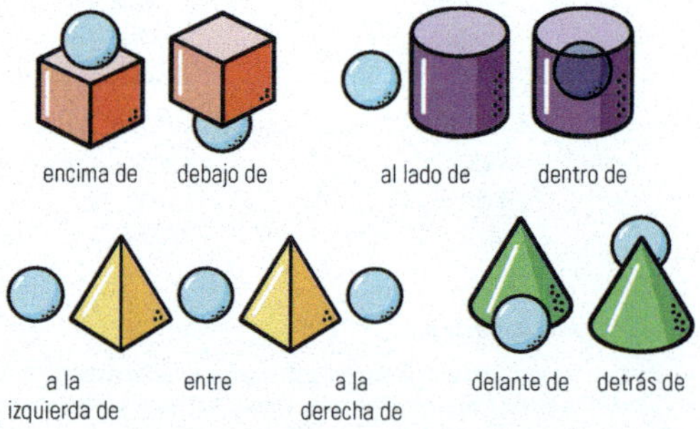

encima de   debajo de   al lado de   dentro de

a la izquierda de   entre   a la derecha de   delante de   detrás de

2 En parejas
Lee las entradas de un foro sobre los barrios de diferentes ciudades, completa con *mucho/a/os/as* o *poco/a/os/as* y elige la forma verbal *hay/está/están*.

Nuestros barrios

Bellavista, Santiago de Chile, Chile

Yo vivo en el barrio de Bellavista, en Santiago de Chile. Es uno de los lugares con más encanto de Santiago. [1] **Hay/Está/Están** al lado del cerro San Cristóbal y el río Mapocho. Es un barrio céntrico, pero [2] **hay/está/están** [3] poc...... tráfico y es muy tranquilo. [4] **Hay/Está/Están** [5] much...... restaurantes y calles coloridas con arte urbano. También [6] **hay/está/están** la casa del escritor Pablo Neruda.

Barrio El Carmen, Valencia, España

Yo vivo en el barrio El Carmen de Valencia. En mi barrio [7] **hay/está/están** [8] much...... cafeterías, un mercado y [9] much...... tiendas de ropa. Delante de mi casa [10] **hay/está/están** el centro comercial y detrás, el gimnasio donde voy habitualmente. Además, [11] **hay/está/están** una estación de metro. ¡Es el lugar perfecto para vivir!

Urbanización Montesol, Almería, España

Yo vivo en una urbanización que se llama Montesol, en Almería. En la urbanización [12] **hay/está/están** [13] poc...... tiendas. Solo [14] **hay/está/están** un supermercado, un banco y, a la izquierda de mi casa, una farmacia. [15] **Hay/Está/Están** dos paradas de autobús que [16] **hay/está/están** en la entrada de la urbanización. ¡Ah! Y [17] **hay/está/están** un parque para pasear al perro.

El barrio de mi compañero/a

Expresar cantidad

Usamos los cuantificadores *mucho/a/os/as* y *poco/a/os/as* + nombre:

En mi casa hay mucho ruido y poca luz.
La casa tiene muchas habitaciones y pocos armarios.

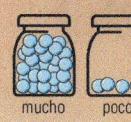

mucho   poco

2.1 En parejas Pregúntale a tu compañero/a en qué barrio vive y cómo es. Puedes buscar alguna imagen en internet.

En tu barrio…
- ¿Hay restaurantes? ¿Muchos o pocos?
- ¿Hay tiendas? ¿De qué tipo son?
- ¿Hay colegios? ¿Dónde están?
- ¿Hay parques?
- ¿Hay hospitales o centros de salud?
- ¿Qué transportes hay?

2.2 Con la información obtenida, escribe una entrada en el foro anterior con la imagen y las características del barrio de tu compañero/a.

Unidad 2 | Mi casa, mi barrio   veintinueve | 29

---

2. Actividad para practicar el contraste *hay/está(n)* y los cuantificadores *mucho/a/os/as* y *poco/a/os/as*. Recuérdeles el apartado 3 de "Gramática" y dirija su atención al cuadro lateral, en el que se explica la concordancia en género y número de los cuantificadores con respecto al nombre al que acompañan (*mucho/a* con nombres incontables y *muchos/as* con nombres contables).
1. Está; 2. hay; 3. poco; 4. Hay; 5. muchos; 6. está; 7. hay; 8. muchas; 9. muchas; 10. está; 11. hay; 12. hay; 13. pocas; 14. hay; 15. Hay; 16. están; 17. hay.

2.1. Antes de empezar la actividad, agrupe a sus estudiantes en parejas e indíqueles que pueden utilizar las preguntas que se proponen como sugerencia para la descripción, pero que pueden añadir otros aspectos si lo desean.
Mientras sus estudiantes se preguntan, ayúdeles a resolver las dudas de vocabulario que tengan y recuérdeles que deben tomar notas, ya que estas les serán útiles para realizar la siguiente actividad. Después invítelos a comparar las características comunes y las diferencias.

2.2. Una vez terminada la actividad 2.1, pídales que escriban una entrada en el foro sobre las características del barrio de su compañero/a. Deben escribir en el espacio que aparece en blanco en la actividad 2 y adjuntar la imagen que previamente hayan buscado. Sugiérales que utilicen los textos de esa misma actividad como modelo para su escrito.

Para trabajar estos contenidos, realice las actividades **20-22**, p. **14** del *Libro de ejercicios*.

Unidad 2

3. Antes de poner el audio, explique a sus estudiantes que van a escuchar a seis personas que describen las características de la vivienda que necesitan. Para facilitar la comprensión, escriba en la pizarra los aspectos importantes en los que deben fijarse: tipo de vivienda que quieren (piso, chalé, casa, estudio o habitación), características (exterior, interior, céntrico, bien comunicado, tranquilo, amueblado o sin amueblar) y servicios del barrio donde esté ubicada (tiendas, restaurantes, colegios…). A continuación ponga el audio y dígales que tomen notas de lo que dice cada persona. Repita la audición si lo cree necesario y, por último, pídales que comparen sus notas en parejas para completar la información que les falte.

1. un chalé con jardín; **2.** una habitación amueblada; **3.** un estudio sin amueblar con cocina equipada; **4.** un piso sin amueblar, 2 dormitorios, con ascensor; **5.** un piso, 2 dormitorios, con ascensor; **6.** una casa con jardín y garaje.

3.1. Actividad de lectura comprensiva. Antes de la lectura, explique rápidamente la formación de los números a partir de 100. Recuérdeles que la conjunción *y* solo se usa en las decenas. Puede practicar con algunos números en la pizarra, pero no se entretenga porque posteriormente hay una actividad específica para la práctica de los números. Luego pídales que lean los anuncios y recuérdeles que, después, tendrán que elegir los que crean más adecuados para las personas de la actividad 3. Una vez leídos los anuncios, resuelva las dudas de vocabulario que pueda haber. Si lo desea, puede aprovechar la actividad para explicar las características de los anuncios breves de venta o alquiler de viviendas, ya que en la actividad 5.1 de este apartado los estudiantes deberán escribir un anuncio similar. Comente las diferencias léxicas entre el español de España y el español de América que están explicadas en el cuadro de la RAE.

> Los anuncios de venta o alquiler de viviendas ofrecen información breve para describir las características de la vivienda y su ubicación, el teléfono y la dirección de una persona de contacto o el nombre de la empresa anunciadora. Este tipo de anuncios puede encontrarse en portales inmobiliarios de internet, en tablones de anuncios o en los periódicos.

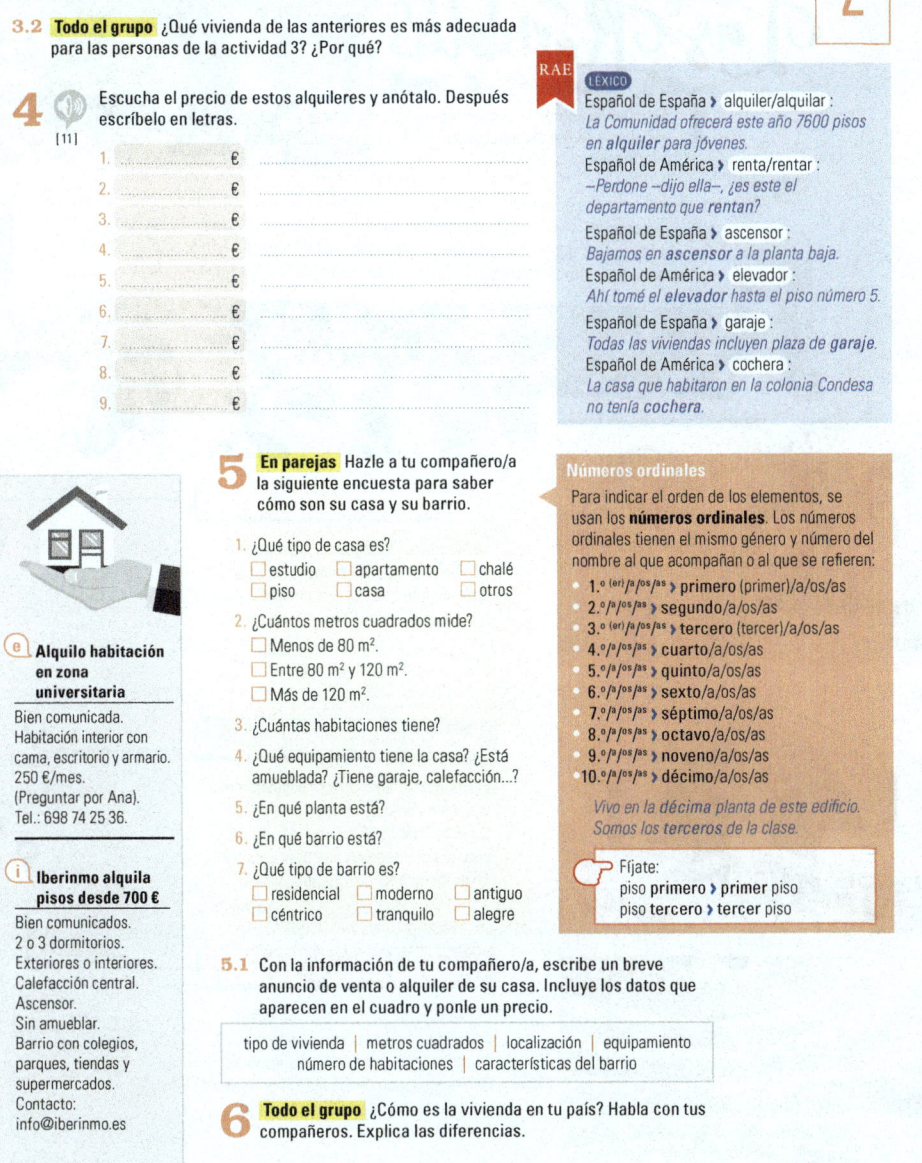

3.2 **Todo el grupo** ¿Qué vivienda de las anteriores es más adecuada para las personas de la actividad 3? ¿Por qué?

4 Escucha el precio de estos alquileres y anótalo. Después escríbelo en letras.
[11]
1. _____ €
2. _____ €
3. _____ €
4. _____ €
5. _____ €
6. _____ €
7. _____ €
8. _____ €
9. _____ €

RAE **LÉXICO**
Español de España ▸ alquiler/alquilar :
*La Comunidad ofrecerá este año 7600 pisos en **alquiler** para jóvenes.*
Español de América ▸ renta/rentar :
*—Perdone —dijo ella—, ¿es este el departamento que **rentan**?*
Español de España ▸ ascensor :
*Bajamos en **ascensor** a la planta baja.*
Español de América ▸ elevador :
*Ahí tomé el **elevador** hasta el piso número 5.*
Español de España ▸ garaje :
*Todas las viviendas incluyen plaza de **garaje**.*
Español de América ▸ cochera :
*La casa que habitaron en la colonia Condesa no tenía **cochera**.*

5 **En parejas** Hazle a tu compañero/a la siguiente encuesta para saber cómo son su casa y su barrio.

1. ¿Qué tipo de casa es?
   ☐ estudio ☐ apartamento ☐ chalé
   ☐ piso   ☐ casa   ☐ otros
2. ¿Cuántos metros cuadrados mide?
   ☐ Menos de 80 m².
   ☐ Entre 80 m² y 120 m².
   ☐ Más de 120 m².
3. ¿Cuántas habitaciones tiene?
4. ¿Qué equipamiento tiene la casa? ¿Está amueblada? ¿Tiene garaje, calefacción…?
5. ¿En qué planta está?
6. ¿En qué barrio está?
7. ¿Qué tipo de barrio es?
   ☐ residencial ☐ moderno   ☐ antiguo
   ☐ céntrico   ☐ tranquilo ☐ alegre

Números ordinales
Para indicar el orden de los elementos, se usan los **números ordinales**. Los números ordinales tienen el mismo género y número del nombre al que acompañan o al que se refieren:
- 1.º (er)/a/os/as ▸ primero (primer)/a/os/as
- 2.º/a/os/as ▸ segundo/a/os/as
- 3.º (er)/a/os/as ▸ tercero (tercer)/a/os/as
- 4.º/a/os/as ▸ cuarto/a/os/as
- 5.º/a/os/as ▸ quinto/a/os/as
- 6.º/a/os/as ▸ sexto/a/os/as
- 7.º/a/os/as ▸ séptimo/a/os/as
- 8.º/a/os/as ▸ octavo/a/os/as
- 9.º/a/os/as ▸ noveno/a/os/as
- 10.º/a/os/as ▸ décimo/a/os/as

*Vivo en la **décima** planta de este edificio.*
*Somos los **terceros** de la clase.*

Fíjate:
piso primero ▸ primer piso
piso tercero ▸ tercer piso

5.1 Con la información de tu compañero/a, escribe un breve anuncio de venta o alquiler de su casa. Incluye los datos que aparecen en el cuadro y ponle un precio.

tipo de vivienda | metros cuadrados | localización | equipamiento
número de habitaciones | características del barrio

6 **Todo el grupo** ¿Cómo es la vivienda en tu país? Habla con tus compañeros. Explica las diferencias.

---

e **Alquilo habitación en zona universitaria**
Bien comunicada.
Habitación interior con cama, escritorio y armario.
250 €/mes.
(Preguntar por Ana).
Tel.: 698 74 25 36.

i **Iberinmo alquila pisos desde 700 €**
Bien comunicados.
2 o 3 dormitorios.
Exteriores o interiores.
Calefacción central.
Ascensor.
Sin amueblar.
Barrio con colegios, parques, tiendas y supermercados.
Contacto:
info@iberinmo.es

Unidad 2 | Mi casa, mi barrio   treinta y uno | 31

3.2. Una vez que hayan leído los anuncios, pídales que vuelvan a leer las notas que han tomado en la actividad 3 para decidir cuál es la vivienda ideal para cada persona.
Si las notas que han tomado sus estudiantes están incompletas o son insuficientes, entrégueles la transcripción del audio para facilitar la elección de las viviendas y su justificación. Recuérdeles que solo tienen que elegir 6 de los anuncios que hay.
1. g; **2.** e; **3.** d; **4.** i; **5.** c; **6.** f.

4. Esta actividad tiene por objetivo practicar los números, escribiéndolos en cifras y letras. Pida a los estudiantes que durante la audición escriban el precio de los alquileres que escuchen en cifras. Si lo cree necesario, puede realizar dos escuchas. Posteriormente, los estudiantes deberán escribir en letras los precios que han anotado en cifras.
1. 891 euros, ochocientos noventa y un euros; **2.** 222 euros, doscientos veintidós euros; **3.** 484 euros, cuatrocientos ochenta y cuatro euros; **4.** 528 euros, quinientos veintiocho euros; **5.** 632 euros, seiscientos treinta y dos euros; **6.** 979 euros, novecientos setenta y nueve euros; **7.** 757 euros, setecientos cincuenta y siete euros; **8.** 365 euros, trescientos sesenta y cinco euros; **9.** 1000 euros, mil euros.

> Para trabajar estos contenidos, realice la actividad **23**, p. **14** del *Libro de ejercicios*.

5. Coloque a sus estudiantes en parejas (diferentes a las que hayan formado en otras actividades anteriores) y pídales que se hagan la encuesta mutuamente. Explique la formación de los números ordinales, recalcando su cambio de género y número según la palabra a la que acompañen o se refieran.

> Para trabajar estos contenidos, realice la actividad **24**, p. **14** del *Libro de ejercicios*.

5.1. Asegúrese de que sus estudiantes tienen toda la información que se recoge en la encuesta de la actividad 5 y pídales que escriban un pequeño anuncio de venta o alquiler siguiendo el modelo de la actividad 3.1 y las convenciones de los anuncios de venta o alquiler que ha explicado anteriormente. Si lo desea, puede dejar esta tarea como deberes para casa.

6. Como actividad final de este apartado, proponga la pregunta del enunciado a toda la clase con el fin de conocer las similitudes y diferencias culturales con respecto a la vivienda. Guíe la conversación y haga preguntas como las siguientes: *¿qué tipo de vivienda es la preferida?, ¿cuántas habitaciones hay en las casas?, ¿dónde está la lavadora?, ¿cuántos baños suele haber?, ¿están separados los servicios del baño?, ¿hay garaje?, ¿y trastero?, ¿hay pisos interiores?…*

Unidad 2 | Mi casa, mi barrio   31

Unidad 2

Cultura

1. Antes de empezar con la actividad, pregunte a sus estudiantes si han estado alguna vez en Barcelona, qué saben de esta ciudad y si conocen las Ramblas. Después invítelos a leer el texto.

> La Rambla recibe distintos nombres en sus diferentes tramos. Por eso, también son conocidas como *las Ramblas* (en catalán, *les Rambles*). Desde la plaza de Cataluña los diferentes tramos reciben los siguientes nombres:
> — Rambla de Canaletas.
> — Rambla de los Estudios.
> — Rambla de San José.
> — Rambla de los Capuchinos.
> — Rambla de Santa Mónica.
> — Rambla del Mar.

Como actividad extra de comprensión, haga las siguientes preguntas sobre el texto:
1. *¿Cuántas personas visitan las Ramblas cada año?*
2. *¿Cómo se llama la fuente donde los aficionados del F. C. Barcelona celebran sus victorias?*
3. *¿Qué forma tiene el mosaico de Joan Miró?*
4. *¿Cuál es el elemento decorativo más llamativo de la Casa de los Paraguas?*
5. *¿Cuántos metros cuadrados tiene el mercado de la Boquería?*
6. *¿Qué género musical es el más habitual en El Gran Teatro del Liceo de Barcelona?*
7. *¿En qué número de la calle está la farmacia Nadal?*

1. Unos 78 millones de personas; **2.** Fuente de Canaletas; **3.** Tiene forma de círculo irregular; **4.** El gran dragón chino de la fachada; **5.** Tiene 2583 m²; **6.** La ópera; **7.** En el número 121 de las Ramblas.

Las Ramblas

1 Aquí tienes una de las calles más populares de Barcelona. Lee la información.

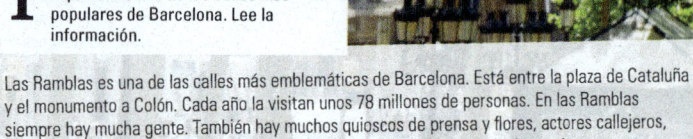

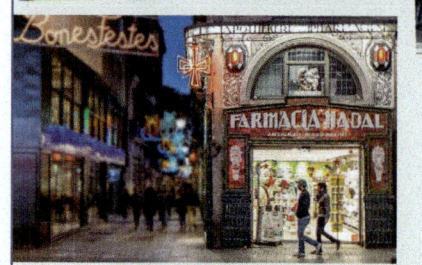

Las Ramblas es una de las calles más emblemáticas de Barcelona. Está entre la plaza de Cataluña y el monumento a Colón. Cada año la visitan unos 78 millones de personas. En las Ramblas siempre hay mucha gente. También hay muchos quioscos de prensa y flores, actores callejeros, cafeterías, restaurantes y tiendas. En las Ramblas puedes visitar los siguientes lugares:

Farmacia Nadal
La farmacia Nadal está situada en el número 121 de las Ramblas. Es un lugar que, al igual que la Casa de los Paraguas, representa el estilo modernista catalán.

Mercado de la Boquería
El Mercat de Sant Josep, popularmente conocido como *La Boquería*, tiene una superficie de 2583 m² con más de 300 puestos que ofrecen una gran variedad de productos locales y exóticos.

Teatro del Liceo
El Gran Teatro del Liceo de Barcelona, conocido como *el Liceu*, es el teatro en activo más antiguo y prestigioso de Barcelona y uno de los más importantes del mundo. Se usa sobre todo como teatro de ópera.

2

Fuente de Canaletas
Es uno de los lugares más emblemáticos de la ciudad para los aficionados del F. C. Barcelona, ya que allí celebran sus victorias.

Casa de los Paraguas
La Casa Bruno Cuadros de Barcelona, conocida como *la Casa de los Paraguas*, es un buen ejemplo del modernismo catalán. En el edificio se mezclan elementos decorativos chinos, japoneses y egipcios. Lo más llamativo es el gran dragón chino de la fachada.

Mosaico de Joan Miró
El mosaico está en la plaza de la Boquería, en la parte central de las Ramblas. Tiene unos 8 metros de diámetro y tiene forma de círculo irregular. Los colores del mosaico son cinco: blanco, negro, azul, rojo y amarillo.

1.1 **Todo el grupo** ¿Hay una calle similar en tu ciudad? Busca fotos en internet y descríbela en clase.
- ¿Cómo se llama?
- ¿Qué tipo de tiendas, comercios y establecimientos hay?
- ¿Dónde está?
- ¿Qué edificios interesantes se pueden visitar?

Unidad 2 | Mi casa, mi barrio — treinta y tres | 33

1.1. Una vez leído el texto, explique a sus estudiantes que van a hacer una exposición sobre la calle más emblemática de su ciudad. Para ello, sugiérales que utilicen como esquema de la presentación las preguntas que se plantean en la actividad. Déjeles unos minutos para preparar su exposición y buscar fotos en internet. Si la escuela cuenta con herramientas como un proyector o una pizarra digital, invítelos a que las utilicen para sus exposiciones. Si sus estudiantes son de la misma ciudad, puede proponerles que hablen de la calle que más les gusta.

Para trabajar estos contenidos, realice las actividades **25-27**, p. **15** del *Libro de ejercicios*.

También puede pedir a los estudiantes que, en pequeños grupos, hagan una búsqueda en internet sobre alguna calle de cualquier país hispano que tenga la misma relevancia que las Ramblas de Barcelona. Deberán hacer la exposición tal y como se plantea en la actividad, con la información que obtengan. Si lo considera oportuno, puede darles este texto a modo de ejemplo.

La emblemática avenida de Mayo, Buenos Aires, Argentina
La avenida de Mayo, eje del viejo barrio de Monserrat, es uno de los grandes símbolos de Buenos Aires. Inaugurada hace más de 100 años y llena de historia, la avenida va desde el Congreso Nacional hasta la Casa Rosada o Casa de Gobierno. Flanqueada por espectaculares edificios *art nouveau* y neoclásicos, en un principio fue diseñada como un bulevar parisino. A comienzos del siglo xx, la mayor parte de la inmigración española se concentró en los alrededores. Dedicados a los negocios de comestibles, bares y hoteles, la avenida de Mayo pasó a ser símbolo de España en tierras argentinas. De ahí que todavía sus bares, hoteles y restaurantes más entrañables tengan sabor español. Son diez preciosas cuadras sombreadas por grandes plátanos. Hay que caminarlas despacio, disfrutando de El Túnel y La Calesita, dos librerías famosas, de cafés o bares como el Tortoni, el Iberia y el London City, teatros como el Avenida, donde García Lorca estrenó *Bodas de sangre*, restaurantes populares con un enorme acento español como el Hispano y espectaculares palacios como el Barolo y La Inmobiliaria.

Adaptado de https://www.minube.com/rincon/avenida-de-mayo-barrio-de-monserrat-a115178

Unidad 2 | Mi casa, mi barrio

Unidad 2

Vídeo

1. Pida a sus estudiantes que observen la foto de la cocina del hostal Babel. A continuación dígales que marquen en la lista las palabras de los objetos que reconozcan en la foto.
Lámpara, nevera, plantas, armario, mesa, horno.

2. Propóngales que describan la cocina del hostal ayudándose de las palabras seleccionadas en la actividad. Como ampliación, anime a sus estudiantes a que hablen de otros elementos de la cocina (ventana, botellas, cuchillo…) y a que busquen en el diccionario las palabras que desconozcan.
Posible respuesta:
Grande, totalmente equipada, luminosa, moderna.

3. Explique a sus estudiantes que en el fragmento que van a ver (00:30 ⊙ 03:25), Carla y Tere le van a dar a Hugo alguna información sobre los establecimientos que hay en el barrio donde se encuentra el hostal. Antes de visionar el fragmento, lea con sus estudiantes las palabras para resolver las dudas que puedan tener. A continuación ponga el fragmento y pida a sus estudiantes que marquen las palabras relacionadas con el barrio que se mencionan en la conversación.
Restaurante vegano, biblioteca, discoteca, entrada de metro, estudio de yoga, gimnasio, hostal, parada de autobús (colectivo), universidad, supermercado, tienda de alimentos ecológicos (naturistas).

4. Vuelva a reproducir el fragmento y dígales que relacionen la información con el personaje que tiene interés en ella. Comente el cuadro de la RAE para que puedan conocer las diferencias léxicas entre el español de España y el español de algunos países hispanoamericanos.
1. b; **2.** c; **3.** b; **4.** a; **5.** a; **6.** b.

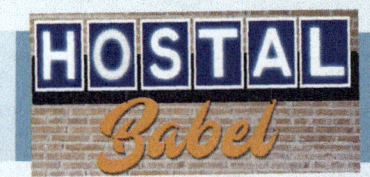

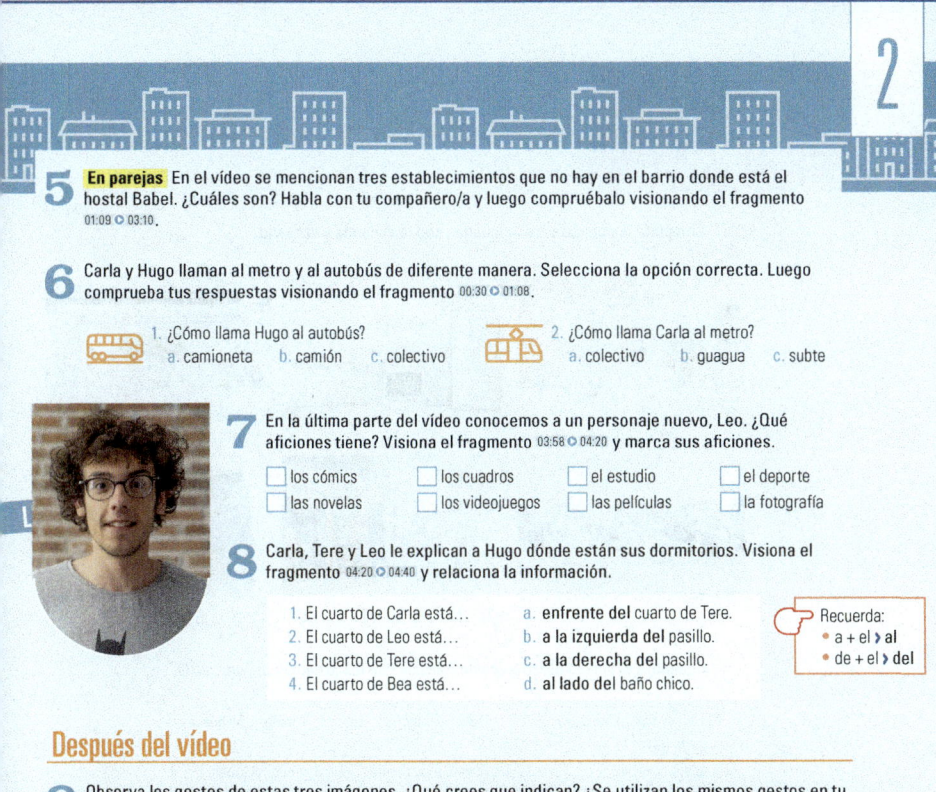

2

5 **En parejas** En el vídeo se mencionan tres establecimientos que no hay en el barrio donde está el hostal Babel. ¿Cuáles son? Habla con tu compañero/a y luego compruébalo visionando el fragmento 01:09 ▶ 03:10.

6 Carla y Hugo llaman al metro y al autobús de diferente manera. Selecciona la opción correcta. Luego comprueba tus respuestas visionando el fragmento 00:30 ▶ 01:08.

1. ¿Cómo llama Hugo al autobús?
   a. camioneta   b. camión   c. colectivo

2. ¿Cómo llama Carla al metro?
   a. colectivo   b. guagua   c. subte

7 En la última parte del vídeo conocemos a un personaje nuevo, Leo. ¿Qué aficiones tiene? Visiona el fragmento 03:58 ▶ 04:20 y marca sus aficiones.

☐ los cómics   ☐ los cuadros   ☐ el estudio   ☐ el deporte
☐ las novelas ☐ los videojuegos ☐ las películas ☐ la fotografía

8 Carla, Tere y Leo le explican a Hugo dónde están sus dormitorios. Visiona el fragmento 04:20 ▶ 04:40 y relaciona la información.

1. El cuarto de Carla está…   a. enfrente del cuarto de Tere.
2. El cuarto de Leo está…   b. a la izquierda del pasillo.
3. El cuarto de Tere está…   c. a la derecha del pasillo.
4. El cuarto de Bea está…   d. al lado del baño chico.

Recuerda:
• a + el ▶ al
• de + el ▶ del

Después del vídeo

9 Observa los gestos de estas tres imágenes. ¿Qué crees que indican? ¿Se utilizan los mismos gestos en tu país?

10 **En grupos pequeños** Dibuja el plano de tu casa y explícales a tus compañeros qué habitaciones tiene. Después diles dónde está tu habitación.

Esta es mi casa. Este es el salón, esta es la cocina… Aquí está mi habitación, está a la izquierda del baño.

11 **Todo el grupo** ¿Vas a los mismos lugares que los personajes del vídeo? ¿Qué lugares de tu barrio visitas con más frecuencia?

Unidad 2 | Mi casa, mi barrio   treinta y cinco | 35

---

5. Pida a sus estudiantes que vuelvan a leer la lista de establecimientos de la actividad 3. Luego agrúpelos en parejas y deles unos segundos para identificar los tres establecimientos que se mencionan en el fragmento 01:09 ▶ 03:10, pero que no hay en el barrio donde se encuentra el hostal. Después ponga el fragmento para que ellos mismos comprueben sus respuestas.
El restaurante vegano, el estudio de yoga y la tienda de alimentos ecológicos/naturistas.

6. Pida a sus estudiantes que respondan a las dos cuestiones de manera individual. A continuación reproduzca el fragmento 00:30 ▶ 01:08 y corrija con el grupo. Recuérdeles los cuadros de la RAE sobre léxico que han visto en la unidad.
1. b; 2. c.

7. Explíqueles que en el fragmento que van a ver 03:58 ▶ 04:20 se presenta un nuevo personaje, Leo. Antes de verlo, pídales que lean las aficiones que se presentan en la actividad y que busquen las palabras que no conozcan. Después haga el visionado para que resuelvan la actividad.
Los cómics, los videojuegos y las películas.

8. Antes de realizar la actividad, deje que lean la información de las columnas y, si fuera necesario, recuérdeles las preposiciones y locuciones prepositivas estudiadas en la unidad. Después reproduzca el fragmento 04:20 ▶ 04:40 y presénteles la actividad. Una vez que hayan terminado, ponga el episodio completo.
1. c; 2. d; 3. b; 4. a.

9. Pídales que se fijen en los gestos de las fotografías y pregúnteles por su significado. A continuación explíqueles que normalmente se utilizan para dar indicaciones espaciales como *enfrente*, *al final* o *al fondo* y *a la izquierda*. Si lo desea, vuelva a visionar el fragmento para que se fijen en las palabras que apoyan los gestos. Después pregunte a sus estudiantes si los utilizan igual en su lengua.
Cuando Tere da las indicaciones dice: *"Mi habitación es **la primera de la izquierda**. La que **está enfrente** es la de Bea"*.
Cuando habla Carla dice: *"El cuarto de Leo **está al fondo del pasillo**"*.

10. Dígales que dibujen en un papel el plano de su casa. Una vez que lo hayan dibujado, distribúyalos en pequeños grupos y pídales que les expliquen a sus compañeros cómo es su casa y cuál es su habitación siguiendo el ejemplo.

11. Para terminar, plantee a sus estudiantes las preguntas propuestas en la actividad favoreciendo la participación de todos.

Unidad 2 | Mi casa, mi barrio   35

Unidad 2

Evaluación

1. **1.** dormitorio; **2.** cocina; **3.** parada de autobús; **4.** gimnasio; **5.** centro comercial; **6.** garaje.

2. **1.** un; **2.** un; **3.** una; **4.** El; **5.** el; **6.** El; **7.** un; **8.** el; **9.** un; **10.** un; **11.** una; **12.** El.

3. **1.** El sofá es cómodo; **2.** Los problemas son difíciles; **3.** Alquilo un piso exterior; **4.** Hay una tienda de ropa en mi calle; **5.** Los restaurantes son modernos; **6.** La foto es bonita.

4. **1.** interior; **2.** nuevo; **3.** sin ascensor; **4.** individual; **5.** sin amueblar; **6.** oscuro.

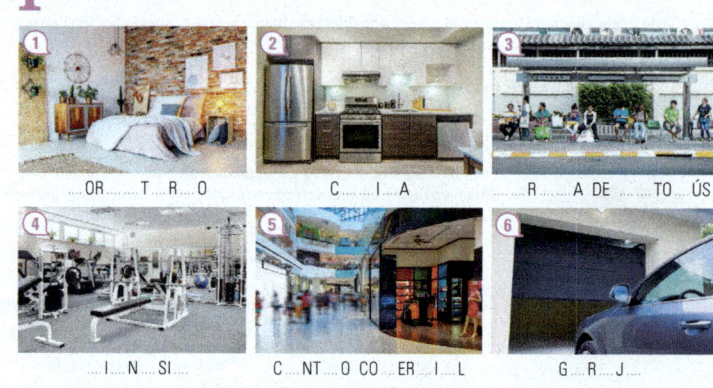

5 Escribe en letras los siguientes números. Cuidado con la concordancia.

314 .... personas.
271 .... euros.
568 .... libros.
981 .... viviendas.
365 .... días.

6 Combina los elementos de las columnas para formar frases.

1. Los libros
2. El barrio
3. En mi barrio
4. La nevera
5. En el edificio no
6. La mesa
7. Mi dormitorio

está
están
hay

al lado de la lavadora.
en el centro de la ciudad.
ascensor.
a la derecha del salón.
delante del sofá.
encima de la mesa.
muchas tiendas.

7 Escucha el diálogo. ¿De qué oferta hablan?
[12]

1. Se alquila piso con muebles. 2 dormitorios. Exterior. Calefacción individual. En el centro de la ciudad. Precio: 900 €/mes.

2. Alquilo piso amueblado en Las Rosas. 2 dormitorios, exterior, con ascensor y calefacción central. Bien comunicado. Precio: 900 €/mes.

3. Alquiler: piso exterior y amueblado en zona centro. 2 dormitorios, con ascensor y calefacción central. Precio: 900 €/mes.

8 Responde a este correo electrónico dándole a la persona la información que pide y que aparece debajo.

Hola, buenos días:
Estoy interesado en el piso de alquiler con referencia 9214875, pero necesito alguna información más.
¿En qué calle está? ¿En qué planta está? ¿Hay conserje en el edificio? ¿Y garaje? ¿Cómo es el barrio?
Muchas gracias.
Un saludo,
Carlos Pérez

Hola, Carlos:
El piso con referencia 9214875 está ....
En el edificio hay ....
El barrio es ....
Un saludo,

- Piso:
  – calle Cartagena, 15, 5.ª planta
  – conserje 24 horas
  – garaje

- Barrio:
  – residencial y tranquilo
  – con zonas verdes
  – 1 estación de metro
  – 2 paradas de autobús
  – 2 supermercados
  – 1 panadería
  – 1 centro comercial
  – 1 colegio
  – 1 farmacia 24 horas

Unidad 2 | Mi casa, mi barrio   treinta y siete | 37

---

5. 314 **personas**: tresci**entas** catorce person**as**; 271 **euros**: doscient**os** setenta y un euro**s**; 568 **libros**: quinient**os** sesenta y ocho libro**s**; 981 **viviendas**: novecient**as** ochenta y un**a** vivienda**s**; 365 **días**: trescient**os** sesenta y cinco dí**as**.

6. 1. Los libros están encima de la mesa; 2. El barrio está en el centro de la ciudad; 3. En mi barrio hay muchas tiendas; 4. La nevera está al lado de la lavadora; 5. En el edificio no hay ascensor; 6. La mesa está delante del sofá; 7. Mi dormitorio está a la derecha del salón.

7. Los estudiantes deberán leer los tres textos de ofertas de pisos y, después, escuchar la audición para seleccionar la oferta de la que se habla.
[12]
Oferta 2.

8. **Posible respuesta:**
Hola, Carlos:
El piso con referencia 9214875 está en la calle Cartagena, 15, 5.ª planta.
En el edificio hay un conserje 24 horas y garaje.
El barrio es residencial y tranquilo, y tiene zonas verdes. Hay una estación de metro, dos paradas de autobús, dos supermercados, una panadería, un centro comercial, un colegio y una farmacia 24 horas.
Un saludo,
Olivia Martínez

Unidad 3

Unidad
3

¿Te gusta viajar? ¿A dónde?

¿Cómo viajas?

¿Con quién viajas?

¿Qué llevas siempre en tu maleta?

Vamos de viaje

Antes de comenzar con este apartado, lea en voz alta el título de la unidad 3, *Vamos de viaje*, y pregúnteles qué les sugiere el título. A continuación hágales las preguntas propuestas en la portadilla con el fin de motivarlos y activar los conocimientos previos que tengan los estudiantes sobre el tema. Utilice la proyección 8.

Vamos de viaje

En esta unidad vas a...
- Localizar personas, objetos y lugares
- Expresar preferencias
- Pedir y dar instrucciones para traslados en medios de transporte
- Pedir y dar información espacial
- Preguntar y decir el precio
- Conocer Ciudad de México

Vamos de viaje
[8]

Proyecte la lámina y pregunte a sus estudiantes por los objetos que aparecen en la foto para activar e introducir el léxico que se va a trabajar en la unidad. Es probable que desconozcan la mayoría de las palabras, por lo que será aconsejable que los anime a usar el diccionario. Pregúnteles, para finalizar, qué objetos suelen llevar cuando van de viaje aparte de los que aparecen en la imagen.

Mapa, sombrero, gafas de sol, cámara fotográfica, reloj, móvil, pasaporte (está debajo del móvil), brújula, pulsera, auriculares, avión, zapatillas deportivas, cuaderno, bolígrafo.

Luego pregúnteles por las fotografías de menor tamaño:
1. ¿Qué problema tiene la chica de la maleta amarilla?
2. ¿Qué medio de transporte aparece en la segunda foto?
3. ¿Cómo se llama la comida de la tercera foto?
4. ¿Qué crees que están haciendo los chicos de la mochila?
5. ¿Qué tipo de alojamiento crees que es el de la imagen?

1. El problema es que hay demasiadas cosas en la maleta; **2.** Un barco de vela; **3.** Son unos tacos mexicanos; **4.** Están buscando un lugar con ayuda de un móvil y un mapa; **5.** El alojamiento de la fotografía puede ser un hotel rural o un albergue.

Unidad 3 | Vamos de viaje   39

Unidad 3

¿Qué sabes?

1. Pida a sus estudiantes que relacionen las palabras del recuadro con las fotos. Haga una corrección en común y después pregúnteles si conocen otros medios de transporte *(motocicleta, tranvía, monopatín...)* y escriba sus respuestas en la pizarra. Comente el cuadro de la RAE sobre las diferencias léxicas entre España e Hispanoamérica para nombrar los diferentes medios de transporte.
1. taxi; **2.** autobús; **3.** bicicleta; **4.** metro; **5.** avión; **6.** coche; **7.** barco; **8.** tren.

1.1. El objetivo de esta actividad de interacción oral es que los estudiantes practiquen el vocabulario de la actividad anterior. Para ello, en plenario, pídales que cuenten cuáles son los medios de transporte que más utilizan y por qué. Para ayudarlos a justificar su elección, escriba en la pizarra los siguientes adjetivos y explique su significado: *rápido/a, barato/a, seguro/a, cómodo/a* y *divertido/a*.

2. Agrupe a sus estudiantes en parejas y haga que se fijen en las fotografías para deducir el significado de las palabras con el fin de intercambiar información repitiendo la estructura propuesta en el libro: *Cuando viajo, busco...* Si los estudiantes demuestran capacidad de expresar más, pregúnteles por las situaciones de las fotos (dónde están las personas, qué están haciendo, etc.).

3

Español de España (península) ▸ autobús : *De nuevo en el autobús de regreso a casa.*
Español de México ▸ camión : *Son las 11 de la noche. Un camión azul recorre las calles...*
Español de Argentina ▸ colectivo : *En un cuarto de hora sale el colectivo...*
Español de Guatemala ▸ camioneta : *Nos sentamos como mejor podemos en el interior de la camioneta...*
Español de España (Canarias) y Cuba ▸ guagua : *Uno puede acompañar a sus familiares a las paradas de las guaguas...*

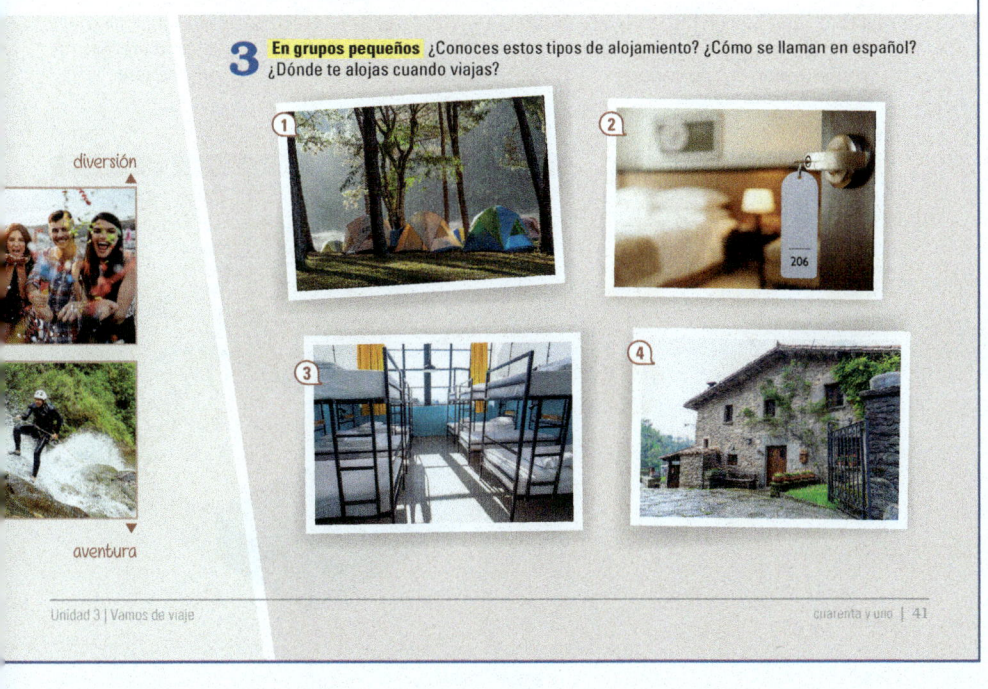

3 **En grupos pequeños** ¿Conoces estos tipos de alojamiento? ¿Cómo se llaman en español? ¿Dónde te alojas cuando viajas?

diversión

aventura

Unidad 3 | Vamos de viaje · cuarenta y uno | 41

---

3. Distribuya a sus estudiantes en pequeños grupos para que realicen la actividad. Luego haga una puesta en común con todo el grupo y pregúnteles dónde suelen alojarse cuando viajan. También puede hablar de los nuevos modelos de alojamiento como los que plantean aplicaciones móviles como Airbnb, Couchsurfing o HomeAway.
1. un campin *(camping)*; **2.** un hotel; **3.** un albergue; **4.** una casa rural.

Campin es la adaptación fonética de la voz inglesa *camping* recomendada tanto en el *Diccionario panhispánico de dudas* como en la nueva *Ortografía de la lengua española* de la RAE. No obstante, lo habitual es encontrar la palabra *camping* sin adaptar al español.

Unidad 3 | Vamos de viaje   41

Unidad 3

Palabras

1. En el apartado "Palabras" se continúa con el vocabulario relacionado con los viajes, esta vez los lugares de interés turístico. Puede hacer esta actividad en grupo plenario, pidiéndoles que le expliquen lo que ven en las fotos y relacionándolas con las palabras que las identifican. La actividad está pensada para que los estudiantes reconozcan el léxico con ayuda de las imágenes y los cognados, es decir, las palabras que puedan ser similares en su lengua.
   1. museo; 2. ruinas; 3. parque; 4. iglesia; 5. plaza; 6. mirador.

1.1. Antes de reproducir el audio, explique a sus estudiantes que van a escuchar una conversación entre dos personas en la que una de ellas habla sobre las fotos de sus últimas vacaciones. Después de la audición y de la corrección, puede ampliar la información diciéndoles el nombre de los lugares mencionados en el audio: el parque Tres de Febrero (conocido popularmente como *Bosques de Palermo*), la plaza de Mayo, con la Casa Rosada al fondo, y el Museo Nacional de Bellas Artes. Todos ellos se encuentran en la ciudad de Buenos Aires, en Argentina. Dígales que el resto de las fotos pertenecen a Guatemala.
   Fotos 1, 3 y 5. Buenos Aires, Argentina.

1.2. Con esta actividad se pretende que los estudiantes utilicen el léxico aprendido y que lo activen al llevarlo a su plano personal. Ayúdelos con léxico nuevo referido a otros lugares de interés o monumentos si lo necesitan: *estatua*, *parque de atracciones*, *catedral*, *botánico*, etc. Puede pedirles que busquen imágenes en internet si disponen de medios para ello. Luego haga una votación para decidir entre todos cuáles son los lugares de interés más importantes de su ciudad o lugar de residencia.

> Para trabajar estos contenidos, realice las actividades **1-4**, p. **16** del *Libro de ejercicios*.

2. Esta actividad ofrece a los estudiantes la posibilidad de conocer las palabras relacionadas con los servicios que puede haber en los diferentes alojamientos turísticos. Pídales que relacionen las palabras con los iconos a los que se refieren sin utilizar el diccionario. Si dispone de tiempo, deje que comparen el resultado con su compañero/a y que completen y rectifiquen en caso necesario. Proceda luego con la corrección en plenario.
   1. j; 2. g; 3. b; 4. e; 5. f; 6. a; 7. c; 8. i; 9. h; 10. d.

3 **En parejas** ¿Con qué tipo de turismo relacionas estas actividades? Escríbelas en el lugar que corresponde.

Ir a la playa. | Ir a la montaña.
Ver un espectáculo. | Descansar. | Visitar/Ver un parque natural.
Hacer una excursión. | Hacer surf. | Visitar/Ver un museo.
Ir a un mercado de artesanía. | Tomar el sol.
Ver animales. | Ver monumentos. | Hacer submarinismo.

Turismo de naturaleza	Turismo cultural	Turismo de sol y playa

3.1 Todo el grupo ¿Qué prefieres hacer cuando viajas? Cuéntaselo a la clase.

Cuando viajo, prefiero descansar, ir a la playa y tomar el sol.

Para hablar de cercanía o lejanía usamos *cerca (de)* y *lejos (de)*. Recuerda:
- delante (de)/detrás (de)
- a la izquierda (de)/a la derecha (de)
- entre… y…

Estudiante B
1. la zona de acampada
2. el parque infantil
3. los aseos
4. el restaurante

duchas | piscina | recepción | aparcamiento

2.1. El objetivo de esta actividad es que los estudiantes usen las locuciones prepositivas que se presentan en esta unidad (*cerca de* y *lejos de*) y que revisen las que aprendieron en la unidad 2, al tiempo que ponen en práctica el léxico de la actividad anterior.
Agrupe a sus estudiantes en parejas y asígneles un papel (A o B). A continuación pídales que oculten el dibujo contrario y que se pregunten por la información que les falta en el dibujo. Dígales que hagan la actividad de manera alterna para poder tener suficientes referencias espaciales que les ayuden a situar los elementos. La actividad resultará más fácil si la empieza el estudiante B o si toman como referencia el coche azul que está cerca de la entrada. Una vez que hayan terminado, pídales que comparen sus planos para ver si han comprendido bien las instrucciones.
Posible respuesta:
Estudiante A: 1. La zona de acampada está delante del supermercado; **2.** El parque infantil está entre la playa y la carretera, a la izquierda de la zona de acampada, entre unos árboles; **3.** Los aseos están entre el parque infantil y la carretera, lejos de la playa; **4.** El restaurante está cerca de la zona de acampada, a la derecha, en la playa.
Estudiante B: 1. Las duchas están delante del coche azul, entre la playa y la carretera; **2.** La piscina está a la izquierda de las duchas; **3.** El aparcamiento está a la derecha del supermercado, cerca de la carretera; **4.** La recepción está a la izquierda, cerca del coche azul y de la piscina.

Para trabajar estos contenidos, realice las actividades **5** y **6**, pp. **16-17** del *Libro de ejercicios*.

---

3. Ponga a sus estudiantes a trabajar en parejas y pídales que busquen las palabras que no conozcan en el diccionario. Una vez que tengan claro su significado, pídales que decidan con qué tipo de turismo las relacionan y hágales ver que puede haber más de una solución (por ejemplo, *hacer submarinismo* puede ser turismo de sol y playa o turismo de naturaleza, o *hacer una excursión* puede clasificarse como turismo de naturaleza o turismo cultural).
Posible respuesta:
Turismo de naturaleza: ir a la montaña, visitar/ver un parque natural, hacer una excursión, ver animales…; **Turismo de sol y playa:** ir a la playa, descansar, hacer surf, tomar el sol, hacer submarinismo…; **Turismo cultural:** ver un espectáculo, visitar/ver un museo, ir a un mercado de artesanía, ver monumentos…

3.1. Para cerrar este apartado, pida a sus estudiantes que hablen de sus preferencias al viajar con el fin de que intercambien impresiones y activen el léxico aprendido de la actividad anterior. Después de escuchar las preferencias de sus estudiantes, pregúnteles a quiénes elegirían para hacer juntos un viaje, teniendo en cuenta sus preferencias.

Para trabajar estos contenidos, realice las actividades **7-10**, p. **17** del *Libro de ejercicios*.

Unidad 3

Gramática

1 y 2. Explique la conjugación del presente de indicativo de los dos verbos. Hágales ver que el verbo *viajar* es regular y aproveche para explicar las desinencias del modelo de la primera conjugación, que se verán en la unidad siguiente junto con los verbos de la segunda y tercera conjugación.

A continuación explique los valores de las preposiciones *a* y *en* según se indica en el segundo cuadro. Para que los conceptos queden más claros, utilice la proyección 9.

Las preposiciones *a* y *en*
[9]

Proyecte la lámina y, con ayuda de la representación conceptual, explique el uso de las preposiciones. Hágales notar que el verbo *ir* se usa con la preposición *a* para expresar la dirección o el destino y con la preposición *en* para expresar el medio de transporte (*Voy al trabajo en metro*). Asimismo, explique que el verbo *estar* puede usarse con esas mismas preposiciones, pero con usos diferentes: para expresar la distancia o el tiempo que separa un lugar de otro (*El centro está a 5 kilómetros/minutos del hotel*) y para expresar localización (*La Estatua de la Libertad está en Nueva York*).

2.1. Agrupe a sus estudiantes en parejas e invítelos a que se hagan las preguntas propuestas. Supervise la interacción y haga pequeñas correcciones si fuera necesario. Ponga énfasis en la contracción *al* y el uso de las preposiciones.

2.2. Una vez terminada la actividad 2.1, pregunte a cada pareja por las coincidencias. Dado que van a tener que usar la forma *nosotros/as*, aproveche el momento para introducir otras formas de hablar en primera persona del plural como *los/las dos* o *mi compañero/a y yo*. Indíqueles que en español, en este último caso, la forma *yo* siempre va al final por cortesía.

2.3. Explique que para completar la actividad deben centrarse en la dirección o el destino, en la localización y en el medio de transporte. Además, recuérdeles que algunos de los artículos del texto deben transformarse en el artículo contracto *al*.

Gramática

1 Verbos *ir* y *viajar*

	Ir	Viajar
yo	voy	viajo
tú	vas	viajas
él, ella, usted	va	viaja
nosotros/as	vamos	viajamos
vosotros/as	vais	viajáis
ellos, ellas, ustedes	van	viajan

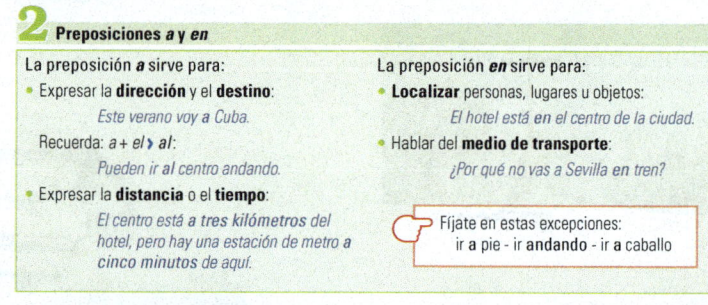

Observa:
- El verbo *ir* es completamente irregular.
- El verbo *viajar* es un verbo regular. Fíjate en las terminaciones.

2 Preposiciones *a* y *en*

La preposición *a* sirve para:
- Expresar la **dirección** y el **destino**:
  Este verano voy a Cuba.
  Recuerda: *a + el > al*:
  Pueden ir al centro andando.
- Expresar la **distancia** o el **tiempo**:
  El centro está a tres kilómetros del hotel, pero hay una estación de metro a cinco minutos de aquí.

La preposición *en* sirve para:
- **Localizar** personas, lugares u objetos:
  El hotel está en el centro de la ciudad.
- Hablar del **medio de transporte**:
  ¿Por qué no vas a Sevilla en tren?

Fíjate en estas excepciones:
ir a pie - ir andando - ir a caballo

2.1 **En parejas** ¿Qué medio de transporte utiliza tu compañero/a en su vida diaria para ir a estos lugares? Pregúntaselo y anota su respuesta.
- la universidad
- el centro
- el supermercado
- el cine
- un restaurante
- la casa de tu familia
- …

Ejemplo: ▶ ¿Cómo vas al trabajo?
▷ Voy en metro.

2.2 **Todo el grupo** ¿En qué coincides con él/ella? Cuéntaselo al resto de la clase.

Mi compañera Lenka y yo vamos en tren a la universidad y al campo.

2.3 Lee el programa de un viaje a Buenos Aires y completa con las preposiciones *a* o *en*.

Viaje a Buenos Aires

Día 1
Vuelo de España [1] .... Buenos Aires y recepción [2] .... el aeropuerto.

Día 2
Visita panorámica [3] .... autobús para ver la plaza Rosada, la plaza de Mayo y Puerto Madero. Comida [4] .... el barrio de San Telmo y vuelta [5] .... el hotel. Tarde libre.

Día 3
Visita [6] .... el barrio de Palermo y [7] .... el Jardín Japonés. Tiempo libre para comer [8] .... Palermo y visita guiada [9] .... el cementerio de la Recoleta.

Día 4
Excursión [10] .... el barrio de La Boca y tarde libre. Espectáculo de tango [11] .... el café Tortoni.

Día 5
Excursión por el río Tigre [12] .... barco.

Día 6
Vuelo [13] .... España.

Luego deje que sus estudiantes hagan individualmente la actividad y observe cómo la resuelven. Durante la corrección, explique a modo de estrategia que hay palabras como *vuelo*, *recepción*, *visita*, *comida*, *vuelta* o *excursión* que nos ayudan a seleccionar adecuadamente la preposición.

Para trabajar las preposiciones de otra manera, y si dispone de medios, abra la aplicación Google Maps e introduzca dos direcciones (por ejemplo, la dirección de la escuela donde van sus estudiantes y su casa, fíjese en el ejemplo que tiene en la página de la derecha) para saber cómo llegar. En el resultado aparecen diferentes medios de transporte para hacer el recorrido, el tiempo y la distancia. Utilice estos datos que ofrece la aplicación para hacerles preguntas como: *¿A qué distancia está tu casa de la escuela?* De esta manera, los estudiantes podrán expresar la distancia en tiempo en combinación con el medio de transporte usando ambas preposiciones: *Mi casa está a 9 minutos a pie de la escuela*. O solo la distancia: *Mi casa está a 700 metros de la escuela*, por ejemplo.

1. a; **2.** en; **3.** en; **4.** en; **5.** al; **6.** al; **7.** al; **8.** en; **9.** al; **10.** al; **11.** en; **12.** en; **13.** a.

3 Verbos *poder* y *preferir*

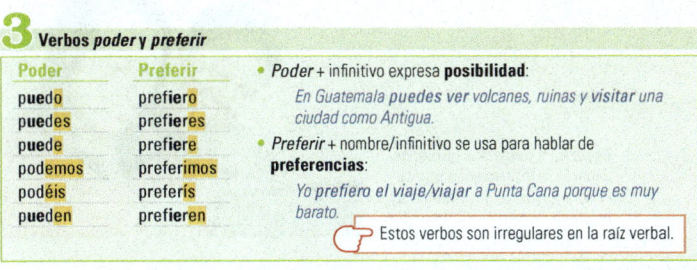

Poder	Preferir
pued**o**	prefier**o**
pued**es**	prefier**es**
pued**e**	prefier**e**
pod**emos**	prefer**imos**
pod**éis**	prefer**ís**
pued**en**	prefier**en**

- *Poder* + infinitivo expresa **posibilidad**:
  En Guatemala puedes ver volcanes, ruinas y visitar una ciudad como Antigua.
- *Preferir* + nombre/infinitivo se usa para hablar de **preferencias**:
  Yo prefiero el viaje/viajar a Punta Cana porque es muy barato.

☞ Estos verbos son irregulares en la raíz verbal.

3.1 Todo el grupo Cuenta a la clase cuáles son tus preferencias cuando viajas y justifica por qué.

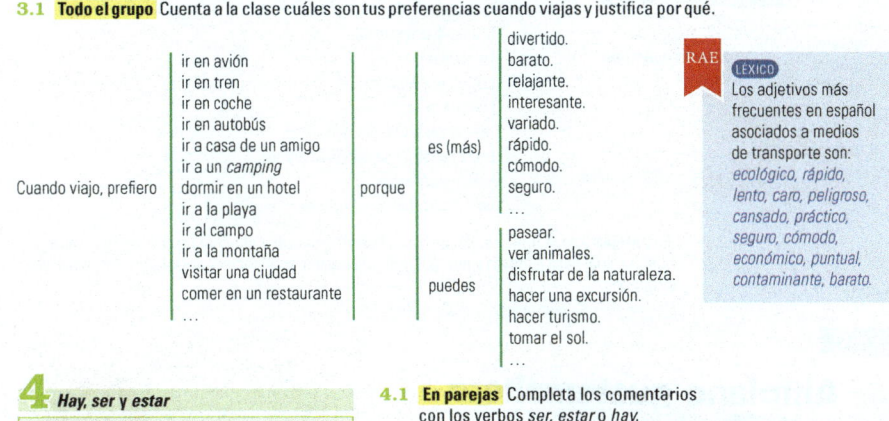

Cuando viajo, prefiero	ir en avión ir en tren ir en coche ir en autobús ir a casa de un amigo ir a un *camping* dormir en un hotel ir a la playa ir al campo ir a la montaña visitar una ciudad comer en un restaurante …	es (más) porque puedes	divertido. barato. relajante. interesante. variado. rápido. cómodo. seguro. … pasear. ver animales. disfrutar de la naturaleza. hacer una excursión. hacer turismo. tomar el sol. …	

RAE · LÉXICO
Los adjetivos más frecuentes en español asociados a medios de transporte son: *ecológico, rápido, lento, caro, peligroso, cansado, práctico, seguro, cómodo, económico, puntual, contaminante, barato.*

4 *Hay, ser* y *estar*

- *Hay* se usa para hablar de la **existencia** o **inexistencia** de algo:
  Cerca del museo hay un parque.
  En el hotel no hay restaurante.
- *Ser* + adjetivo se usa para **describir** objetos, lugares y personas:
  El hotel es céntrico/grande/pequeño/limpio.
- *Estar* se usa para **localizar** lugares, personas y objetos en el espacio:
  ▶ *¿Dónde está la estación de trenes?*
  ▷ *Está cerca del hotel.*

4.1 En parejas Completa los comentarios con los verbos *ser*, *estar* o *hay*.

infoHotel
Hotel NovoLuxe ★★★

El hotel [1] .... en el centro y [2] .... una parada de autobús delante del hotel. En las habitaciones [3] .... aire acondicionado, pero la conexión wifi, aunque [4] .... gratuita, no [5] .... muy buena.
El restaurante [6] .... agradable y económico. [7] .... en la primera planta del hotel. [8] .... pequeño, pero la atención [9] .... muy buena. [10] .... un bufé libre muy variado.

La excursión a Antigua [11] .... muy interesante. En la ciudad [12] .... muchas iglesias, ruinas y museos, y puedes visitar el volcán de Agua y el cerro de la Cruz, un mirador que [13] .... a 10 minutos en coche del centro. Al cerro de la Cruz puedes ir en taxi o andando y al volcán de Agua puedes ir en taxi ([14] .... a 11 kilómetros más o menos).

Unidad 3 | Vamos de viaje

cuarenta y cinco | 45

---

3. Explique la conjugación del presente de indicativo de los dos verbos, así como sus posibles combinaciones. Hágales ver que son irregulares en la raíz y, si lo considera oportuno, explique que las desinencias son las mismas que las de los verbos regulares de la segunda y tercera conjugación.

3.1. El objetivo de esta actividad es que los estudiantes sean capaces de producir oraciones completas con el vocabulario visto en el apartado "Palabras" y con los verbos que se presentan en la actividad 3. Deberán expresar sus preferencias de viaje utilizando las palabras que se dan en cada una de las columnas. Antes de comenzar la actividad, pregunte las dudas de vocabulario que pueda haber y haga que se fijen en el cuadro de la RAE: allí aparecen los adjetivos más frecuentes en español asociados a los medios de transporte.

4. Repase primero el contraste *hay/está(n)* (existencia/localización) que vieron en la unidad anterior y explique después que el verbo *ser* se usa para describir personas, cosas y lugares.

4.1. Explíqueles que los textos que tienen que completar son valoraciones aparecidas en la web sobre un hotel y la ciudad de Antigua (Guatemala), respectivamente. Esta actividad de práctica les pone en contacto con un modelo textual real que, actualmente, pueden encontrar fácilmente en internet.
1. está; **2.** hay; **3.** hay; **4.** es; **5.** es; **6.** es; **7.** Está; **8.** Es; **9.** es; **10.** Hay; **11.** es; **12.** hay; **13.** está; **14.** está.

Para trabajar estos contenidos, realice las actividades **11-18**, pp. **18-19** del *Libro de ejercicios*.

Unidad 3

Practica en contexto

1. El objetivo de esta comprensión auditiva es que los estudiantes discriminen información relevante para más tarde realizar la actividad 1.1. Antes de comenzar, la escucha, explique la estructura *querer* + infinitivo, que se usa para expresar deseos (dirija su atención a la irregularidad del verbo *querer*), lea en voz alta los ítems en los que tienen que fijar su atención y resuelva las dudas de vocabulario que les pudieran surgir. A continuación ponga el audio. Lo puede reproducir dos veces si es necesario.
Marta: 1, 3, 6; **Antonio:** 2, 5, 9; **Los dos:** 4, 7, 8.

1.1. Una vez realizada la audición de la actividad 1, pida a sus estudiantes que hagan una lectura intensiva de las tres ofertas de viaje que se ofrecen y que decidan el viaje ideal para cada uno de los personajes. Es preferible que lean las tres ofertas individualmente y que, a continuación, decidan en parejas la mejor opción justificando su respuesta. Tome el ejemplo propuesto en el libro como modelo *(El viaje ideal para Marta es… porque…)* y, si lo cree necesario, escríbalo en la pizarra. Anímelos a usar el diccionario. Comente las variantes léxicas entre España e Hispanoamérica que se muestran en el cuadro de la RAE. Se propone usar la **proyección 10**.

Ofertas de viaje
[10]

Para que sus estudiantes tengan más información sobre los lugares que pueden visitar en cada uno de los viajes, ponga la proyección como estímulo visual mientras realizan la actividad.

Practica en contexto

1. Escucha a estas dos personas y marca la información que se refiere a Marta, a Antonio o a los dos.

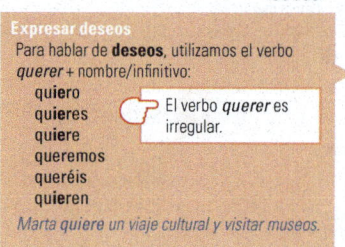

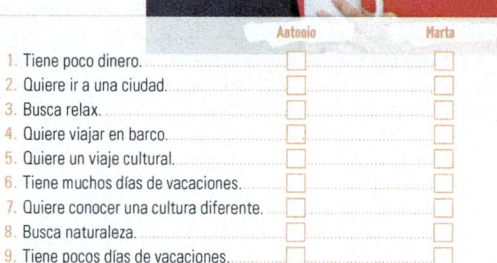

Expresar deseos
Para hablar de **deseos**, utilizamos el verbo *querer* + nombre/infinitivo:
quiero
quieres
quiere
queremos
queréis
quieren

El verbo *querer* es irregular.

Marta quiere un viaje cultural y visitar museos.

	Antonio	Marta
1. Tiene poco dinero.	☐	☐
2. Quiere ir a una ciudad.	☐	☐
3. Busca relax.	☐	☐
4. Quiere viajar en barco.	☐	☐
5. Quiere un viaje cultural.	☐	☐
6. Tiene muchos días de vacaciones.	☐	☐
7. Quiere conocer una cultura diferente.	☐	☐
8. Busca naturaleza.	☐	☐
9. Tiene pocos días de vacaciones.	☐	☐

1.1 **En parejas** Lee la información de estas tres ofertas y decide cuál es el viaje ideal para Marta y cuál para Antonio y por qué. Puedes buscar en el diccionario las palabras que no entiendes.
Ejemplo: *El viaje ideal para Marta es… porque…*

OFERTA 1
Altiplano guatemalteco con Tikal y Antigua (Circuito de 9 días) desde 1400 €

Si buscas historia y el encanto de las antiguas civilizaciones, las ciudades coloniales y los mercados indígenas, no te pierdas este itinerario por Guatemala.

Ruinas mayas, arquitectura colonial, selva, volcanes, baños termales… Todo esto y mucho más te espera en el corazón de América.

Programa del viaje
Día 1 Vuelo de España a Ciudad de Guatemala.
Día 2 Estancia en Ciudad de Guatemala. Viaje a Chichicastenango y visita al mercado. Viaje al lago Atitlán.
Día 3 Lago Atitlán: paseo en barco, visita a Santiago Atitlán y vuelta a Ciudad de Guatemala.
Día 4 Día libre en Ciudad de Guatemala. Visita a las ruinas de Tikal y noche en Petén.
Día 5 Viaje a Antigua.
Días 6 y 7 Días libres en Antigua.
Día 8 Viaje de Antigua a Ciudad de Guatemala y traslado al aeropuerto.
Día 9 Llegada a España.

OFERTA 2

Descubre el mejor CARIBE

desde 790 €

La esencia del Caribe en la República Dominicana

Conoce la cultura dominicana y su deliciosa gastronomía. Disfruta del color de las espectaculares playas de Punta Cana, los arrecifes de coral en isla Saona, la naturaleza del parque nacional de Cotubanamá. Visita la ciudad colonial de Santo Domingo, declarada Patrimonio de la Humanidad por la Unesco.

El precio incluye:
- Billete directo de ida y vuelta en clase turista.
- Seguro de viaje.
- Traslados en autobús.
- 7 noches de hotel con todo incluido.*
- Solo se acepta una maleta grande (23 kg).

*Precios por persona en habitación doble para los hoteles Pájaro Resort y M&J Hoteles.

OFERTA 3

MI BUENOS AIRES QUERIDO

(Circuito de 7 días)

desde 1200 €

¿Quieres visitar el colorido barrio de La Boca, las tiendas de San Telmo, las diferentes zonas de Palermo y el cementerio de la Recoleta? ¿Quieres hacer una excursión en barco por el río Tigre o disfrutar de un espectáculo de tango?

Tu destino es, sin duda, Buenos Aires.

El precio incluye:
- Vuelos.
- Guía turístico.
- Traslados.
- Seguro de viaje.
- Visitas/excursiones.*
- 6 noches en hotel de 4 estrellas con todo incluido.**

*Espectáculos no incluidos en el precio.
**Precio por persona en habitación individual/doble.

RAE LÉXICO

Español de España ▸ maleta : *¡Hijo!, ¿dónde vas con esa maleta?*
Español de América ▸ valija : *Las chicas se van con las valijas llenas de ilusiones.*

Español de España ▸ billete : *Quiero un billete de primera para el primer vuelo.*
Español de América ▸ boleto/pasaje : *Solo puedes ir en los taxis autorizados y tienes que comprar el boleto. Claro que te voy a ayudar. Conseguiremos un pasaje. ¿Cuánto cuesta?*

1.2 **En parejas** ¿Cuál de los tres destinos prefieres para ti? ¿Por qué?

1.3 **Todo el grupo** ¿Cuáles son los destinos más turísticos de tu país? ¿Qué buscan normalmente los turistas que lo visitan? Cuéntaselo a tus compañeros.

¿Por qué...? se usa para **preguntar** por la causa y *porque* para **responder**:
▶ ¿Por qué prefieres viajar en avión?
▷ Porque es más seguro.

Unidad 3 | Vamos de viaje — cuarenta y siete | 47

El viaje ideal para Marta es la oferta 2, República Dominicana, porque puede descansar, disfrutar de la naturaleza, viajar en barco a la isla Saona, visitar el parque nacional de Cotubanamá y conocer una cultura diferente.

El viaje ideal de Antonio es la oferta 1, Guatemala, porque cumple con casi todos los requisitos: conocer una cultura diferente (mercado de artesanía de Chichicastenango), visitar una ciudad (Ciudad de Guatemala, Antigua...), viajar en barco por el lago Atitlán, hacer un viaje cultural (ruinas de Tikal)... El único requisito que no cumple es que es el viaje más largo de las tres ofertas y Antonio tiene pocos días de vacaciones. Por esta razón, también podría ser válida la oferta 3, Buenos Aires, porque visita una ciudad y hay una excursión al río Tigre en barco. En cualquier caso, las dos opciones serían ideales.

1.2. Antes de preguntar por las preferencias a sus estudiantes, recuérdeles, si es preciso, la forma del presente de indicativo del verbo *preferir* y sus posibles combinaciones con un infinitivo o un nombre. Asimismo, haga hincapié en los adjetivos que podrían usar *(divertido, barato, relajante, variado, interesante...)*. Puede repasar con ellos la actividad 3.1 del apartado "Gramática". Explique también el contraste *¿por qué...?* y *porque* para preguntar y responder.

1.3. Como actividad final, dígales que van a hablar de un destino turístico interesante de su país y lo que los turistas buscan allí (repase con ellos la actividad 2 del apartado "¿Qué sabes?" si es necesario). Deles unos minutos para que preparen su intervención, de forma que puedan buscar imágenes o vídeos en internet que apoyen sus palabras. Invítelos a salir al centro de la clase para que hagan su exposición. Es posible también que trabajen en parejas o en grupos pequeños.

Unidad 3

2. El objetivo de esta actividad es presentar a los estudiantes el modelo de una web de búsqueda de alojamientos con valoraciones. Comente el cuadro de la RAE, en el que se presenta la diferencia de uso de los verbos *coger* (en España) y *tomar* (en Hispanoamérica). Es un información de relevancia puesto que el verbo *coger* en Hispanoamérica tiene un significado totalmente diferente y muy vulgar. Adviértales de que deben tener en cuenta toda la información que aparece en la web: texto, iconos, comentarios, etc., para contestar correctamente. Tras la actividad, aproveche la ocasión para explicarles el cuadro de la banda lateral sobre las expresiones que sirven para hacer una valoración.
1, 3, 5, 7, 8.

> Para trabajar estos contenidos, realice las actividades **19-22**, pp. **19-20** del *Libro de ejercicios*.

3. Antes de comenzar la escucha, explique el cuadro de la banda lateral para pedir y dar información sobre la forma de ir a un lugar y para hablar del precio. Puede practicar estas estructuras preguntando a alguno de sus estudiantes cómo puede ir a un lugar de su ciudad conocido por todos. Recuérdeles también los nombres de los diferentes medios de transporte y los nombres específicos de algunos de ellos en Hispanoamérica. Dígales que la conversación transcurre en Guatemala, donde se usa *camioneta* en lugar de *autobús* y *carro* en lugar de *coche*, y recuérdeles los cuadros de la RAE del apartado "¿Qué sabes?", en los que se presentan las variantes para hablar de los medios de transporte en Hispanoamérica. Puede sugerirles que miren también el mapa de la actividad 4 para familiarizarse con el nombre de las calles y de los monumentos. Por último, ponga el audio y repítalo si lo cree pertinente.

Pueden visitar…	Pueden ir…	¿Está lejos?	¿Cuánto cuesta?
el centro histórico	caminando	No	Es gratis
el cerro de la Cruz	caminando/en taxi	No	Es gratis
el volcán de Agua	en camioneta/en carro privado	Sí	90-175 $
las plantaciones de café	en camioneta/en carro privado	No mucho (pero más lejos que el centro y el cerro de la Cruz)	18 $

3

4 🔊 Juan y Ana van a visitar la iglesia de la Merced. Señala en el plano de Antigua el recorrido, según las indicaciones.
[16]

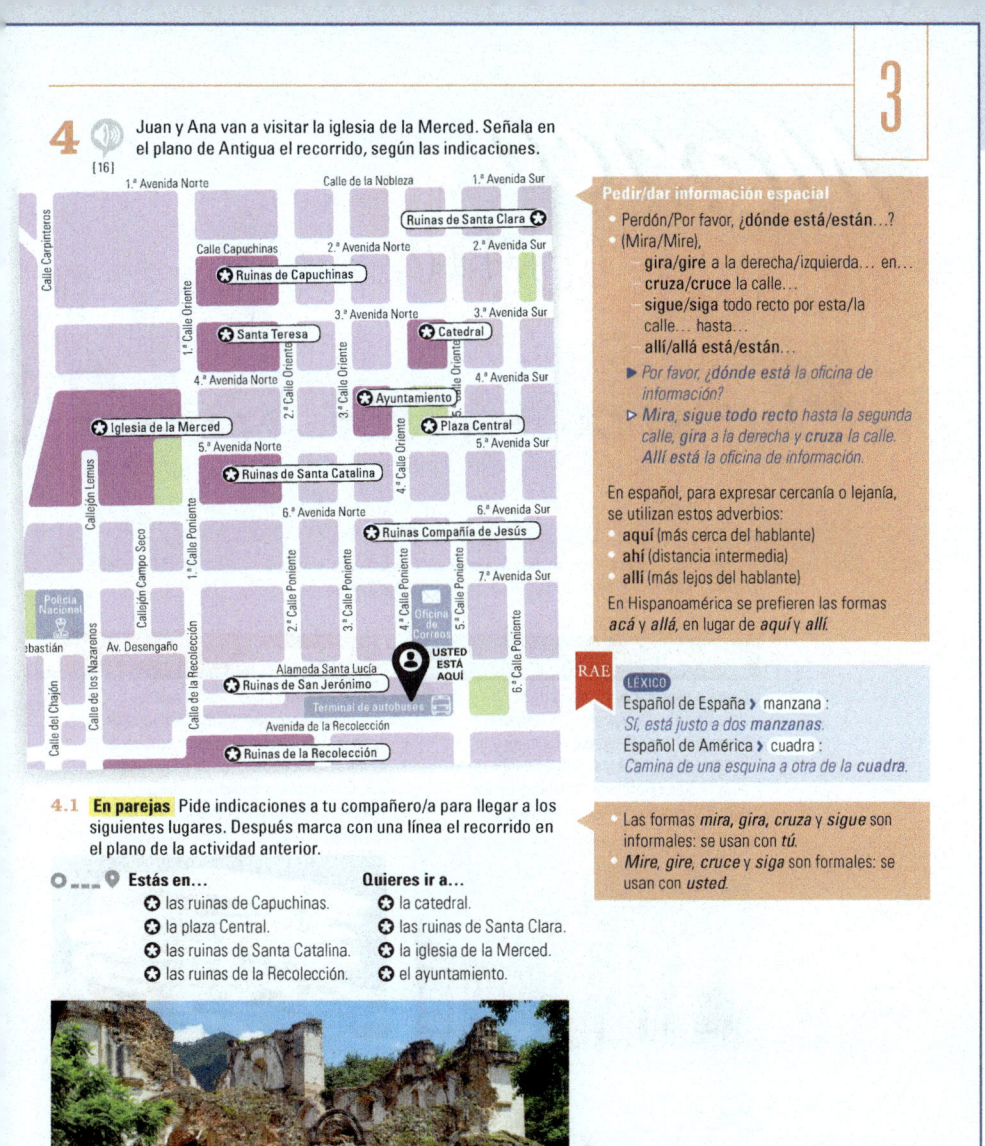

Pedir/dar información espacial

- Perdón/Por favor, ¿dónde está/están...?
- (Mira/Mire),
  - **gira/gire** a la derecha/izquierda... en...
  - **cruza/cruce** la calle...
  - **sigue/siga** todo recto por esta/la calle... hasta...
  - **allí/allá está/están**...

▸ Por favor, ¿dónde está la oficina de información?
▹ Mira, sigue todo recto hasta la segunda calle, gira a la derecha y cruza la calle. Allí está la oficina de información.

En español, para expresar cercanía o lejanía, se utilizan estos adverbios:
- **aquí** (más cerca del hablante)
- **ahí** (distancia intermedia)
- **allí** (más lejos del hablante)

En Hispanoamérica se prefieren las formas **acá** y **allá**, en lugar de *aquí* y *allí*.

RAE LÉXICO
Español de España ▸ manzana:
Sí, está justo a dos manzanas.
Español de América ▸ cuadra:
Camina de una esquina a otra de la cuadra.

- Las formas *mira, gira, cruza* y *sigue* son informales: se usan con *tú*.
- *Mire, gire, cruce* y *siga* son formales: se usan con *usted*.

4.1 En parejas Pide indicaciones a tu compañero/a para llegar a los siguientes lugares. Después marca con una línea el recorrido en el plano de la actividad anterior.

Estás en...
- las ruinas de Capuchinas.
- la plaza Central.
- las ruinas de Santa Catalina.
- las ruinas de la Recolección.

Quieres ir a...
- la catedral.
- las ruinas de Santa Clara.
- la iglesia de la Merced.
- el ayuntamiento.

Las ruinas de la Recolección

5 En parejas Busca un plano de la ciudad en la que estudias español y pregúntale a tu compañero/a cómo puedes ir a algún lugar de tu interés.

Unidad 3 | Vamos de viaje — cuarenta y nueve | 49

---

4. Antes de la escucha, ponga la **proyección 11** y haga que sus estudiantes observen el mapa para familiarizarse con los nombres de las calles y para poder anticipar el recorrido. A continuación explique el cuadro de la banda lateral para pedir y dar información espacial, prestando especial atención a los verbos en imperativo. Presente también el concepto de *cuadra-manzana* apoyándose en el cuadro de la RAE, ya que lo escucharán en la audición. Luego ponga el audio y pídales que indiquen el recorrido en el mapa.
Como actividad extra, puede proponerles que, a partir del recorrido que han señalado en su libro, den las mismas indicaciones, pero con la forma *tú*. Utilice también la proyección 11 para la corrección de la actividad.

Dar información espacial
[11]

Proyecte la lámina y lea con sus estudiantes el nombre de las calles y de los principales monumentos y lugares de interés de la ciudad de Antigua. Tras la explicación de los exponentes y de la actividad de audio, elija a uno de sus estudiantes para corregir la actividad 4 en plenario con ayuda de la proyección. Para ello, pídale que marque el recorrido sobre la imagen proyectada. Si lo cree conveniente, puede mantener la imagen del plano de Antigua proyectada en la pizarra para realizar la actividad 4.1 y hacerla en grupo grande en lugar de en parejas.

4.1. La finalidad de esta actividad es poner en práctica los exponentes que han aprendido en la actividad anterior. Para ello, agrupe a sus estudiantes en parejas y deles la opción de elegir la forma *tú* o *usted*. Recuérdeles que deben pedirse y darse la información de forma alterna, de manera que cada miembro de la pareja dé instrucciones dos veces. Luego supervise la práctica y compruebe que sus estudiantes usan correctamente las expresiones aprendidas.
Si lo cree oportuno, antes de realizar la actividad, puede utilizar la transcripción del audio 16 para fijar los exponentes y las preposiciones.

5. Para terminar este apartado, lleve a clase planos de la ciudad en la que se encuentran, repártalos entre sus estudiantes y anímelos a que se pidan y se den instrucciones sobre cómo ir a lugares de su propio interés. Pasee por las mesas y corrija los errores o resuelva las dudas que pudieran surgir.

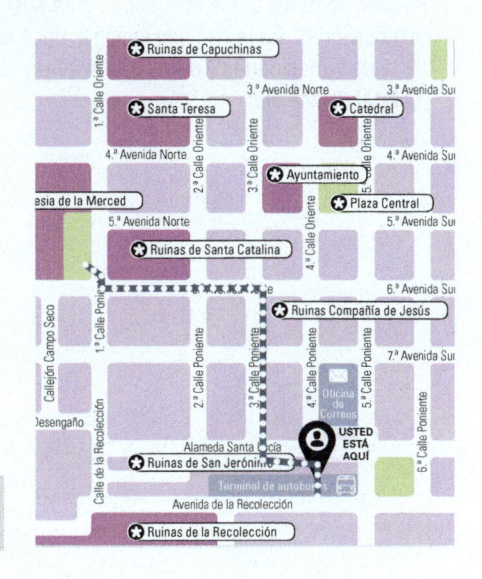

Para trabajar estos contenidos, realice la actividad **23**, p. **20** del *Libro de ejercicios*.
Realice a continuación la actividad **24** para practicar todos los contenidos de este apartado.

Unidad 3 | Vamos de viaje — 49

Unidad 3

Cultura

1. Antes de empezar con la actividad, pregunte a sus estudiantes si han estado alguna vez en México y qué saben de este país. Anote lo que vayan diciendo en la pizarra. Luego invítelos a leer el texto y a completar la ficha en parejas. Por último, sugiérales que cotejen sus resultados con otra pareja. Compare lo que anotó en la pizarra con la información que ofrece el libro para ver si coinciden en algo y pregúnteles qué les ha llamado más la atención de todo lo que han leído.

Monumentos para visitar en el centro histórico: la plaza de la Constitución (conocida como *el Zócalo*), la Catedral Metropolitana, el Palacio Nacional, la basílica de Guadalupe y la plaza Garibaldi.

Lugares de interés fuera del centro histórico: la Casa Azul (Museo Frida Kahlo), las pirámides de Teotihuacán y Mundo Chocolate (MUCHO).

Comidas típicas: tortillas, quesadillas, moles y tacos.

Medios de transporte y precio: taxis, metro (5 pesos), camiones (5 o 6 pesos), ciclotaxis (entre 20 y 30 pesos), bicibuses (gratis).

Para trabajar estos contenidos, realice las actividades **25-27**, p. **21** del *Libro de ejercicios*.

Puede ampliar la actividad de la siguiente manera: pídales que formen pequeños grupos y que, navegando por internet, recopilen información curiosa de Ciudad de México. Con la información obtenida tienen que realizar una presentación. Sugiérales que ofrezcan también imágenes para hacerla más amena. Si la escuela cuenta con herramientas como un proyector o una pizarra digital, invítelos a que las utilicen para sus exposiciones. En la página siguiente tiene una lista de curiosidades y datos interesantes sobre la capital de México.

México lindo y bonito

1 En parejas En la revista *Viajeros* encontramos este artículo sobre Ciudad de México. Léelo y completa la ficha.

¿Qué visitar?

Centro histórico. La plaza de la Constitución –el Zócalo–, la Catedral Metropolitana, el Palacio Nacional y la basílica de Guadalupe. A unas cuadras está la plaza Garibaldi, donde se puede comer y escuchar música de mariachis.

Basílica de Guadalupe

Plaza de Garibaldi

¿Qué comer?

La gastronomía mexicana es rica en sabores. Hay restaurantes tradicionales para probar la comida típica y cotidiana. El maíz, los frijoles, el arroz y los chiles son los alimentos básicos y nunca pueden faltar en una mesa las tortillas, las quesadillas, los moles o los tacos.

Quesadillas

Recuerda: Observar las imágenes ayuda a comprender el texto.

3

La **plaza de la Constitución**, informalmente conocida como *el Zócalo*, es la plaza principal de Ciudad de México. En ella se encuentra la Catedral Metropolitana de la Asunción de María de México (Patrimonio de la Humanidad desde 1987).

¿Cómo trasladarse?

Taxis. Los taxis autorizados tienen tarifas fijas. Se recomienda comprar el boleto en los puestos oficiales.

Metro. El boleto cuesta 5 pesos mexicanos.

Camiones. El boleto cuesta 5 pesos para una distancia de hasta 5 kilómetros y 6 pesos para más de 5 kilómetros.

Ciclotaxis. Para una o dos personas. Los ciclotaxis son muy cómodos y no demasiado caros: un viaje cuesta entre 20 y 30 pesos.

Bicibuses. Pueden ir hasta 11 personas y… ¡son gratuitos!

No te lo puedes perder

La Casa Azul, en el distrito de Coyoacán, a solo 11 km del centro de Ciudad de México, donde está el Museo Frida Kahlo, reconocida pintora mexicana.

Las pirámides de Teotihuacán, a 78 kilómetros al noreste de la capital mexicana. Son Patrimonio de la Humanidad.

Mundo Chocolate (MUCHO), un museo dedicado al chocolate. Un placer para los cinco sentidos. Hay talleres para dos adultos y dos niños por 180 pesos.

Teotihuacán

Casa Azul

¡Te encantará!

Ficha
- Monumentos para visitar en el centro histórico: ....
- Lugares de interés fuera del centro histórico: ....
- Comidas típicas: ....
- Medios de transporte y precio: ....

Curiosidades de Ciudad de México

1. El bosque de Chapultepec es el segundo parque urbano más grande de Latinoamérica y el quinto en el mundo, y es dos veces mayor que Central Park, en Nueva York.
2. Es la segunda ciudad con más museos en el mundo, solo superada por Londres. Tiene 151 museos reconocidos y más de 200 que aún no tienen reconocimiento oficial.
3. No es ni la más grande ni la más poblada. Su zona metropolitana es la tercera en población en el mundo con casi 27 millones de habitantes (después de Tokio y Seúl) y también la tercera en extensión con 7854 km^2 (después de Nueva York y Tokio).
4. El estadio Azteca es el tercero más grande del mundo y además el único que ha albergado dos finales de la Copa del Mundo.
5. El 19 de septiembre de 1985 un terremoto devastó la ciudad. Alcanzó una magnitud de 8.1 en la escala MW y se catalogó de grado IX en la escala de Mercalli (muy destructivo).
6. La basílica de Guadalupe es el segundo santuario católico más visitado del mundo. El primero es la Capilla Sixtina.
7. La ciudad se levanta sobre un lago. Los aztecas la construyeron sobre una serie de islas artificiales y el lago fue drenado después por los españoles. Esta es la causa por la que la ciudad se hunde poco a poco.
8. El metro de esta ciudad es el más grande de América Latina, con 12 líneas, 226 kilómetros y 195 estaciones.
9. La ensalada César no tiene su origen en la antigua Roma, sino en Tijuana, México. La receta surgió en 1942, en el restaurante de César Cardini; de ahí su nombre.
10. México es el país con más hispanohablantes del mundo, con una población de aproximadamente 130 millones de habitantes.

Adaptado de https://listas.20minutos.es/lista/curiosidades-de-la-ciudad-de-mexico-396899/

Unidad 3

Vídeo

1. Anímeles a relacionar las fotografías con las ciudades marcadas en el mapa. A continuación pregúnteles si han estado en alguna de las ciudades que aparecen. Puede proporcionarles información si no conocen estos lugares.
   1. B; **2.** C; **3.** A; **4.** D.

1.1. Actividad de interacción oral en la que los estudiantes, organizados en pequeños grupos, deben expresar sus preferencias en cuanto a estos lugares y justificar su respuesta.

1.2. Distribuya a sus estudiantes en pequeños grupos y pídales que hagan hipótesis sobre el destino que han elegido para sus vacaciones los personajes del hostal Babel y que justifiquen sus respuestas. Si ve que sus estudiantes no recuerdan alguna información sobre los protagonistas, remítalos al apartado de vídeo de las unidades anteriores.

2. Explíqueles que, en el fragmento que van a ver, Tere y Hugo explican sus planes para las vacaciones. A continuación déjeles tiempo para que lean la información, resuelva las dudas que puedan tener y pídales que marquen la información que se refiere a Tere o a Hugo. Después ponga el fragmento 00:30 ▶ 02:04 y corrija con el grupo.
   Tere: Va a Cádiz; Va con unas amigas; Tiene una reserva para alojarse en un albergue; Va en furgoneta; Quiere dormir poco. **Hugo:** Viaja a Barcelona; Ya tiene los boletos de avión.

2.1 Visiona el fragmento 02:04 ○ 02:26 y completa la información que falta.

1. Del aeropuerto de Barcelona al centro de la ciudad se puede ir en ...., en .... y en ....
2. La línea de metro que conecta el aeropuerto y el centro de Barcelona es la línea ....
3. El autobús que va al centro pasa cada .... minutos y cuesta .... euros.

Fíjate: ¿Cómo llama Carla al dinero?

3 Ahora visiona el fragmento 02:36 ○ 04:52 y marca las frases que se refieren a Leo o a Carla.

- Viaja a Londres.
- Va a Cudillero.
- Va en avión.
- Viaja con un grupo de compañeros de la maestría.
- Prefiere viajar con comodidades.
- Quiere hacer una reservación en un hotel de lujo.
- Los billetes cuestan 35 €.

4 En el último fragmento (04:52 ○ final) Bea cuenta qué va a hacer durante el puente. ¿A dónde va a ir? ¿Qué va a hacer? Explica si te parece un buen plan o no y por qué.

Fíjate: ¿Cómo llama Carla a la furgoneta?

Después del vídeo

5 **Todo el grupo** Fíjate en el gesto que hace Carla para referirse al sur de España. ¿Cómo crees que se indican los demás puntos cardinales? ¿Qué gestos haces tú para indicar los cuatro puntos cardinales?

Fíjate: Para localizar lugares usando los puntos cardinales, se usa está en el/al norte/sur/este/oeste:
Cudillero está en el norte de España.
Cádiz está al sur de España.

6 **Todo el grupo** ¿Dónde quieres viajar las próximas vacaciones? ¿En qué medio de transporte? ¿Dónde quieres alojarte? ¿Qué quieres hacer en ese lugar? Cuéntaselo a la clase.

Unidad 3 | Vamos de viaje — cincuenta y tres | 53

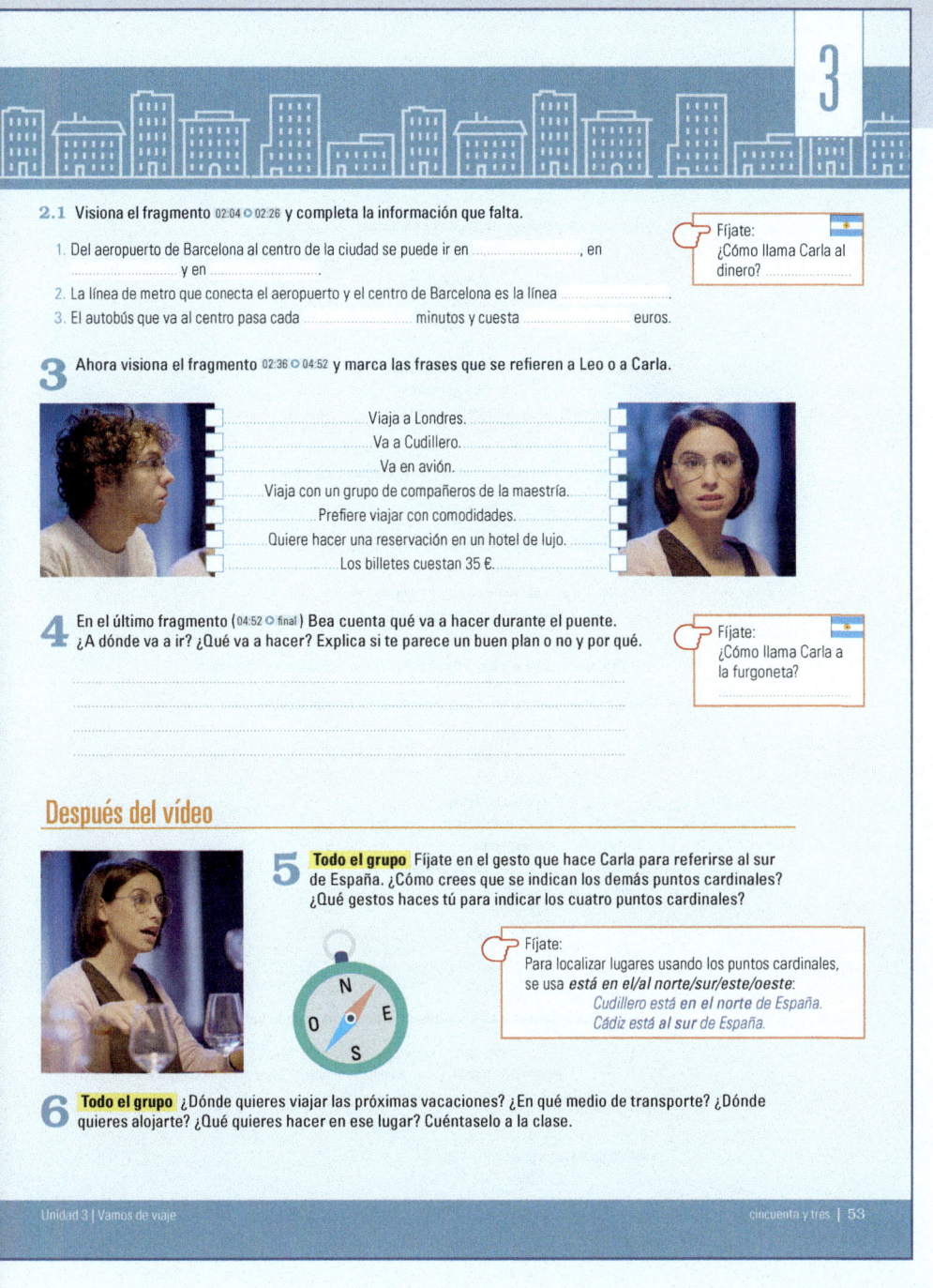

2.1. Dígales que, en el fragmento que van a ver, Tere y Carla le van a dar a Hugo información práctica sobre las conexiones del aeropuerto de Barcelona con la ciudad. Después reproduzca el fragmento 02:04 ○ 02:26 para resolver la actividad.
1. Del aeropuerto de Barcelona al centro de la ciudad se puede ir en taxi, en metro y en autobús; 2. La línea de metro que conecta el aeropuerto y el centro de Barcelona es la línea 9; 3. El autobús que va al centro pasa cada 10 minutos y cuesta 5 euros.
Carla llama al dinero plata, que es el término más común en Argentina.

3. Dígales que, en este fragmento, Carla y Leo van a hablar también de sus planes para las vacaciones. A continuación déjeles un tiempo para que lean la información y resuelvan las dudas que puedan tener. Ponga el fragmento 02:36 ○ 04:52 para resolver la actividad.
Leo: Viaja a Londres; Va en avión; Los billetes cuestan 35 €. **Carla:** Va a Cudillero; Viaja con un grupo de compañeros de la maestría; Quiere hacer una reservación en un hotel de lujo; Prefiere viajar con comodidades.

4. Coménteles que, en este último fragmento, será Bea la que explique sus planes para las vacaciones. Pídales que tomen notas del lugar al que va a ir, así como de lo que va a hacer. Después reproduzca el fragmento 04:52 ○ final y pregúnteles a sus estudiantes si les parece un buen plan y por qué. Una vez terminada la actividad, ponga el vídeo completo.
Bea no va a viajar. Se va a quedar sola en el hostal Babel.
Carla llama a la furgoneta combi, que es el término más común en Argentina.

5. Pida a sus estudiantes que se fijen en el gesto que hace Carla con la mano para indicar el sur y dígales que indiquen con gestos el resto de los puntos cardinales. A continuación realice el gesto (norte, sur, este y oeste con el dedo índice) y pregúnteles si hay alguna diferencia con su lengua (posición del dedo, si se hace con la mano en vez de con el dedo, si el orden de los puntos cardinales es el mismo...). Después explíqueles el cuadro destacado. Si cuenta con pizarra digital o proyector, puede mostrarles un mapa y preguntarles por algunas ciudades de España o de Hispanoamérica para que le digan dónde se encuentran.
Los puntos cardinales suelen señalarse con un dedo apuntando hacia arriba (norte), hacia abajo (sur), hacia la derecha (este) y hacia la izquierda (oeste).

6. Para terminar este apartado, plantee a sus estudiantes las preguntas propuestas en la actividad para fomentar la interacción oral.

Unidad 3

Evaluación

1. **1.** e; **2.** f; **3.** g; **4.** h; **5.** c; **6.** i; **7.** d; **8.** a; **9.** b.

2. **1.** medio de transporte; **2.** tiempo; **3.** dirección; **4.** localización; **5.** distancia; **6.** destino.

3. Visitar/Ver un museo; Ir a la montaña; Hacer una excursión; Ir a un espectáculo; Visitar/Ver un parque natural; Visitar/Ver monumentos; Ir a un mercado de artesanía; Ver animales; Ir a la playa; Hacer submarinismo; Hacer surf; Tomar el sol.

4. **1.** restaurante: agradable, barato, cómodo, pequeño, económico, bonito, caro, grande; **2.** hotel: agradable, barato, cómodo, pequeño, económico, bonito, caro, grande; **3.** medio de transporte: práctico, barato, lento, cómodo, rápido, económico, seguro, caro.

3

5 Escribe un comentario de un hotel en la web contando tu experiencia. Utiliza la información que te damos.

- Ubicación: a 5 minutos del centro.
- Categoría: ***
- Características: moderno, céntrico, económico.
- Alrededores: bares, restaurantes, banco, supermercado.
- Servicios: TV, wifi, aparcamiento, cafetería, aire acondicionado, recepción 12 horas.

infoHotel
El hotel está ....
Es ....
Cerca del hotel hay ....
El hotel tiene ....
En todas las habitaciones hay ....
Lo mejor: ....
Lo peor: ....

6 Mira el recorrido en el plano del centro histórico de Ciudad de México y completa el diálogo.

▶ Perdón, ¿cómo puedo ir a la plaza Garibaldi? ¿Está muy lejos?
▷ No, no, se puede ir caminando. Está a unos 20 minutos de acá, del Zócalo. Mire, [1] .... por la calle República de Brasil hasta la calle Tacuba. Es muy fácil: a la derecha está la catedral. Allá [2] .... y después [3] .... hasta la calle Lázaro Cárdenas. Allá [4] .... y [5] .... cinco cuadras. La plaza está a la derecha.
▶ Muchas gracias.
▷ De nada.

7 Contesta a las siguientes preguntas sobre México.

1. ¿En qué ciudad está la basílica de Guadalupe? ....
2. ¿Qué podemos hacer en la plaza Garibaldi? ....
3. ¿Cuáles son los alimentos básicos de la comida mexicana? ....
4. ¿Cuánto cuesta viajar en bicibús? ....
5. ¿Qué otros lugares de interés hay cerca de Ciudad de México? ....
6. ¿A qué está dedicado el museo MUCHO? ....

8 Piensa en los contenidos de esta unidad y puntúa de 1 a 5 tu nivel de aprendizaje.

Ahora puedo…
- dar y comprender información sobre medios de transporte. [1][2][3][4][5]
- dar y comprender información sobre la ubicación de lugares. [1][2][3][4][5]
- hablar de viajes y hoteles. [1][2][3][4][5]
- hablar de algunos lugares turísticos de México y Guatemala. [1][2][3][4][5]

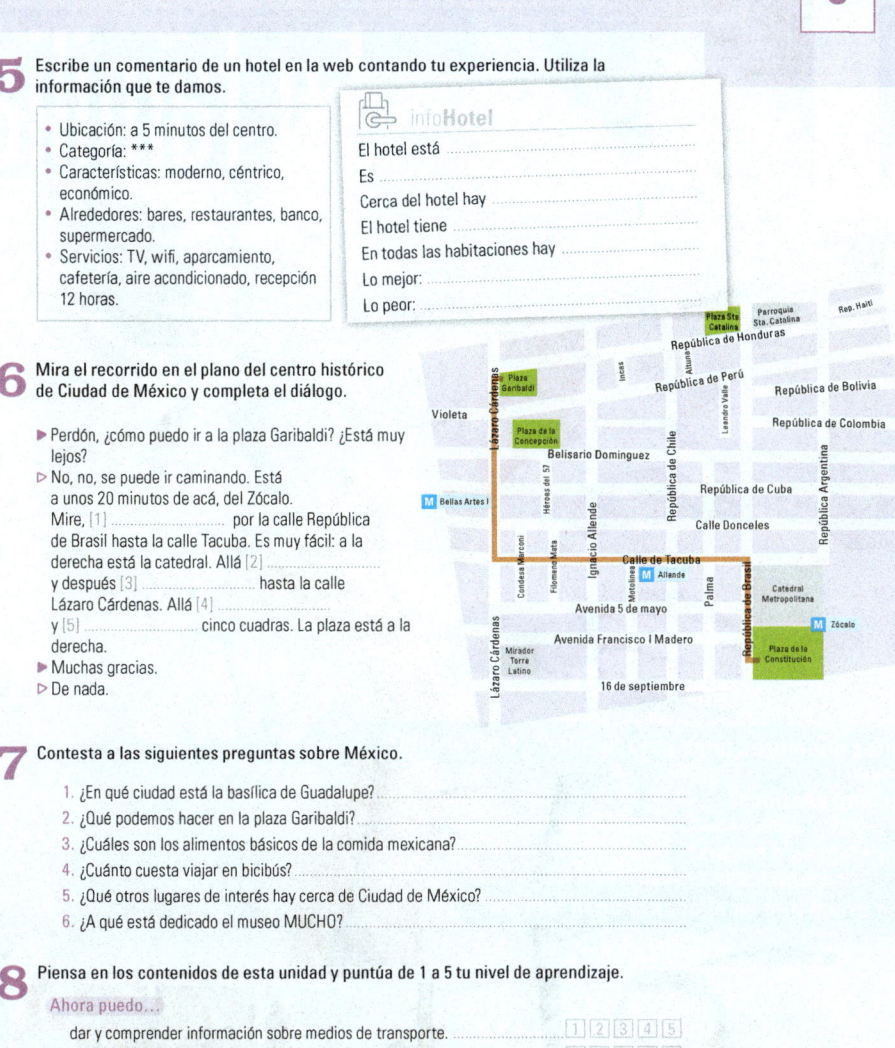

5. Posible respuesta:
El hotel está a 5 minutos del centro.
Es un hotel de 3 estrellas, moderno, céntrico y económico.
Cerca del hotel hay bares, restaurantes, un banco y un supermercado.
El hotel tiene aparcamiento, cafetería y recepción 12 horas.
En todas las habitaciones hay TV, wifi y aire acondicionado.
Lo mejor: está cerca del centro.
Lo peor: no tiene recepción 24 horas.

6. 1. siga todo recto; 2. gire a la izquierda; 3. siga todo recto; 4. gire a la derecha; 5. siga todo recto.

7. 1. En Ciudad de México; 2. Se puede comer y escuchar música de mariachis; 3. El maíz, el arroz, los frijoles y los chiles; 4. Nada, es gratuito; 5. La Casa Azul y Mundo Chocolate; 6. Al chocolate.

8. Esta actividad tiene el objetivo de incentivar la reflexión y la autoevaluación sobre el proceso de aprendizaje, de modo que el estudiante sea capaz de valorar dicho proceso y controlar de manera autónoma su progreso.

Unidad 3 | Vamos de viaje

Unidad 4

Unidad 4 — En familia

¿Cuántos miembros tiene esta familia? ¿Y tu familia?

¿Cómo van vestidos?

¿Están alegres o tristes?

¿Cómo crees que es el abuelo de la familia?

En familia

Antes de comenzar, lea en voz alta el título de la unidad, *En familia*, y pregúnteles si su familia es similar a la de la foto o, simplemente, si tienen una familia grande o pequeña. Si lo considera oportuno, puede pedirles que traigan una foto de su familia para enseñársela a la clase.
A continuación distribuya a sus estudiantes en pequeños grupos, pídales que observen las imágenes de la portada y que en dos minutos escriban todas las palabras que se les ocurran relacionadas con lo que ven. Luego haga una puesta en común con toda la clase para que comparen las palabras; así activarán léxico que van a ver luego en la unidad.
Por último, hágales las preguntas propuestas con el fin de motivarlos y activar los conocimientos previos que tengan sobre el tema.
Posible respuesta:
1. Seis miembros; 2. Con ropa de verano/con ropa informal; 3. Están alegres; 4. Es abierto/alegre/cariñoso.

En esta unidad vas a...

- Hablar de la familia
- Hablar de acciones cotidianas relacionadas con la familia
- Describir personas: descripción física y de carácter
- Describir la ropa
- Expresar posesión y pertenencia
- Hablar de las acciones que se están realizando
- Conocer a diseñadores de moda del mundo hispano

Unidad 4

¿Qué sabes?

1. Pregunte a sus estudiantes si conocen a alguno de los personajes famosos que se presentan en la actividad. Es muy probable que conozcan a alguno, pero no a todos, por lo que usted puede facilitarles los nombres y profesiones o proponerles que lo busquen en internet.
   1. Pau Gasol, jugador de baloncesto español;
   2. Javier Bardem, actor español; **3.** Shakira, cantante colombiana; **4.** Fernando Trueba, director de cine, guionista y productor español; **5.** Penélope Cruz, actriz española; **6.** Isabel Allende, escritora chilena; **7.** Rafael Nadal, tenista español.

   Una vez que sus estudiantes sepan quiénes son, explíqueles que todos ellos tienen algún familiar que también es famoso y pídales que, en parejas, hagan una búsqueda en internet para descubrir quiénes son y por qué son famosos. Haga una puesta en común con los resultados obtenidos por la clase y luego compruébelos con la **proyección 12**.

   Famosos y familiares
   [12]

   Corrija la segunda parte de la actividad 1 con esta proyección. Coménteles que algunos de ellos tienen otros familiares famosos, además de los que se muestran en la proyección. Busque en internet alguna foto ilustrativa de los otros familiares y explique su relación de parentesco y profesión.
   1. Marc Gasol, hermano de Pau, es también jugador de baloncesto; **2.** Carlos Bardem, hermano de Javier, es actor, guionista y escritor. Otros familiares: Pilar Bardem, su madre, es también actriz. Sus abuelos, Rafael Bardem y Matilde Muñoz Sampedro, también fueron actores. Su tío, Juan Antonio Bardem, fue director de cine. Su primo, Miguel Bardem, es director de cine. La mujer de Javier Bardem, Penélope Cruz, es actriz; **3.** Gerard Piqué, futbolista español, es la pareja de Shakira y el padre de sus dos hijos. Otros familiares: Valerie Domínguez Tarud, Ariadna Gutiérrez y Paulina Vega son primas de Shakira: la primera es modelo, la segunda fue Miss Colombia en 2014 y la tercera fue Miss Universo en 2015; **4.** David Trueba, hermano de Fernando, es director de cine y guionista español;
   5. Mónica Cruz, hermana menor de Penélope, es actriz. Otros familiares: Eduardo Cruz, su hermano menor, es cantante; **6.** Salvador Allende, tío de Isabel, fue presidente de Chile desde 1970 hasta 1973; **7.** Toni Nadal, tío de Rafael, es extenista y entrenador de su sobrino. Otros familiares: Miguel Ángel Nadal, tío asimismo de Rafael, fue jugador del F. C. Barcelona y del R. C. D. Mallorca.

¿Qué sabes?

1 **En parejas** ¿Conoces a estos famosos? Di su nombre y a qué se dedican. Todos ellos tienen en común que uno de sus familiares es también famoso. ¿Sabes quién es y qué hace? Con tu compañero/a, busca en internet esta información.

1.1 **Todo el grupo** ¿Hay alguna familia famosa en tu país? ¿Sabes a qué se dedican sus miembros?

4

2 En parejas ¿Cómo crees que son estas personas? Ponte de acuerdo con tu compañero/a. Puedes usar el diccionario si no conoces alguna palabra.

alegre | serio/a | sociable | divertido/a | abierto/a | clásico/a | trabajador/a | moderno/a

Ejemplo: *Yo creo que el chico de la foto 1 es…*

2.1 En grupos pequeños Y tú, ¿cómo eres?

3 En parejas ¿Cómo crees que es el estilo de vestir de las personas anteriores? ¿Moderno, informal, elegante, *fashion*, clásico, deportivo, alegre…?

3.1 Todo el grupo Y tú, ¿cómo te vistes normalmente? ¿Con qué foto o fotos te identificas más?

Unidad 4 | En familia

cincuenta y nueve | 59

---

2. Distribuya a sus estudiantes en parejas y pídales que, después de observar las fotografías, discutan sobre los adjetivos de carácter que mejor definen a las personas que aparecen en ellas. Cuando vea que ya han terminado, haga una puesta en común y resuelva las dudas.
Posible respuesta:
1. serio, clásico, trabajador; **2.** seria, moderna; **3.** alegre, sociable, divertida, abierta, moderna; **4.** sociable, abierto, moderno; **5.** alegre, clásica, trabajadora; **6.** serio, sociable, moderno.

2.1. Invite a sus estudiantes a que se describan con al menos tres adjetivos de los presentados en la actividad anterior escribiéndolos en un papel con su nombre. Luego recójalos y léalos de uno en uno para que intenten averiguar de quién se trata. Puede modificar esta actividad y pedirles que, en lugar de describirse a sí mismos, describan a un/a compañero/a. Si sus estudiantes muestran interés, puede ampliar este vocabulario con otros adjetivos como *simpático/a, antipático/a, inteligente, tímido/a…*

3. y **3.1.** Pida a sus estudiantes que se fijen en las fotografías y haga hincapié en que los adjetivos que se presentan en esta actividad están relacionados con la manera de vestir, no con la personalidad, aunque puedan coincidir. A continuación formúleles las preguntas de la actividad 3.1.
Posible respuesta:
1. elegante, clásico; **2.** moderno, informal, alegre; **3.** informal, *fashion*, alegre; **4.** informal, deportivo; **5.** elegante, clásico, alegre; **6.** moderno, informal, *fashion*.

Unidad 4 | En familia

59

Unidad 4

Palabras

1. Pida a sus estudiantes que lean el texto individualmente y, con ayuda del árbol genealógico, completen por escrito la actividad. Tras la corrección, explique el cuadro de atención y deténgase en algunos aspectos más complejos de la descripción del texto, como los adjetivos *mayor* y *menor* y *estar casado/a con*.
   1. Clara; **2.** Begoña, Ángela y Sergio; **3.** Mateo; **4.** Luisa; **5.** Julia.

1.1. Diga a sus estudiantes que dibujen el árbol genealógico de su familia y que lo expongan a la clase. Si el grupo es muy numeroso, distribúyalos en pequeños grupos. Sugiérales que aporten más información (nombre, edad, profesión, lugar de residencia…). Pueden completar la presentación con alguna fotografía de su familia.

2. Proponga a sus estudiantes que, por separado, relacionen las fotografías con los textos. Anímelos a que utilicen el diccionario para resolver las dudas que puedan tener. Recuérdeles que hay un error en cada definición y que deben corregirlo. Luego, en parejas, deben comprobar sus hipótesis.
   1. B. El error es que dice que Daniel "tiene los ojos oscuros" y debe decir que "tiene los ojos claros"; **2.** C. El error es que dice "son muy serios" y debe decir que "son muy alegres"; **3.** A. El error es que dice que "tiene el pelo rizado" y debe decir que "tiene el pelo liso".

2.1. Mantenga las parejas de la actividad anterior y pídales que clasifiquen las palabras resaltadas en el texto según se refieran al aspecto físico o al carácter. Dibuje en la pizarra dos columnas como se muestra en la clave. Por último, haga la corrección con todo el grupo en la pizarra. Después se recomienda trabajar la **proyección 13**.

	Aspecto físico	Carácter
1.	– es alta – es delgada – tiene el pelo moreno y los ojos marrones – es castaño y tiene los ojos claros (en el texto, *oscuros*)	– son muy simpáticos
2.	– tiene el pelo blanco – lleva barba y bigote – tiene el pelo corto – es delgada	– son muy alegres (en el texto, *serios*) y activos
3.	– tiene el pelo liso (en el texto, *rizado*) y rubio – tiene los ojos azules	– es muy inteligente – es un poco tímida

60

Palabras

1 Lee la descripción de la familia de Esteban y completa las frases.

Esta es mi familia.
Mi **padre** se llama Mateo y mi **madre**, Luisa. Tengo una **hermana menor** que se llama Ana.
Mi padre tiene una **hermana mayor**, mi **tía** Clara, que **está casada** con Jaime, mi **tío**. Jaime y Clara tienen tres **hijos**: dos **hijas** y un **hijo**; son mi **prima** Begoña, su **hermana menor** Ángela y su **hermano menor** Sergio.
Mis **padres**, mis **tíos**, mis **primos**, mi hermana y yo vamos muchas veces a comer a casa de mis **abuelos**, Julia y Pepe, que se ponen muy contentos cuando ven a sus cinco **nietos**.

Fíjate:
- padre + madre ▸ **padres**
- hermano + hermana ▸ **hermanos**
- tío + tía ▸ **tíos**
- abuelo + abuela ▸ **abuelos**

1. La mujer de Jaime se llama ....
2. Los sobrinos de Mateo y Luisa se llaman ...., ... y ....
3. El marido de Luisa se llama ....
4. Mateo está casado con ....
5. .... es la abuela de Esteban, Ana, Begoña, Ángela y Sergio.

1.1 **Todo el grupo** ¿Cómo es tu familia? Preséntasela a la clase.

2 **En parejas** Relaciona cada descripción con su fotografía correspondiente. Compara la descripción con la imagen y localiza el error que hay. Luego comprueba con tu compañero/a. ¿Coincidís?

1. ☐ Estos son mi hermana Claudia y su pareja Daniel. Claudia **es alta** y **delgada**. **Tiene el pelo moreno y los ojos marrones**. Daniel **es castaño y tiene los ojos oscuros**. Los dos **son** muy **simpáticos**.
2. ☐ Estos son mis abuelos. Mi abuelo **tiene el pelo blanco y lleva barba y bigote**. Mi abuela **tiene el pelo corto y es delgada**. Los dos **son** muy **serios y activos**. ¡Siempre están haciendo cosas!
3. ☐ Esta es mi prima Eva. Eva **tiene el pelo rizado y rubio** y tiene los **ojos azules**. Es muy **inteligente**. En la foto está seria porque es un poco **tímida**.

2.1 Clasifica las frases resaltadas según se refieran al aspecto físico o al carácter.

60 | sesenta

Descripción física y de carácter
[13]

Tras la corrección de la actividad 2.1, ponga la proyección y presente los adjetivos con sus antónimos, haciendo hincapié en el uso del verbo *ser* para describir el físico y el carácter. Luego trabaje la descripción física con los verbos *tener* y *llevar*, y mencione que el segundo suele combinarse con aspectos físicos susceptibles de cambio.

Para trabajar estos contenidos, realice las actividades **1-3**, p. **22** del *Libro de ejercicios*.

Unidad 4 | En familia

3. Mira las ofertas de ropa de tuarmario.com y escucha la conversación. ¿Qué ropa quiere comprar Luis? ¿Y Maite?

[17]

tuarmario.com

Mujer — Pantalones vaqueros — 15 € ~~39,99 €~~ -40%

Mujer — Jersey de lana rojo — 45 €

Hombre — Abrigo negro — 145 €

Hombre — Camisa de manga larga de diferentes colores — 35 € ENVÍO 48 h

Niño — Camiseta de diferentes colores (blanca, azul, roja, amarilla y naranja) — 12 € ENVÍO 48 h

Hombre — Pantalones cortos de diferentes colores — 29,99 €

Mujer — Falda corta de rayas de algodón — 25 € ENVÍO 48 h

Mujer — Bolsos de cuero desde 29,99 €

Mujer — Zapatos verdes de tacón — 75 €

Niño — Zapatillas de diferentes modelos y colores desde 14,99 €

Hombre — Zapatos marrones de piel — 120 €

Ver ofertas exclusivas online

Estos son los nombres en español de los tejidos más comunes:
- algodón
- lana
- piel/cuero
- seda

RAE · LÉXICO

Español de España
- zapatillas deportivas/de deporte : *Observé que seguía calzado con las mismas zapatillas deportivas.*
- abrigo : *Se puso el abrigo para salir a llevar la carta.*
- camiseta : *Sabemos que viste unos pantalones cortos y una camiseta azul.*
- falda : *Llevaba una falda negra y una hermosa blusa de seda blanca.*

Español de América
- tenis : *Los dos iban de blue jeans y tenis, parecían turistas.*
- tapado (tapadito) : *Caridad Canelón iba por la calle con un tapado corto de piel de conejo.*
- remera : *Para bailar uso el mismo jeans con una remera más llamativa.*
- pollera : *La miré –ojos marrones, pelo castaño, blusa verde, pollera negra…*

3.1 Todo el grupo ¿Qué ropa llevas tú normalmente cuando vas a estos lugares?

| al trabajo | al gimnasio | a cenar a un restaurante | a la universidad/escuela | a una fiesta |

Ejemplo: *Cuando voy al trabajo llevo…*

Unidad 4 | En familia — sesenta y uno | 61

---

3. Antes de poner el audio, y para facilitar su comprensión, pida a sus estudiantes que observen la página web y hágales algunas preguntas previas como:
[17]
- ¿Qué ropa podemos comprar en esta web?
- ¿Qué ropa es de hombre? ¿Y de mujer? ¿Y de niño?
- ¿De qué color es el jersey de mujer?
- ¿De qué colores puedes comprar camisetas de niño?
- ¿Cómo es la falda?

A continuación explíqueles que van a escuchar a dos personas que hablan de la ropa que quieren comprar en la web y que deben anotar lo que compra cada uno. Ponga el audio. Una vez terminada la actividad, deténgase en el cuadro de la RAE sobre las variantes geográficas en este campo léxico.

Luis quiere comprar unos zapatos negros, una camisa y unos pantalones cortos. Al final compra una camisa azul y unos pantalones cortos.

Maite quiere comprar una o dos camisetas y unas zapatillas para su hijo, y unos vaqueros para ella. Al final compra unas zapatillas rojas y una camiseta blanca para su hijo, y unos vaqueros para ella.

3.1. Una vez trabajado el vocabulario de la ropa, invite a sus estudiantes a describir la ropa que llevan cuando van a los lugares propuestos en la actividad. Deles tiempo para buscar las palabras que necesiten y resuelva sus dudas si es necesario. Si lo desea, puede empezar usted siguiendo el ejemplo para darles una pauta.

> Para trabajar estos contenidos, realice las actividades **4-6**, p. **23** del *Libro de ejercicios*.

> Para trabajar los contenidos de todo el apartado, realice la actividades **7** y **8**, p. **23** del *Libro de ejercicios*.

Unidad 4

Gramática

1. Explique el paradigma de los verbos regulares en presente de indicativo y su uso, tal y como se indica en el cuadro. Haga hincapié en las terminaciones de cada conjugación y en que estas se dan también en la mayoría de los verbos irregulares de este tiempo verbal. Resuelva todas las dudas que surjan. Comente el cuadro de la RAE. Hágales notar que la forma *vos* se utiliza en lugar de *tú* en algunos países de Hispanoamérica y que, respecto a los verbos, presentan formas voseantes el presente de indicativo y el imperativo.

1.1. 1. llevan; 2. cenas; 3. cocináis; 4. compra; 5. lee; 6. comen; 7. bebéis; 8. corres; 9. vivís; 10. abro; 11. escribe; 12. subimos.

> Para trabajar estos contenidos, realice las actividades **9-11**, p. **24** del *Libro de ejercicios*.

2. y **2.1.** Explique la perífrasis *estar* + gerundio como se indica en el cuadro, haciendo hincapié en la formación del gerundio regular. A continuación haga la actividad 2.1, para consolidar el aprendizaje. Después de realizar la actividad, proponemos ampliarla con la **proyección 14**.
1. Los niños están jugando a la pelota; 2. La niña está bebiendo agua; 3. Las personas están subiendo las escaleras.

¿Qué están haciendo?
[14]

Distribuya a sus estudiantes en pequeños grupos. Deles tiempo para buscar en el diccionario el vocabulario que necesiten y pídales que describan qué están haciendo las personas de las imágenes. Corrija la actividad con toda la clase.
Posible respuesta:
1. Los chicos están bailando; 2. Las personas están corriendo un maratón; 3. El chico está escribiendo en un cuaderno y está bebiendo un refresco; 4. La pareja está comiendo *pizza*; 5. El hombre está conduciendo un coche.

> Para trabajar estos contenidos, realice las actividades **12-14**, pp. **24-25** del *Libro de ejercicios*.

Gramática

RAE — GRAMÁTICA
La forma *vos* se utiliza en distintas partes de Hispanoamérica, pero su uso está extendido sobre todo en Argentina, Uruguay y Paraguay ▸ vos habl**ás**, aprend**és**, escrib**ís**:
> Dicen que una vez que **aprendés** a andar en bicicleta, nunca más se te olvida.
> Hablé con Mariano, me dio el nombre de un colega suyo. Si **querés**, **escribís** el número de teléfono y el nombre. Ya él conoce tu problema.
> Pero, a pesar de eso, **hablás** y **narrás** tus cuentos.

1. Presente de indicativo regular: verbos terminados en *-ar, -er, -ir*

- En español existen tres conjugaciones (*-ar, -er, -ir*) y tienen las siguientes terminaciones en presente de indicativo:

	Hablar	Aprender	Escribir
yo	hablo	aprendo	escribo
tú	hablas	aprendes	escribes
él, ella, usted	habla	aprende	escribe
nosotros/as	hablamos	aprendemos	escribimos
vosotros/as	habláis	aprendéis	escribís
ellos, ellas, ustedes	hablan	aprenden	escriben

- El presente de indicativo se usa para expresar **acciones habituales** o **acciones** que se realizan en el tiempo **presente**:
> Los fines de semana mis hermanos y yo paseamos por la playa.
> Normalmente trabajo de 8 a 17 h.
> Estudio Económicas en la Universidad de Salamanca.

1.1 Conjuga los siguientes verbos en la persona indicada.

1. llevar (ustedes) ....
2. cenar (tú) ....
3. cocinar (vosotros) ....
4. comprar (él) ....
5. leer (ella) ....
6. comer (ellos) ....
7. beber (vosotros) ....
8. correr (tú) ....
9. vivir (vos) ....
10. abrir (yo) ....
11. escribir (usted) ....
12. subir (nosotros) ....

2. Hablar de acciones que están en proceso

- Para hablar de acciones que **se están desarrollando** en este momento se usa la estructura *estar* + gerundio.
- Para formar el gerundio se sustituye la terminación del infinitivo por estas terminaciones:
  - verbos en *-ar* ▸ *-ando*
  - verbos en *-er, -ir* ▸ *-iendo*

estoy	
estás	cocinando
está	+ aprendiendo
estamos	escribiendo
estáis	
están	

> ¡Hola! En este momento estoy cocinando.

Fíjate: Algunos gerundios irregulares comunes son:
- dormir ▸ durmiendo
- leer ▸ leyendo
- pedir ▸ pidiendo
- vestir ▸ vistiendo
- ir ▸ yendo
- morir ▸ muriendo
- decir ▸ diciendo
- oír ▸ oyendo

2.1 ¿Qué están haciendo estas personas?

> Subir las escaleras. | Jugar a la pelota. | Beber agua.

3 Adjetivos y pronombres demostrativos

Los demostrativos sirven para indicar **la distancia** entre los interlocutores y el objeto o persona a los que se refieren. Pueden utilizarse como adjetivos (si acompañan al nombre) o como pronombres (si van solos):

	Masc. singular	Fem. singular	Masc. plural	Fem. plural	
Aquí	este	esta	estos	estas	
Ahí	ese	esa	esos	esas	(+ nombre)
Allí	aquel	aquella	aquellos	aquellas	

Es frecuente utilizar las manos para señalar el objeto del que estamos hablando, reforzando así la idea de cercanía o lejanía.

Aquella pelota (allí/allá)
Esa pelota (ahí)
Esta pelota (aquí/acá)

3.1 Completa con el demostrativo adecuado teniendo en cuenta la distancia que se indica.

1. ▶ ¿Te gustan .... pantalones? (Ahí)
   ▷ No, prefiero comprar .... Son más bonitos. (Allí)
2. Quiero .... falda roja. (Aquí)
3. Necesito unas zapatillas para hacer deporte. ¡............... son perfectas! (Aquí)
4. ¡............... bolso de piel es muy bonito! (Allí)
5. ¿Cuánto cuesta .... abrigo rojo de ahí?

4 Adjetivos posesivos

• Los posesivos indican **de quién** es un objeto o la relación de **parentesco** entre las personas:

	Singular	Plural	
Un poseedor	mi	mis	(yo)
	tu	tus	(tú)
	su	sus	(él, ella, usted)
Varios poseedores	nuestro/a	nuestros/as	(nosotros/as)
	vuestro/a	vuestros/as	(vosotros/as)
	su	sus	(ellos, ellas, ustedes)

• El posesivo concuerda en género y número con la persona o cosa poseída:
   Ella lleva nuestros libros en una bolsa.
   Estos son mis padres.
• El posesivo *su* puede referirse a uno o a varios poseedores:
   Voy a su casa. (Puede ser la casa de él, de ella, de ellos, de ellas, de usted o de ustedes)

4.1 Completa el diálogo con el posesivo adecuado.

▶ Tus hermanas están casadas, ¿no?
▷ [1] .... hermana Eva no está casada, pero Luisa sí. [2] .... marido es de Canadá y tienen dos hijos de 4 y 5 años. Son muy guapos.
▶ ¿Y en qué lengua hablan con [3] .... hijos?
▷ En inglés y en español.
▶ ¡Qué suerte tienen [4] .... sobrinos! Yo tengo 35 años y hablo muy mal inglés…

---

3. y 3.1. Explique los demostrativos según se indica en el cuadro. Focalice la atención de sus estudiantes en la ilustración para que relacionen los demostrativos con los conceptos de cercanía y lejanía. Indíqueles que es importante conocer y hacer el gesto para reforzar la comunicación verbal. A continuación pídales que hagan la actividad 3.1.
1. esos, aquellos; **2.** esta; **3.** Estas; **4.** Aquel; **5.** ese.

Para trabajar estos contenidos, realice la actividad **16**, p. **26** del *Libro de ejercicios*.

4. y 4.1. Explique los posesivos siguiendo la información del cuadro. Para facilitarles la comprensión del uso de los posesivos, añada un nombre a cada posesivo, poniendo especial atención en la concordancia de los posesivos *nuestro/a/os/as* y *vuestro/a/os/as*. Luego pídales que hagan la actividad 4.1 para consolidar lo aprendido.
1. Mi; **2.** Su; **3.** sus; **4.** tus.

Para trabajar estos contenidos, realice la actividad **17**, p. **26** del *Libro de ejercicios*.

Unidad 4

Practica en contexto

1. y **1.1.** Agrupe a sus estudiantes en parejas. Pídales que lean la información de los cinco miembros de la familia y que escriban sus nombres con la ayuda de la descripción de los textos y de la ilustración. Antes remítales al cuadro de la banda lateral para recordar las estructuras que se usan para describir el físico, la ropa y los complementos, así como los colores. En el cuadro de la RAE se muestran las variantes léxicas de España e Hispanoamérica. Utilice la **proyección 15** para corregir la actividad 1 y resuelva las dudas que se planteen.

La familia de Patricia
[15]

Primero, pídales a los estudiantes que describan físicamente a María Luisa, Juan, Lucas, Patricia y Ana, y que describan la ropa que llevan Juan, Lucas y Patricia. Después pueden pasar a resolver la actividad 1.1. Si lo desea, y como actividad de ampliación, puede plantear a sus estudiantes que elijan a un miembro de la familia y, sin decir su nombre, lo describan para que el resto de la clase adivine de quién se trata.

1.1. Este es el árbol genealógico:

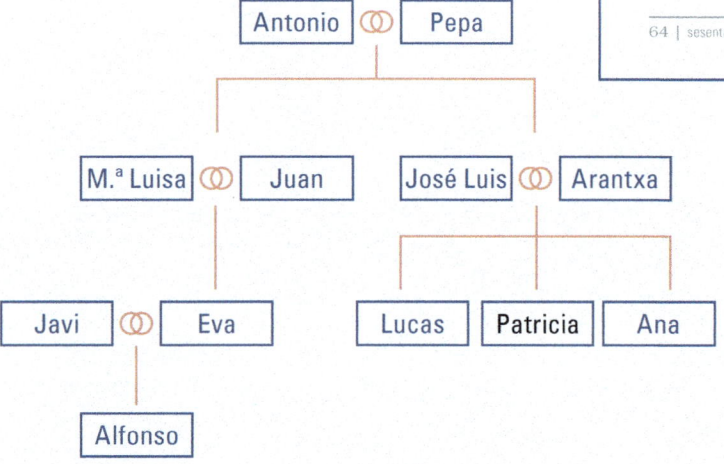

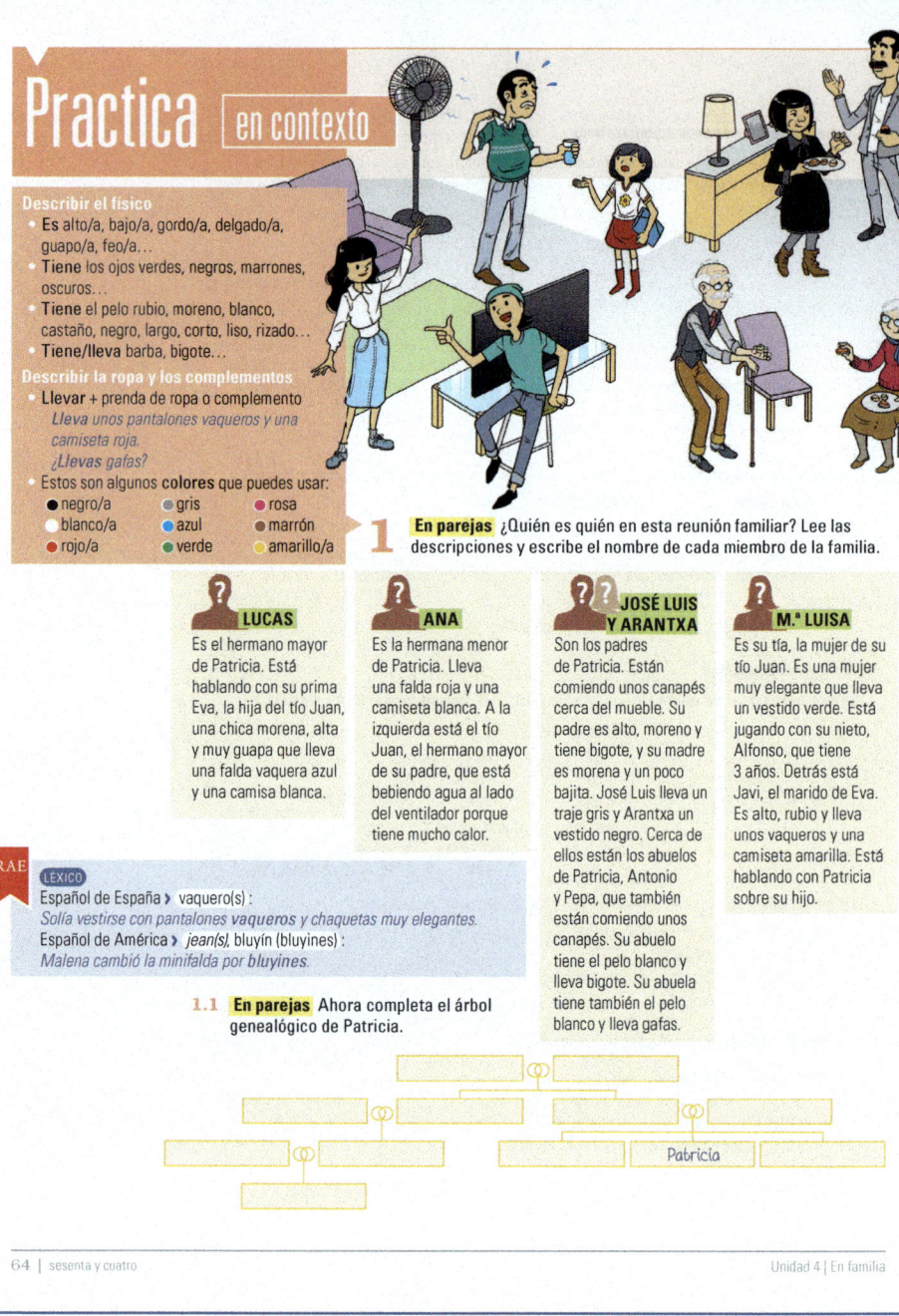

```
        Antonio ⚭ Pepa
         ┌───────┴───────┐
M.ª Luisa ⚭ Juan    José Luis ⚭ Arantxa
         │          ┌─────┼─────┐
  Javi ⚭ Eva      Lucas Patricia Ana
         │
      Alfonso
```

Practica en contexto

Describir el físico
- Es alto/a, bajo/a, gordo/a, delgado/a, guapo/a, feo/a…
- Tiene los ojos verdes, negros, marrones, oscuros…
- Tiene el pelo rubio, moreno, blanco, castaño, negro, largo, corto, liso, rizado…
- Tiene/lleva barba, bigote…

Describir la ropa y los complementos
- **Llevar** + prenda de ropa o complemento
  Lleva unos pantalones vaqueros y una camiseta roja.
  ¿Llevas gafas?
- Estos son algunos **colores** que puedes usar:
  - ● negro/a
  - ● gris
  - ● rosa
  - ○ blanco/a
  - ● azul
  - ● marrón
  - ● rojo/a
  - ● verde
  - ● amarillo/a

1 **En parejas** ¿Quién es quién en esta reunión familiar? Lee las descripciones y escribe el nombre de cada miembro de la familia.

? LUCAS
Es el hermano mayor de Patricia. Está hablando con su prima Eva, la hija del tío Juan, una chica morena, alta y muy guapa que lleva una falda vaquera azul y una camisa blanca.

? ANA
Es la hermana menor de Patricia. Lleva una falda roja y una camiseta blanca. A la izquierda está el tío Juan, el hermano mayor de su padre, que está bebiendo agua al lado del ventilador porque tiene mucho calor.

?? JOSÉ LUIS Y ARANTXA
Son los padres de Patricia. Están comiendo unos canapés cerca del mueble. Su padre es alto, moreno y tiene bigote, y su madre es morena y un poco bajita. José Luis lleva un traje gris y Arantxa un vestido negro. Cerca de ellos están los abuelos de Patricia, Antonio y Pepa, que también están comiendo unos canapés. Su abuelo tiene el pelo blanco y lleva bigote. Su abuela tiene también el pelo blanco y lleva gafas.

? M.ª LUISA
Es su tía, la mujer de su tío Juan. Es una mujer muy elegante que lleva un vestido verde. Está jugando con su nieto, Alfonso, que tiene 3 años. Detrás está Javi, el marido de Eva. Es alto, rubio y lleva unos vaqueros y una camiseta amarilla. Está hablando con Patricia sobre su hijo.

RAE | LÉXICO
Español de España ▸ vaquero(s):
Solía vestirse con pantalones vaqueros y chaquetas muy elegantes.
Español de América ▸ jean(s), bluyín (bluyines):
Malena cambió la minifalda por bluyines.

1.1 **En parejas** Ahora completa el árbol genealógico de Patricia.

64 | sesenta y cuatro   Unidad 4 | En familia

4

2 🔊 Escucha las conversaciones y relaciona las descripciones con las fotos.
[18]

A ☐   B ☐

C ☐   D ☐

2.1 🔊 Vuelve a escuchar el audio y marca en el cuadro los adjetivos de carácter con los que se describe a estas personas. Luego compara con tu compañero/a.
[18]

	Ernesto es…	Juan es…	Julia es…	Claudia es…
simpático/a				
sociable				
divertido/a				
trabajador/a				
tímido/a				
alegre				
inteligente				

Describir el carácter

Para describir el carácter de las personas utilizamos el verbo *ser* y un adjetivo de carácter:
- Es…
  - alegre ≠ serio/a
  - simpático/a ≠ antipático/a
  - sociable ≠ tímido/a
  - trabajador/a ≠ vago/a
  - inteligente ≠ torpe…

Marta es un poco tímida pero muy trabajadora.

2.2 Todo el grupo Busca una foto de algún familiar o amigo y después cuenta a la clase cómo se llama esa persona, cómo es físicamente, cómo es su carácter y qué está haciendo en la foto.

Esta es una foto de mi/mis…

- Cuando describimos una característica negativa del físico o del carácter, lo podemos suavizar añadiendo *un poco* o con las terminaciones *-ito/a/os/as*:
  Mi hermana es un poco seria.
  Mi padre es feíto pero muy simpático.
- El adjetivo *gordo/a* tiene un sentido muy negativo en la actualidad, por eso se usan otras expresiones como *tener sobrepeso, tener algunos kilos de más…*:
  Ese chico tiene sobrepeso. Debe ir al gimnasio.

Unidad 4 | En familia   sesenta y cinco | 65

---

2. Explique a sus estudiantes que van a escuchar cuatro conversaciones en las que se describe a las personas de las fotografías. Dígales que las observen durante un par de minutos. A continuación ponga el audio para que puedan relacionar la información con la imagen correspondiente.
1. D; **2.** A; **3.** C; **4.** B.

2.1. Vuelva a poner el audio para seguir con la actividad de comprensión auditiva. Dígales que, ahora, tendrán que fijarse en los adjetivos que se utilizan para describir el carácter de estas personas e identificar cuál se refiere a cada uno de ellos.
Ernesto: alegre, tímido; **Juan:** divertido, sociable, simpático; **Julia:** inteligente, sociable; **Claudia:** inteligente, trabajadora, tímida.
Después de corregir la actividad, deténgase en el cuadro de la derecha para que vean los antónimos de los adjetivos presentados. Aproveche para aconsejarles que agrupar el léxico por sinónimos o antónimos ayuda a memorizar la forma y su significado.

2.2. Antes de comenzar esta actividad, pregunte a sus estudiantes cuáles de los adjetivos de la actividad anterior tienen un marcado carácter negativo (*serio/a* y *tímido/a*). Comente el cuadro en el que se explica el uso de los diminutivos *-ito/a/os/as* y de *un poco* para rebajar el carácter negativo de este tipo de adjetivos. A continuación realice la actividad.

Unidad 4

3. Actividad de prelectura para inferir el significado de algunos términos que aparecerán en el texto posterior. Distribuya a sus estudiantes en parejas y pídales que busquen el significado de las palabras del recuadro que no comprendan. A continuación dígales que deberán relacionar las palabras con las fotografías y, después, construir una frase que describa la labor que creen que realiza la fundación Humana. Tenga en cuenta que la corrección se hará después de la lectura del texto de la actividad 3.1.
1. C; **2.** A; **3.** E; **4.** B; **5.** D.

3.1. Una vez que hayan expuesto sus hipótesis, explíqueles que van a leer un texto sobre la organización Humana y la acción solidaria que realiza. Después de la lectura del texto y de la comprobación de las respuestas de la actividad 3, plantéeles las siguientes preguntas para hacer un pequeño coloquio sobre el tema:
- *¿Compras ropa habitualmente? ¿Dónde? ¿En qué tiendas?*
- *¿Sueles reutilizar la ropa de otras personas (familiares, amigos…)?*
- *¿Qué haces con la ropa que no usas? ¿La tiras o la utilizan otras personas?*
- *¿Compras ropa de segunda mano? ¿Dónde? ¿Por qué?*
- *¿Hay tiendas similares a las de Humana en tu país?*
- *¿Crees que la labor de Humana es interesante? ¿Por qué?*

3.2. El objetivo de esta actividad es revisar y ampliar el léxico relacionado con la ropa visto en la unidad. Para ello, distribuya a sus estudiantes en pequeños grupos y propóngales que confeccionen una lista con la ropa que no usan. A continuación pídales que describan las prendas a modo de inventario (por ejemplo, *una camiseta verde de manga corta*). Si sus estudiantes muestran interés, puede ampliar el léxico con expresiones como *camisa de rayas/de cuadros/de manga larga/de manga corta…*
Una vez hechos todos los inventarios, póngalos en común y haga un recuento de la ropa que van a donar.

3.3. Pregunte a sus estudiantes si conocen las organizaciones humanitarias de las imágenes y si colaboran con alguna organización que tenga fines no lucrativos y solidarios. Si colaboran con alguna, anímelos a que cuenten a sus compañeros qué asociación es y qué labor hace. Si no tienen contacto con ninguna, pídales que busquen información sobre Cruz Roja, Cáritas y ACNUR.

---

3 **En parejas** Vas a leer un texto de la fundación Humana. Antes de leerlo, relaciona las palabras con las imágenes y construye una frase para explicar a qué crees que se dedica esta fundación. Luego compara con tu compañero/a.

1. Comprar ropa de segunda mano. | 2. Hacer un donativo. | 3. Donar ropa y zapatos.
4. Protección del medioambiente. | 5. Cooperación al desarrollo.

3.1 Lee la información de la web de Humana y comprueba tu respuesta anterior.

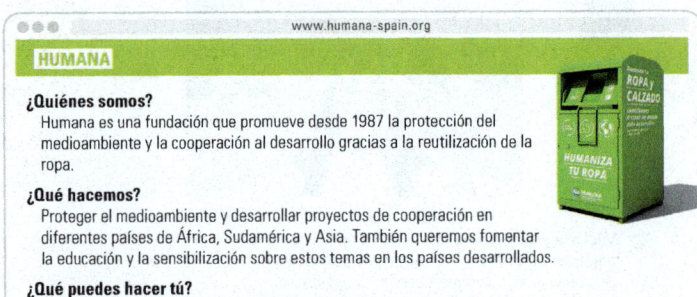

www.humana-spain.org

HUMANA

¿Quiénes somos?
Humana es una fundación que promueve desde 1987 la protección del medioambiente y la cooperación al desarrollo gracias a la reutilización de la ropa.

¿Qué hacemos?
Proteger el medioambiente y desarrollar proyectos de cooperación en diferentes países de África, Sudamérica y Asia. También queremos fomentar la educación y la sensibilización sobre estos temas en los países desarrollados.

¿Qué puedes hacer tú?
Puedes donar la ropa y los zapatos que no utilizas en nuestros 5000 contenedores o en una de nuestras 44 tiendas de Barcelona, Madrid, Sevilla y Granada.

En las tiendas Humana puedes comprar ropa de segunda mano original, de calidad y muy barata, que no hay en otras tiendas. Es una moda sostenible y solidaria. Además, en las tiendas de Humana puedes conocer nuestros proyectos de cooperación.

También puedes colaborar con nosotros como socio, hacer un donativo o participar en nuestros proyectos.

3.2 **En grupos pequeños** Piensa en la ropa que no te pones y que puedes donar a Humana. Descríbela. Después haz una lista y ponla en común con tus compañeros. ¿Cuánta ropa hay? ¿Para quién puede ser útil?

3.3 **Todo el grupo** ¿Participas en alguna asociación o proyecto de este tipo? ¿Cómo? Explica a tus compañeros el proyecto y los objetivos que tiene.

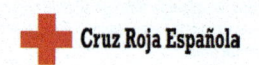

Cruz Roja Española   **Cáritas**   **UNHCR ACNUR** La Agencia de la ONU para los Refugiados

---

La Cruz Roja Española es una institución humanitaria que desarrolla su actividad en España. Forma parte del Movimiento Internacional de la Cruz Roja y de la Media Luna Roja, cuyo fin es aliviar el dolor humano mediante atenciones inmediatas de acuerdo a cada situación en particular.
Cáritas es una organización humanitaria financiada por la Iglesia católica. Se dedica a combatir la pobreza, la exclusión social, la intolerancia y la discriminación, ofreciendo hogar por algunos días, alimento y servicios básicos de salud.
ACNUR (Alto Comisionado de las Naciones Unidas para los Refugiados; en inglés UNHCR, United Nations High Commissioner for Refugees) es el organismo de Naciones Unidas encargado de proteger a los refugiados y desplazados por persecuciones o conflictos, y promover soluciones duraderas a su situación mediante el reasentamiento voluntario en su país de origen o en el de acogida.

4

Escucha esta conversación entre Ana y Mónica, dos amigas que hablan de la familia, y responde a las preguntas sobre Ana.
[19]

Expresar frecuencia
+
- siempre
- normalmente
- a menudo
- con frecuencia
- a veces
- (casi) nunca
−

Fíjate:
Cuando una pregunta comienza con una preposición, se usa la misma preposición para responder:
▶ *¿Con* quién celebras tu cumpleaños?
▷ *Con* mi familia y mis amigos.

1. ¿A quién ve con más frecuencia? A...
2. ¿Con quién toma café y habla? Con...
3. ¿Con quién come frecuentemente? ....
4. ¿Con quién cena en restaurantes? ....
5. ¿Con quién celebra la Navidad? ....
6. ¿Con quién va al parque? ....
7. ¿A quién lee cuentos? ....
8. ¿Con quién pasea por el parque los domingos? ....

4.1 En parejas
Haz el siguiente test a tu compañero/a y toma notas.

1. ¿A qué miembro/s de la familia ves con más frecuencia? ¿Por qué?
2. ¿Qué haces con tu familia normalmente?
3. ¿Visitas normalmente a tus tíos, primos o abuelos? ¿Cuándo? ¿Qué haces normalmente con ellos?
4. ¿Con quién celebras los cumpleaños? ¿Qué haces normalmente para celebrarlos?
5. ¿Con qué miembros de tu familia tienes buena relación? ¿Y con quién tienes mala relación?

Hablar de relaciones personales
- Tener (muy) buena/mala relación con…
- Tener mucha/(muy) poca relación con…

Tengo muy buena relación con mi hermana, pero tengo poca relación con mis tíos porque viven muy lejos.

4.2 Todo el grupo
¿Crees que tu compañero/a es una persona familiar? ¿Por qué? Justifica tu respuesta.

4.3 Todo el grupo
¿La familia en tu país es muy extensa? ¿La familia se ve con frecuencia? ¿En qué ocasiones?

---

4. Antes de realizar la escucha, explique los cuadros laterales: las expresiones de frecuencia y el uso de las preposiciones para contestar a preguntas. Después diga a sus estudiantes que van a escuchar a dos amigas que hablan sobre las actividades cotidianas que realizan normalmente con su familia. Puede poner el audio dos veces si lo considera oportuno.
[19]
1. A sus padres; **2.** Con su hermana; **3.** Con sus padres; **4.** Con su hermana y el marido de esta, Raúl; **5.** Con sus tíos y sus primos; **6.** Con su sobrino Óscar; **7.** A su sobrino Óscar; **8.** Con sus abuelos.

4.1. Antes de comenzar la actividad, explique las expresiones que aparecen en el cuadro lateral. Agrupe a sus estudiantes en parejas y pídales que se hagan el test sobre su familia. Asimismo, dígales que tomen algunas notas, ya que estas les servirán para la actividad siguiente.

4.2. Haga la puesta en común de la actividad anterior con el grupo clase. Deben decir si consideran que su compañero/a es una persona familiar y justificar su respuesta.

4.3. El objetivo de esta actividad es que los estudiantes reflexionen sobre el valor de la familia en España en comparación con su país de origen. Guíe la conversación para que sea enriquecedora desde el punto de vista intercultural.

Para trabajar estos contenidos, realice las actividades **18** y **19**, p. **26** del *Libro de ejercicios*.

Unidad 4

Cultura

Antes de pedirles que lean la información de este apartado, pregúnteles si les interesa el mundo de la moda, si tienen ropa, zapatos o complementos de algún diseñador famoso y si han estado alguna vez en un evento de moda. A continuación pregúnteles si conocen a alguno de los personajes que aparecen en las fotografías y si saben a qué se dedican. Generado el interés por el tema del apartado, pídales que lean los textos de los cuatro diseñadores y pregúnteles cuál de los diseños que aparecen en las fotografías les gusta más y por qué. Por último, realice la actividad 1.

1. Si lo cree conveniente, puede dividir la clase en pequeños grupos para que cada uno hable de un diseñador diferente. Finalizada la actividad, haga una puesta en común con los diseñadores elegidos. Si disponen de medios, dígales que acompañen sus exposiciones con imágenes.

> Para trabajar estos contenidos, realice las actividades 20-22, p. 27 del *Libro de ejercicios*.

Podemos ampliar la actividad hablando sobre las semanas de la moda (Fashion Weeks). Pídales que comenten todo lo que sepan sobre estos eventos. En las semanas de la moda que se celebran en todo el mundo se dan a conocer las nuevas tendencias en la moda para cada temporada (otoño-invierno y primavera-verano). Su celebración tiene una gran repercusión social, ya que tanto la televisión como las revistas y las redes sociales dedican parte de su información a algunos de los desfiles más relevantes.

Cada país se preocupa de organizar su propia semana de la moda, en la que algunos de los diseñadores de moda más influyentes del momento muestran sus colecciones.

Forme pequeños grupos. Cada grupo debe elegir una de las diez semanas de la moda más importantes del mundo (París, Nueva York, Milán, Londres, Tokio, Berlín, Madrid, Australia, India y Los Ángeles) y buscar información en internet sobre dónde se celebra, cuándo, qué diseñadores suelen presentar sus colecciones, qué público suele asistir a los pases, qué modelos desfilan, etc., para luego presentarlo al resto de la clase. Sugiérales que ofrezcan también imágenes para ilustrar su exposición.

DISEÑADORES de aquí y de allá

Michelle Obama durante el discurso de su marido, Barack Obama, en Chicago (vestido diseñado por Narciso Rodríguez)

Lady Gaga en una visita al Empire State Building (vestido de Carolina Herrera)

Renée Zellweger en Nueva York en el estreno de *Miss Potter* (vestido de Carolina Herrera y zapatos de Manolo Blahnik)

Narciso Rodríguez

Este diseñador de padres cubanos fue quien diseñó el vestido de Michelle Obama para la inauguración presidencial de 2008. También llevan sus diseños actrices como Salma Hayek, Sarah Jessica Parker, Rachel Weisz o Sônia Braga.

Carolina Herrera

Carolina Herrera, nacida en Venezuela, es la diseñadora hispana más reconocida mundialmente. Llevan sus diseños celebridades como Nicole Kidman, Jessica Alba, Angelina Jolie, Salma Hayek, Lucy Liu, Renée Zellweger y Lady Gaga, entre otras. Sus líneas de maquillaje y perfumes también son muy famosas.

Custo Dalmau

Custo Dalmau y su hermano David tienen su propia marca, Custo Barcelona, por la que son mundialmente conocidos. Sus camisetas, con un estilo diferente y colorido, son famosas por series de televisión como *Friends*. Las camisetas son su producto estrella, pero en la actualidad Custo Barcelona tiene también una línea completa de moda.

Tienda de Custo Barcelona en la Diagonal (Barcelona)

Zapato de Manolo Blahnik exhibido en el Museo Kampa de Praga en la exposición *Manolo Blahnik: The Art of Shoes*

Manolo Blahnik

Hijo de padre checo y de madre canaria, Manuel Blahnik Rodríguez, más conocido como Manolo Blahnik, es un diseñador de moda español. Es el fundador de una de las marcas de zapatos más prestigiosas del mundo.

1 **Todo el grupo** ¿Hay algún diseñador de moda famoso en tu país? Preséntaselo al resto de la clase.

Si disponen del tiempo suficiente, les proponemos otra actividad, esta vez de interacción oral y producción escrita compartida sobre la moda de bajo coste *(low cost)*. Distribuya a sus estudiantes en pequeños grupos y escriba las siguientes preguntas en la pizarra:
- ¿Qué calidad tiene la ropa de bajo coste?
- ¿Qué tipo de productos se venden con este nombre?
- ¿La ropa de bajo coste sigue siempre la moda?
- ¿Se compra más ropa de la necesaria si vas a las tiendas de bajo coste?
- ¿Dónde encuentras ese tipo de tiendas?
- ¿Puedes comprar online?
- ¿Qué ventajas y desventajas tiene comprar online?
- ¿Qué política de devolución tienen estas tiendas?
- ¿Puedes decir el nombre de, al menos, tres marcas de ropa de bajo coste?

Pídales que respondan a las preguntas y que comenten sus ideas a modo de debate. Deben llegar a un acuerdo. Si necesitan más información pueden consultar internet. Después deben producir un texto que resuma las ideas y opiniones que han comentado. Para realizar la tarea de expresión escrita compartida debe explicarles que, en un solo papel y por orden, cada uno de los integrantes del grupo debe escribir la respuesta que han acordado a cada una de las preguntas anteriores. Una vez terminado el borrador, deben leerlo y hacer las correcciones y cambios necesarios para darle coherencia y cohesión antes de entregarlo.

La ropa de bajo coste o *low cost*, también conocida como moda *barata* o *rápida*, es aquella ropa que sigue la moda a bajo precio.

La moda de bajo coste es la que se encuentra en tiendas muy conocidas o populares como Zara, H&M, Primark, Mango, Uniqlo, Bershka, TopShop, Massimo Dutti, Pull&Bear, Stradivarius, Lefties, Forever 21 o Target. En ellas es posible encontrar prendas que, solas o combinadas con otras de mayor precio, te permiten estar a la última sin gastar mucho dinero.

Estas tiendas se encuentran en las ciudades más importantes del mundo y operan también en internet, y es que la mayoría de ellas cuentan con tiendas *online* en las que se encuentra toda clase de prendas para mujer, hombre o niños, además de complementos como zapatos, bolsos, ropa interior, maquillaje e, incluso, bisutería.

Su política de devolución es inmejorable. Nadie pregunta por qué devuelves una prenda: solo necesitas tener el tique, devolverlo dentro del plazo establecido y, obviamente, no haberla usado.

El bajo precio, el atractivo de su diseño y las facilidades que ofrecen hacen que este tipo de tiendas sean populares en todo el mundo y sus cifras de venta astronómicas.

Sus desventajas: la sostenibilidad del planeta y la explotación laboral en países del tercer mundo donde se fabrican millones de prendas a un precio mínimo para vender en Europa y Estados Unidos.

Adaptado de https://www.onmujer.com/ventajas-de-la-moda-low-cost-en-tiendas-economicas
y de https://elpais.com/economia/2015/04/25/actualidad/1429976663_730824.html

Unidad 4

Vídeo

1. Dígales que observen la fotografía y pregúnteles qué están haciendo los personajes, si conocen el nombre de estas fiestas y cuáles son los días más señalados (24 de diciembre, Nochebuena; 25 de diciembre, Navidad; 31 de diciembre, Nochevieja; 1 de enero, Año Nuevo, y 6 de enero, Día de Reyes).
   Están decorando un árbol de Navidad.

1.1. Pregúnteles cómo suelen adornar su casa durante las fiestas de Navidad. Para ello, deles unos minutos para que busquen las palabras que necesiten y anímelos a que ilustren su explicación con alguna foto (si cuentan con ella).

2. Invite a sus estudiantes a que hagan hipótesis sobre la relación que tienen con la Navidad los personajes del hostal Babel, teniendo en cuenta lo que saben de ellos de episodios anteriores. Para ello, pídales que lean las frases y que las relacionen con quien las dice. La corrección se realizará en la actividad 2.1.

2.1. Reproduzca el fragmento 00:30 ○ 01:00 para que comprueben su respuesta anterior.
   1. Carla; **2.** Leo; **3.** Hugo; **4.** Bea.

3. Explique a sus estudiantes que Hugo va a hablar de su familia a sus nuevos amigos. Después ponga el fragmento 01:00 ○ 01:52 para que respondan a las preguntas.
   1. Dos; **2.** Hugo; **3.** Alberto y Juanita; **4.** Diez; **5.** Muy guapa, tiene los ojos negros; **6.** Muy inteligente, un poco traviesa, muy divertida.
   Extrañar en Hispanoamérica es el término equivalente a *echar de menos* en España.

4. Dígales que relacionen los nombres con los familiares de Hugo. A continuación reproduzca el fragmento 01:53 ○ 04:22 y corrija en plenario.
   1. madre; **2.** tía; **3.** tío; **4.** tía; **5.** padre; **6.** hermano; **7.** primo; **8.** prima.

HOSTAL Babel — Navidad en Babel

Antes del vídeo

1 Es Navidad en Babel. Fíjate en la fotografía. ¿Qué están haciendo Carla y Leo?

1.1 ¿Cómo adornas tu casa en Navidad?

2 **En parejas** Ahora mira las siguientes fotografías y decide quién dice cada una de estas frases.

BEA — HUGO — CARLA — LEO

1. Yo estoy muy lejos de mi familia.
2. Es una fiesta muy especial.
3. Es mi primera Navidad lejos de mi país y de mi casa.
4. ¡Me encanta la Navidad!

Durante el vídeo

2.1 Comprueba tus respuestas de la actividad 2 visionando el primer fragmento (00:30 ○ 01:00).

Fíjate: Hugo dice que va a "extrañar" a su hermana. ¿Sabes qué quiere decir?

3 Visiona el fragmento 01:00 ○ 01:52 y responde a las siguientes preguntas.
1. ¿Cuántos hermanos tiene Hugo?
2. ¿Quién es el hermano mayor?
3. ¿Cómo se llaman sus hermanos?
4. ¿Cuántos años tiene su hermana?
5. ¿Cómo es físicamente la hermana de Hugo?
6. ¿Y cómo es su carácter?

4 Ahora visiona el fragmento 01:53 ○ 04:22 para saber algo más de la gran familia de Hugo. Luego completa.

1. Rosario es su *madre*
2. Margarita es su _____
3. Luis es su _____
4. Gabriela es su _____
5. Eusebio es su _____
6. Alberto es su _____
7. Claudio es su _____
8. Laura es su _____

70 | setenta — Unidad 4 | En familia

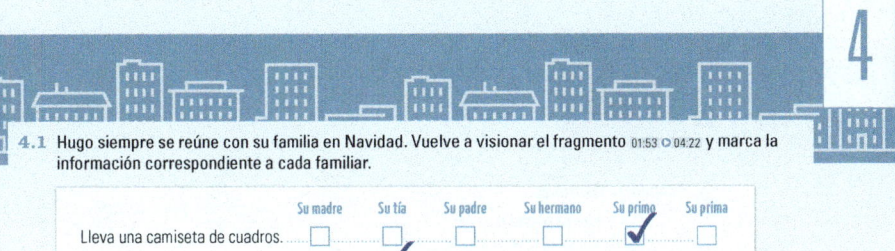

4.1 Hugo siempre se reúne con su familia en Navidad. Vuelve a visionar el fragmento 01:53 ▶ 04:22 y marca la información correspondiente a cada familiar.

	Su madre	Su tía	Su padre	Su hermano	Su primo	Su prima
Lleva una camiseta de cuadros.	☐	☐	☐	☐	✓	☐
Es gordita.	☐	✓	☐	☐	☐	☐
Tiene el pelo largo y rubio.	☐	☐	☐	☐	☐	✓
Es un poco serio.	☐	☐	✓	☐	☐	☐
Lleva corbata.	☐	☐	✓	☐	☐	☐
Es muy tímido.	☐	☐	☐	✓	☐	☐
Tiene el pelo corto.	☐	☐	☐	✓	☐	☐
Tiene bigote.	☐	☐	☐	✓	☐	☐
Tiene el pelo largo y negro.	✓	☐	☐	☐	☐	☐
Es simpática.	☐	✓	☐	☐	☐	☐
Lleva una camisa azul.	☐	☐	☐	✓	☐	☐
Tiene 46 años.	✓	☐	☐	☐	☐	☐

5 Carla está un poco triste porque está lejos de su familia. Visiona la última parte del vídeo (04:22 ▶ final) y escribe qué planes proponen y quién para animar a Carla.

1. .... juntos en el hostal.
2. .... platos típicos de México y Argentina.
3. .... de fiesta.
4. .... de compras.

Fíjate: ¿Cómo llama Hugo a los platos típicos de México?

Después del vídeo

6 En grupos pequeños Después de ver este episodio, ya conoces un poco mejor a los habitantes del hostal Babel. ¿Puedes describir cómo son? ¿Qué llevan hoy? Si es necesario, puedes volver a ver el vídeo. Luego compara tu descripción con la de tus compañeros.

7 Todo el grupo ¿Tú también celebras la Navidad? ¿Con qué familiares la celebras normalmente? ¿Dónde la celebras? ¿Qué ropa te pones?

Unidad 4 | En familia — setenta y uno | 71

4.1. Antes de volver a ver el fragmento 01:53 ▶ 04:22, pida a sus estudiantes que lean las diferentes descripciones de los familiares de Hugo con el fin de facilitarles el léxico que puedan desconocer. Pueden preguntar las palabras que no conozcan o buscar en el diccionario.

5. Explíqueles que, en este último fragmento (04:22 ▶ final), Bea y Hugo van a proponerle varios planes a Carla para hacer más alegre su Navidad fuera de Argentina. Después ponga el fragmento y pídales que completen la información. Una vez terminada la actividad, enséñeles el vídeo completo.
1. Cenar; 2. Preparar; 3. Salir; 4. Ir.
Hugo llama *platillos* a los platos típicos de México.

6. Ponga los primeros minutos del vídeo para que sus estudiantes puedan tomar notas de la ropa que llevan los personajes. Después distribúyalos en pequeños grupos y pídales que, entre todos, escriban una descripción completa (físico, carácter y ropa) de Bea, Hugo, Carla y Leo. Cuando hayan terminado, pídales que comparen sus descripciones con las de otro grupo.
Posible respuesta:
Bea es simpática, tiene el pelo largo y los ojos claros, y es pelirroja. Lleva un jersey de cuello vuelto y una chaqueta de punto.
Hugo es alto, alegre y tiene el pelo rizado y los ojos claros. Lleva vaqueros, un polo verde, una chaqueta también verde y una cinta de pelo del mismo color.
Leo es un poco tímido, tiene el pelo rizado y lleva gafas. Viste una camiseta y un pantalón negros y lleva un gorro de Papá Noel.
Carla es abierta y estudiosa, lleva gafas y tiene el pelo liso. Lleva una camiseta de manga larga, un pantalón vaquero gris y una cinta para sujetarse el pelo.

7. Para terminar, plantee a sus estudiantes las preguntas propuestas en la actividad para hacer una práctica de interacción oral.

Unidad 4

Evaluación

1. **1.** abuela; **2.** tío; **3.** padres, tíos; **4.** primos; **5.** tía.

2. **1.** Es alegre, feo, serio, antipático; **2.** Tiene el pelo rubio, bigote, gafas, el pelo castaño, los ojos verdes, barba, los ojos oscuros; **3.** Lleva bigote, gafas, barba.

3. **Posible respuesta:**
   1. Es rubio, tiene el pelo rizado y los ojos azules. Tiene bigote y barba y es guapo. Parece serio.
   2. El chico es moreno, tiene el pelo corto y negro. Tiene los ojos marrones y lleva barba y bigote.
   3. La chica tiene el pelo largo y moreno y tiene los ojos marrones.
   Los dos son alegres y simpáticos.

4. **1.** tus, mis; **2.** sus; **3.** Mi; **4.** vuestros, nuestros; **5.** nuestra.

5. Respuesta abierta.

Evaluación

1 Completa las frases.
  1. La madre de tu padre es tu ....
  2. El hermano de tu madre es tu ....
  3. Los hijos de tus abuelos son tus .... o tus ....
  4. Los hijos de tus tíos son tus ....
  5. La mujer de tu tío es tu ....

2 Relaciona las palabras con los verbos.

| el pelo rubio | alegre | feo | bigote | gafas | el pelo castaño | serio |
| los ojos verdes | barba | antipático | los ojos oscuros |

- Es ....
- Tiene ....
- Lleva ....

3 Describe a las personas de las fotografías.

4 Completa las frases con el posesivo adecuado.

| nuestra | mi | vuestros | mis | tus | nuestros | sus |

  1. ▶ ¿Estas son .... gafas?
     ▷ Sí, sí, son .... gafas. ¡Gracias!
  2. ▶ ¿Sabes que las hermanas de Shakira son modelos?
     ▷ No, no, las modelos son .... primas.
  3. ▶ Oye, Carmen, ¿quién es tu hermano?
     ▷ ¿.................... hermano? El que está hablando por teléfono.
  4. ▶ Juan, Ana, ¿son esos .... padres?
     ▷ Sí, esos son .... padres. Ven, que te los presentamos.
  5. Nosotros no tenemos primos, ... tía no tiene hijos.

5 ¿Qué estás haciendo en este momento?

6 Elige el demostrativo adecuado.

1. ▶ ¿Quiénes son tus tíos?
   ▷ **Estos/Aquellos**. En esta foto están muy guapos, ¿no?
   ▶ ¿Y **esa/esta** niña de aquí?
   ▷ Es mi prima Carolina. Es un poco tímida, pero es muy simpática.
2. ▶ ¿De quién es **esta/aquella** camisa de allí?
   ▷ Es de Luis.
3. ▶ ¿Qué podemos regalarle a Marta? **Aquel/Este** jersey de aquí es muy alegre, ¿no?
   ▷ Mmm... La verdad es que yo prefiero algo más clásico. ¿Y si le compramos **esa/esta** falda azul de allí?
4. ▶ **Aquella/Esa** chica de allí lleva unos pantalones muy bonitos, ¿la ves?
   ▷ Yo también tengo **esos/estos** pantalones de aquí y son muy cómodos.

7 Completa el texto con los verbos en presente de indicativo.

Mi familia [1] .... (ser) muy especial. [2] .... (Ser, nosotros) tres hermanos y todos [3] .... (estar) muy unidos. Mis padres [4] .... (tener) una casa muy grande en el campo y normalmente [5] .... (ir, nosotros) allí porque hay mucho espacio. Mis hermanos ya no [6] .... (vivir) en casa, pero yo sí porque [7] .... (tener) 15 años y todavía [8] .... (estar) estudiando. A veces [9] .... (comer) todos juntos y [10] .... (hablar) de las historias de la familia o [11] .... (pasear) por el campo. Mi madre [12] .... (cocinar) muy bien y [13] .... (preparar) las mejores paellas del mundo. [14] .... (Trabajar) en una editorial. Mi padre, ahora que ya no [15] .... (trabajar), [16] .... (pintar) y [17] .... (pasar) mucho tiempo con sus nietos: los [18] .... (llevar) al parque, [19] .... (leer) cuentos con ellos... ¡[20] .... (Ser, nosotros) una familia muy unida!

8 Describe la ropa que llevan estos modelos.

Diseño de Custo Dalmau   Diseño de Narciso Rodríguez   Diseño de Carolina Herrera   Zapatos de Manolo Blahnik

9 Responde a las siguientes preguntas.

1. ¿De dónde es la diseñadora Carolina Herrera?
2. ¿De dónde son los padres de Manolo Blahnik? ¿Qué diseña principalmente Manolo Blahnik?
3. ¿Con qué familiar trabaja Custo Dalmau?
4. ¿De dónde son los padres de Narciso Rodríguez?

---

6. 1. Estos, esta; 2. aquella; 3. Este, esa; 4. Aquella, estos.

7. 1. es; 2. Somos; 3. estamos; 4. tienen; 5. vamos; 6. viven; 7. tengo; 8. estoy; 9. comemos; 10. hablamos; 11. paseamos; 12. cocina; 13. prepara; 14. Trabaja; 15. trabaja; 16. pinta; 17. pasa; 18. lleva; 19. lee; 20. Somos.

8. Posible respuesta:
   1. Diseño de Custo Dalmau: El modelo lleva una camiseta negra de manga corta, unos pantalones negros y unas sandalias. También lleva unas gafas rojas; 2. Diseño de Narciso Rodríguez: La modelo lleva un vestido rojo y blanco y unos zapatos blancos; 3. Diseño de Carolina Herrera: La modelo lleva una blusa blanca, una falda naranja y unos zapatos dorados; 4. Zapatos de Manolo Blahnik: La modelo lleva un vestido de rayas azules, verdes, rojas y amarillas y unos zapatos rojos de tacón.

9. 1. De Venezuela; 2. Su padre es de la República Checa y su madre es española (de Canarias). Zapatos; 3. Con su hermano; 4. De Cuba.

Unidad 4 | En familia

Unidad 5

Unidad 5

¿A qué hora te levantas? ¿Temprano o tarde?

¿Dónde desayunas normalm

¿Cuál es tu día favorito de la semana? ¿Y tu mes?

Igual que todos los días

Antes de comenzar la unidad, lea en voz alta el título, *Igual que todos los días*, y pregunte a sus estudiantes qué les sugiere. A continuación hágales las preguntas propuestas en la portadilla con el fin de motivarlos y activar los conocimientos previos que tengan sobre el tema. Comente con ellos las fotos y relaciónelas con el tema de la unidad. Haga una lluvia de ideas con el vocabulario que les sugieren las imágenes y escríbalas en la pizarra *(reloj, despertador, cama, dormir, maquillarse, trabajar, desayunar, comer, zumo, fruta, horarios, calendario, agenda, tiendas, cerrado, abierto...)*. Puede llevar más fotos que muestren otras situaciones del día a día para ampliar el léxico relacionado con el tema de la unidad.

Igual que todos los días

En esta unidad vas a...
- Decir la hora
- Hablar de acciones habituales
- Hablar de horarios, fechas y partes del día
- Situar las acciones en el tiempo
- Expresar frecuencia y el número de veces que se hace algo
- Conocer el horario de los españoles

Unidad 5

¿Qué sabes?

1. Dígales que van a aprender a decir la hora en español. A continuación lea las frases en voz alta y deles tiempo para que las relacionen con los relojes de la imagen. Después corrija la actividad con el grupo haciendo hincapié en las dos estructuras principales: *y/menos*. Luego pregúnteles qué hora es. El objetivo es que sus estudiantes se fijen en las estructuras para decir la hora con el fin de completar el esquema de la actividad 1.1.
   1. d; 2. f; 3. a; 4. c; 5. e; 6. b.

1.1. Una vez terminada la actividad 1, anímelos a completar en parejas el esquema propuesto en la actividad. Deles tiempo para que entiendan la división y el uso de *y*, *menos*, las medias horas, los cuartos de hora y las horas en punto. Después haga una puesta en común y vuelva a leer las frases de la actividad 1 para fijar las estructuras. Insista en el uso del verbo en singular y en plural (*es la una/son las dos*), así como en el uso del artículo (*la una/las dos*). Comente el cuadro de la RAE, en el que se muestran las diferentes maneras de preguntar y decir la hora en España e Hispanoamérica.
Si lo cree necesario, escriba en la pizarra algunas horas y pregúnteles qué hora es para resolver las dudas que puedan tener. Dado que suele ser habitual que los estudiantes produzcan frases como **Son las ocho por la mañana*, explíqueles la división de las partes del día, así como la forma de hablar de horas concretas dentro de cada parte, poniendo especial atención en el uso de las preposiciones *por* y *de*, respectivamente (*Las clases son por la mañana./Las clases empiezan a las 9 de la mañana*). Deténgase en el cuadro de la RAE para ver las diferencias del uso de las preposiciones entre el español de España y el español de América con respecto a este tema. Explíqueles, asimismo, que en contextos oficiales (estaciones de trenes, aeropuertos, etc.), las horas se expresan con el formato de 24 horas y los minutos se expresan con el número, prescindiendo de *y/menos* (17:45 › *diecisiete cuarenta y cinco*, no **dieciocho menos cuarto*).

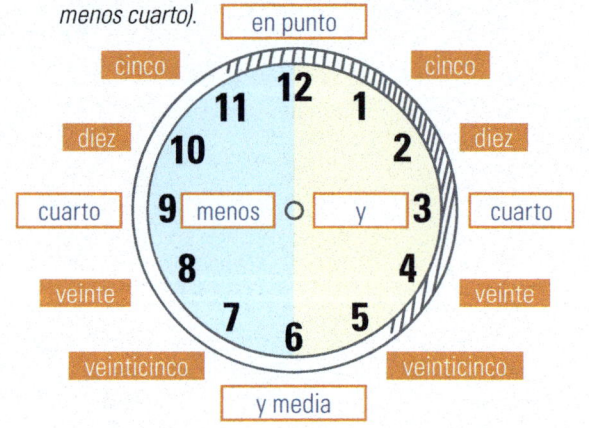

¿Qué sabes?

1. ¿Sabes decir la hora en español? Fíjate en las imágenes y relaciónalas con las frases.

¿Qué hora es?
   a. Son las nueve en punto.
   b. Son las dos **y** media.
   c. Son las cuatro **y** cuarto.
   d. Son las seis **y** dos.
   e. Es la una **menos** cuarto.
   f. Son las doce **menos** cinco.

1.1 En parejas Completa el esquema de las horas con ayuda de la actividad anterior.

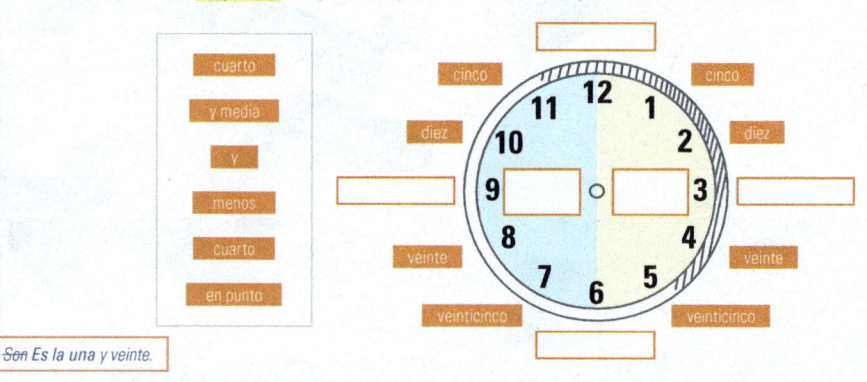

~~Son~~ *Es la una y veinte.*

RAE COMUNICACIÓN
Español de España › ¿Qué hora es? : *Pero ¿qué hora es? ¿Las siete ya?*
Español de América › ¿Qué horas son? : *–¿Qué horas son, compañero? –Van a dar las cinco.*
Español de España › **Son las** + hora + **menos cuarto** : *Son las once menos cuarto.*
Español de América › **Son (un)/Falta un cuarto para** + hora : *Sí, son cuarto para las doce de la noche.*

1.2 En parejas ¿Qué hora es en estos lugares? Búscala en internet y comparte la información con tu compañero/a.

Estudiante A — ¿Qué hora es en…?
• Sídney • Montevideo
• Taipéi • Vancouver
• Moscú • Ciudad del Cabo

Estudiante B — ¿Qué hora es en…?
• Tokio • Chicago
• Manila • Ciudad de México
• El Cairo • Honolulu

1.2. Ponga a sus estudiantes a trabajar en parejas y asígneles un papel (A o B). A continuación pídales que se pregunten por las horas de las ciudades que les corresponden (pueden informarse de la hora en internet). Haga hincapié en el uso de la preposición *de* para concretar el momento del día en el que se hallan en esas ciudades, puesto que la diferencia horaria entre unas y otras puede ser grande (*En Madrid son las 11 de la mañana y en Sídney son las 9 de la noche*).

Para trabajar estos contenidos, realice la actividad **1**, p. **28** del *Libro de ejercicios*.

- Para **decir la parte del día** en la que situamos una acción se usa ***por** la mañana/tarde/noche* y ***a** mediodía*:
  *Voy a clase **por** la mañana.*
- Para **concretar la hora** se usa: hora + *de la mañana/tarde/noche*:
  *En Madrid son las cinco y media **de** la tarde y en Los Ángeles son las ocho y media **de** la mañana.*
- En contextos formales se usa el formato 24 horas para expresar la hora:
  El tren sale a las 17:30. ("El tren sale a **las diecisiete treinta horas**").

RAE · LÉXICO
Español de España ▸ **Por** la mañana/tarde/noche :
Por las noches hablamos para intentar comprender un poco mejor el país de Gales…
Español de América ▸ **En** la mañana/tarde/noche :
Lunes en la mañana. Leonidas Harpago se mira en el espejo de la puerta del baño.

2 **En parejas** ¿Cuándo realizas estas actividades? Clasifícalas según el momento del día y compáralas con tu compañero/a.

Dormir. | Tomar un sándwich. | Hacer deporte. | Escuchar música. | Estudiar. | Lavarte los dientes.
Tomar café. | Leer un libro. | Hacer la compra. | Salir con amigos/as.

Por la mañana	A mediodía	Por la tarde	Por la noche

Aunque el **mediodía** marca una hora concreta del día (las 12:00), en España y en la mayoría de los países de Hispanoamérica es un periodo de tiempo que incluye la hora de la comida (entre las 12:00 y las 15:00 h).

2.1 **En parejas** ¿Qué otras actividades realizas tú en las diferentes partes del día? Amplía la tabla de la actividad anterior.

Unidad 5 | Igual que todos los días   setenta y siete | 77

---

2. El objetivo de la actividad es que los estudiantes diferencien las partes del día y las utilicen para hablar del momento en el que realizan esas actividades, sin hablar de horas concretas. Deje bien claro que no es importante la hora, sino la parte del día, y que para ello deben usar la preposición *por*. Asimismo, comente el aspecto cultural referido al *mediodía* que se destaca en el cuadro de atención. Resuelva las dudas de vocabulario si es necesario. Por último, pasee por el aula y compruebe que sus estudiantes usan bien la parte del día y la preposición.

2.1. Esta actividad amplía la anterior. Pida a sus estudiantes que piensen en otras actividades que hacen cotidianamente y que las añadan a la tabla. Anímelos a usar el diccionario y resuélvales las dudas de léxico que les pudieran surgir. Finalmente haga una puesta en común con todo el grupo.

Unidad 5 | Igual que todos los días   77

Unidad 5

Palabras

1. Pida a sus estudiantes que lean los comentarios de las personas de las fotografías y anímelos a deducir el significado de las acciones que comentan con ayuda de las imágenes. A continuación pídales que identifiquen en los comentarios los días de la semana para escribirlos debajo. Después remítalos al cuadro de atención y explíqueles, con ayuda del calendario representado en la imagen, las abreviaturas de los días de la semana. Hágales notar también que la expresión *fin de semana* se utiliza para referirse al sábado y al domingo.
   Lunes, martes, miércoles, jueves, viernes, sábado, domingo.

1.1. El objetivo de esta actividad es que los estudiantes activen el vocabulario de acciones cotidianas que han visto en la actividad anterior. No es necesario que explique el paradigma de los verbos reflexivos, ya que estos se tratarán en profundidad en el apartado "Gramática". Para realizar la actividad, distribuya a sus estudiantes en parejas y pídales que se hagan el cuestionario para conocer sus rutinas. Una vez que todos se hayan hecho las preguntas propuestas, pídales que cuenten al resto de la clase las diferencias y coincidencias que han encontrado. Puede sugerirles que usen fórmulas como *Mi compañero se levanta a las…, pero yo me levanto a las…* o *Los dos nos levantamos a las…*

Palabras

1 Lee los comentarios de estas personas sobre sus rutinas y escribe los días de la semana.

Ver la tele
Antonio: "Los miércoles y los jueves no salgo, siempre preparo la cena en casa y veo la tele con mi pareja".

Ducharse
César: "Los lunes me ducho por la noche, porque los martes por la mañana salgo de casa muy temprano".

Acostarse
Esther: "Siempre pongo la alarma en el móvil cuando me acuesto".

Trabajar
Natalia: "Trabajo en una oficina de lunes a viernes, de 8 de la mañana a 5 de la tarde".

Levantarse
Raquel: "Los sábados y los domingos me levanto más tarde porque no tengo que trabajar".

Desayunar
Arturo: "El fin de semana desayuno en casa tranquilamente: café, fruta y cruasanes".

L......... V.........
M......... S......... Fin de semana
M......... D.........
J.........

Fíjate:
- Estas son las abreviaturas de los días de la semana: L/M/X/J/V/S/D. El miércoles se representa con una **X** para evitar la confusión con la **M** del martes.
- La estructura *soler* + infinitivo sirve también para expresar acciones habituales: *Los sábados y los domingos suelo levantarme más tarde.*

1.1 En parejas ¿Hazle esta encuesta a tu compañero/a. ¿Tenéis las mismas rutinas?

1. ¿A qué hora te levantas? Me levanto a las ....
2. ¿Cuándo te duchas? ☐ Por la mañana. ☐ Por la tarde. ☐ Por la noche.
3. ¿A qué hora te acuestas? Me acuesto a las ....
4. ¿Qué horario de trabajo/estudio tienes? De .... a ....
5. ¿Dónde desayunas normalmente? ☐ En mi casa. ☐ En el trabajo. ☐ En una cafetería. ☐ Otros: ....
6. ¿Cuándo ves la tele? ☐ Por la mañana. ☐ Por la tarde. ☐ Por la noche. ☐ Nunca.
7. ¿Quién prepara la cena en tu casa? ☐ La preparo yo. ☐ La prepara ....

2 🔊 Escucha lo que dicen estas personas sobre lo que hacen a diario y escribe las acciones debajo de la foto correspondiente.
[20]

A ☐   B ☐   C ☐
D ☐   E ☐   F ☐
G ☐   H ☐   I ☐

2.1 🔊 Vuelve a escuchar el audio y numera las imágenes según el orden en que realizan las acciones Sebastián, Julia y Andrea.
[20]

2.2 En parejas ¿Qué otras acciones cotidianas conoces asociadas a estos verbos? Haz una lista con tu compañero/a.

- Leer — un libro
- Tomar
- Jugar
- Hacer
- Lavarse
- Salir

> Asociar palabras a un verbo te ayuda a recordar sus posibles combinaciones y a fijar otras nuevas.

Unidad 5 | Igual que todos los días   setenta y nueve | 79

---

2. Explique a sus estudiantes que van a escuchar a tres personas que hablan de algunas acciones que realizan cada día. Antes de poner el audio, y para facilitar su comprensión, hágales estas preguntas: *¿qué está haciendo el señor mayor?, ¿dónde está el grupo de amigos?, ¿en qué parte de la casa está la chica del pijama?, ¿qué está haciendo la chica de la mesa?, ¿dónde está la chica de las gafas?, ¿qué está leyendo el hombre?, ¿a qué juega la chica joven?, ¿qué deporte practica la mujer de la camiseta roja?* o *¿qué hay en la taza?* La tarea consiste en escribir las acciones de las que hablan debajo de la imagen correspondiente. Adviértales de que no todas las acciones que mencionan están representadas en las fotos.
Una alternativa a la actividad es que escriban ellos previamente las acciones y que comprueben su respuesta escuchando el audio.
A. Dormir la siesta; **B.** Salir a cenar; **C.** Lavarse la cara; **D.** Estudiar en la biblioteca; **E.** Trabajar; **F.** Leer el periódico; **G.** Jugar al tenis; **H.** Jugar a la Play; **I.** Tomar un café con leche y galletas.

2.1. Vuelva a poner el audio para una segunda escucha. Los estudiantes tendrán que focalizar su atención en las acciones y en el orden en el que las realiza cada persona, por lo que deberán marcar con 1, 2 o 3 las imágenes de cada uno. Si lo desea, puede repetir cada intervención dos veces antes de continuar con la siguiente persona. Una vez terminada la audición, haga una puesta en común y fije en la pizarra las combinaciones con los verbos *leer, hacer, tomar(se), jugar, lavarse* y *salir*, que se mencionan en el audio y que se ampliarán en la actividad 2.2. Las acciones que se mencionan en el audio son las siguientes: *leer el periódico/el correo, hacer la compra, tomarse un café, jugar al tenis/jugar con la Play, lavarse la cara, salir a cenar.*
Como opción alternativa, puede utilizar la transcripción y pedir a sus estudiantes que busquen las combinaciones posibles con los verbos mencionados anteriormente y fijarlos después en la pizarra.
Sebastián: 1. F; 2. A; 3. I. **Julia:** 1. E; 2. G; 3. C. **Andrea:** 1. D; 2. B; 3. H.

2.2. Una vez fijadas en la pizarra las acciones relacionadas con los verbos *leer, hacer, tomar(se), jugar, lavarse* y *salir*, distribuya a sus estudiantes en parejas y pídales que busquen otras palabras que se puedan combinar con ellos *(leer un libro, tomar un refresco, jugar al fútbol, jugar con el ordenador, hacer los deberes, lavarse las manos, salir a comer...)*.
Posible respuesta:
Leer el periódico, un libro, una revista, el correo...; **Tomar** un café, un sándwich, un refresco, algo...; **Jugar** al tenis, a/con la Play, con el ordenador/móvil...; **Salir** con los amigos, a cenar, al cine...; **Hacer** deporte, la compra, los deberes/las tareas de la universidad; **Lavarse** la cara, los dientes, las manos...

Para trabajar estos contenidos, realice las actividades **2-9**, pp. **28-29** del *Libro de ejercicios*.

Unidad 5 | Igual que todos los días   79

Unidad 5

Gramática

1. Explique el paradigma de los verbos con irregularidad vocálica valiéndose de la **proyección 16**.

Presente irregular
[16]

Proyecte la lámina y explique las irregularidades en el presente de indicativo. Recuérdeles que los verbos *ser*, *estar* e *ir*, que ya conocen, tienen una irregularidad propia. Asimismo, hágales notar que las formas *nosotros/as* y *vosotros/as* se mantienen regulares.

Como actividad de ampliación, puede dividir la clase en pequeños grupos, darles un dado (el 1 es *yo*, el 2 es *tú*, el 3 es *él/ella/usted*, el 4 es *nosotros/as*, el cinco *vosotros/as* y el 6 *ellos/ellas/ustedes*): tienen que tirar el dado y conjugar los verbos que aparecen en el cuadro gramatical sin conjugar (*empezar*, *contar*, *corregir*…) según la persona que corresponde al número del dado que han sacado. Por último, con el cuadro de la RAE, recuérdeles el uso de *vos* y sus formas en presente de indicativo.

Gramática

1. Presente de indicativo: verbos irregulares

A. Verbos con irregularidad vocálica

	e > ie Cerrar	Otros verbos	o > ue Dormir	Otros verbos
yo	cierro	empezar	duermo	recordar
tú	cierras	comenzar	duermes	poder
él, ella, usted	cierra	merendar	duerme	volver
nosotros/as	cerramos	querer	dormimos	contar
vosotros/as	cerráis	preferir	dormís	costar
ellos, ellas, ustedes	cierran	despertarse	duermen	acostarse

	e > i Pedir	Otros verbos	u > ue Jugar
yo	pido	reírse	juego
tú	pides	repetir	juegas
él, ella, usted	pide	vestirse	juega
nosotros/as	pedimos	medir	jugamos
vosotros/as	pedís	elegir	jugáis
ellos, ellas, ustedes	piden	corregir	juegan

Fíjate:
Algunos verbos tienen un cambio ortográfico para conservar el sonido original del infinitivo. Este cambio no se considera una irregularidad:
co**g**er > co**j**o; conven**c**er > conven**z**o; se**gu**ir > si**g**o…

Fíjate:
Jugar es el único verbo con la irregularidad u > ue.

RAE GRAMÁTICA
Recuerda que la forma *vos* se usa principalmente en Argentina, Uruguay y Paraguay.
El presente de la forma *vos* es regular: *vos* pensás, tenés, dormís, jugás, pedís, decís…:
Vos pensás así porque no tenés hijos…
Eso que vos decís es lo mismo que decís que decía Perón…

- Los verbos *tener* y *venir* tienen doble irregularidad:
tengo, **tie**nes, **tie**ne, tenemos, tenéis, **tie**nen
vengo, **vie**nes, **vie**ne, venimos, venís, **vie**nen
- Recuerda que los verbos *ser*, *estar* e *ir* tienen una irregularidad propia:
soy, **eres**, **es**…; **estoy**, **estás**, **está**…; **voy**, **vas**, **va**…

B. Verbos que tienen la primera persona (yo) irregular

Hacer	Otros verbos
hago	saber > **sé**
haces	salir > **salgo**
hace	poner > **pongo**
hacemos	dar > **doy**
hacéis	ver > **veo**
hacen	conocer > **conozco**

1.1 Completa el cuadro según el modelo.

FORMA	PERSONA	INFINITIVO	IRREGULARIDAD
cuenta	él, ella, usted	contar	o > ue
salgo			
duermen			
empiezas			
pongo			
juegas			
piden			

80 | ochenta · Unidad 5 | Igual que todos los días

1.1.

Forma	Persona	Infinitivo	Irregularidad
cuenta	él, ella, usted	contar	o > ue
salgo	yo	salir	primera persona irregular
duermen	ellos, ellas, ustedes	dormir	o > ue
empiezas	tú	empezar	e > ie
pongo	yo	poner	primera persona irregular
juegas	tú	jugar	u > ue
piden	ellos, ellas, ustedes	pedir	e > i

2 Verbos reflexivos

- Los verbos reflexivos se forman añadiendo los siguientes pronombres:

Ducharse

yo	**me** ducho
tú	**te** duchas
él, ella, usted	**se** ducha
nosotros/as	**nos** duchamos
vosotros/as	**os** ducháis
ellos, ellas, ustedes	**se** duchan

Levantarse, lavarse, despertarse, acostarse, vestirse, apellidarse, llamarse... también son reflexivos:

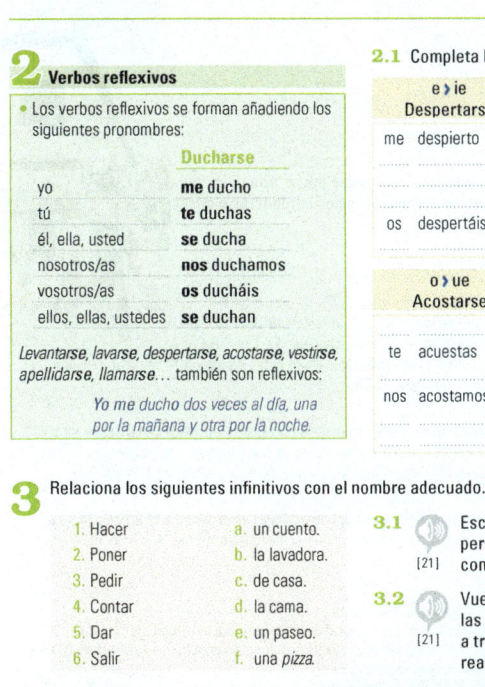

Yo me ducho dos veces al día, una por la mañana y otra por la noche.

2.1 Completa las formas que faltan de cada verbo.

e › ie Despertarse	e › i Vestirse
me despierto	
	se viste
os despertáis	
	se visten

o › ue Acostarse	1.ª persona irregular Caerse
te acuestas	te caes
nos acostamos	
	se caen

3 Relaciona los siguientes infinitivos con el nombre adecuado.

1. Hacer — a. un cuento.
2. Poner — b. la lavadora.
3. Pedir — c. de casa.
4. Contar — d. la cama.
5. Dar — e. un paseo.
6. Salir — f. una *pizza*.

3.1 [21] Escucha lo que dicen estas personas sobre su día a día para comprobar tu respuesta anterior.

3.2 [21] Vuelve a escuchar y relaciona a las personas con las imágenes a través de las acciones que realizan.

A Persona ___ B Persona ___ C Persona ___ D Persona ___ E Persona ___ F Persona ___

4 Lee el texto y completa con las formas adecuadas de los verbos.

¡Hola! [1] .... (Llamarse) Javier. [2] .... (Tener) 39 años y [3] .... (vivir) en Cali. Por la mañana [4] .... (levantarse), [5] .... (desayunar) y [6] .... (ducharse). A las siete y media [7] .... (salir) de casa porque [8] .... (empezar) a trabajar a las ocho. [9] .... (Trabajar) hasta las cuatro. A la una del mediodía [10] .... (hacer) un descanso y [11] .... (tomar) un sándwich y una fruta. Por la tarde, [12] .... (volver) a casa. A veces, cuando [13] .... (llegar) cansado, [14] .... (dormir) un rato o [15] .... (escuchar) música. Si no [16] .... (estar) cansado, [17] .... (dar) un paseo, [18] .... (ir) al gimnasio, [19] .... (hacer) la compra... Por la noche, [20] .... (preparar) la cena y después [21] .... (leer) un poco o [22] .... (ver) la tele. Normalmente [23] .... (acostarse) a las once de la noche, porque al día siguiente [24] .... (despertarse) muy pronto.

Unidad 5 | Igual que todos los días   ochenta y uno | 81

---

2. Explique el paradigma de los verbos reflexivos según se indica en el cuadro.

2.1. Antes de realizar la actividad, haga que sus estudiantes se fijen en las irregularidades de los verbos que tienen que completar y explíqueles que estos se comportan de la misma manera que los verbos presentados en la actividad 1. Para completar la forma del verbo *caerse*, anímelos a que busquen el verbo en algún conjugador *online* para que vayan familiarizándose con este tipo de recursos.

e>ie Despertarse	e>i Vestirse
me despierto	me visto
te despiertas	te vistes
se despierta	se viste
nos despertamos	nos vestimos
os despertáis	os vestís
se despiertan	se visten

o>ue Acostarse	1.ª persona irregular Caerse
me acuesto	me caigo
te acuestas	te caes
se acuesta	se cae
nos acostamos	nos caemos
os acostáis	os caéis
se acuestan	se caen

3. Pida a sus estudiantes que piensen en la combinación posible de los verbos y las palabras de la columna de la derecha. Después explíqueles que dichas combinaciones forman acciones que realizamos en nuestro día a día. Recuérdeles que asociar verbos y nombres es una buena estrategia para aprender léxico. A continuación dígales que deberán comprobar sus respuestas con el audio de la actividad 3.1.

3.1. Ponga el audio para realizar la corrección de la actividad 3.
[21] 1. d; 2. b; 3. f; 4. a; 5. e; 6. c.

3.2. Para completar la secuencia de estas actividades de comprensión auditiva, vuelva a poner el audio y explique a sus estudiantes que, en esta ocasión, deberán relacionar las acciones que se realizan con las imágenes que las representan.
[21] **A.** Persona 1; **B.** Persona 5; **C.** Persona 4; **D.** Persona 3; **E.** Persona 6; **F.** Persona 2.

4. Actividad para la consolidación de las formas verbales estudiadas.
1. Me llamo; 2. Tengo; 3. vivo; 4. me levanto; 5. desayuno; 6. me ducho; 7. salgo; 8. empiezo; 9. Trabajo; 10. hago; 11. tomo; 12. vuelvo; 13. llego; 14. duermo; 15. escucho; 16. estoy; 17. doy; 18. voy; 19. hago; 20. preparo; 21. leo; 22. veo; 23. me acuesto; 24. me despierto.

Para trabajar estos contenidos, realice las actividades **10-17**, pp. **30-31** del *Libro de ejercicios*.

Unidad 5

Practica en contexto

1. Antes de empezar la actividad de comprensión lectora, escriba la palabra *horario* en la pizarra y pregúnteles a sus estudiantes si conocen los horarios de los establecimientos públicos más habituales de España (bancos, centros comerciales, tiendas, bares, cafeterías y restaurantes, etc.). A continuación coménteles que van a leer un texto extraído de una web de viajes en el que se informa de los horarios y los días festivos en Argentina. Después invítelos a leer el texto individualmente y a responder a las preguntas de comprensión que siguen al texto. Haga una puesta en común con todo el grupo y después introduzca el vocabulario de los meses del año. Como actividad de ampliación, puede preguntarles cuándo es su cumpleaños para practicar este léxico.
1. F; 2. V; 3. V; 4. V; 5. F; 6. F.
Cabe destacar la importancia de enseñar a los estudiantes las reglas ortográficas sobre la escritura con mayúsculas y minúsculas que se presenta en el cuadro de la RAE.

Practica en contexto

1 Lee la información de esta web de viajes sobre los horarios y los días festivos en Argentina y di si las afirmaciones son verdaderas o falsas.

HORARIOS Y DÍAS FESTIVOS EN ARGENTINA

HORARIO COMERCIAL
El horario de las tiendas es normalmente de 9:00 a 20:00, cierran para hacer una pausa a mediodía. Los sábados 13:00. Los centros comerciales abren todos los días de la semana (incluidos los domingos) de 10:00 a 22:00.

RESTAURANTES
Normalmente se puede comer desde las 12:00 y se puede cenar desde las 20:30. Siempre se puede comer algo rápido en una cafetería, una pizzería, locales de comida rápida o en un puesto callejero, pues casi siempre están abiertos.

OFICINAS PÚBLICAS Y BANCOS
El horario habitual de las oficinas estatales es de 09:00 a 12:00 y de 14:00 a 19:00. Los bancos atienden al público de lunes a viernes, entre las 10:00 y las 15:00.

PRINCIPALES FIESTAS ARGENTINAS

1 de enero	Año Nuevo
24 de marzo	Día Nacional de la Memoria por la Verdad y la Justicia
2 de abril	Día del Veterano y de los Caídos en la Guerra de las Malvinas
(fecha variable)	Viernes Santo
1 de mayo	Día del Trabajo
25 de mayo	Día de la Revolución de Mayo
20 de junio	Día de la Bandera
9 de julio	Día de la Independencia
12 de octubre	Día de la Diversidad Cultural Americana
8 de diciembre	Día de la Inmaculada Concepción de María
25 de diciembre	Navidad

Los meses del año
- enero
- febrero
- marzo
- abril
- mayo
- junio
- julio
- agosto
- septiembre
- octubre
- noviembre
- diciembre

👉 Para hablar de fechas se usa *el* + día + *de* + mes:
El Día de la Independencia en Argentina es el 9 de julio.

1. Todas las tiendas cierran para comer. V F
2. Los centros comerciales abren todos los días. V F
3. Se puede cenar en los restaurantes argentinos desde las ocho y media de la tarde. V F
4. Las oficinas públicas abren por la mañana y por la tarde. V F
5. El horario de atención al público en los bancos es hasta las cuatro de la tarde. V F
6. El 20 de junio se celebra el Día de la Independencia. V F

RAE ORTOGRAFÍA
- Se escriben con mayúscula inicial los nombres y adjetivos de festividades religiosas o civiles, como por ejemplo *Navidad, Año Nuevo, Día de la Diversidad Cultural Americana...*: *Cierra los ojos, ábrelos, y ya es mañana, la Navidad.*
- Los días de la semana y los meses del año se escriben con minúscula: *El jueves 27 de agosto es el cumpleaños de Marina. ¡No lo olvides!*
- Cuando el nombre de una festividad contiene un día o un mes, este se escribe con mayúscula: *Las fechas de Jueves Santo y Viernes Santo son variables porque dependen del calendario lunar. El 25 de mayo se celebra el Día de la Revolución de Mayo.*

1.1 Todo el grupo Compara estos horarios con los de tu país. ¿En qué se parecen y en qué se diferencian? Cuéntaselo a tus compañeros.

1.2 Todo el grupo ¿Cuáles son las principales fiestas de tu país? ¿Cuándo se celebran? Elabora un calendario con las fiestas más importantes de los próximos meses y compártelo con tus compañeros.

2 Aquí tienes los horarios de dos museos españoles: el Museo del Prado (Madrid) y el MUSAC (León). Intercambia información con tu compañero/a.

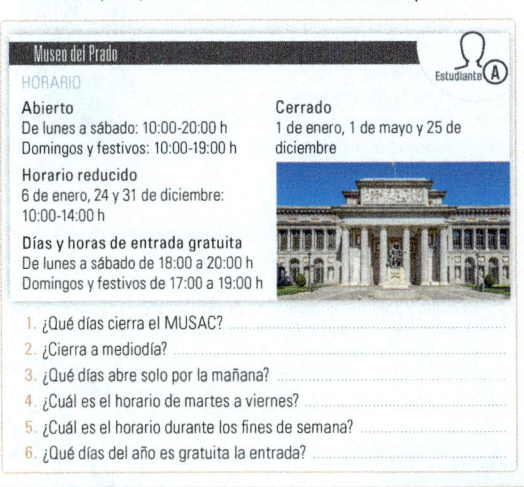

Museo del Prado
Estudiante A

HORARIO

Abierto
De lunes a sábado: 10:00-20:00 h
Domingos y festivos: 10:00-19:00 h

Horario reducido
6 de enero, 24 y 31 de diciembre: 10:00-14:00 h

Días y horas de entrada gratuita
De lunes a sábado de 18:00 a 20:00 h
Domingos y festivos de 17:00 a 19:00 h

1. ¿Qué días cierra el MUSAC?
2. ¿Cierra a mediodía?
3. ¿Qué días abre solo por la mañana?
4. ¿Cuál es el horario de martes a viernes?
5. ¿Cuál es el horario durante los fines de semana?
6. ¿Qué días del año es gratuita la entrada?

Preguntar por los horarios
- ¿Cuál es el horario de...?
- ¿Qué días abre/cierra...?
- ¿A qué hora abre/cierra...?

Hablar de los horarios
- **a las...**
  El museo cierra a las siete de la tarde.
- **de... a...**
  El horario de las tiendas normalmente es de 09:00 o 10:00 a 20:00 h.
- **desde la/las... hasta la/las...**
  Normalmente las cocinas abren desde las 11:00 hasta las 23:30 h.
- **hasta las...**
  En Ciudad de México algunos bancos abren hasta las siete de la tarde.
- **entre las... y las...**
  Los bancos atienden al público de lunes a viernes, entre las 09:00 y las 16:00 h.

MUSAC
Estudiante B

HORARIO

Abierto
De martes a viernes: 11-14 h/17-20 h
Sábados, domingos y festivos: 11-15 h/17-21 h

Cerrado
Lunes (incluyendo festivos), 1 de enero y 25 de diciembre

Horario reducido
6 de enero, 24 y 31 de diciembre: 10:00-14:00 h

Días y horas de entrada gratuita
De martes a jueves de 19:00 a 20:00 h
Domingos de 17:00 a 21:00 h
Día Internacional de los Museos, 23 de abril, 12 de octubre y 6 de diciembre

1. ¿Cuál es el horario del Museo del Prado de lunes a sábado?
2. ¿A qué hora cierra los sábados?
3. ¿Hasta qué hora abre los domingos y festivos?
4. ¿Cuál es el horario del museo el 24 de diciembre?
5. ¿Desde qué hora es gratis la entrada?
6. ¿Qué días cierra?

1.1. Pida a sus estudiantes que vuelvan a leer la información del texto y deles unos minutos para comparar los horarios de Argentina con los de su país. Después dígales que expliquen al resto del grupo cómo son estos horarios siguiendo el modelo que acaban de leer. Si todos sus estudiantes son del mismo país, que comparen los horarios por bloques: horario comercial, bancos y oficinas públicas, y restaurantes. Puede añadir otros como, por ejemplo, lugares de ocio nocturno, escuelas, universidad...

1.2. Antes de realizar la actividad, pregunte a sus estudiantes si conocen alguna fiesta del país donde estudian español. Si no las conocen, mencione las fiestas más importantes (25 de diciembre, Navidad; 1 de enero, Año Nuevo; 1 de Mayo, Día Internacional del Trabajo...). Después pídales que hagan un calendario con las fiestas más importantes de su país para contárselas a sus compañeros. Si tiene algunos estudiantes de la misma nacionalidad, agrúpelos por países para que hagan la exposición en grupo. Si, por el contrario, todos sus estudiantes son de la misma nacionalidad, distribúyalos en cuatro grupos, asígnele a cada uno un trimestre y pídales que hagan el calendario de fiestas del trimestre que les haya tocado.

2. Antes de realizar la actividad, explique a sus estudiantes el cuadro y resuelva las dudas que puedan tener. A continuación pídales que se coloquen en parejas y asígneles un papel (A o B). Después dígales que oculten la información de su compañero/a y que se pregunten por la información que les falta en su ficha.
Como actividad de ampliación, proponga a sus estudiantes que entren en la página web de algún lugar público que muestre sus horarios (un centro comercial, un banco, un restaurante o cualquier otro establecimiento) y pregúnteles en plenario por los días que abre o cierra, los horarios de apertura o cierre o, en su caso, los días de acceso gratuito.

Estudiante A: 1. Los lunes, el 1 de enero y el 25 de diciembre; **2.** Sí; **3.** Los días 6 de enero, 24 y 31 de diciembre; **4.** De 11:00 a 14:00 y de 17:00 a 20:00 h; **5.** De 11:00 a 15:00 h y de 17:00 a 21:00 h; **6.** El Día Internacional de los Museos, el 23 de abril, el 12 de octubre y el 6 de diciembre.

Estudiante B: 1. De 10:00 a 20:00 h; **2.** A las 20:00 h; **3.** Hasta las 19:00 h; **4.** De 10:00 a 14:00 h; **5.** Desde las 18:00 h de lunes a sábado y desde las 17:00 h los domingos y festivos; **6.** El 1 de enero, el 1 de mayo y el 25 de diciembre.

Unidad 5

3. El objetivo de esta actividad es que sus estudiantes tengan una muestra contextualizada del día a día de dos personas: una ingeniera y un estudiante. Antes de escuchar el audio, lea con sus estudiantes la información de la columna central y después explíqueles que van a escuchar a las dos personas de las fotografías contando cómo es un día normal para ellos a través de una encuesta que realiza un periodista en la calle. Adviértales de que alguna información puede corresponder a los dos. Ponga el audio y corrija con todo el grupo.
Gema: 2, 3, 4, 7, 9, 10, 12; **Ernesto:** 1, 5, 6, 8, 9, 11.

3.1. Antes de realizar la actividad, agrupe a sus estudiantes en parejas y facilíteles la transcripción del audio anterior. A continuación explíqueles las estructuras para relacionar dos acciones temporalmente que se presentan en el cuadro de la banda lateral y pídales que busquen las mismas estructuras en el texto y las marquen. Luego pregúnteles qué actividades de las que se mencionan en la actividad anterior hacen y cuáles no. Puede utilizar la proyección 17 para practicar las horas y las acciones habituales antes de continuar.

¿A qué hora…?
[17]

Ponga la proyección y pregunte a sus estudiantes si hay algún verbo irregular en las acciones que se presentan en la lámina. Si tienen problemas, recuérdeles las irregularidades de los verbos *despertarse, salir, empezar, volver, hacer* y *acostarse*. Seguidamente pídales que le cuenten al resto de la clase qué hacen en un día normal y a qué hora. Si lo considera oportuno, plantee la actividad en parejas a modo de cuestionario.

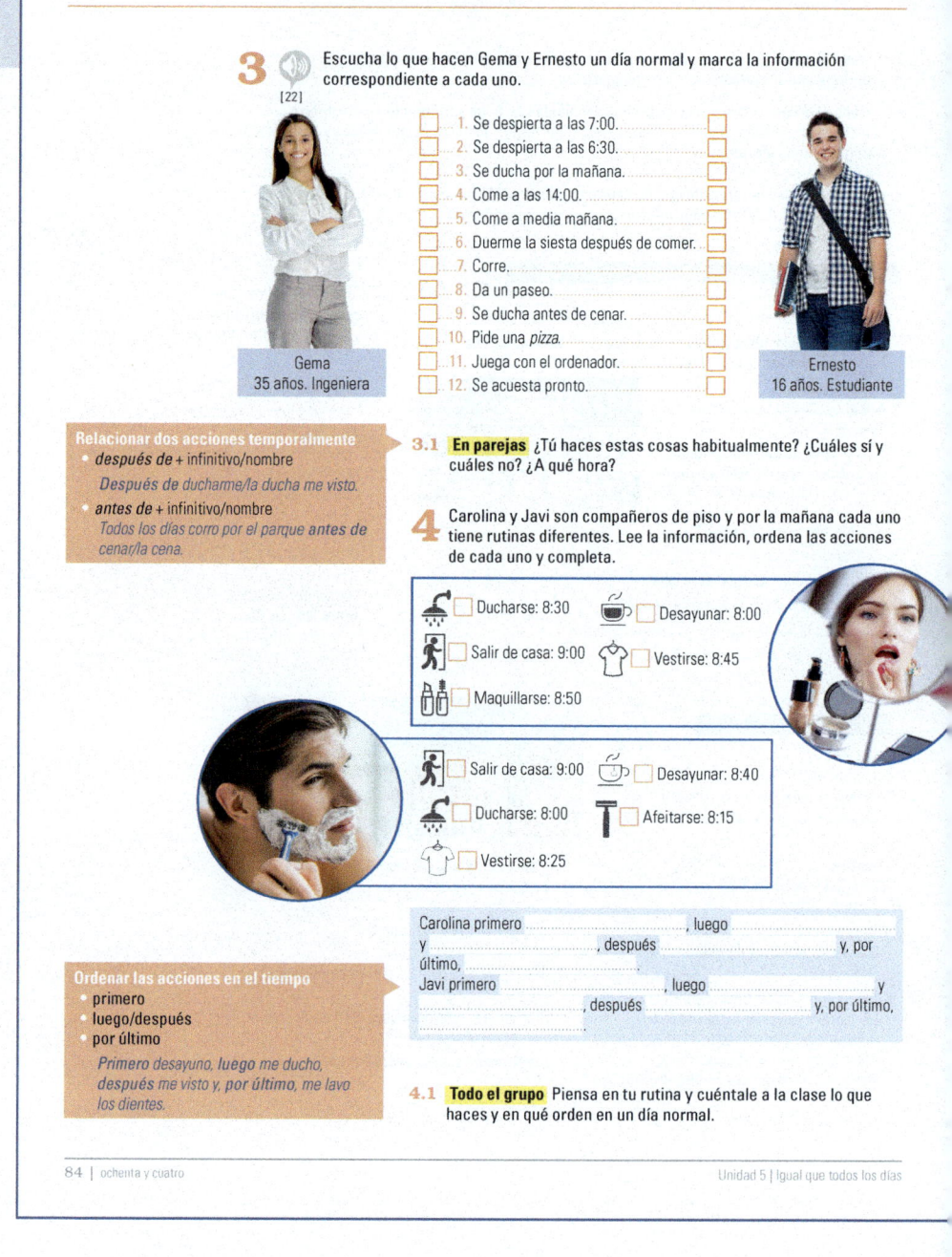

4. Explique a sus estudiantes que van a ver información de dos compañeros de piso que organizan de manera diferente su rutina de primera hora de la mañana. Para ello, haga que se fijen bien en las horas a las que cada uno realiza las actividades y pídales que las numeren del 1 al 5 para ordenarlas cronológicamente. A continuación dirija su atención al cuadro de la banda lateral para ordenar las acciones en el tiempo y dígales que completen los textos.
Carolina: 1. D; 2. A; 3. E; 4. C; 5. B; **Javi:** 1. B; 2. E; 3. C; 4. D; 5. A.
Carolina primero desayuna, luego se ducha y se viste, después se maquilla y, por último, sale de casa.
Javi primero se ducha, luego se afeita y se viste, después desayuna y, por último, sale de casa.

4.1. Una vez corregida la actividad anterior, pida a sus estudiantes que les cuenten a sus compañeros/as lo que hacen por la mañana en un día normal y el orden en el que lo hacen siguiendo el modelo de la actividad 4. Como actividad complementaria, puede sugerirles otros contextos que requieran un orden cronológico, como por ejemplo qué hacen después de salir de casa, qué hacen antes de acostarse, qué hacen después de salir de clase, etc.

5 **En parejas** Observa la agenda de este mes de Sara. ¿Con qué frecuencia realiza estas actividades? Fíjate en el ejemplo.

Ejemplo: Sara estudia en la biblioteca dos veces a la semana.

JUNIO

Lunes	Martes	Miércoles	Jueves	Viernes	Sábado	Domingo
Biblioteca 1	Salsa 2	Piscina 3	Tenis 4	Biblioteca 5	Súper Cine con Virginia y Santi 6	Celebrar mi cumpleaños 7
Biblioteca 8	Salsa 9	Piscina 10	Club de lectura 11	Biblioteca 12	Súper 13	Tapas con amigos 14
Biblioteca 15	Salsa 16	Piscina 17	Tenis 18	Biblioteca 19	Súper 20	Comida familiar 21
Biblioteca 22	Salsa 23	Piscina 24	Tenis Club de lectura 25	Biblioteca 26	Súper Cena de amigas 27	Reunión amigos universidad 28
Biblioteca 29	Salsa 30					

Hablar de la frecuencia
- *los* + día de la semana
  Los lunes voy al gimnasio por la tarde.
  el lunes ▸ **los** lunes
  el sábado ▸ **los** sábados
- (casi) **todos los** días/meses/años/fines de semana
- (casi) **todas las** mañanas/tardes/noches/semanas
- **una vez/n.º de veces al día/a la semana/al mes/al año**
- normalmente
- a veces
- (casi) siempre
- (casi) nunca

Fíjate:
No tomo café nunca.
▸ *Nunca tomo café.*

Actividades
1. Estudiar en la biblioteca.
2. Bailar salsa.
3. Celebrar el cumpleaños.
4. Hacer la compra.
5. Salir con los amigos.
6. Jugar al tenis.
7. Reunirse en el club de lectura.
8. Comer en casa de sus padres.
9. Ir a la piscina.

Frecuencia
- los miércoles
- una vez a la semana
- una vez al mes
- dos veces al mes
- dos veces a la semana
- tres veces al mes
- una vez al año
- casi todos los fines de semana
- todos los sábados

5.1 **Todo el grupo** Marca la frecuencia con la que tú realizas estas actividades. Después cuéntaselo a la clase.

	Todos los días	Casi todos los días	A veces	Casi nunca	Nunca	Una vez al día/a la semana/al mes/al año	N.º de veces al día / a la semana/al mes/al año
Hacer la compra.	☐	☐	☐	☐	☐	☐	☐
Lavarte los dientes.	☐	☐	☐	☐	☐	☐	☐
Ir al dentista.	☐	☐	☐	☐	☐	☐	☐
Ir a la biblioteca.	☐	☐	☐	☐	☐	☐	☐
Cocinar.	☐	☐	☐	☐	☐	☐	☐
Tomar café.	☐	☐	☐	☐	☐	☐	☐
Acostarte pronto.	☐	☐	☐	☐	☐	☐	☐
Pedir una *pizza*.	☐	☐	☐	☐	☐	☐	☐
Comer en un restaurante.	☐	☐	☐	☐	☐	☐	☐
Poner la lavadora.	☐	☐	☐	☐	☐	☐	☐

---

5. El objetivo de esta actividad es que sus estudiantes aprendan las estructuras para hablar de la frecuencia. Para ello, agrúpelos en parejas y pídales que lean la información de la agenda de Sara y la de la tabla que hay debajo del calendario. Después pídales que completen la tabla con las actividades de Sara y la frecuencia con que las hace siguiendo la frase del ejemplo y apoyándose en la información del cuadro de la banda lateral. Mientras los estudiantes realizan la actividad, paséese por las mesas y aclare las dudas que puedan tener sobre el léxico o los marcadores de frecuencia. Por último, haga una puesta en común y corrija la actividad con la proyección 18.

Marcadores de frecuencia
[18]

Proyecte la lámina y corrija la actividad 5 haciendo énfasis en los marcadores de frecuencia, así como en los verbos en presente.

5.1. Antes de realizar la actividad, repase con sus estudiantes los marcadores de frecuencia del cuadro, haciendo hincapié en las formas negativas (*casi nunca* y *nunca*) y en la doble negación según la posición del marcador de frecuencia. A continuación pídales que marquen en la tabla la frecuencia con la que realizan las acciones propuestas. Cuando hayan marcado las acciones, deles unos minutos para organizar la información y pídales que la compartan con sus compañeros.

Para trabajar estos contenidos, realice las actividades **18-22**, pp. **31-32** del *Libro de ejercicios*.

Unidad 5

Cultura

1. Antes de comenzar la actividad, ponga la **proyección 19** y pida que observen las fotografías. A continuación plantéeles las preguntas propuestas en la explotación de la proyección para introducir el tema del apartado y luego explíqueles que van a leer un artículo en el que se habla de los horarios de comida de los españoles.

Los horarios de los españoles
[19]

Haga a sus estudiantes las siguientes preguntas sobre las fotografías:
1. *¿Dónde están?*
2. *¿Qué parte del día crees que es?*
3. *¿Qué están haciendo estas personas?*

Posible respuesta:
1. El chico, la chica y la familia están en casa; los niños en el parque/en el jardín; **2.** Son diferentes momentos del día: por la mañana (desayuno), a mediodía (comida, almuerzo), por la tarde (merienda) y por la noche (cena); **3.** La chica está desayunando, el chico está comiendo/almorzando, los niños están merendando y la familia está cenando.

1.1. Una vez leído el texto, pídales que comenten en parejas las preguntas propuestas y después haga una puesta en común para saber más acerca de sus horarios.

HORARIOS ESPAÑOLES

1 Lee el siguiente texto de la revista *Comida y salud* sobre las costumbres de los españoles en horarios y comidas.

¿Cuántas veces comen al día los españoles?

Los españoles realizan mayoritariamente tres comidas diarias: el desayuno, la comida del mediodía y la cena, y solo el 28 % toma algo a media mañana y merienda a media tarde. En días laborables el desayuno lo hace un 95.4 % de los españoles. Un dato curioso es que los estudiantes son los que menos desayunan. La merienda es la comida menos importante: normalmente solo meriendan los menores de 12 años y los mayores de 60.

¿Dónde comen?

La mayoría de los españoles desayuna y cena en su casa. El trabajo es la razón principal para comer fuera de lunes a viernes. Las comidas que más se hacen fuera de casa a diario son, especialmente, el almuerzo o el desayuno de media mañana, que suelen realizarse en el trabajo o en la calle en una cafetería. Los fines de semana muchos españoles comen o cenan fuera de casa para disfrutar de su tiempo libre.

¿Cómo comen?

Los españoles invierten alrededor de 15 minutos en el desayuno y entre 30 y 40 minutos en las comidas y las cenas.

Las dos comidas principales (la del mediodía y la cena) se hacen tranquilamente, sentados y conversando, tanto a diario como los fines de semana. Sin embargo, los menores de 30 años normalmente comen y cenan viendo la televisión.

¿Cuándo comen?

Los horarios dependen del tipo de trabajo, pero una cosa está clara: en España todo ocurre más tarde que en otros países. Normalmente los españoles desayunan entre las siete y media y las nueve de la mañana. A mediodía comen entre la una y media y las tres y media de la tarde. Por la noche cenan entre las nueve y las once. ¿Qué te parece?

1.1 **En parejas** Comenta las siguientes cuestiones con tu compañero/a. ¿Coincidís?

- ¿Dónde comes normalmente?
- ¿Cuántas veces comes al día?
- ¿Cuánto tiempo dedicas a las comidas?
- ¿Ves la televisión cuando comes?

2. Invite a sus estudiantes a leer la información presentada en los gráficos y anímelos a que comenten en parejas las diferencias entre los países seleccionados y España. Procure que no se fijen únicamente en los horarios, sino también en la cantidad de horas que se dedican a las diferentes actividades. Por último, haga una puesta en común para contrastar las conclusiones de cada pareja.
Posible respuesta:
Los españoles, por ejemplo, desayunan y empiezan a trabajar más tarde que los italianos, franceses y alemanes, pero también salen de trabajar y se acuestan más tarde. Comen mucho más tarde y tienen menos tiempo libre. Dedican mucho más tiempo a las comidas y menos a ver la televisión o a navegar por internet.

2.1. Una vez analizada y comentada la información, pídales a sus estudiantes que dibujen un gráfico similar con información de su país para compararlo después con sus compañeros y ver si coinciden. Si lo desea, puede sugerirles también que amplíen su explicación con información similar a la que han leído en el texto (las veces que comen al día, los lugares donde comen o el tiempo que invierten en comer). Como actividad de ampliación, además de la actividad 7 del apartado "Evaluación", puede pedir a los estudiantes que, entre todos, realicen un gráfico similar al de la actividad 2.1 con los horarios de cada estudiante y que los comparen para ver las semejanzas y diferencias.

Para trabajar estos contenidos, realice las actividades **23** y **24**, p. **33** del *Libro de ejercicios*.

Si lo considera oportuno, puede ampliar la actividad trabajando los horarios de comida de un país hispano. Proponemos, a modo de ejemplo, Costa Rica, pero puede dejarlo abierto a cualquier país.
Pídales que, en pequeños grupos, busquen información en internet sobre los horarios y costumbres alimenticias que tienen los costarricenses, partiendo de las siguientes preguntas: *¿cuántas veces comen al día?, ¿dónde comen?, ¿qué comen?*
Siguiendo el modelo de texto de los horarios españoles, los estudiantes deberán completar la información. Al terminar, haga una puesta en común para comprobar los resultados. Si han tomado la opción de trabajar con otros países, resultará interesante ver las semejanzas y diferencias.

1. Tienen tres tiempos de comida: desayuno al iniciar la mañana, almuerzo entre las 12:00 del mediodía y la 1:00 de la madrugada, y cena entre las 7:00 y las 9:00 de la noche. Entre las 3:00 y las 5:00 de la tarde, se acostumbra a tomar café y acompañarlo con algo de comer, puede ser dulce o salado.
2. Suelen realizar las comidas en casa, aunque últimamente ha aumentado el número de personas que toma el almuerzo en restaurantes o cantinas.
3. El plato típico para desayunar se llama *gallo pinto*: una combinación de arroz con frijoles acompañada de huevo, frutas, queso, tortillas de maíz, plátano maduro y un buen café nacional.
Para el almuerzo toman, entre otros platos: el casado (plato combinado a base de frijoles, arroz, verduras y carne o pescado) y la olla de carne (un guiso hecho con trozos de carne, papas, zanahorias y plátanos, entre otros ingredientes). Para la cena, las bocas: pequeñas porciones de comida que comúnmente se consumen en cantinas, acompañadas de bebidas nacionales.

Adaptado de https://www.google.es/search?q=horario+de+comidas+de+costa+rica&ie=&oe=

Unidad 5 | Igual que todos los días

Unidad 5

Vídeo

1. Pídales que se fijen en la fotografía y pregúnteles por la parte del día que es. Deben justificar su respuesta.
    Posible respuesta:
    Es por la mañana porque se ve claridad fuera, porque hay zumo y tostadas encima de la mesa y porque Tere lleva un pijama.

2. Distribuya a sus estudiantes en parejas y pídales que confeccionen una lista de los alimentos que se ven encima de la mesa. Sugiérales que usen el diccionario si lo necesitan.
    Zumo de naranja, tostadas, mermelada, fruta, leche y cereales.

3. y **3.1.** Agrupe a sus estudiantes en parejas y dígales que van a ver un fragmento del vídeo sin audio con el fin de crear un diálogo propio que luego tendrán que interpretar. Para ello, póngales el fragmento 00:30 ⏵ 01:07 sin audio varias veces para que sus estudiantes puedan imaginar la situación y el diálogo. Paséese por las mesas para ayudarlos y solucionar las dudas que puedan tener. Por último, pase de nuevo el fragmento sin sonido y pida a una pareja que interprete el doblaje de la secuencia. Haga lo mismo con el resto de las parejas. Después ponga el fragmento con sonido y decidan entre todos qué pareja ha hecho el diálogo más parecido al original.

4. Reproduzca el fragmento 00:46 ⏵ 01:23 y pida a sus estudiantes que respondan a las preguntas que se formulan en la actividad.
    1. A las 8 de la mañana; **2.** A las 9:30; **3.** A las 7:15; **4.** Porque a las 8:45 tiene una reunión con el director de su maestría; **5.** A las 10:30.

5. Antes de ver el siguiente fragmento, pida a sus estudiantes que hagan hipótesis sobre la rutina de Bea y que ordenen las acciones según su opinión. Puede hacer esta actividad en plenario si lo considera oportuno.

5.1. Ponga el fragmento 01:29 ⏵ 01:51, pídales que completen la información y que comprueben sus hipótesis de la actividad 5.
1. se levanta a la 6:45; **2.** se ducha; **3.** desayuna; **4.** va al gimnasio; **5.** empieza a trabajar.

88   Unidad 5 | Igual que todos los días

6 Visiona el fragmento 01:50 ▸ 03:02 y di si las siguientes afirmaciones son verdaderas o falsas.

1. Bea se acuesta la última en el hostal Babel. …………… V F
2. Bea se acuesta normalmente a medianoche. …………… V F
3. Bea se acuesta más tarde que Carla. …………… V F
4. Leo cena muy pronto. …………… V F
5. Después de cenar, Leo ve normalmente la televisión. …………… V F
6. Carla trabaja por la mañana y estudia por la tarde. …………… V F
7. Carla estudia antes de cenar. …………… V F

RAE **LÉXICO**
Recuerda que al hablar de las partes del día se usa **por** (España) o **en** (América). Pero en Argentina y en algunos lugares de España como el País Vasco y Cataluña se usa **a**: *Acá me dicen que nos podemos ir todos a dormir y volver mañana a la mañana para el traslado.*

7 **En parejas** Aquí tienes un fragmento de la conversación entre Tere, Carla y Bea. Ordénalo. Luego compara con tu compañero/a.

☐ Tere: Tengo cita con el dentista.
☐ Carla: Mirá, hablando de chicas estudiosas y responsables…
☐ Carla: ¿Y por qué te levantás tan temprano hoy, Tere?
☐ Tere: ¡Qué bien huele! ¿Puedo ponerme un café?
☐ Tere: ¡Ni yo! Nunca me levanto tan pronto.
☐ Bea: Lo sé, lo sé.
☐ Bea: Claro. Nunca pruebas mi café cuando está recién hecho.
☐ Tere: ¿Eso que huelo es el café de Bea?
☐ Bea: ¡Qué temprano estás hoy levantada, Tere! ¡No puedo creerlo!
☐ Tere: Sí. Yo creo que es la primera vez desde que estoy en este hostal. ¡Me encanta tu café, Bea!

7.1 Visiona el fragmento 03:00 ▸ 03:42 sin sonido y haz los cambios necesarios según los gestos que observas.

7.2 Ahora visiónalo con sonido para comprobar. ¿Te ha ayudado verlo sin sonido para ordenarlo? ¿Cómo?

8 Visiona el fragmento 03:34 ▸ 04:18 y completa la información de la agenda de Tere para hoy.

9 Fíjate en el gesto que hace Leo en el fragmento 04:48 ▸ 04:55. ¿Crees que le gusta el café?

‹ Calendario
Hoy
08:30
_____ clase
12:30
_____ clase de Estadística
17:30 _____ (2 h)
Mañana
9:30 _____ clase

Después del vídeo

10 **En grupos pequeños** ¿Qué desayunas tú normalmente? ¿Con quién sueles desayunar? ¿Es diferente el desayuno de los días de diario al de los fines de semana? Cuéntaselo a tus compañeros.

Unidad 5 | Igual que todos los días

ochenta y nueve | 89

---

6. Antes del visionado del fragmento, pida a sus estudiantes que lean las frases para resolver dudas de léxico. A continuación reproduzca los minutos 01:50 ▸ 03:02 y corrija con todo el grupo. Por último, comente el cuadro de la RAE para ver las diferencias de uso de las preposiciones en las distintas variantes del español.
 1. F; 2. V; 3. V; 4. F; 5. V; 6. F; 7. F.

7. - 7.2 Primero pídales que, de manera individual, ordenen la conversación entre Tere, Carla y Bea. Luego deben compararla con la de su compañero/a y llegar a un acuerdo. Después ponga el fragmento 03:00 ▸ 03:42 sin sonido con el fin de hacer las modificaciones que fueran necesarias, teniendo en cuenta la gestualidad de los actores. Por último, pase el fragmento con sonido y corrija el orden de la conversación. Si lo considera oportuno, vuelva a poner el fragmento y haga una reflexión con todo el grupo sobre los gestos: pregúnteles si estos les han sido de ayuda para ordenar la conversación o si, por el contrario, les han dado una información errónea.
 10, 2, 9, 6, 4, 5, 7, 1, 3, 8.

8. Explíqueles que, en este fragmento (03:34 ▸ 04:18), Tere cuenta a Carla y a Bea lo que tiene que hacer hoy. Después reproduzca esos minutos y pida a sus estudiantes que completen la información de la agenda.
 08:30 dentista; **09:30** clase; **12:30** gimnasio; **16:00** clase de Estadística; **17:30** prácticas (2 h).

9. Ponga el fragmento 04:48 ▸ 04:55 y pídales que se fijen en el gesto que hace Leo cuando huele a café y que comenten si creen que le gusta o no y por qué. Pregúnteles si en su país este gesto se usa con el mismo significado.
 No le gusta. El gesto que hace es de asco y rechazo.

10. Para terminar, plantee a sus estudiantes las preguntas propuestas en la actividad y pídales que hablen de ello en pequeños grupos. Luego, si lo considera oportuno, haga una puesta en común con todo el grupo para fomentar la interacción.

Unidad 5

Evaluación

1. 1. 11:50/23:50; **2.** 4:15/16:15; **3.** 4:40/16:40; **4.** 12:55/00:55; **5.** 6:30; **6.** 18.00.
[23]

2. 1. se despierta; 2. se ducha; 3. desayuna; 4. se viste; 5. se va; 6. empiezan; 7. hace; 8. vuelve; 9. toma; 10. trabaja; 11. sale; 12. queda; 13. juega; 14. vuelve; 15. cena; 16. se acuesta; 17. se duerme.

3. **Regulares:** ducharse, desayunar, tomar, quedar, trabajar, cenar; **Irregulares: e > ie:** despertarse, empezar; **o > ue:** volver, dormir, acostarse; **u > ue:** jugar; **e > i:** vestirse; **Otros:** irse, hacer, salir.

4. Respuesta abierta.

5. Respuesta abierta.

6 Completa las frases con las preposiciones *a, de, por, desde, hasta, entre*.
1. Siempre me ducho .... la mañana.
2. .... mediodía hago una pausa para tomar un sándwich.
3. Los bancos abren .... las 3 .... la tarde.
4. Tengo clase de español .... las 9 .... las 10:30.
5. ¿............... qué hora cierra el supermercado?
6. Los restaurantes abren normalmente .... martes .... domingo, ... 12:30 .... 16.00 y .... 20:00 .... 23:30.
7. Siempre ceno .... las nueve y las diez .... la noche.
8. Mi cumpleaños es el 28 .... noviembre.

7 Relaciona la información de las columnas.
1. ¿A qué hora
2. ¿Qué hora
3. ¿Cuál
4. ¿Qué días

a. cierra el museo?
b. te levantas normalmente?
c. es en tu ciudad?
d. es el horario de las clases?

8 Responde a las preguntas con ayuda de las imágenes.
1. ¿Cuál es el horario de la biblioteca los martes? ....
2. ¿A qué hora sale el avión de Barcelona? ....
3. ¿Qué hora es en Frankfurt? ....
4. ¿Cuándo se celebra el Día de la Independencia de México? ....

9 Marca las afirmaciones del apartado "Cultura" que son verdaderas.
1. ☐ Las únicas personas que meriendan son los mayores de 60 años.
2. ☐ El trabajo es la causa principal por la que los españoles comen fuera de casa de lunes a viernes.
3. ☐ Normalmente los españoles comen en casa, pero cenan fuera.
4. ☐ Los españoles dedican poco tiempo al desayuno.
5. ☐ Los jóvenes siempre desayunan mucho.
6. ☐ Normalmente los menores de 30 años ven la tele mientras comen o cenan.
7. ☐ Los alemanes se acuestan temprano.
8. ☐ Los españoles tienen poco tiempo libre.

---

6. **1.** por; **2.** A; **3.** hasta, de; **4.** desde, hasta; **5.** A; **6.** de, a, de, a, de, a; **7.** entre, de; **8.** de.

7. **1.** b; **2.** c; **3.** d; **4.** a.

8. **1.** El horario es de 9:00 de la mañana a 9:00 de la noche; **2.** El avión de Barcelona sale a las 12:45/a la una menos cuarto del mediodía/de la tarde; **3.** En Frankfurt son las 10:56/las once menos cuatro; **4.** Se celebra el 16 de septiembre.

9. 2, 4, 6, 7, 8.

Unidad 6

6 No me gusta, ¡me encanta!

¿Qué te gusta hacer en tu tiempo libre?

¿Qué cosas no te gusta hacer?

¿Normalmente comes en bares?

¿Sabes qué son las tapas?

No me gusta, ¡me encanta!

Lea en voz alta el título de la unidad *No me gusta, ¡me encanta!* y pregunte a sus estudiantes qué representan las fotografías (en un bar —imagen grande— y, de izquierda a derecha, un teatro, un restaurante, una sala de conciertos). A continuación pregúnteles qué actividades de las representadas en las fotografías les gusta hacer en su tiempo libre. Por último, hágales las preguntas propuestas en la portadilla para motivarlos y activar los conocimientos previos que tengan los estudiantes sobre el tema.

¡me encanta!

En esta unidad vas a...
- Expresar gustos, intereses y preferencias
- Preguntar por gustos, intereses y preferencias
- Expresar acuerdo y desacuerdo
- Pedir en el restaurante
- Conocer algunas tapas típicas

Unidad 6

¿Qué sabes?

1. Pida a sus estudiantes que lean las actividades de ocio y tiempo libre que se mencionan y que busquen en el diccionario las palabras que no conozcan. Después anímelos a que piensen en otras actividades de ocio y escríbalas en la pizarra. Para terminar, pregúnteles en qué lugares se realizan esas actividades.

   Posible respuesta:
   El bar: comer/cenar, escuchar música, leer; **Tu casa:** comer/cenar, escuchar música, bailar, ver una película, cantar, leer, dormir; **El cine:** ver una película; **La discoteca:** escuchar música, bailar, cantar; **La montaña:** hacer senderismo, hacer fotos, esquiar, montar en bicicleta; **El museo:** ver una exposición; **El teatro:** ver una obra de teatro; **El parque:** practicar deporte, leer, hacer fotos, montar en bicicleta.

   Comente el cuadro de la RAE de léxico contrastivo entre el español de España y de América referido al verbo *montar*.

   > Para trabajar estos contenidos, realice las actividades **1** y **2**, p. **34** del *Libro de ejercicios*.

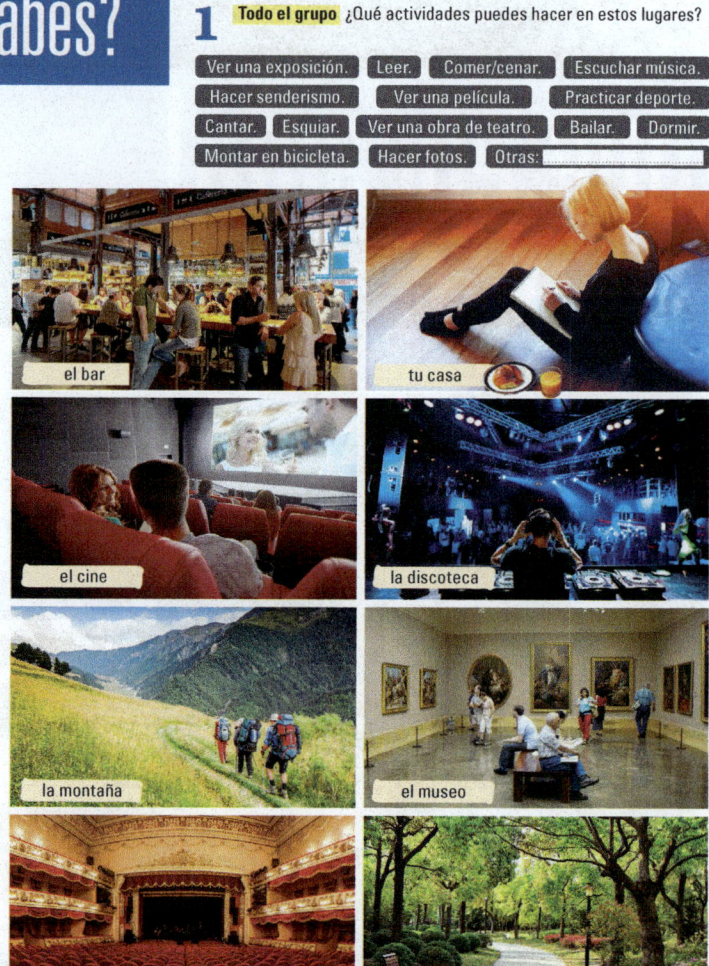

¿Qué sabes?

1 **Todo el grupo** ¿Qué actividades puedes hacer en estos lugares?

Ver una exposición. | Leer. | Comer/cenar. | Escuchar música.
Hacer senderismo. | Ver una película. | Practicar deporte.
Cantar. | Esquiar. | Ver una obra de teatro. | Bailar. | Dormir.
Montar en bicicleta. | Hacer fotos. | Otras: _____

- el bar
- tu casa
- el cine
- la discoteca
- la montaña
- el museo
- el teatro
- el parque

RAE
Español de España ▸ montar : Complementen este ejercicio con deportes como correr, nadar o **montar** en bicicleta.
Español de América ▸ andar : Caminar, **andar** en bicicleta, patinar, bailar o jugar a la pelota o con la raqueta son buenas maneras de quemar calorías y mantenerse en forma.

2 **En parejas** ¿Sabes qué es el menú del día? Aquí tienes uno. Complétalo con estas palabras.

Segundo plato | refresco | Tortilla | Pan | Pollo asado con patatas
Helado | a la plancha | Sopa de marisco | Postre

MENÚ
Jueves, 20 de abril

PRIMER PLATO
- [1] .... de patata.
- [2] ....
- Ensalada mixta.
- Parrillada de verduras.

[3] ....
- Hamburguesa con queso.
- [4] ....
- Paella mixta.
- Filete de merluza [5] ....

- [6] ....
- Fruta del tiempo.
- Flan casero.
- [7] ....

([8] ...., agua, [9] .... u otra bebida incluidos).

11,50 €

2.1 **En parejas** Analiza la actividad anterior y completa esta definición de "menú del día". Compara con tu compañero/a. ¿Coinciden las definiciones?

El menú del día es un tipo de menú de precio fijo que se sirve en muchos restaurantes y bares españoles. En el menú se puede [1] .... entre diferentes platos dentro de los [2] .... grupos (primeros, segundos y [3] ....). La denominación "del día" se debe a que el menú cambia los [4] .... cada día de la [5] .... Se considera un menú económico y generalmente no se ofrece los fines de semana.

2.2 **Todo el grupo** ¿Existe el menú del día en tu país? ¿Qué platos suelen ser los primeros? ¿Y los segundos? ¿Cuáles son los postres típicos? ¿El precio incluye la bebida y el pan? Cuéntaselo a la clase.

Ejemplo: En mi país el menú tiene...

RAE
Español de España ▸ patata : *Alrededor del pollo se ponen las* patatas, *el tocino y las cebollitas, colocándolos encima del pollo.*
Español de América ▸ papa : *Voy a asar carne de puerco con* papas.

Unidad 6 | No me gusta, ¡me encanta! — noventa y cinco | 95

---

2. Distribuya a sus estudiantes en parejas y pídales que completen el menú. Puede explicar el léxico ayudándose de las imágenes que aparecen en los márgenes laterales. Después corrija la actividad con todo el grupo. Si lo desea, puede realizar una búsqueda en internet de imágenes de diferentes menús del día, para que sus estudiantes vean modelos reales de diferentes países.
1. Tortilla; 2. Sopa de marisco; 3. Segundo plato; 4. Pollo asado con patatas; 5. a la plancha; 6. Postre; 7. Helado; 8. Pan; 9. refresco.

2.1. Actividad para completar la definición de menú del día a través del análisis de la muestra anterior. Si cree que sus estudiantes pueden tener dificultades para realizar la actividad, escriba las palabras que faltan en el texto de manera desordenada en la pizarra y dígales que lo completen con ellas.
1. elegir/escoger; 2. tres; 3. postres; 4. platos; 5. semana.

2.2. El objetivo de esta actividad es que los estudiantes reflexionen sobre las propias costumbres a la hora de comer fuera de casa. Anímelos a que hablen de los menús típicos de su ciudad o país. Pregúnteles si los restaurantes ofrecen menú del día, si este se parece o no al que ofrecen los restaurantes españoles, cuáles son las semejanzas y diferencias y, si no existe esta costumbre, pídales que opinen sobre qué les parece la idea. Una vez finalizada la conversación, dígales que escriban un menú del lugar donde viven con la información que han compartido. Coménteles el cuadro de la RAE para que vayan conociendo el vocabulario de las diferentes variantes del español.

Para trabajar estos contenidos, realice la actividad **3**, p. **34** del *Libro de ejercicios*.

Unidad 6 | No me gusta, ¡me encanta! — 95

Unidad 6

Palabras

1. Antes de empezar este apartado, pregunte a sus estudiantes si saben en qué parte de España está la ciudad de Bilbao. Puede usar la **proyección 20** para situar la ciudad en el mapa.

Mapa de España
[20]

Proyecte el mapa de España y sitúe la ciudad de Bilbao. Si le parece oportuno, recuérdeles que España está dividida en 17 comunidades autónomas y que Bilbao está en el País Vasco.

> La comunidad autónoma del País Vasco está constituida por tres provincias: Álava, cuya capital es Vitoria-Gasteiz; Guipúzcoa, cuya capital es San Sebastián (Donostia, en vasco); y Vizcaya, cuya capital es Bilbao.

Luego pregúnteles qué saben sobre esta ciudad y anote sus respuestas en la pizarra. Puede darles la siguiente información:

> La ciudad de Bilbao tiene alrededor de 345 000 habitantes, aunque el Gran Bilbao (la ciudad de Bilbao y su área de influencia) tiene más de 850 000. Bilbao es la capital de la provincia de Vizcaya, la cual pertenece al País Vasco (Euskadi, en vasco). Además del español, el vasco (euskera) es también lengua oficial en esta zona.

Palabras

En parejas Lee la oferta de ocio de la ciudad de Bilbao y completa el cuadro con las actividades de tiempo libre que se pueden realizar. Luego compara tu clasificación con la de tu compañero/a.

① Playa de Arrietara
Una de las playas preferidas por los surferos donde se puede **hacer surf**, **pasear por la playa** y **jugar al voleibol**.

② Museo Guggenheim
En este museo podemos **ver una exposición** o ver la colección propia del museo, que tiene obras de algunos de los principales artistas del siglo XX. También puedes **hacer fotos** del museo desde diversos puntos y a diferentes horas del día.

③ Auditorio Mitxelena
En el auditorio Mitxelena podemos **escuchar un concierto de** *jazz*, algo muy habitual en el País Vasco. El auditorio está dentro del edificio Bizcaia Aretoa de la Universidad del País Vasco.

④ Estadio de San Mamés
Si eres amante del fútbol, lo mejor es **visitar el museo del Athletic Club** y, por supuesto, **ver un partido de fútbol** en el Estadio de San Mamés.

96 | noventa y seis   Unidad 6 | No me gusta, ¡me encanta!

A continuación explíqueles que van a leer varios textos con información sobre la oferta de ocio de Bilbao y sus alrededores. Una vez que los hayan leído y resueltas las dudas de vocabulario, pídales que, en parejas, localicen todas las actividades y ofertas de ocio que aparecen para clasificarlas en la tabla. Adviértales de que hay actividades que se pueden clasificar en varios apartados.
Actividades culturales: ver una exposición, hacer fotos, escuchar un concierto de *jazz*, visitar el museo del Athletic Club, hacer una visita guiada, ver obras de teatro, espectáculos de danza, musicales y conciertos; **Deporte:** hacer surf, jugar al voleibol, ver un partido de fútbol, practicar deportes de riesgo; **Comida y bebida:** tomar pinchos, tomar algo de beber; **Actividades al aire libre:** hacer surf, pasear por la playa, jugar al voleibol, hacer fotos, ver un partido de fútbol, descansar, disfrutar de la naturaleza, pasear por el puente, hacer una visita guiada, practicar deportes de riesgo.

6

El Casco Viejo
También conocido como *las 7 calles de Bilbao*, el Casco Viejo tiene más de 200 bares y restaurantes donde podemos **tomar pinchos** y **algo de beber**.

Parque de Doña Casilda
En este parque podemos **descansar** y **disfrutar de la naturaleza** en el corazón de la ciudad. Se trata de un jardín de estilo inglés construido en 1907. Dentro se encuentra el Museo de Bellas Artes de Bilbao.

Puente Colgante de Vizcaya
Declarado Patrimonio de la Humanidad, es un puente transbordador que funciona como transporte de personas y vehículos. También se puede **pasear por el puente**, **hacer una visita guiada** o **practicar deportes de riesgo** (escalada, rápel, etc.).

Teatro Arriaga
El Teatro Arriaga es uno de los centros culturales más importantes de Bilbao. En él actúan orquestas de todo el mundo. También podemos **ver obras de teatro**, **espectáculos de danza**, **musicales** y **conciertos**.

Actividades culturales	Deporte	Comida y bebida	Actividades al aire libre

1.1 Íñigo es de Bilbao y nos va a contar lo que hace en su tiempo libre. Marca en la lista las actividades que menciona.

[24]

1. ☐ Pasear por la playa.
2. ☐ Ver una película.
3. ☐ Tomar pinchos.
4. ☐ Jugar al voleibol.
5. ☐ Ver un partido de fútbol.
6. ☐ Descansar.
7. ☐ Ver un partido de baloncesto.
8. ☐ Ir a un concierto.
9. ☐ Hacer fotos.
10. ☐ Ver una exposición.

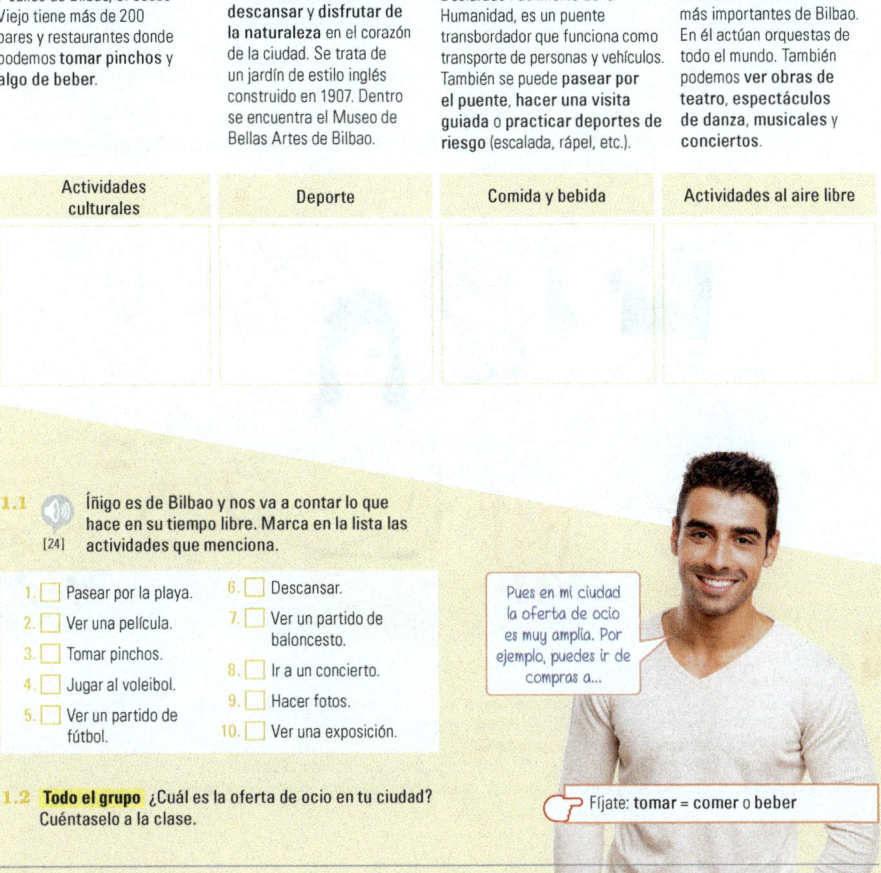

Pues en mi ciudad la oferta de ocio es muy amplia. Por ejemplo, puedes ir de compras a...

1.2 **Todo el grupo** ¿Cuál es la oferta de ocio en tu ciudad? Cuéntaselo a la clase.

Fíjate: **tomar** = comer o beber

Unidad 6 | No me gusta, ¡me encanta! noventa y siete | 97

1.1. Actividad de comprensión auditiva para fijar las expresiones relacionadas con el ocio y el tiempo libre. Dígales que Íñigo es de Bilbao (haga que se fijen en su acento) y que en el audio habla de lo que hace en su tiempo libre. La actividad consiste en marcar en el cuadro las actividades que Íñigo realiza. Puede poner el audio dos veces si lo considera oportuno.
2. (Ver una película); **3.** (Tomar pinchos); **5.** (Ver un partido de fútbol); **8.** (Ir a un concierto); **10.** (Ver una exposición).

[24]

1.2. Pida a sus estudiantes que piensen en las diferentes propuestas de ocio de su ciudad (actividades culturales, deportes que se pueden practicar, zonas donde se puede comer o tomar algo y actividades que se pueden realizar al aire libre). Deles unos minutos para que organicen sus exposiciones y después pídales que se lo cuenten al resto de la clase. Si dispone de medios para ello, anímelos a que ilustren sus exposiciones con imágenes. Si todos sus estudiantes viven en la misma ciudad, puede llevar a cabo la actividad de la siguiente manera: distribuya a los estudiantes en cuatro grupos y asígneles a cada uno un tipo de actividad (cultura, deportes, etc.). Pídales que recopilen información sobre el tema que les ha tocado y que la expongan ante la clase con un plano de la ciudad donde viven para que indiquen los lugares donde se llevan a cabo las diferentes actividades.

Para trabajar estos contenidos, realice las actividades **4-10**, pp. **34-35** del *Libro de ejercicios*.

97

Unidad 6

Gramática

1. Escriba en la pizarra las siguientes frases: *Me gusta el café*, *Me gusta jugar al tenis* y *Me gustan los coches deportivos*. Explique, en primer lugar, la estructura particular del verbo *gustar*, haciéndoles ver que este verbo normalmente no se usa como los verbos que han estudiado en las unidades precedentes, sino que se usa con pronombres personales de objeto indirecto. Escriba bajo la palabra *me* el resto de los pronombres *(te, le, nos, os, les)* y hágales ver que la forma verbal no varía en las dos primeras frases, pero sí en la última, puesto que el nombre está en plural.

   Asimismo, párese en el cuadro de atención y explíqueles que el pronombre personal átono de objeto indirecto debe aparecer siempre y que se puede reforzar con la preposición *a* y los pronombres personales tónicos. Explique también que, en el caso de la tercera persona, cuando desconocemos a la persona implicada, se usa la forma con preposición (*A ella/A María le gusta ir al cine*) para evitar la ambigüedad.

   Por último, dígales que hay otros verbos que se construyen de esta misma manera, como es el caso de los verbos *encantar* e *interesar*. Si lo cree conveniente, escriba en la pizarra otros ejemplos con estos verbos.

1.1. Actividad de práctica controlada para realizar en parejas. Haga que se fijen en la protagonista, Marta, y en las imágenes que aparecen alrededor. Dígales que las que aparecen tachadas son actividades que no le gusta hacer. Deben fijarse en el modelo para realizar la actividad. Paséese por la clase por si tienen alguna duda o pregunta. Luego corrija la actividad en plenario. Haga referencia al cuadro de la RAE. Pídales que lean la información de las variantes que se ofrecen y aclare las dudas que puedan tener.

   A Marta le gusta hacer fotos, le gustan las flores amarillas, le gusta el baloncesto; A Marta no le gusta ir de compras, no le gusta el surf, no le gustan las palomitas, no le gusta el *sushi*; A Marta le encantan los juegos de mesa.

Gramática

1. Gustar, encantar e interesar

- Para **expresar gustos** usamos los verbos *gustar* y *encantar* y para **expresar intereses** el verbo *interesar*. Estos verbos tienen una construcción especial:

(a mí)		me	gusta
(a ti)		te	encanta + infinitivo/nombre singular
(a él, ella, usted)		le	interesa
(a nosotros/as)	(no) +	nos	gustan
(a vosotros/as)		os	encantan + nombre plural
(a ellos, ellas, ustedes)		les	interesan

  Me gusta jugar al tenis.
  Me encanta el café.
  Me interesan los libros de historia.

- El verbo *encantar* expresa el gusto en grado máximo: significa 'me gusta mucho'.

Fíjate:
A mí me gusta el café o *Me gusta el café*, pero *A mí gusta el café*.

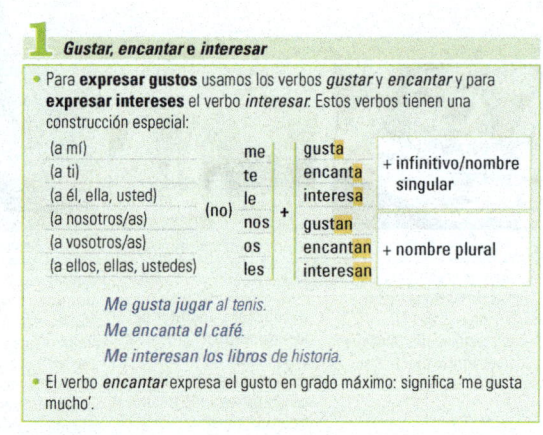

1.1 En parejas ¿Qué cosas le gustan a Marta? ¿Qué cosas no le gustan? ¿Y qué le encanta?
Ejemplo: A Marta le gusta(n).../A Marta no le gusta(n)...

- hacer fotos
- ir de compras
- el surf
- las flores amarillas
- el baloncesto
- las palomitas
- los juegos de mesa
- el sushi

LÉXICO
Español de España ▸ baloncesto:
*David me espera solo en la pista de **baloncesto**, jugando a encestar con su pelota naranja de la NBA.*
Español de América ▸ básquet: *Yo estoy lo más bien. Hago de todo, **básquet** y fútbol incluidos.*
Español de México ▸ baloncesto, basquetbol o básquetbol:
*85 alumnos juegan fútbol, 65 juegan **básquetbol** y 50 no practican ninguno de estos deportes.*
Las tres palabras, baloncesto, basquetbol o básquetbol, se usan indistintamente en el mundo hispano.

1.2 Completa las frases con el pronombre y la forma adecuada de los verbos *gustar*, *encantar* o *interesar*.

1. .... (encantar, a mí) ir a exposiciones.
2. A Pedro .... (interesar) mucho el cine.
3. A nosotros .... (encantar) las hamburguesas con queso.
4. ▷ ¿.................................. (gustar, a ti) la sopa de marisco?
   ▷ ¡..................................! (encantar, a mí)
5. El arte no .... (interesar) mucho a mis amigos. A ellos .... (gustar) más el fútbol.
6. A vosotros .... (gustar) mucho las tapas, ¿verdad?
7. A Sonia y a Paco .... (gustar) dormir la siesta después de comer.
8. A mi hermana y a mí .... (encantar) bailar.
9. ¿.................................. (interesar, a ustedes) la fotografía? Es que hay una exposición muy buena en el Museo de Arte Contemporáneo.
10. No .... (gustar, a mí) nada cantar en público.

2 Adverbios *mucho, bastante, poco, nada*

- Para graduar los gustos o intereses podemos usar los adverbios *mucho*, *bastante*, *poco* o *nada*:
  Me gusta **mucho** el fútbol. 😊
  Me gusta **bastante** cocinar. 🙂
  Me gusta **poco** bailar. = **No** me gusta **mucho** bailar. ☹
  No me gustan **nada** los deportes de riesgo. 😖

- Con el verbo *encantar* no se usan estos adverbios, porque *encantar* indica el grado máximo de satisfacción y, por tanto, no se puede graduar:
  Me encanta ~~mucho~~ el cine.

2.1 Escucha la entrevista a la famosa escritora Aurora Valle sobre sus gustos y completa la tabla.
[25]

	😊 Mucho	🙂 Bastante	☹ Poco	😖 Nada
El cine.	☐	☐	☐	☐
Ver películas en casa.	☐	☐	☐	☐
La televisión.	☐	☐	☐	☐
Las series.	☐	☐	☐	☐

2.2 En parejas Completa las siguientes frases según tus gustos. Luego compara con tu compañero/a. ¿Coincides con él/ella?

Comer palomitas en el cine | La tele | Las series | Ver películas en casa | Los documentales | El cine

1. .... me encanta(n).
2. .... me gusta(n) mucho.
3. .... me gusta(n) bastante.
4. .... me gusta(n) poco.
5. .... no me gusta(n) mucho.
6. .... no me gusta(n) nada.

Unidad 6 | No me gusta, ¡me encanta!   noventa y nueve | 99

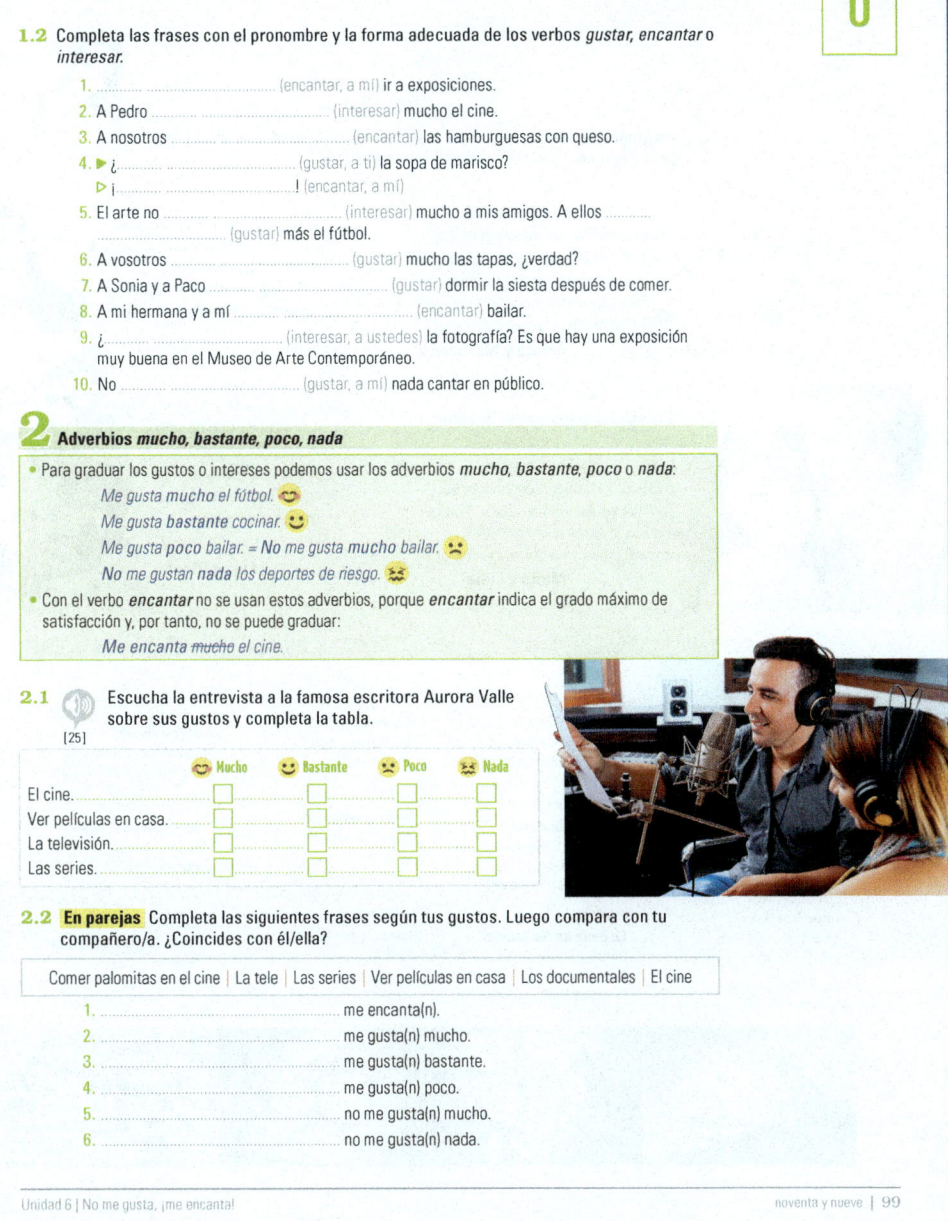

1.2. Actividad de consolidación de los contenidos presentados.
1. Me encanta; **2.** le interesa; **3.** nos encantan; **4.** Te gusta, Me encanta; **5.** les interesa, les gusta; **6.** os gustan; **7.** les gusta; **8.** nos encanta; **9.** Les interesa; **10.** me gusta.

2. Explique los adverbios cuantificadores según el cuadro, poniendo especial atención en la equivalencia de las expresiones *(me gusta poco = no me gusta mucho)*, en la doble negación *(no... nada)* y en el verbo *encantar*, ya que no admite estos adverbios. A continuación ponga la **proyección 21** y realice las actividades que se proponen.

🎬 **Marta y Rocío**
[21]

Proyecte la lámina y cuente a sus estudiantes que Marta tiene una hermana que se llama Rocío y que, a pesar de su parecido físico, tienen diferentes gustos. Haga que se fijen en los emoticonos para poder hablar de los gustos de ambas usando los cuantificadores.
Posible respuesta:
A Marta le gusta mucho/le encanta la fotografía/ hacer fotos; A Marta le gusta poco/no le gusta mucho el pescado; A Marta le gusta mucho/le encanta el flan; A Marta no le gustan nada las discotecas; A Marta le gusta bastante el teatro/ir al teatro.
A Rocío no le gustan mucho los museos; A Rocío le gusta mucho/le encanta el cine/ir al cine; A Rocío no le gustan nada los helados; A Rocío le gusta ir a la montaña y hacer senderismo; A Rocío no le gustan nada las verduras.

2.1. Actividad de comprensión auditiva para la práctica controlada de los adverbios de cantidad. Diga a sus estudiantes que lean la información del cuadro antes de la audición para que realicen una escucha selectiva.
[25] **El cine:** mucho; **Ver películas en casa:** poco; **La televisión:** nada; **Las series:** bastante.

2.2. Actividad controlada de respuesta abierta en la que los estudiantes, en parejas, expresan sus gustos con respecto a las actividades de ocio propuestas graduándolos de acuerdo a las expresiones que acaban de aprender.

Para trabajar los contenidos de este apartado, realice las actividades **11-18**, pp. **36-37** del *Libro de ejercicios*.

Unidad 6

Practica en contexto

1. Pida a sus estudiantes que lean de manera individual los textos de las siete personas que hablan sobre sus gustos. Después distribúyalos en pequeños grupos y pídales que lean las ofertas de ocio que se presentan a continuación de los textos. Una vez que hayan leído las ofertas, tienen que decidir entre todos cuál es la que se ajusta más a los gustos de esas personas y justificar su elección. Por último, haga una puesta en común para comparar las respuestas de cada grupo.
Posible respuesta:
Arturo y Mercedes: Orquesta Sinfónica, porque les gusta la música clásica, o Compañía Nacional de Teatro Clásico, porque también les gusta el teatro;
Ana: Filmoteca (*La cena de los idiotas*), porque le gusta el cine clásico y europeo; **Maite y Lidia:** Cine en familia (*El ratoncito Pérez*), porque a las dos les encantan las películas para niños; **Luis y Olivia:** arte contemporáneo (David Bestué) o *rock* en directo en la sala Rock-Ola, porque les encanta ir a exposiciones y porque les gusta ir a conciertos de *rock*.

Para terminar la actividad, pregúnteles qué oferta elegirían ellos y por qué. Esto les dará la oportunidad de expresar sus gustos y seguir practicando las estructuras aprendidas.

Practica en contexto

1 En grupos pequeños Lee lo que les gusta a estas personas y decide cuál es el mejor plan para ellas. Justifica tu respuesta.

Arturo y Mercedes: A mi marido y a mí nos encanta la música clásica. Por eso, siempre que podemos, vamos a escuchar un concierto al auditorio o a la ópera. También nos gusta el teatro y la danza clásica... ¡No entendemos la danza moderna!

Ana: A mí me encanta el teatro, pero no me gusta nada el teatro clásico porque es muy aburrido. También me gusta el cine clásico y europeo.

Maite y Lidia: A mi nieta le gustan mucho las obras de teatro infantil y las actividades para niños de los museos, pero yo prefiero ir con ella a ver conciertos porque me encanta la música. También me gusta ir al zoo y las películas para niños, que a las dos nos encantan.

Luis y Olivia: A nosotros nos encanta ir a exposiciones. Nos interesa todo tipo de arte, pero, sobre todo, nos gustan las exposiciones de fotografías antiguas. También nos gusta ir a conciertos de música *rock* y *pop* y bailar *swing*.

Música
NOCHES DE JAZZ
Conciertos viernes, sábados y domingos
Lugar: Sala Caracola
23:30 h

ORQUESTA SINFÓNICA
Obras de Prokófiev y Rajmáninov
Lugar: Auditorio Nacional
20:30 h

ROCK EN DIRECTO
Conciertos viernes y sábados
Lugar: Sala Rock-Ola
22:30 h

Cine
CINE CAPITOL
Spiderman 3
Director: S. Raimi
País: Estados Unidos
No recomendada para menores de 13 años.

CINE EN FAMILIA
El ratoncito Pérez
Director: J. P. Buscarini
País: Argentina
Apta para todos los públicos.

FILMOTECA
La cena de los idiotas
Director: F. Veber
País: Francia
No recomendada para menores de 13 años.

Teatro y danza
COMPAÑÍA NACIONAL DE TEATRO CLÁSICO
La dama duende
Lugar: Teatro de la Comedia
20:00 h

TEATRO INFANTIL
Los cuentilocos
Lugar: Teatro Victoria
17:00 h

DANZA CONTEMPORÁNEA
All Ways
Lugar: Teatros del Canal
19:00 h

Museos y salas de exposiciones
ARTE CONTEMPORÁNEO
David Bestué
Lugar: Museo Reina Sofía
Horario: de 10:00 a 21:00 h

FOTOGRAFÍA
Instagramers gallery
Lugar: Fundación Telefónica
Horario: de 10:00 a 20:00 h

TALLER: MUSEO EN FAMILIA
Cuentos con historia
Lugar: Museo Arqueológico Nacional
Horario: de 18:00 a 19:45 h

2. Escucha la entrevista que realizan a estas personas y completa la tabla.
[26]

😍 Le gusta mucho 🙂 Le gusta 🙁 No le gusta 😖 No le gusta nada

Actividades	Él 😍	Él 🙂	Él 🙁	Él 😖	Ella 😍	Ella 🙂	Ella 🙁	Ella 😖
Salir con amigos.	☐	☐	☐	☐	☐	☐	☐	☐
Ir al cine.	☐	☐	☐	☐	☐	☐	☐	☐
Pasear por la ciudad.	☐	☐	☐	☐	☐	☐	☐	☐
Salir a correr.	☐	☐	☐	☐	☐	☐	☐	☐
Ir a discotecas.	☐	☐	☐	☐	☐	☐	☐	☐
Ir a un concierto.	☐	☐	☐	☐	☐	☐	☐	☐
Ver la televisión.	☐	☐	☐	☐	☐	☐	☐	☐
Chatear.	☐	☐	☐	☐	☐	☐	☐	☐

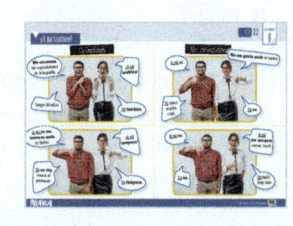

2.1 Vuelve a escuchar el audio y anota en qué gustos coinciden y en cuáles no.
[26]

Salir con amigos.	SÍ NO	Ir a discotecas.	SÍ NO
Ir al cine.	SÍ NO	Ir a un concierto.	SÍ NO
Pasear por la ciudad.	SÍ NO	Ver la televisión.	SÍ NO
Salir a correr.	SÍ NO	Chatear.	SÍ NO

Expresar gustos iguales
- Yo/A mí también
  ▶ Yo voy al cine todos los fines de semana.
  ▷ Yo también.
  ▶ A mí me encanta la paella.
  ▷ A mí también.
- Yo/A mí tampoco
  ▶ Yo nunca tomo café.
  ▷ Yo tampoco.
  ▶ A mí no me gusta nada el pulpo.
  ▷ A mí tampoco.

Expresar gustos diferentes
- Yo/A mí sí
  ▶ Yo no tomo el café con leche.
  ▷ Yo sí.
  ▶ A mí no me gusta nada el pulpo.
  ▷ A mí sí.
- Yo/A mí no
  ▶ Yo tomo el café con leche.
  ▷ Yo no.
  ▶ A mí me encanta la paella.
  ▷ A mí no.

3. Todo el grupo
Diles a tus compañeros lo que te gusta y no te gusta hacer en tu tiempo libre y reacciona a lo que ellos te cuentan.

▶ Lo que más me gusta hacer en mi tiempo libre es ir a conciertos.
▷ Pues a mí no. Me gusta más hacer ejercicio en el gimnasio. Me divierte mucho.
▶ A mí también. Pero si hace frío, me gusta quedarme en casa y jugar a los videojuegos.

Unidad 6

4. Antes de empezar la actividad, escriba en la pizarra las palabras *carta* y *menú del día* y pregúnteles si conocen la diferencia entre ambas. Escuche sus opiniones y confírmelas o corríjalas en caso necesario.

> **Carta:** En un restaurante o establecimiento análogo, lista de platos y bebidas que se pueden elegir.
> **Menú del día:** Comida de precio fijo que ofrecen hoteles, restaurantes o establecimientos análogos, con posibilidad limitada de elección.

Una vez definidos los términos *carta* y *menú*, pregúnteles si han visto la carta de algún bar en la que aparezcan tapas y raciones. Si no es así, coménteles que van a leer la carta del bar San Isidro, en la que aparecen tapas, raciones y el menú del día. A continuación pídales que lean la carta y que contesten a las preguntas. Déjeles usar el diccionario o resuelva usted posibles dudas. Trabaje con sus estudiantes el cuadro de la RAE sobre las variantes del español en este campo léxico. El objetivo es que puedan reconocer estas palabras y que se familiaricen con ellas.
1. Tabla de ibéricos, bocadillo de jamón, hamburguesas; pollo asado con patatas y entrecot de ternera con salsa de setas (aunque las croquetas de jamón y el sándwich mixto no son propiamente platos de carne, sí la contienen); **2.** Calamares a la romana, bocadillo de atún, paella de marisco, salmón a la plancha; **3.** Piña, naranja y melón.

4.1. Pida a sus estudiantes que lean las preguntas antes de escuchar el audio. Recuérdeles que solo deberán prestar atención a la información de lo que comen y beben los clientes del bar.
Diálogo 1: Comen sándwich mixto con huevo, hamburguesa San Isidro con patatas, sándwich mixto sin huevo y una ración de patatas con alioli. Beben zumo de naranja, Coca-Cola y agua sin gas. Todo cuesta 26,30 euros.
Diálogo 2: Comen paella, huevos Benedictine, salmón a la plancha, entrecot de ternera, flan casero y tarta de chocolate. Beben agua con gas y agua sin gas. Todo cuesta 23,80 euros.

6

4.2 En grupos pequeños Imagina que es la hora de comer y vas al bar San Isidro. Elige con tus compañeros una situación y pide la comida y la bebida que quieres tomar. Otro/a compañero/a hará de camarero/a.

Estás con una amiga. Tú eres vegetariano/a y no te gustan nada los refrescos con azúcar. A tu amiga no le gusta el queso y le gusta tomar un café después de comer.	Hoy tienes tiempo para comer tranquilamente con tu pareja. Tú tienes alergia al marisco. A tu pareja no le gusta mucho la carne y prefiere el pescado.
Vas al bar con tu compañero de trabajo. No tenéis tiempo para comer el menú del día. A ti te encanta la carne, pero no te gusta la cebolla. A tu compañero le encanta la tortilla de patatas.	
Tu amiga y tú sois estudiantes. Queréis tomar tapas, pero solo tenéis 20 € entre los dos. A los dos os gustan mucho los refrescos de naranja.	Vas con un amigo. Es tarde y ya no sirven el menú del día. A ti te gusta el pescado y a tu amigo no le gusta el queso. No os gusta comer con agua.

Preguntar por la comida y la bebida (camarero/a)
- ¿Qué quieres/queréis tomar? (Informal).
- ¿Qué quiere/quieren tomar? (Formal).
- ¿Y de segundo/beber/postre?
- ¿Quieres/Queréis tomar café/algo más? (Informal).
- ¿Quiere/Quieren tomar café/algo más? (Formal).

Pedir en bares y restaurantes (cliente)
- (De primero/segundo/beber/postre) Yo (quiero)…
- Para mí…

Pedir una explicación
- ¿De qué es la tarta de la casa/son los bocadillos?
- Una pregunta: ¿qué es/son…?

Pedir la cuenta
- ¿Cuánto es (todo)? (Informal).
- La cuenta, por favor.
- ¿Me/Nos trae la cuenta, por favor? (Formal).

5 ¿Sabes qué es la "comida rápida"? Completa esta encuesta para una cadena de restaurantes de comida rápida.

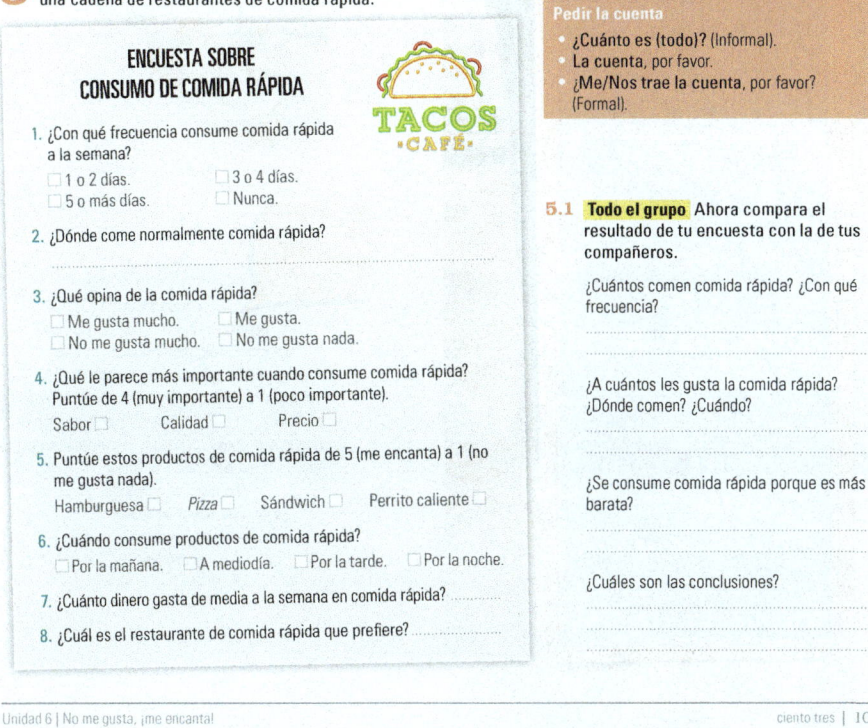

ENCUESTA SOBRE CONSUMO DE COMIDA RÁPIDA

1. ¿Con qué frecuencia consume comida rápida a la semana?
   ☐ 1 o 2 días. ☐ 3 o 4 días.
   ☐ 5 o más días. ☐ Nunca.

2. ¿Dónde come normalmente comida rápida?

3. ¿Qué opina de la comida rápida?
   ☐ Me gusta mucho. ☐ Me gusta.
   ☐ No me gusta mucho. ☐ No me gusta nada.

4. ¿Qué le parece más importante cuando consume comida rápida? Puntúe de 4 (muy importante) a 1 (poco importante).
   Sabor ☐ Calidad ☐ Precio ☐

5. Puntúe estos productos de comida rápida de 5 (me encanta) a 1 (no me gusta nada).
   Hamburguesa ☐ Pizza ☐ Sándwich ☐ Perrito caliente ☐

6. ¿Cuándo consume productos de comida rápida?
   ☐ Por la mañana. ☐ A mediodía. ☐ Por la tarde. ☐ Por la noche.

7. ¿Cuánto dinero gasta de media a la semana en comida rápida?

8. ¿Cuál es el restaurante de comida rápida que prefiere?

5.1 Todo el grupo Ahora compara el resultado de tu encuesta con la de tus compañeros.

¿Cuántos comen comida rápida? ¿Con qué frecuencia?

¿A cuántos les gusta la comida rápida? ¿Dónde comen? ¿Cuándo?

¿Se consume comida rápida porque es más barata?

¿Cuáles son las conclusiones?

Unidad 6 | No me gusta, ¡me encanta! ciento tres | 103

4.2. Antes de realizar la actividad, facilíteles la transcripción del audio de la actividad 4.1 y explique la información del cuadro funcional situado a la derecha, poniendo énfasis en los diferentes papeles (camarero/a y cliente). Si lo desea, puede volver a reproducir el audio (esta vez con la transcripción). Luego distribuya a sus estudiantes en grupos de tres y pídales que elijan una de las situaciones que se proponen. Asígneles un papel (cliente A, cliente B y camarero/a) y deles unos minutos para prepararlo. Por último, pídales que lo representen.

5. Antes de hacer la actividad, ponga la **proyección 23**.

¿Comida rápida o comida basura?
[23]

Pregunte a sus estudiantes si saben cuál es la diferencia entre comida rápida y comida basura y escuche sus respuestas. Luego proyecte la lámina y pídales que clasifiquen los diferentes platos en comida rápida, comida basura y comida saludable. Por último, pregúnteles si conocen otros platos que se podrían añadir a la clasificación.

> **Comida rápida:** es un estilo de alimentación en el que el alimento se prepara y se sirve para ser consumido rápidamente en establecimientos callejeros o a pie de calle.
> **Comida basura:** comida que contiene altos niveles de grasas, sal, condimentos o azúcares y que es perjudicial para la salud.

Posible respuesta:
Comida rápida: bocadillo, *pizza*, sándwich, tacos, empanadas argentinas, anticuchos, perrito caliente, hamburguesa con patatas fritas; **Comida basura:** sándwich, perrito caliente, hamburguesa con patatas fritas; **Comida saludable:** ensalada, plato de pasta, sándwich, sopa de verduras, gazpacho.

Una vez aclarados los términos, pídales que hagan el cuestionario de la actividad 5 de manera individual.

5.1. Distribuya a sus estudiantes en pequeños grupos. Pídales que comparen sus respuestas con las de sus compañeros y que comenten las preguntas que se plantean en la actividad. Por último, pídales que compartan sus conclusiones en plenario.

Para trabajar estos contenidos, realice las actividades **20-23**, p. **38** del *Libro de ejercicios*.

Unidad 6

Cultura

1. Antes de empezar este apartado, dirija la atención de sus estudiantes hacia la imagen de la pizarra del bar en la que están escritos los nombres de las tapas. Pregúnteles si saben lo que son y si han probado alguna. Como actividad de ampliación, puede sugerirles que busquen imágenes en internet de las tapas que aparecen en la pizarra y que las clasifiquen en tapas de carne, tapas de pescado y otros. Ayúdelos si tienen dudas.
Tapas de carne: jamón ibérico, choricitos picantes;
Tapas de pescado: pescadito, chipirones, buñuelos de bacalao, pulpo a la gallega, calamares a la romana, mejillones a la marinera, almejas a la marinera, anchoas, boquerones, gambita salteada, cigalitas salteadas, cañaíllas, bígaros, navajas, berberechos; **Otros:** patatas bravas, tortilla de patata, pimientos de Padrón.

A continuación, realice la actividad 1 y lea el texto titulado *¿Sabías que…?* para aclarar los términos *tapa*, *ración* y *pincho*, así como las expresiones *tapear* e *ir de tapas*.
Es una tapa el plato de la fotografía 3, porque las otras fotografías representan platos. La fotografía 1 es un segundo plato (salmón a la plancha con verduras) y la fotografía 2 es un primero (lentejas estofadas con chorizo).

Una vez hayan contestado, y antes de seguir adelante, le sugerimos usar la proyección 24.

¿Tapas, raciones o pinchos?
[24]

Ponga la proyección y pregunte a sus estudiantes si lo que ven son tapas, raciones o pinchos y que justifiquen su respuesta. Aproveche la ocasión para explicarles que los pinchos suelen llevar un palillo para sujetar los ingredientes, pero que los palillos también se pueden utilizar en lugar del tenedor para tomar tapas y raciones. Aclárales también que, en muchos casos, existen diferentes formas de servir estos alimentos, aunque en la imagen solo aparezca la más habitual.
1. Pincho; **2.** Pincho; **3.** Ración; **4.** Ración; **5.** Tapa; **6.** Tapa o ración; **7.** Pincho; **8.** Ración.
Después de realizar estas actividades, pídales que lean las descripciones de las tapas que se presentan en la página siguiente y pregúnteles cuál les gustaría probar.

---

1 Solo uno de estos platos es una tapa, ¿cuál? ¿Por qué?

¿Sabías que…?
Una tapa es un aperitivo que se sirve con la bebida. En algunas ciudades la tapa es gratuita. La tapa de mayor tamaño y que se comparte entre varias personas se llama ración. Es bastante habitual salir a cenar o a comer tapas los fines de semana; esta forma de comer se llama tapear o ir de tapas. En algunas zonas del norte de España las tapas se llaman pinchos (pintxos en euskera) y no son gratuitos.

6

Croquetas
Son porciones de masa hecha con bechamel y un picadillo de diversos ingredientes que se rebozan en huevo y pan rallado y se fríen en aceite. Las más populares son las de jamón, bacalao y pollo.

Pulpo a la gallega
Es un plato típico de Galicia, aunque se come en toda España. El pulpo se cuece, se trocea y se sirve con pimentón por encima. A veces también se sirve con patatas cocidas.

Patatas bravas
Son patatas fritas que se sirven con una salsa picante, llamada salsa brava. Se sirven calientes y en algunas zonas de España se añade salsa alioli.

Pimientos de Padrón
Son pimientos verdes pequeños que suelen hacerse a la plancha o fritos. Algunos son particularmente picantes. Por eso, suele decirse que "los pimientos de Padrón, unos pican y otros no".

Huevos estrellados
Son huevos fritos acompañados generalmente de patatas fritas y jamón ibérico. A veces el jamón se sustituye por otros ingredientes como chorizo, setas o gulas.

2 **Todo el grupo** ¿Es habitual en tu país comer tapas? ¿Existe algo similar? ¿Es habitual comer en los bares?

3 **Todo el grupo** Vamos a hacer un listado de tapas de la clase. Piensa en un plato de tu país que se pueda servir como tapa y preséntaselo a la clase. Luego tu profesor/a recogerá todas las propuestas para hacer una lista con las tapas que se ofrecen.

Nombre de la tapa	Ingredientes	Precio

Unidad 6 | No me gusta, ¡me encanta! ciento cinco | 105

---

2. Plantee las preguntas de esta actividad favoreciendo el intercambio cultural.

3. Anime a sus estudiantes a que piensen en un plato de su país que podría servirse como tapa. Tienen que ponerle un nombre a la tapa, decir qué ingredientes lleva y, por último, establecer un precio justo. Para terminar, haga que sus estudiantes creen un póster con el listado de tapas de la clase.

> Como actividad complementaria, puede llevar a cabo la siguiente secuencia sobre las botanas mexicanas (las tapas de México) para seguir practicando los contenidos aprendidos y para conocer la gastronomía de otro país hispano. Organice a sus estudiantes en grupos pequeños. Escriba en la pizarra la palabra *botana* y pídales que la definan. Pueden usar el diccionario o consultar en internet.
>
> > Término que se usa para designar una gran variedad de alimentos, por lo general salados, que tienen la característica de servirse en pequeñas porciones y que se consumen principalmente mientras se platica en una reunión informal en casa, en un bar o restaurante, fiesta o reunión entre amigos.
> > Fuente: https://laroussecocina.mx/palabra/botana/
>
> A continuación dígales que busquen información en internet sobre algunas botanas muy típicas (escriba el listado que ofrecemos abajo). Cada grupo puede elegir las que va a trabajar. Invítelos a hacer sus presentaciones con imágenes ante el resto de la clase utilizando los medios que tengan a su disposición.

- **Jalapeños rellenos:** chile (pimiento) relleno de queso cheddar.
- **Empanadas rellenas:** pasta o masa en forma de media luna rellena de ingredientes dulces o salados que se fríe en abundante aceite.
- **Chapulines:** saltamontes asados.
- **Tostadas:** tortilla de maíz crujiente. Se sirven con otros ingredientes encima dependiendo del lugar o del estilo: mariscos, pescado, frijoles, guacamole, pollo… y salsa.
- **Chicharrón de queso o costra de queso:** tortilla frita crujiente o semicrujiente de queso.
- **Guacamole:** salsa preparada a base de aguacate y chile.
- **Flautas/tacos dorados:** tortilla enrollada que contiene algún tipo de relleno, normalmente a base de carne de ternera o pollo.
- **Jamóndigas:** albóndigas de carne o jamón picado, en forma de bola, que se cocinan en el horno en una salsa a base de vinagre y mostaza.

Para terminar, cada grupo debe realizar su presentación de las botanas elegidas. Compruebe los resultados y aclare las dudas. También puede abrir un debate para comparar las botanas con las tapas españolas y expresar sus gustos o decir cuáles han probado.

Para trabajar estos contenidos, realice las actividades **24-26**, **p. 39** del *Libro de ejercicios*.

Unidad 6 | No me gusta, ¡me encanta!

Unidad 6

Vídeo

1. Agrupe a sus estudiantes en parejas y pídales que hablen y hagan las actividades 1.1 y 1.2 teniendo en cuenta la información que proporciona la fotografía. Luego corrija ambas actividades con todo el grupo y aclare las dudas.

1.1. Posible respuesta:
Agradable, luminoso, tranquilo, acogedor, moderno, original, bonito.

1.2. Sofá, barra, ventana, silla, lámpara, puerta, mesa, planta.

2. Distribuya a sus estudiantes en pequeños grupos y pídales que respondan a las preguntas que se plantean en la actividad. Paséese por los grupos y procure que participen todos dando sus explicaciones.

3. Antes de visionar el fragmento 00:30 ▶ 01:15, indique a sus estudiantes que van a ver una conversación entre Hugo y Tere en la que hablan sobre lo que opina Carla de la cafetería en la que trabaja. Luego pídales que completen las tres frases con la información que falta.
1. se come; **2.** gusta mucho; **3.** camarera.
Hugo utiliza la palabra *mesera*, que es la habitual en Hispanoamérica.

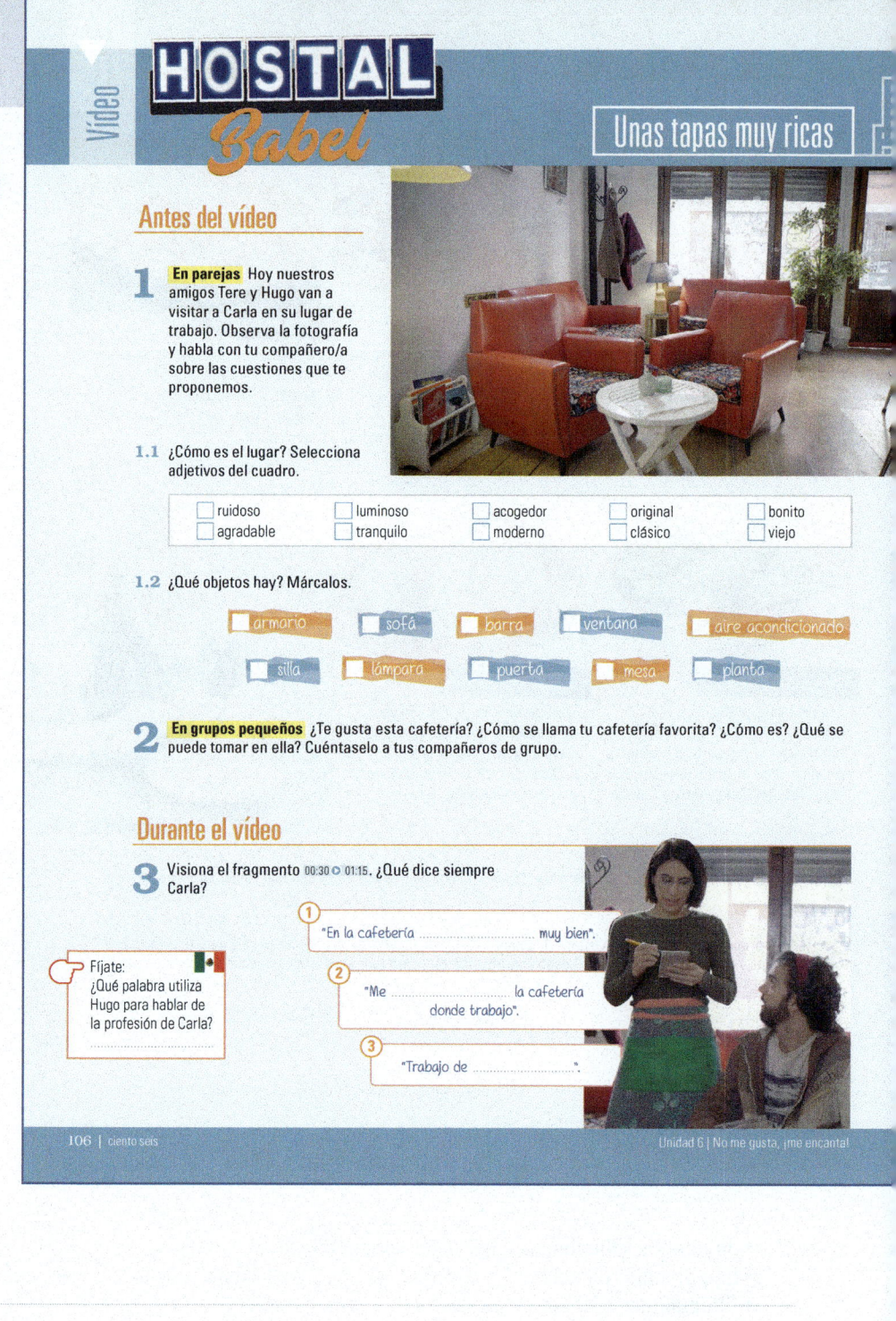

HOSTAL Babel — Unas tapas muy ricas

Antes del vídeo

1 **En parejas** Hoy nuestros amigos Tere y Hugo van a visitar a Carla en su lugar de trabajo. Observa la fotografía y habla con tu compañero/a sobre las cuestiones que te proponemos.

1.1 ¿Cómo es el lugar? Selecciona adjetivos del cuadro.

☐ ruidoso ☐ luminoso ☐ acogedor ☐ original ☐ bonito
☐ agradable ☐ tranquilo ☐ moderno ☐ clásico ☐ viejo

1.2 ¿Qué objetos hay? Márcalos.

☐ armario ☐ sofá ☐ barra ☐ ventana ☐ aire acondicionado
☐ silla ☐ lámpara ☐ puerta ☐ mesa ☐ planta

2 **En grupos pequeños** ¿Te gusta esta cafetería? ¿Cómo se llama tu cafetería favorita? ¿Cómo es? ¿Qué se puede tomar en ella? Cuéntaselo a tus compañeros de grupo.

Durante el vídeo

3 Visiona el fragmento 00:30 ▶ 01:15. ¿Qué dice siempre Carla?

① "En la cafetería .... muy bien".
② "Me .... la cafetería donde trabajo".
③ "Trabajo de ....".

Fíjate: ¿Qué palabra utiliza Hugo para hablar de la profesión de Carla?

---

106 | Unidad 6 | No me gusta, ¡me encanta!

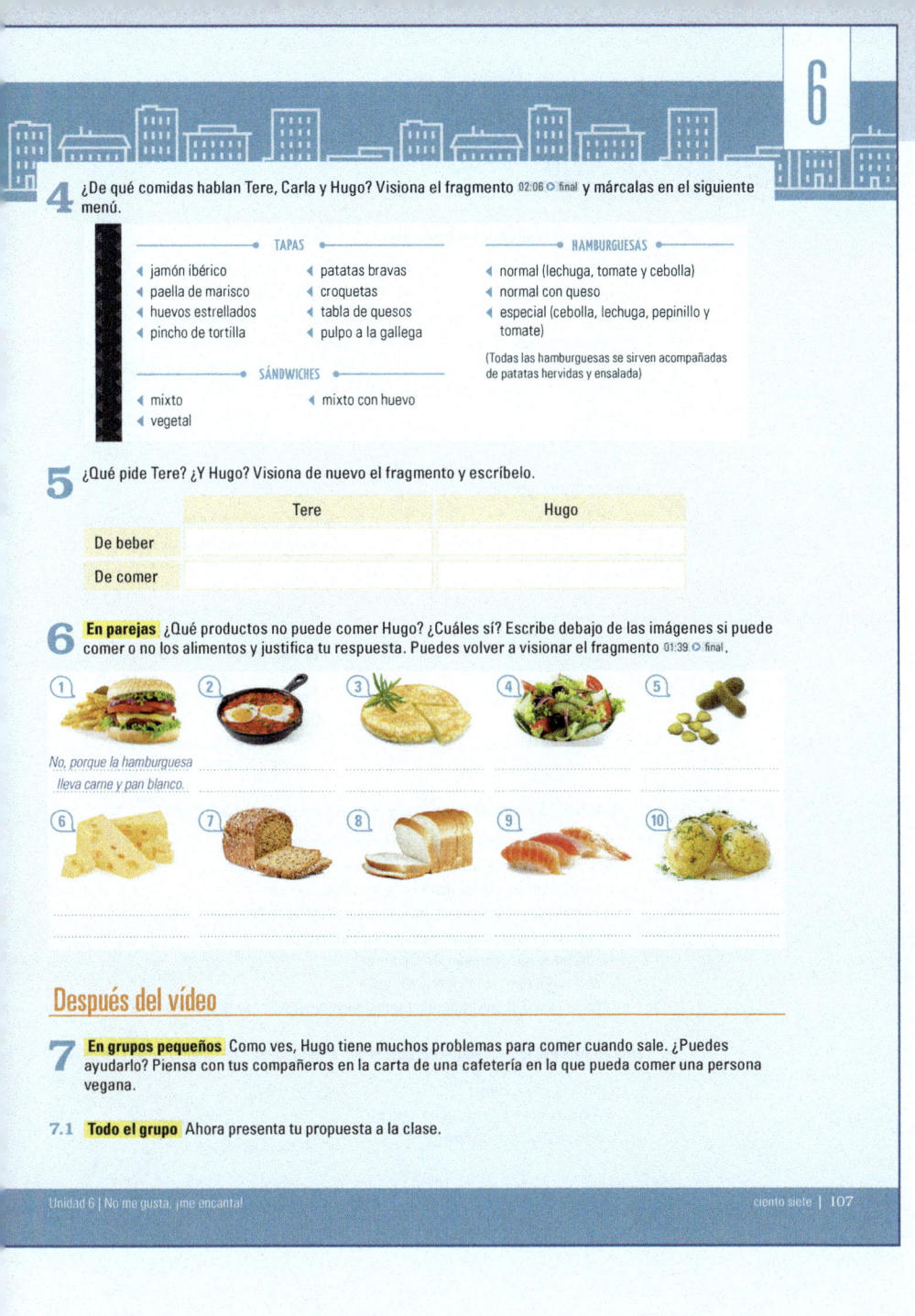

4 ¿De qué comidas hablan Tere, Carla y Hugo? Visiona el fragmento 02:06 final y márcalas en el siguiente menú.

TAPAS
- jamón ibérico
- paella de marisco
- huevos estrellados
- pincho de tortilla
- patatas bravas
- croquetas
- tabla de quesos
- pulpo a la gallega

HAMBURGUESAS
- normal (lechuga, tomate y cebolla)
- normal con queso
- especial (cebolla, lechuga, pepinillo y tomate)

(Todas las hamburguesas se sirven acompañadas de patatas hervidas y ensalada)

SÁNDWICHES
- mixto
- vegetal
- mixto con huevo

5 ¿Qué pide Tere? ¿Y Hugo? Visiona de nuevo el fragmento y escríbelo.

	Tere	Hugo
De beber		
De comer		

6 En parejas ¿Qué productos no puede comer Hugo? ¿Cuáles sí? Escribe debajo de las imágenes si puede comer o no los alimentos y justifica tu respuesta. Puedes volver a visionar el fragmento 01:39 final.

1. *No, porque la hamburguesa lleva carne y pan blanco.*
2.
3.
4.
5.
6.
7.
8.
9.
10.

Después del vídeo

7 En grupos pequeños Como ves, Hugo tiene muchos problemas para comer cuando sale. ¿Puedes ayudarlo? Piensa con tus compañeros en la carta de una cafetería en la que pueda comer una persona vegana.

7.1 Todo el grupo Ahora presenta tu propuesta a la clase.

Unidad 6 | No me gusta, ¡me encanta!   ciento siete | 107

---

4. Antes de ver el fragmento 02:06 final, pida a sus estudiantes que lean el menú para familiarizarse con el vocabulario. A continuación dígales que en la conversación participan Tere, Hugo y Carla, que están decidiendo los platos que van a pedir. Adviértales de que deben marcar los platos que se mencionan, no solo los que piden. Luego reproduzca el fragmento y déjeles un poco de tiempo para contestar.
Tapa de paella de marisco; pincho de tortilla; tabla de quesos; sándwich vegetal; hamburguesa especial (con cebolla, lechuga, pepinillo y tomate) acompañada de patatas hervidas y ensalada.

5. Vuelva a poner el fragmento para que sus estudiantes escriban lo que Tere y Hugo piden finalmente.

	Tere	Hugo
De beber	un refresco de cola	agua
De comer	pincho de tortilla tapa de paella	hamburguesa especial con todo excepto carne y pan

6. Agrupe a sus estudiantes en parejas y pídales que piensen en las comidas de las fotografías para decidir si las puede comer un vegano o no. Asimismo, dígales que tienen que justificar su decisión como se indica en el ejemplo. Si lo desea, puede reproducir el fragmento 01:39 final para hacer la corrección de la actividad con todo el grupo. Una vez terminada la actividad, ponga el vídeo completo.
1. No, porque la hamburguesa lleva carne y pan blanco; **2.** No, porque, aunque hay verduras, lleva huevo; **3.** No, porque la tortilla lleva huevo; **4.** Sí, porque esta ensalada no lleva productos de origen animal; **5.** Sí, porque los pepinillos no son de origen animal; **6.** No, porque el queso lleva leche/porque es un producto de origen animal; **7.** Sí, porque es pan integral; **8.** No, porque es pan blanco; **9.** No, porque el *sushi* es pescado; **10.** Sí, porque las patatas no son de origen animal.

7. Distribuya a sus estudiantes en pequeños grupos y pídales que confeccionen una carta apta para veganos. Recuérdeles que deben pensar en primeros y segundos platos y en postres. Paséese por los grupos y ayúdelos si lo necesitan. Pueden usar el diccionario si usted lo cree necesario.

7.1. Pídales que hagan una exposición de la carta que han confeccionado. Si quieren pueden aportar fotografías o apuntar el menú en la pizarra. Para terminar puede pedirles que elijan el menú más variado de todos los presentados.

Unidad 6 | No me gusta, ¡me encanta!   107

Unidad 6

Evaluación

1. 1. d; **2.** f; **3.** b; **4.** h; **5.** g; **6.** c; **7.** e; **8.** a.

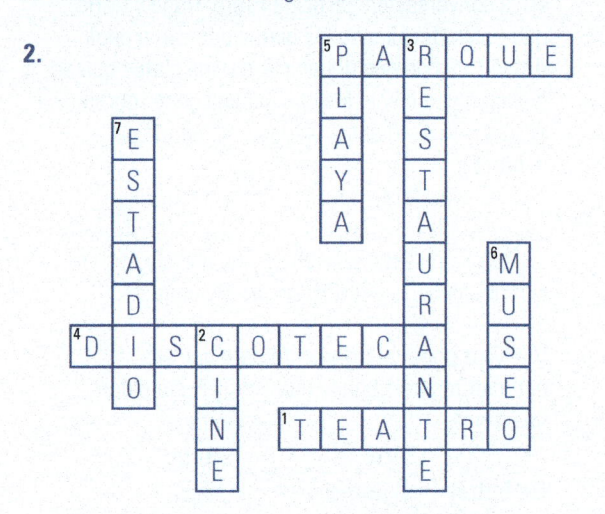

2.

```
        5P A 3R Q U E
         L  E
      7E A  S
       S Y  T
       T A  A
       T    U
       A    R      6M
       D    A      U
      4D I 2C O T E C A N
       O   I       S
           N  1T E A T R O
           E       E
```

3. 1. Me **encanta** tomar pinchos con los amigos; 2. A mi vecina le **interesan** los documentales de animales; 3. A mis gatos no les **gusta** mucho el pescado; 4. A mi hija le **gustan** los dibujos animados de Peppa Pig; 5. A mis perros les **encanta** salir a dar paseos; 6. No me **interesan** los deportes; 7. ¿A ti te **gustan** los huevos rotos?/No, la verdad es que no me **gustan** mucho. Prefiero la tortilla de patatas.

4. Respuesta abierta.

Evaluación

1 Relaciona las palabras de las columnas.

1. flan
2. tarta
3. agua
4. pescado/carne/verduras
5. sopa/crema
6. tortilla
7. pollo
8. sándwich

a. mixto
b. con gas/sin gas
c. de patatas/francesa
d. casero
e. con patatas/con ensalada
f. de chocolate
g. de marisco/de verduras
h. a la plancha/a la parrilla

2 Completa el crucigrama.

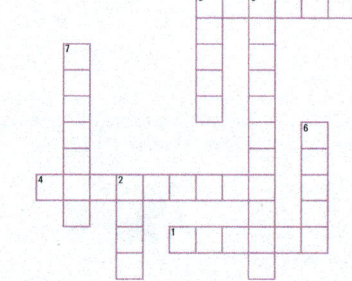

1. Lugar donde puedes ver una obra de teatro.
2. Lugar donde puedes ver una película.
3. Lugar donde puedes comer o cenar fuera de casa.
4. Lugar donde puedes bailar.
5. (Vertical) Lugar donde puedes nadar, pasear, tomar el sol o hacer surf.
5. (Horizontal) Lugar donde puedes pasear, montar en bici, practicar deporte.
6. Lugar donde puedes ver una exposición.
7. Lugar donde puedes ver un partido de fútbol y animar a tu equipo.

3 Elige la forma adecuada de los verbos *gustar*, *encantar* e *interesar*.

1. Me **encanta/encantan** tomar pinchos con los amigos.
2. A mi vecina le **interesa/interesan** los documentales de animales.
3. A mis gatos no les **gusta/gustan** mucho el pescado.
4. A mi hija le **gusta/gustan** los dibujos animados de Peppa Pig.
5. A mis perros les **encanta/encantan** salir a dar paseos.
6. No me **interesa/interesan** los deportes.
7. ▶ ¿A ti te **gusta/gustan** los huevos rotos?
  ▷ No, la verdad es que no me **gusta/gustan** mucho. Prefiero la tortilla de patatas.

4 Lee las frases y reacciona según tus gustos con *a mí también, a mí tampoco, a mí sí, a mí no*.

1. ▶ No me gusta la carne.   ▷ ....
2. ▶ A mis amigos y a mí nos gusta ir al cine.   ▷ ....
3. ▶ A Rocío le gusta bailar *swing*.   ▷ ....

108 | ciento ocho   Unidad 6 | No me gusta, ¡me encanta!

4. ▶ Me encantan los coches deportivos. ▷ ....
5. ▶ A mi profesora le interesa la literatura rusa. ▷ ....
6. ▶ A Jorge no le gusta nada el chocolate. ▷ ....
7. ▶ Me gustan muchos los insectos. ▷ ....

5 Completa el siguiente diálogo entre un camarero y unos clientes.

| ¿Y de segundo? | ¿Y de beber? | ¿La paella es de marisco? | Sin gas, por favor. |
| Para mí, agua. | Yo, de primero, quiero la ensalada mixta. |

▶ Hola, buenos días.   ▷ Pues yo quiero la paella.
▷ Buenos días.   ▶ [4] ....
▶ ¿Qué quieren tomar?   ▷ Yo, un refresco de naranja.
▷ [1] ....   ▶ ¿Y para usted?
▶ Muy bien. ¿Y usted?   ▷ [5] ....
▷ Para mí las verduras a la parrilla. ▶ ¿Con gas o sin gas?
▶ [2] ....   ▷ [6] ....
▷ Para mí la merluza a la plancha. ▶ Muy bien, pues ahora mismo les traigo la bebida.
▷ [3] ....
▶ Sí.   ▷ Gracias.

6 Escribe lo que te gusta hacer en tu tiempo libre.
....
....

7 Elige la opción correcta.

1. Las raciones…
   a. son individuales.   b. son para compartir.
2. La forma de comer yendo de bar en bar se llama…
   a. ir de tapas.   b. comer tapas.
3. Los pinchos son típicos del…
   a. sur de España.   b. norte de España.
4. Los pinchos…
   a. son gratuitos.
   b. cuestan dinero.
5. Las croquetas más populares son las de…
   a. queso.   b. jamón.
6. El pulpo a la gallega es un plato muy popular…
   a. en toda España.   b. solo en Galicia.
7. Las patatas bravas se sirven…
   a. frías.   b. calientes.
8. Los pimientos de Padrón…
   a. son todos picantes.   b. solo pican algunos.
9. Los huevos estrellados llevan generalmente…
   a. patatas fritas y jamón ibérico.
   b. salsa alioli.

---

5. 1. Yo, de primero, quiero la ensalada mixta; 2. ¿Y de segundo?; 3. ¿La paella es de marisco?; 4. ¿Y de beber?; 5. Para mí, agua; 6. Sin gas, por favor.

6. Respuesta abierta.

7. 1. b; 2. a; 3. b; 4. b; 5. b; 6. a; 7. b; 8. b; 9. a.

Unidad 7

Unidad 7: Buenas intenciones

¿Te gusta planificar o prefieres improvisar?

¿Qué planes tienes para las próximas vacaciones?

¿Qué obligaciones tienes?

¿Piensas hacer algún cambio en tu vida?

Buenas intenciones

Lea en voz alta el título de la unidad, *Buenas intenciones*, y pregunte al grupo qué acciones les sugiere la imagen principal *(comprar una casa, cambiar de coche, viajar, estudiar, tener un hijo, ganar dinero...)*. A continuación centre su atención en las fotografías pequeñas y hágales las siguientes preguntas: *¿qué tiene que hacer la persona que está conduciendo el coche?, ¿qué quiere ser de mayor la niña?, ¿qué intención tiene el hombre que se está midiendo el abdomen?...* Por último, haga las preguntas propuestas en la portadilla con el fin de motivarlos y activar los conocimientos previos que tengan los estudiantes sobre el tema.

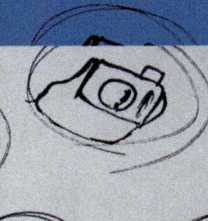

En esta unidad vas a...

- ▶ Hablar de planes y proyectos en un futuro inmediato
- ▶ Expresar intenciones, deseos y obligaciones
- ▶ Hacer sugerencias
- ▶ Proponer un plan, aceptarlo o rechazarlo
- ▶ Expresar opinión y valoración
- ▶ Conocer el parque nacional Canaima (Venezuela)

Unidad 7 | Buenas intenciones

Unidad 7

¿Qué sabes?

1. Primero lea con sus estudiantes las frases que aparecen alrededor de cada personaje y explíqueles que una de las tres informaciones que se dan es incorrecta, por lo que deberán corregirla. Después ponga el audio y corrija la actividad con la **proyección 25**.

[28]

Deseos, obligaciones y planes
[25]

Proyecte la imagen, en la que aparecen los tres personajes con la información incorrecta tachada y la información correcta, para que sus estudiantes comprueben sus respuestas. Mantenga la lámina proyectada para realizar la actividad 1.1 y anticipar así las estructuras que aprenderán a lo largo de la unidad.

1.1. Antes de realizar la actividad, asegúrese de que sus estudiantes conocen el significado de las palabras claves de esta actividad: deseos, obligaciones y planes.
¿Quién habla de deseos?: Ángel; **¿Quién habla de obligación?:** Ramón; **¿Quién habla de planes?:** Susana.

¿Qué sabes?

1 Vas a escuchar tres diálogos en los que Ramón, Susana y Ángel nos hablan de deseos, de obligaciones y de planes. Escucha el audio y corrige la información falsa.
[28]

Tengo que...
- ir a la peluquería.
- limpiar la casa.
- llevar el coche al taller.

RAMÓN

- nadar.
- comer en un restaurante indio.

SUSANA

Quiero...
- tener un móvil.
- ser bombero.
- tomar un helado.

ÁNGEL

1.1 **Todo el grupo** Mira las imágenes de la actividad anterior y completa la tabla. ¿Coincides con tus compañeros?

¿Quién habla de deseos?	¿Quién habla de obligación?
☐ Ramón	☐ Ramón
☐ Susana	☐ Susana
☐ Ángel	☐ Ángel

2 **En parejas** Lee estas dos propuestas de ocio para el domingo y completa la conversación que tienen por WhatsApp Susana y una amiga suya. Luego compara con tu compañero/a.

Concurso de fotografía
Lleva tu cámara instantánea y haz fotografías de una persona, un animal, un árbol y una flor. Entrégalas antes de las 19:00 horas del domingo en cualquiera de nuestras tiendas. A los autores de las mejores fotografías de cada sección les espera un regalo sorpresa.
Inscripción gratuita en www.rapidfoto.com

Ruta en bicicleta por el centro
Saca tu bici a la calle el próximo domingo y participa en la carrera popular del Día sin Coches. Salida a las 10 de la mañana desde la Plaza Mayor y recorrido de 20 km por las calles de la ciudad. Inscripción: 5 €.
www.bicletada-sincoches.org

¿Quieres participar en un [1] .... el domingo?

Lo siento, no puedo. El domingo voy a participar en una carrera en bicicleta 🚴

¡Qué pena! Va a ser muy divertido. ¿A qué hora empieza la carrera?

A las [2] ....

¡Ah, bueno! Entonces no hay problema porque el concurso termina a las [3] .... ¿Te apetece?

Sí, vale, ¿por qué no? ¿Y qué hay que fotografiar?

Pues hay que hacer fotos de [4] ....
[5] ...., [6] .... y [7] ....

Genial 😊

Vale. Luego te llamo y hablamos, que ahora tengo que sacar al perro. 🐕

RAE **LÉXICO**
Español de España ▸ hablar : *Marta Rodríguez habla con su hijo casi todos los días e incluso le ayuda con los deberes.*
Español de México ▸ platicar : *Pero es con el celular en la mano como los niños y jóvenes de ahora platican, ríen, manifiestan sus temores...*

2.1 **Todo el grupo** ¿Qué propuesta te gusta más a ti? ¿Por qué?

Quién habla de planes?
☐ Ramón
☐ Susana
☐ Ángel

Voy a...
bailar.

---

2. Actividad de comprensión lectora para que los estudiantes completen la información que falta en la conversación por WhatsApp. Para ello, proponga a los estudiantes que, primero, lean los textos. Si hay palabras claves que no comprenden, puede sugerirles que usen el diccionario. Después pídales que lean la conversación antes de completarla. Déjeles unos minutos y corrija en plenario. Antes de continuar, llame la atención de los estudiantes sobre el cuadro de la RAE, en el que se ofrece la variante léxica de *hablar* (España) y *platicar* (América, México).
1. concurso de fotografía; **2.** 10 de la mañana; **3.** 7 de la tarde; **4.** una persona; **5.** un animal; **6.** un árbol; **7.** una flor.

2.1. Pregúnteles cuál de las dos actividades les gusta más. Deje que hablen libremente. Si su clase es muy numerosa, divídalos en pequeños grupos.

Unidad 7

Palabras

1. Presente la actividad preguntando a sus estudiantes si, cuando realizan un viaje corto, como una excursión o un viaje a la playa, son de los que llevan muchas o pocas cosas. Después de interesarse por sus respuestas, distribuya a sus estudiantes en pequeños grupos y haga que trabajen cooperativamente para resolver la actividad. Corrija en plenario.
1. gorra; **2.** botas de montaña; **3.** sombrero; **4.** chanclas; **5.** gafas de sol; **6.** bañador; **7.** crema solar; **8.** linterna; **9.** toalla; **10.** tienda de campaña; **11.** prismáticos; **12.** impermeable/chubasquero; **13.** cámara fotográfica.

1.1. Con el fin de ampliar el vocabulario presentado en la actividad anterior, reagrupe a sus estudiantes en parejas y pídales que confeccionen una lista con otras cosas que ellos llevan cuando van de excursión. Haga una puesta en común y resuelva las dudas. Por último, y antes de pasar a la actividad siguiente, llame su atención sobre el cuadro de la RAE, en el que se consignan algunas diferencias de vocabulario que hay entre el español de España y de América con respecto a este campo semántico.

1.2. Diga a sus estudiantes que van a escuchar una conversación en la que una amiga le cuenta a otra sus planes para el fin de semana: hacer una travesía en piragua por el río Guadiela. Antes de poner el audio, pídales que lean la información del programa y resuelva sus dudas de léxico. Explíqueles que deben completar el texto con la información que van a oír. Por último, ponga el audio para realizar la actividad.
Toalla; bañador; gorra; tienda de campaña.

[29]

> Para trabajar estos contenidos, realice las actividades **1-3**, p. **40** del *Libro de ejercicios*.

Palabras

1 **En grupos pequeños** Estos son algunos objetos que llevamos normalmente cuando hacemos una excursión o vamos a la playa. ¿Sabes cómo se llaman en español? Con tus compañeros de grupo, escribe el nombre correspondiente.

① ② ③ ④ ⑤ ⑥ ⑦ ⑧ ⑨ ⑩ ⑪ ⑫ ⑬

1.1 **En parejas** ¿Qué otras cosas se pueden llevar de excursión? Piensa en las excursiones que haces normalmente y haz una lista con tu compañero/a.

RAE LÉXICO
Español de España ▸ linterna : *El garaje está como boca de lobo. Tengo que comprarme una linterna para estos casos.*
Español de México ▸ lámpara : *Trae guantes, botas altas, un arnés en el pecho y una lámpara en el casco, que le protege la cabeza.*
Español de España ▸ bañador/traje de baño : *Regresábamos a casa con los bañadores todavía húmedos.*
Español de Argentina ▸ malla : *Marta se compró la malla de baño.*
Español de Cuba ▸ trusa : *Por primera vez, insistió en que Laura se probara un nuevo modelo de trusa.*

1.2 Escucha la conversación entre Inma y una amiga suya sobre la excursión que va a hacer este fin de semana y completa la información del programa con lo que tiene que llevar.
[29]

TRAVESÍA EN PIRAGUA
2 días con acampada en el río Guadiela (Cuenca) - 90€/persona
Recorrido total de 25 km en dos etapas con comidas incluidas.

En esta excursión vamos a:
- recorrer la parte más bonita y espectacular del río Guadiela;
- observar el vuelo de los buitres;
- acampar bajo las estrellas;
- bañarnos en el río.

Material necesario:
- ropa cómoda, ..., ... y chanclas;
- protector solar y ....;
- calzado deportivo y ropa de abrigo para la noche;
- linterna;
- ....;
- prismáticos.

114 | ciento catorce

Unidad 7 | Buenas intenciones

2 **Todo el grupo** Lee los comentarios de estos estudiantes sobre lo que les gusta y lo que no les gusta hacer en la clase de español. ¿Con quién te identificas? ¿Por qué?

MATHILDA (Suecia, 21 años)
"A mí me gusta mucho trabajar en parejas porque también aprendo mucho de mis compañeros. También me gusta hablar en clase y escribir mensajes en las redes sociales".

VLADISLAV (Rusia, 24 años)
"Yo prefiero estudiar gramática y vocabulario por internet en casa. Hay muchas aplicaciones que son gratis. En clase me gusta hablar y hacer ejercicios".

AGNÈS (Francia, 33 años)
"A mí me gusta ir a clase para escuchar y preguntar las dudas al profesor. También me gusta hacer los deberes en casa, leer libros y escribir mi diario en español".

JOSEPH (Estados Unidos, 36 años)
"A mí me gusta repetir la lección en casa y hacer actividades interactivas en el ordenador".

JOAO (Brasil, 29 años)
"A mí me gusta practicar mi español en cualquier situación y hacer intercambios de idiomas, pero odio hacer exámenes".

ZHIBING (China, 19 años)
"Yo siempre busco en el diccionario las palabras que no entiendo, pero no es útil para entender las audiciones en clase. Por eso, mi profesora dice que tengo que escuchar la radio y ver más la tele para mejorar".

2.1 **En parejas** ¿Qué combinaciones de palabras se pueden hacer con estos verbos? Escríbelas en la tabla. Puede haber varias combinaciones. Trabaja con tu compañero/a.

a un/a compañero/a | los deberes | comentarios | preguntas | en grupo | ejercicios | la radio | música | al/a la profesor/a | una actividad | notas | gramática | con un/a nativo/a | información en internet | un intercambio con un/a nativo/a | de mis compañeros | palabras | libros y revistas | mensajes | canciones | palabras en el diccionario | en clase | en parejas

Hacer	Hablar	Leer	Escribir	Escuchar	Preguntar	Aprender	Buscar	Trabajar
			a un/a compañero/a	a un/a compañero/a	a un/a compañero/a			

2.2 **En grupos pequeños** Y a ti, ¿qué te gusta hacer en la clase de español? ¿Qué no? Utiliza las combinaciones de palabras anteriores.

Unidad 7 | Buenas intenciones
ciento quince | 115

---

2. Secuencia de actividades de reflexión sobre el aprendizaje de lenguas que le permitirá conocer un poco mejor con qué tipo de actividades se sienten más cómodos sus estudiantes y con cuáles de ellas aprenden mejor. Explíqueles que van a leer los comentarios de seis estudiantes de español que hablan sobre lo que les gusta hacer en clase y lo que no. Pídales que lean los comentarios y a continuación pregúnteles si se identifican con alguno de ellos. Deben justificar su respuesta.

2.1. Actividad de vocabulario sobre el tema anterior, en el que se practican diferentes combinaciones léxicas. Distribuya a sus estudiantes en parejas y pídales que vuelvan a leer los textos, esta vez focalizándose en las combinaciones de palabras que se utilizan en los comentarios. Luego pídales que completen la tabla con las diferentes opciones. Adviértales de que algunas palabras o expresiones pueden combinarse con diferentes verbos. Para ayudar a la corrección, le sugerimos usar la **proyección 26**.

¿Qué te gusta hacer en la clase de español?
[26]

Proyecte la lámina para corregir la actividad. Es posible que sus estudiantes hagan combinaciones como *leer preguntas* o *escuchar palabras*, que son correctas; sin embargo, el objetivo es encontrar combinaciones con las que puedan expresar lo que les gusta y no les gusta hacer para aprender español.

2.2. Para realizar esta actividad, mantenga proyectada la tabla de la **proyección 26**, de manera que puedan ver bien las combinaciones de palabras, y pregunte a sus estudiantes qué les gusta hacer a ellos a la hora de aprender español. Dígales que sigan el modelo de los comentarios que aparecen en la actividad 2. Aproveche este momento para reflexionar con ellos sobre la mejor manera de aprender una lengua o aspectos concretos como léxico, gramática, funciones o cultura, por ejemplo.

Para trabajar estos contenidos, realice las actividades **4-6**, p. **41** del *Libro de ejercicios*.

Unidad 7

Gramática

1. Explique la perífrasis *ir a* + infinitivo siguiendo la explicación del cuadro gramatical. Si lo desea, puede volver a la actividad 1 del apartado "¿Qué sabes?" y tomar el modelo de Susana para ejemplificar la estructura. Recuérdeles la forma irregular del verbo *ir* en presente. Dígales que esta estructura se utiliza tanto para hablar de planes y proyectos como para hablar de algo que va a ocurrir de forma inminente. Asimismo, haga hincapié en los marcadores temporales que expresan futuro. Explique que, además de la estructura *ir a* + infinitivo, se puede hablar de una acción futura usando la forma del presente de indicativo cuando el emisor da una información como segura.

1.1. Actividad de práctica controlada en la que los estudiantes, en parejas y por turnos, deben expresar qué planes tiene Silvia para el fin de semana interpretando las imágenes que se presentan y usando la perífrasis *ir a* + infinitivo.
Este fin de semana Silvia... va a ir a un concierto; va a ir de compras; va a hacer fotografías; va a nadar en la piscina; va a limpiar la casa; va a ver una película en casa con sus amigas.

1.2. Actividad de interacción oral. Pida a un estudiante que elija a un/a compañero/a para hacerle la siguiente pregunta: *¿qué vas a hacer este fin de semana?* Este/a responde y hace la pregunta a otro/a compañero/a, y así sucesivamente hasta que todos hayan tenido la oportunidad de contestar.

Gramática

Recuerda:
- Los días de la semana son *lunes, martes, miércoles, jueves, viernes, sábado* y *domingo*.
- Los meses del año son *enero, febrero, marzo, abril, mayo, junio, julio, agosto, septiembre, octubre, noviembre* y *diciembre*.

Fíjate:
Las estaciones del año son *primavera, verano, otoño* e *invierno*.

1 Ir a + infinitivo

- Para **hablar de planes y proyectos en un futuro próximo** puedes utilizar *ir a* + infinitivo:

  Este fin de semana voy a ir a la playa.

  También se usa esta estructura cuando algo va a ocurrir de manera inminente:

  El tren va a salir.

  Recuerda que el verbo *ir* es irregular en presente:
  voy, vas, va, vamos, vais, van.

- Para hablar del **futuro** puedes utilizar **marcadores temporales** como:
  – esta tarde/noche
  – este fin de semana/verano/lunes...
  – el próximo año/la próxima semana...
  – el año/la semana que viene...
  – el lunes, el martes...
  – en enero/febrero...
  – en verano/invierno...
  – mañana

  Con estos marcadores se puede usar el presente de indicativo para **hablar de futuro** cuando lo presentamos como algo seguro:

  El domingo como con mis padres.

1.1 En parejas Observa la imagen. ¿Qué va a hacer Silvia este fin de semana?

Este fin de semana Silvia...

1.2 Todo el grupo ¿Y tú? ¿Qué vas a hacer este fin de semana? Cuéntaselo a la clase.

2 Tener que + infinitivo

- Para expresar **obligación** o **necesidad** puedes utilizar *tener que* + infinitivo:
  Tengo que hacer los deberes para mañana. (Obligación)
  Tengo que hacer la compra sin falta porque no hay nada en la nevera. (Necesidad)
  Recuerda que el verbo *tener* es irregular en presente: *tengo, tienes, tiene, tenemos, tenéis, tienen.*

2.1 Pablo es guía turístico. Mira su agenda y escribe en tu cuaderno las cosas que tiene que hacer esta semana.

Lunes	Martes	Miércoles	Jueves	Viernes
10:00 Recoger al grupo de Japón en el aeropuerto.	11:00 Visita al museo arqueológico.	9:00 Visita guiada a bodegas.	9:30 Recorrido por el centro de la ciudad.	12:00 Llevar al grupo de Japón al aeropuerto.
Tarde Supermercado: leche, huevos, carne, pescado.	15:00 Recoger a los niños de la escuela. 17:30 Dentista.	17:30 Llevar a mamá al médico.	Tarde Cumpleaños de Carlota: ¡¡llamar!!	Tarde Comprar zapatos a los niños.

Ejemplo: El lunes por la mañana Pablo tiene que...

2.2 **En parejas** Escribe una lista con las cosas que tienes que hacer esta semana. Después compárala con la de tu compañero/a.

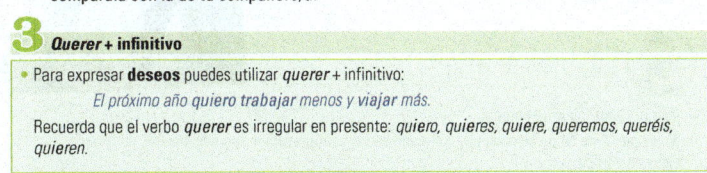

3 Querer + infinitivo

- Para expresar **deseos** puedes utilizar *querer* + infinitivo:
  El próximo año quiero trabajar menos y viajar más.
  Recuerda que el verbo *querer* es irregular en presente: *quiero, quieres, quiere, queremos, queréis, quieren.*

3.1 Relaciona los deseos con las personas de las imágenes.

a. Quieren ir al cine.
b. Quieren estudiar chino.
c. Quieren comer *pizza*.
d. Quieren ser cocineros.
e. Quieren beber algo.
f. Quieren trabajar menos.
g. Quieren hacer un pícnic.
h. Quieren ir de compras.
i. Quieren viajar.

3.2 **Todo el grupo** ¿Qué deseos tienes tú? Escribe en un papel tres cosas que quieres y dáselo a tu profesor/a. Él/Ella leerá los deseos sin decir el nombre de la persona que los ha escrito. ¿De quién crees que son los deseos? ¿Por qué?

Unidad 7 | Buenas intenciones   ciento diecisiete | 117

---

2. Explique la perífrasis *tener que* + infinitivo siguiendo la explicación del cuadro gramatical. Si lo desea, puede volver a la actividad 1 del apartado "¿Qué sabes?" y tomar el modelo de Ramón para ejemplificar la estructura. Recuérdeles la forma irregular del verbo *tener* en presente. Dígales que esta perífrasis se utiliza tanto para expresar obligación como para expresar necesidad, dependiendo de la situación. Por ejemplo, si alguien dice *Tengo que trabajar*, se puede entender como una obligación (si esa persona tiene trabajo) o como una necesidad (si esa persona no lo tiene).

2.1. Actividad de expresión escrita para practicar la perífrasis *tener que* + infinitivo. Para ello, los estudiantes van a leer la agenda de Pablo, un guía turístico, y, siguiéndola, deben redactar un texto en el que expliquen qué tiene que hacer Pablo esta semana.
Posible respuesta:
El lunes por la mañana, a las 10:00, Pablo tiene que recoger a un grupo de Japón en el aeropuerto y, por la tarde, tiene que ir al supermercado para comprar leche, huevos, carne y pescado.
El martes por la mañana, a las 11:00, tiene que hacer una visita al museo arqueológico y, por la tarde, tiene que recoger a los niños a las 15:00. A las 17:30 tiene que ir al dentista.
El miércoles por la mañana, a las 9:00, tiene que hacer una visita guiada a unas bodegas y, por la tarde, a las 17:30, tiene que llevar a su madre al médico.
El jueves por la mañana, a las 9:30, tiene que hacer un recorrido por el centro de la ciudad y, por la tarde, tiene que llamar a Carlota para felicitarla porque es su cumpleaños.
El viernes por la mañana, a las 12:00, tiene que volver al aeropuerto para llevar al grupo de Japón y, por la tarde, tiene que comprar zapatos a sus hijos.

2.2. Pida a sus estudiantes que diseñen en su cuaderno una agenda similar a la de la actividad 2.1 pensando en las cosas que tienen que hacer esa semana. Una vez que hayan completado su agenda individualmente, haga que la comparen con la de su compañero/a.

3. Explique la estructura *querer* + infinitivo siguiendo la explicación del cuadro gramatical. Si lo desea, puede volver a la actividad 1 del apartado "¿Qué sabes?" y tomar el modelo de Ángel para ejemplificar la estructura. Recuérdeles la forma irregular del verbo *querer* en presente. Dígales que esta estructura se utiliza para expresar deseos.

3.1. A través de las fotografías que se muestran, los estudiantes deberán elegir el deseo que representan.
1. g; 2. d; 3. f; 4. c.

3.2. Se plantea una actividad lúdica de producción oral. La práctica consiste en escribir deseos (según la estructura aprendida) y adivinar quién los ha escrito, justificando la respuesta.

Para trabajar estos contenidos, realice las actividades **7-9**, pp. **42-43** del *Libro de ejercicios*.

Unidad 7

Practica en contexto

1. Antes de comenzar con esta actividad, pregunte a sus estudiantes si conocen alguna publicación especializada en naturaleza o si leen o han leído esta clase de revistas *(GEO, National Geographic, Natura…)*. Explíqueles que en este tipo de publicaciones suele haber muchas fotografías de animales y paisajes y que, para conseguirlas, a veces es necesario pasar varios días viviendo en plena naturaleza. A continuación pídales que lean el texto y que, en parejas y por turnos, respondan a las preguntas. Resuelva cualquier duda de vocabulario que pueda surgir. Tras la corrección, llame su atención sobre el cuadro de la banda lateral, en el que se explica la estructura *necesitar* + nombre/infinitivo para expresar necesidad. Como actividad de ampliación, pregúnteles qué objetos necesitan ellos para ir a clase, para ir a la playa, para practicar su deporte favorito, etc.
Va a ir al parque nacional de los Picos de Europa; Va a estar tres días; Va a ir en coche; Va a alojarse en un *camping;* Tiene que hacer fotos de animales para un reportaje; Necesita una cámara de fotos, una tienda de campaña, una mochila, unas botas de montaña, ropa cómoda y de abrigo, una linterna, unos prismáticos y un cuaderno de notas.

1.1. Explique a sus estudiantes que van a completar el texto del blog de Félix, utilizando la información que han leído en la actividad anterior. Para ello, haga que fijen su atención en el objetivo y la duración del viaje, el tipo de alojamiento y el medio de transporte.
Posible respuesta:
[…] **Allí voy a** estar 3 días. Tengo que hacer fotos de animales para un reportaje. Voy a ir en coche y voy a alojarme en un *camping*.

1.2. Se plantea una actividad de comprensión lectora para que luego los estudiantes, según su criterio, comenten qué más cosas debería llevarse el protagonista del blog a los Picos de Europa según las condiciones que se exponen. El objetivo es activar el vocabulario que han visto en la actividad 1 sobre el material que necesita llevar. Permítales que usen el diccionario si lo cree conveniente.
Posible respuesta:
Ropa de repuesto, un chubasquero, comida y bebida, el móvil cargado…

Practica en contexto

1. **En parejas** Félix es fotógrafo profesional y trabaja para una prestigiosa revista de naturaleza. Lee la información y responde a las preguntas. Trabaja con tu compañero/a.

Destino: Parque nacional de los Picos de Europa.
Objetivo: Hacer fotos de animales (oso pardo, lobo, cabra, etc.) para un reportaje.
Duración: 3 días.
Alojamiento: *Camping*.
Medio de transporte: Coche.
Material necesario: Cámara de fotos, tienda de campaña, mochila, botas de montaña, ropa cómoda y de abrigo, linterna, prismáticos, cuaderno de notas.

Para **expresar necesidad** también puedes usar *necesitar* + nombre/infinitivo:
Félix necesita ropa de abrigo/abrigarse porque por la noche hace frío en la montaña.

- ¿A dónde va a ir?
- ¿Cuántos días va a estar?
- ¿Cómo va a ir?
- ¿Dónde va a alojarse?
- ¿Qué tiene que hacer?
- ¿Qué necesita?

1.1 Escribe una entrada en el blog de Félix para contar lo que va a hacer.

El blog de Félix — Martes, 28 de noviembre

¡Me voy a los Picos de Europa!
¡Qué bien! Este fin de semana voy a ir a uno de los parques nacionales más bonitos de España: los Picos de Europa. Allí voy a ....
....
Por cierto, necesito una tienda de campaña, ¿alguien tiene una para dejármela?
¡Saludos a todos!
Publicado a las 15:02

1.2 **Todo el grupo** Este es un resumen de las condiciones climáticas y orográficas de los Picos de Europa. Léelo. ¿Crees que Félix tiene que llevar algo más? Justifica tus respuestas.

Picos de Europa es un grupo de montañas de paredes verticales situado en el norte de España, muy próximo al mar Cantábrico. Esa proximidad al mar le da unas características muy peculiares: son frecuentes las nieblas y los mares de nubes que quedan por debajo de nosotros cuando subimos a una cumbre. El viento húmedo provoca cambios de tiempo muy bruscos y a veces difíciles de predecir con exactitud. Además, hay que tener en cuenta que, durante el trayecto, no hay ningún lugar en el que poder comprar alimentos.

2 Lee la información de estas excursiones para el fin de semana y señala las afirmaciones verdaderas.

CUEVAS DEL DRACH
(Islas Baleares)
Incluye un paseo en barca a través del lago Martel y un concierto de música clásica.
- Duración de la visita: 1 hora.
- Información práctica: la temperatura interior es de unos 21 ºC y la humedad del 80 %. Las visitas son colectivas pero no guiadas.

COVALEDA Y NAVALENO
(Soria)
Respira entre pinos y aprende a recolectar setas con la ayuda de expertos.
- Material necesario para la actividad: agua, botas, mochila, ropa cómoda, ropa de abrigo.
- Precio: 20 € (el precio incluye la cesta y la navaja).

PARQUE NATURAL ISLAS CÍES
(Pontevedra)
Puedes bañarte en sus playas de aguas azules y bucear, hacer senderismo, excursiones en kayak y ver aves y fauna marinas. Ten en cuenta que solo se puede llegar por mar. Los ferris hacen rutas diarias de junio a septiembre, en Semana Santa y los fines de semana de mayo.

1. ☐ Hay que llevar navaja y cesta para coger setas.
2. ☐ Puedes visitar el parque natural en transporte público durante todo el año.
3. ☐ La visita a las cuevas no incluye un/a guía.

2.1 Escucha el audio y di qué plan le proponen a cada una de las personas y si lo aceptan o lo rechazan.
[30]

RAE COMUNICACIÓN
Teniendo en cuenta la frecuencia de aparición de estas expresiones, podemos encontrar algunas diferencias.
- Para proponer o sugerir planes:
  Español de Argentina ▶ tener ganas de :
  ¿Tenés ganas de ver una película?
  Español de México ▶ gustar : *¿Te gustaría ver una película?*
- Para aceptar una propuesta o invitación:
  Español de Argentina ▶ Sí; De acuerdo; Ok; Buenísimo; (Está) Bárbaro :
  ▶ *¿Tenés ganas de ir al cine? ¿Qué te parece?*
  ▷ *Está bárbaro.*
  Español de México ▶ Sí, claro; ¿Por qué no?; Sale, vamos :
  Sale, vamos, pero tengo que regresar temprano.

2.2 **En parejas** Piensa un plan para este fin de semana y propónselo a tu compañero/a. Él/Ella lo aceptará o lo rechazará según su agenda y sus gustos.

2.3 **En grupos pequeños** Ahora piensa con tus compañeros de grupo en una excursión para este fin de semana. ¿Dónde vais a ir? ¿En qué medio de transporte? ¿Qué vais a hacer? ¿Dónde vais a alojaros? ¿Qué cosas vais a necesitar? Después contádselo a la clase.

Preguntar por planes e intenciones
- ¿*Va(s) a* + infinitivo?
  ¿Vas a estar aquí el fin de semana?
- ¿Verbo en presente + marcador temporal de futuro?
  ¿Haces algo mañana?

Proponer y sugerir planes
- ¿*Quiere(s)* + infinitivo/nombre?
  ¿Quieres ir conmigo al teatro?
- ¿*Te/Le apetece* + infinitivo/nombre?
  ¿Te apetece un paseo por el parque?

Aceptar una propuesta o invitación
- (Sí,) Vale. • De acuerdo.
- Vale, ¿por qué no? • Bueno, vale, pero…

Rechazar una propuesta o invitación
- *(No,) Lo siento, es que* + explicación
  ▶ *¿Quieres salir a tomar algo?*
  ▷ *No, lo siento, es que tengo que estudiar.*

Como puedes observar en el ejemplo anterior, cuando se rechaza una propuesta o invitación es necesario justificar el rechazo. Lo habitual es usar *es que*.

Unidad 7 | Buenas intenciones   ciento diecinueve | 119

---

2. Antes de empezar la actividad, pregunte a sus estudiantes si conocen alguno de los lugares que se mencionan. Si no es así, pídales que los busquen en internet para situarlos en el mapa de España (puede usar la **proyección 20**). A continuación explíqueles que van a leer información sobre tres excursiones de fin de semana a estos lugares para realizar diferentes actividades y que deben señalar qué afirmación es correcta. Deben justificar su respuesta. Solo es verdadera la afirmación 3. La 1 es incorrecta porque la cesta y la navaja están incluidas en el precio y la 2 también porque no hay transporte público durante varios meses al año.

2.1. Antes de poner el audio, explique el cuadro de la banda lateral para preguntar por planes e intenciones, proponer y sugerir planes, y aceptar o rechazar una propuesta o invitación. No olvide comentarles que, culturalmente, es necesario justificar el rechazo a una propuesta o invitación, y que para ello se usa *es que*. Dígales que durante la escucha se fijen en el plan que se propone y en si la persona lo acepta o lo rechaza. Lea con los estudiantes el cuadro de la RAE para conocer, según su frecuencia de aparición, las expresiones que más se usan en las diferentes variantes del español.
Persona 1: Visitar las islas Cíes. Acepta el plan;
Persona 2: Ir a coger setas al bosque. No acepta el plan; **Persona 3:** Visitar las cuevas del Drach. Acepta el plan.

2.2. Dígales que piensen individualmente en un plan que podrían hacer con su compañero/a. Luego pídales que, en parejas, se pregunten y respondan según sus gustos y su agenda usando los exponentes aprendidos del cuadro de la banda lateral.

2.3. Distribuya a sus estudiantes en grupos pequeños y dígales que, entre todos, deberán preparar una excursión de fin de semana al lugar que ellos elijan. Para ello, pídales que piensen en los siguientes aspectos: lugar elegido, medio de transporte, actividades que van a hacer, alojamiento y cosas que van a necesitar. Por último, pida a los grupos que presenten a la clase sus propuestas de fin de semana a modo de exposición. Si quieren pueden mostrar fotos o vídeos del lugar elegido.

Para trabajar estos contenidos, realice las actividades **11** y **12**, p. **43** del *Libro de ejercicios*.

Unidad 7

3. Antes de comenzar esta actividad, pregunte a los estudiantes si tienen la costumbre de proponerse cambios en sus vidas cada año que empieza. Después dígales que van a leer las buenas intenciones de seis personas para el año nuevo y que las tienen que relacionar con la persona adecuada según las fotografías. Una vez hecha la actividad, centre su atención en la estructura que se utiliza: *pensar* + infinitivo. Recuérdeles la irregularidad del verbo *pensar* en presente.
1, 3, 5, 2, 6, 4.

3.1. Dígales que imaginen que están a final de año y que quieren expresar sus propósitos para el año que comienza. Empiece usted mismo/a expresando algún propósito: Y*o, este año, quiero ponerme en forma, así que voy a empezar a correr después del trabajo, ¿y tú?* Señale a un estudiante para que exprese sus intenciones y, una vez que lo haya hecho, pídale que pregunte a otro estudiante, y así sucesivamente hasta que todos hayan intervenido.

3.2. y **3.3.** Lea con sus estudiantes los comentarios de las cinco personas que hablan sobre las tradiciones de sus países a la hora de celebrar el año nuevo. Resuelva las posibles dudas de vocabulario que pueda haber y explique la perífrasis *hay que* + infinitivo siguiendo la explicación del cuadro de la banda lateral. Pídales que lean de nuevo los comentarios y que localicen esta estructura. Luego inicie una conversación preguntándoles si conocían alguna de estas tradiciones y cuál de ellas les parece más interesante, loca, divertida… Por último comenten qué tradiciones tienen en su país y en sus propias familias en esta fecha.

> Para trabajar este contenido, realice la actividad **10**, p. **43** del *Libro de ejercicios*.

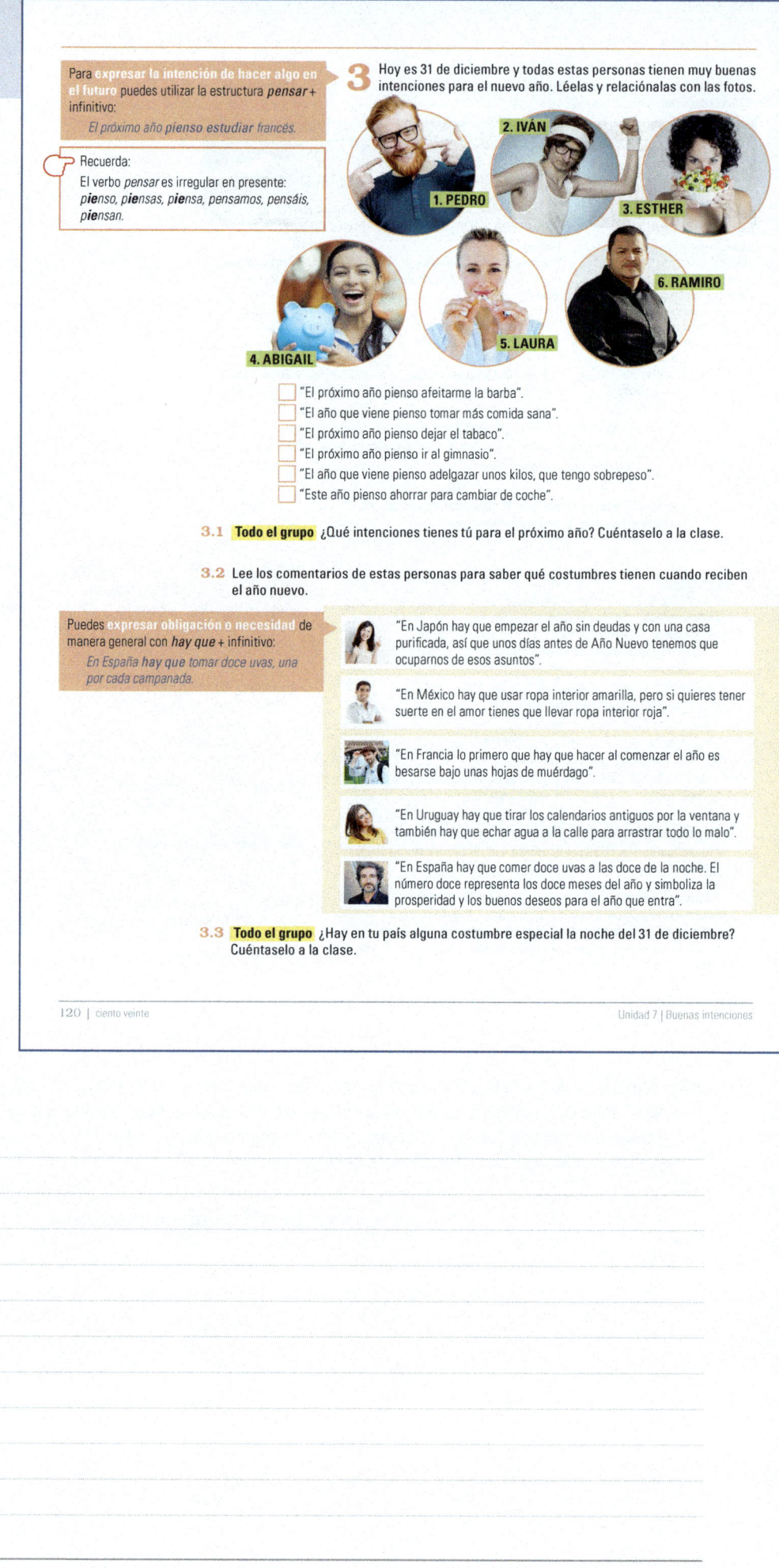

Para **expresar la intención de hacer algo en el futuro** puedes utilizar la estructura *pensar* + infinitivo:
El próximo año pienso estudiar francés.

Recuerda:
El verbo *pensar* es irregular en presente: *pienso, piensas, piensa, pensamos, pensáis, piensan.*

3 Hoy es 31 de diciembre y todas estas personas tienen muy buenas intenciones para el nuevo año. Léelas y relaciónalas con las fotos.

1. PEDRO
2. IVÁN
3. ESTHER
4. ABIGAIL
5. LAURA
6. RAMIRO

☐ "El próximo año pienso afeitarme la barba".
☐ "El año que viene pienso tomar más comida sana".
☐ "El próximo año pienso dejar el tabaco".
☐ "El próximo año pienso ir al gimnasio".
☐ "El año que viene pienso adelgazar unos kilos, que tengo sobrepeso".
☐ "Este año pienso ahorrar para cambiar de coche".

3.1 **Todo el grupo** ¿Qué intenciones tienes tú para el próximo año? Cuéntaselo a la clase.

3.2 Lee los comentarios de estas personas para saber qué costumbres tienen cuando reciben el año nuevo.

Puedes **expresar obligación o necesidad** de manera general con *hay que* + infinitivo:
En España hay que tomar doce uvas, una por cada campanada.

"En Japón hay que empezar el año sin deudas y con una casa purificada, así que unos días antes de Año Nuevo tenemos que ocuparnos de esos asuntos".

"En México hay que usar ropa interior amarilla, pero si quieres tener suerte en el amor tienes que llevar ropa interior roja".

"En Francia lo primero que hay que hacer al comenzar el año es besarse bajo unas hojas de muérdago".

"En Uruguay hay que tirar los calendarios antiguos por la ventana y también hay que echar agua a la calle para arrastrar todo lo malo".

"En España hay que comer doce uvas a las doce de la noche. El número doce representa los doce meses del año y simboliza la prosperidad y los buenos deseos para el año que entra".

3.3 **Todo el grupo** ¿Hay en tu país alguna costumbre especial la noche del 31 de diciembre? Cuéntaselo a la clase.

4 **En grupos pequeños** ¿Qué haces para aprender un idioma extranjero? Elabora con tus compañeros una lista de cinco consejos para aprender idiomas.

Para aprender bien un idioma…
- hay que hablar con nativos;
-
-
-
-

> **Para dar consejos o hacer sugerencias** puedes utilizar la estructura *hay que* + infinitivo, *tiene(s) que* + infinitivo y *puede(s)* + infinitivo.

4.1 **En grupos pequeños** El siguiente artículo da consejos para aprender idiomas. Compáralos con los de tu lista. ¿Cuáles coinciden?

7 consejos para aprender un idioma más rápido

Aprender idiomas es uno de esos propósitos de Año Nuevo que abandonamos con facilidad, como ir al gimnasio, perder peso o dejar el tabaco. Si quieres aprender un idioma, estos trucos te pueden ayudar.

1. Hay que estudiar usando solo el idioma que estás aprendiendo.
2. Tienes que ver películas o series y escuchar música o la radio en el idioma que estudias.
3. Tienes que buscar a un compañero con el que hablar o hacer intercambios para practicar idiomas.
4. Puedes usar aplicaciones móviles. Actualmente hay muchos juegos y aplicaciones para aprender idiomas.
5. Hay que relacionar todo lo que sabes con tu idioma. Puedes relacionar las palabras de tu lengua materna con palabras de la lengua que estudias para recordarlas con más facilidad.
6. Hay que hablar desde el principio. No es necesario tener muchos conocimientos de un idioma para comunicarse.
7. Hay que imitar el acento del idioma que aprendes. Para ello, tienes que escuchar a nativos y repetir lo que dicen imitándolos.

Adaptado de https://www.elconfidencial.com/alma-corazon-vida/2016-08-16/trucos-para-aprender-idiomas_1246231/

> **Contraste *por/para***
> - Para expresar **causa** se usa *¿Por qué?* *Porque* + frase o *por* + nombre:
>   ▸ *¿Por qué estudias español?*
>   ▷ *Estudio español porque trabajo en Argentina.*
>   *Está en la cama por la fiebre.*
> - Para expresar **finalidad** se usa *¿Para qué?* *Para* + infinitivo:
>   ▸ *¿Para qué quieres aprender español?*
>   ▷ *Quiero aprender español para viajar por Hispanoamérica.*
>   Además, con la preposición *por* se expresa tiempo y lugar aproximado:
>   *Por la mañana voy al gimnasio.*
>   *¿Está mi libro por aquí?*
>   Además, con la preposición *para* se expresa un plazo de tiempo y dirección:
>   *Este ejercicio es para mañana.*
>   *Vamos para Madrid.*

> **Dar una opinión o valorar**
> - *(Yo) Creo que…*
>   *Yo creo que aprender español uno solo no es fácil.*
> - *Es (muy/bastante/un poco)* + adjetivo de valoración (*útil, necesario, bueno, malo, difícil, fácil, aburrido, divertido…*)
>   *Es muy importante preguntar al profesor las dudas.*

4.2 **Todo el grupo** ¿Qué opinas de los consejos del artículo que has leído? ¿Estás de acuerdo?
▸ *Yo creo que estudiar usando solo el español es muy difícil.*
▷ *Pues yo creo que ver películas es muy divertido.*

4.3 **Todo el grupo** En una puesta en común de todos los consejos, elige con tus compañeros los 10 mejores para confeccionar un decálogo y colgarlo en clase.

---

4. Pida a sus estudiantes que reflexionen en pequeños grupos sobre lo que hacen para aprender un idioma extranjero. Antes explique las estructuras que se presentan en el cuadro de la banda lateral para dar consejos y hacer sugerencias, y resuelva las dudas que pueda haber. A continuación pídales que piensen en los cinco consejos más importantes para aprender bien un idioma, según su opinión, y que los escriban utilizando las expresiones que han aprendido. Para facilitarles la tarea, puede remitirlos a las actividades 2 y 2.1 del apartado "Palabras" para recordar el léxico relacionado con las estrategias y el aprendizaje de idiomas.

4.1. Mantenga los grupos de la actividad anterior y pídales que lean los consejos propuestos en el artículo para comprobar si coinciden con los que han escrito ellos.
Una vez terminada la actividad oral, deténgase un momento en el cuadro que aparece en la banda lateral, en el que se explica la diferencia fundamental entre *por* (causa) y *para* (finalidad): la causa es anterior; la finalidad es posterior, tiene un sentido futuro. Además, se indican otros usos fundamentales de *por* y *para*. Puede ayudarse de la **proyección 27** para la explicación y hacer el pequeño ejercicio que se propone.

Por y *para*
[27]

Proyecte el cuadro en el que se presentan los usos de *por* y *para* y explíquelos. A continuación realice la actividad propuesta en grupo y pídales que justifiquen el uso de *por/porque/para* en cada caso. Tras la corrección, añada otros ejemplos de cada uso si lo considera oportuno.
1. por (lugar aproximado); **2.** para (dirección); **3.** por (causa); **4.** para (finalidad); **5.** por (parte del día); **6.** para (plazo de tiempo); **7.** porque (causa).

Para trabajar estos contenidos, realice las actividades **13-16**, p. **44** del *Libro de ejercicios*.

4.2. Antes de realizar la actividad, explique las formas para dar una opinión y valorar que se presentan en el cuadro de la banda lateral. Luego pídales que den su opinión sobre los consejos que han leído en el artículo de la actividad anterior utilizando las estructuras aprendidas.

4.3. Con lo que han escrito en la actividad 4, el artículo que han leído y la discusión posterior, deben confeccionar un decálogo con los diez mejores consejos para aprender una lengua. Proporcióneles una cartulina y algunos rotuladores para hacer un cartel y cuélguelo en la clase.

Unidad 7

Cultura

1. Antes de realizar la actividad, pregunte a sus estudiantes qué saben sobre Venezuela y escriba sus respuestas en la pizarra. Pregúnteles también si saben qué es un parque nacional y anímelos a que hablen del más representativo de su país. Si cuenta con pizarra digital o proyector, puede sugerirles que busquen fotografías en internet.

> Un parque nacional es un espacio natural, de alto valor ecológico y cultural, poco transformado por la explotación o actividad humana que, en razón de la belleza de sus paisajes, la representatividad de sus ecosistemas o la singularidad de su flora, de su fauna, de su geología o de sus formaciones geomorfológicas, posee unos valores ecológicos, estéticos, culturales, educativos y científicos destacados cuya conservación merece una atención preferente y se declara de interés general del Estado.
>
> (Definición del *Diccionario del español jurídico*, RAE)

2. Pida a sus estudiantes que lean el texto individualmente y resuelva las dudas de léxico que puedan tener. Explique, si lo considera necesario, la nota morfológica que aparece sobre la formación del plural de las palabras que terminan en *-y*.

VIAJAR POR LOS PARQUES NACIONALES más bellos de Hispanoamérica

1 Todo el grupo ¿Sabes qué es un parque nacional? ¿Cuál es el más famoso de tu país?

2 Lee el siguiente texto sobre el parque nacional Canaima (Venezuela).

HOY VAMOS A ADENTRARNOS EN
EL PARQUE NACIONAL CANAIMA

DATOS
- Está situado en el estado Bolívar de Venezuela.
- Se extiende sobre una superficie de 30 000 km².
- Es el sexto parque nacional más grande del mundo.

QUÉ VER
- **Los tepuyes.** Son mesetas elevadas de roca que ocupan el 65 % del parque.
- **El Salto Ángel.** Es el salto de agua más alto del mundo, generado desde el Auyantepuy, el tepuy más grande y famoso del parque. Mide 979 metros.

FLORA
El clima frío de los tepuyes hace que muchas de las especies que habitan allí sean exclusivas de este lugar, como la *Orectanthe sceptrum*, de hojas alargadas y puntiagudas de color verde azulado, que se puede ver en las cumbres de los grandes tepuyes. Existen también algunas plantas carnívoras, como la *Heliamphora chimantensis* y la *Drosera roraimae*.

FAUNA
Podemos encontrar multitud de animales como pumas, jaguares, osos hormigueros, colibríes, nutrias, anacondas, etc. También hay más de 90 especies de sapos y ranas, pero una de las más curiosas es la pequeña rana negra del Roraima. Mide unos 2 cm y se puede encontrar en la cima del tepuy Roraima, de ahí su nombre.

El salto Ángel

> Fíjate:
> Las palabras que terminan en *-y* tienen el plural en *-yes*:
> tepuy ▸ tepuyes   rey ▸ reyes
> Pero:
> jersey ▸ jerséis   espray ▸ espráis

122 | ciento veintidós

Unidad 7 | Buenas intenciones

7

TE PUEDES IR SIN CONOCER...

Las piscinas naturales en lo alto del monte Roraima, una maravilla de la naturaleza. Se trata de una cadena de lagos conectados que parecen grandes bañeras o *jacuzzis*. En ellos se puede disfrutar de un baño muy agradable.

En grupos pequeños Ponte de acuerdo con tus compañeros y elige uno de los parques nacionales de la lista que te damos. Después busca información sobre él en internet, completa la ficha y preséntaselo a la clase.
- Parque nacional Galápagos.
- Parque nacional de Tortuguero.
- Parque nacional Los Glaciares.

Datos
Localización:
Extensión:
Qué ver
Flora:
Fauna:
No te puedes ir sin conocer...:

Anaconda · Colibrí · Planta carnívora *Drosera roraimae* · Planta carnívora *Heliamphora chimantensis* · Jacuzzis del monte Roraima · *Orectanthe sceptrum* · Oso hormiguero · Nutria · Puma · Rana negra del Roraima

Unidad 7 | Buenas intenciones · ciento veintitrés | 123

---

3. Distribuya a sus estudiantes en grupos, de manera que cada uno trabaje con un parque nacional. Si su clase es muy numerosa, puede ampliar la lista con uno o dos parques más o dejarles que elijan uno de su gusto. A continuación explíqueles la información que debe recoger la ficha y luego pídales que busquen la información. Cuando tengan todos los datos, invítelos a hacer sus presentaciones ante el resto de la clase utilizando los medios que tengan a su disposición (móviles, tabletas, ordenadores, pizarra digital, póster, cartel, fotografías, recortes...). Para terminar, puede realizar una votación para saber cuál es el parque que más les ha gustado.

Puede completar la actividad cultural trabajando el texto que se ofrece en la **proyección 28**, titulado *Peligros que afectan la biodiversidad*. Primero pídales una definición de la palabra *biodiversidad*, si es posible sin que usen el diccionario, con sus propias palabras y utilizando ejemplos.
La biodiversidad o **diversidad biológica** se refiere a la extensa variedad de seres vivos existentes en el planeta, un sistema dinámico que está en evolución constante.
Después escriba en la pizarra el título del texto. Proponga una lluvia de ideas sobre el contenido para que formulen hipótesis aprovechando sus conocimientos previos sobre el tema. Poco a poco, vaya dirigiéndolos hacia el propio contenido. Este es el momento de trabajar el vocabulario clave que puede ser difícil para la comprensión del texto como, por ejemplo, *especies*, *cazar*, *pescar*, *derretir*, *afectar*, *repercutir*...
Le sugerimos que escriba las palabras seleccionadas en la pizarra y que les dé un ejemplo, o pídales que las busquen en el diccionario y que sean ellos mismos quienes den los ejemplos contextualizados.
Ahora es el momento de pasar a la actividad de comprensión lectora. Divídalos en pequeños grupos y entrégueles una copia impresa de la proyección 28.

Peligros que afectan a la biodiversidad
[28]

Pídales que lean el texto y que relacionen cada peligro con su texto correspondiente. Después lleve a cabo la corrección con toda la clase. Para terminar, puede abrir un debate sobre este tema.
1. c; **2.** g; **3.** e; **4.** h; **5.** b; **6.** a; **7.** f; **8.** d.

Para trabajar estos contenidos, realice las actividades **17-19**, p. **45** del *Libro de ejercicios*.

Unidad 7 | Buenas intenciones · 123

Unidad 7

Vídeo

1. Dígales que se fijen en la fotografía, que hablen de todos los detalles que ven y que se fijen especialmente en lo que hay dentro de las copas (son uvas), y después pregúnteles si saben qué están festejando. No les explique aún qué significado tienen las uvas en Nochevieja en España.
Es Nochevieja. Hay una decoración especial, se han vestido de fiesta y en las copas hay uvas.

2. Pídales que se fijen en las imágenes y coménteles que están relacionadas con algunas tradiciones de Argentina, España y México para festejar el último día del año y celebrar la llegada del año nuevo. Pueden explicar las tradiciones si las conocen o formular hipótesis. En la actividad 3 comprobarán sus respuestas.
1. Barrer la casa (México); **2.** Poner dinero en los zapatos (México); **3.** Estrenar ropa (Argentina); **4.** Tomar doce uvas (España y México); **5.** Usar ropa blanca (Argentina); **6.** Caminar con una maleta (México).

2.1. Trabaje el cuadro de la RAE sobre el nombre de la ropa interior para que conozcan las variantes del español en los diferentes países hispanos y pídales que comenten si la tradición argentina coincide con alguna tradición de su país.

---

124 | Unidad 7 | Buenas intenciones

Durante el vídeo

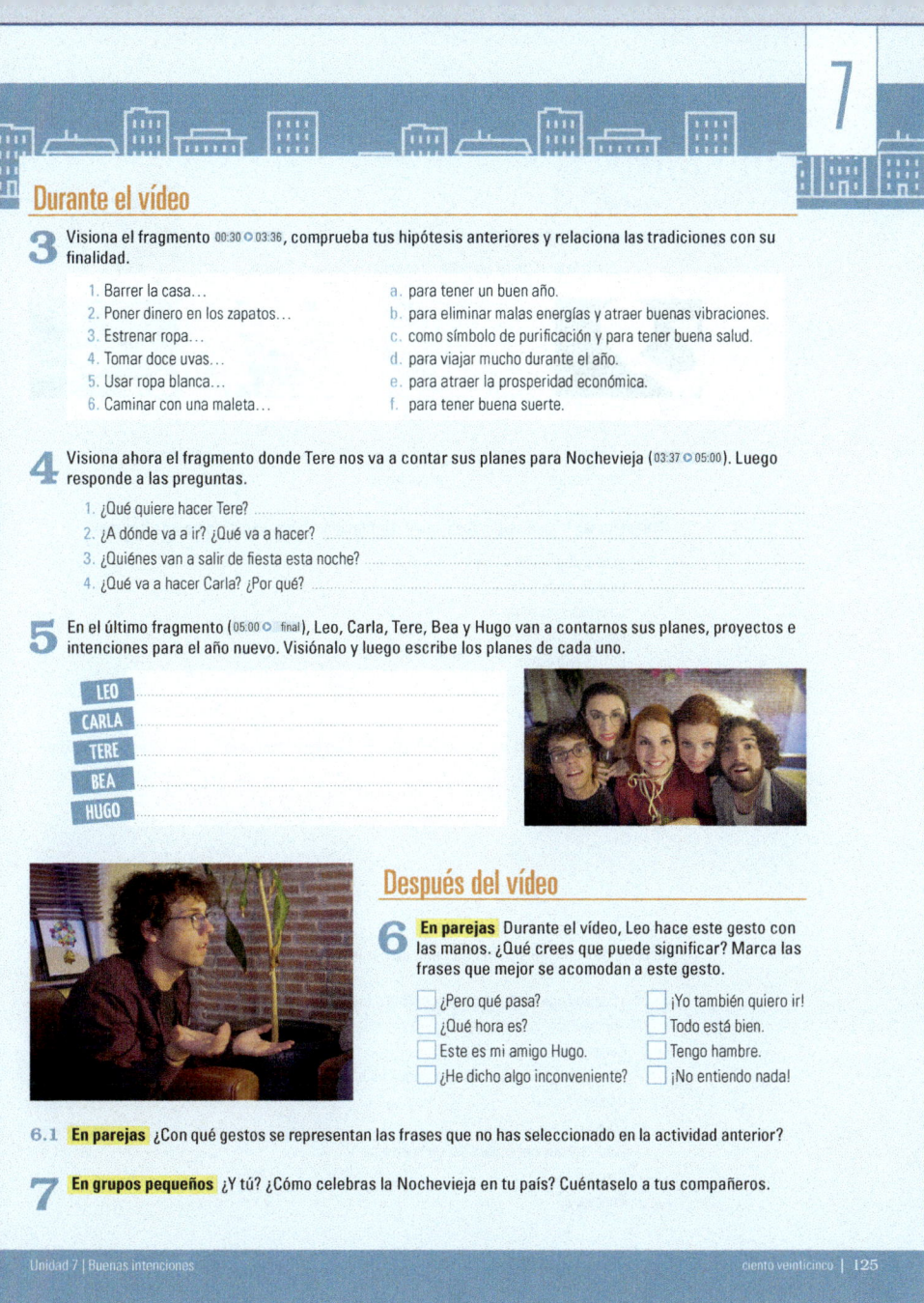

3 Visiona el fragmento 00:30 ○ 03:36, comprueba tus hipótesis anteriores y relaciona las tradiciones con su finalidad.

1. Barrer la casa…
2. Poner dinero en los zapatos…
3. Estrenar ropa…
4. Tomar doce uvas…
5. Usar ropa blanca…
6. Caminar con una maleta…

a. para tener un buen año.
b. para eliminar malas energías y atraer buenas vibraciones.
c. como símbolo de purificación y para tener buena salud.
d. para viajar mucho durante el año.
e. para atraer la prosperidad económica.
f. para tener buena suerte.

4 Visiona ahora el fragmento donde Tere nos va a contar sus planes para Nochevieja (03:37 ○ 05:00). Luego responde a las preguntas.

1. ¿Qué quiere hacer Tere?
2. ¿A dónde va a ir? ¿Qué va a hacer?
3. ¿Quiénes van a salir de fiesta esta noche?
4. ¿Qué va a hacer Carla? ¿Por qué?

5 En el último fragmento (05:00 ○ final), Leo, Carla, Tere, Bea y Hugo van a contarnos sus planes, proyectos e intenciones para el año nuevo. Visiónalo y luego escribe los planes de cada uno.

LEO
CARLA
TERE
BEA
HUGO

Después del vídeo

6 **En parejas** Durante el vídeo, Leo hace este gesto con las manos. ¿Qué crees que puede significar? Marca las frases que mejor se acomodan a este gesto.

☐ ¿Pero qué pasa?
☐ ¿Qué hora es?
☐ Este es mi amigo Hugo.
☐ ¿He dicho algo inconveniente?
☐ ¡Yo también quiero ir!
☐ Todo está bien.
☐ Tengo hambre.
☐ ¡No entiendo nada!

6.1 **En parejas** ¿Con qué gestos se representan las frases que no has seleccionado en la actividad anterior?

7 **En grupos pequeños** ¿Y tú? ¿Cómo celebras la Nochevieja en tu país? Cuéntaselo a tus compañeros.

Unidad 7 | Buenas intenciones — ciento veinticinco | 125

---

3. Antes del visionado, déjeles unos minutos para que lean la información. Aclare las dudas de vocabulario que pudieran tener. Después ponga el fragmento 00:30 ○ 03:36 para realizar la actividad cuyo objetivo es comprobar las hipótesis de la actividad 2. Al finalizar haga una puesta en común de las respuestas.
1. b; 2. e; 3. a; 4. f; 5. c; 6. d.

4. Antes del visionado, explique a sus estudiantes que van a escuchar los planes que tiene Tere para esa noche. A continuación ponga el fragmento 03:37 ○ 05:00 y pida a sus estudiantes que respondan a las preguntas. Como alternativa, puede proponerles que respondan a las preguntas haciendo hipótesis, basándose en su conocimiento de los personajes, y que comprueben su respuesta con el visionado del fragmento.
1. Quiere salir de fiesta; 2. Primero va a ir a casa de unos amigos y después va a ir a una discoteca. Va a bailar toda la noche; 3. Van a salir Tere, Hugo y Leo; 4. Carla se va a quedar en casa porque quiere levantarse temprano en Año Nuevo.

5. Antes de ver el fragmento, explique a sus estudiantes que van a escuchar las intenciones que tienen los personajes del hostal para el año que empieza. Luego ponga el fragmento 05:00 ○ final y pídales que escriban los propósitos que tiene cada uno de los personajes. Una vez terminada la actividad, reproduzca el vídeo completo y haga una corrección en plenario.
Leo: Piensa pasar más tiempo con sus padres; **Carla:** Tiene que terminar el trabajo de su maestría; **Tere:** Va estudiar un poco más; **Bea:** Su deseo es un secreto y no piensa decírselo a sus amigos; **Hugo:** Va a viajar más por España.

6. Realice la actividad como se indica en el enunciado. Para la corrección, imite el gesto que hace Leo en la fotografía y diga "¿Pero qué pasa?" y acompáñela con el mismo gesto. Pregúnteles si creen que el gesto funciona con esa frase. Después repita el proceso con el resto de las frases y corrija.
¿Pero qué pasa?; ¿He dicho algo inconveniente?; ¡No entiendo nada!

6.1 Con la misma agrupación de la actividad anterior, pida a sus estudiantes que representen con gestos las frases no seleccionadas del ejercicio anterior. Haga la corrección y dé las indicaciones pertinentes con todo el grupo.
Posible respuesta:
¿Qué hora es?: Señalando con el dedo índice la muñeca del brazo contrario; **Este es mi amigo Hugo:** Señalando con la palma abierta hacia arriba a la persona que presentamos; **¡Yo también quiero ir!:** Levantando el dedo índice o la mano abierta, a la atura de la cabeza o por encima de ella; **Todo está bien:** Levantando el pulgar de la mano con el puño cerrado o formando un círculo con los dedos índice y pulgar de una misma mano; **Tengo hambre:** Haciendo movimientos circulares sobre el estómago con la mano extendida.

7. Proponga una interacción oral con todo el grupo para que expliquen cómo celebran la Nochevieja en su país y las costumbres que tienen.

Unidad 7 | Buenas intenciones — 125

Unidad 7

Evaluación

1. 1. va a explotar; 2. va a estornudar; 3. van a operar; 4. va a tener un bebé/va a dar a luz; 5. Va a llover.

2. Respuesta abierta.

3. Respuesta abierta.

4. Posible respuesta:
1. Hay que convivir con las personas de aquí; Hay que salir y hablar con la gente; 2. Tienes que tener un buen currículum; Tienes que tener experiencia y formación; 3. Hay que apoyar a los amigos cuando lo necesitan; Hay que ser sincero/a y decirles siempre la verdad.

Evaluación

1 Observa estas situaciones. ¿Qué va a pasar?

estornudar | tener un bebé | explotar | llover | operar

1. El globo ....
2. La mujer ....
3. Los médicos .... al paciente.
4. La mujer ....
5. .... en el campo.

2 Completa las frases según tus planes o intenciones para estos momentos futuros.

1. Esta noche ....
2. Este fin de semana ....
3. La próxima semana ....
4. Mañana ....
5. El mes que viene ....
6. El próximo año ....

3 Imagina que hoy es 31 de diciembre. ¿Cuáles son tus intenciones y deseos para el próximo año?

4 Escribe dos consejos para cada una de estas preguntas.

1. ¿Qué hay que hacer para conocer bien a la gente de tu país?
   Consejo 1: ....
   Consejo 2: ....
2. ¿Qué tienes que hacer para conseguir un buen trabajo?
   Consejo 1: ....
   Consejo 2: ....
3. ¿Qué hay que hacer para ser un buen amigo?
   Consejo 1: ....
   Consejo 2: ....

5
Observa las imágenes. ¿Qué cosas tiene que hacer Luis antes de la fiesta de cumpleaños de su hija Gema?

Limpiar
Preparar
Poner
Comprar
+
la mesa.
la casa.
la tarta.
la cena.

6
Clasifica las expresiones en la tabla.

¿Te apetece ver una exposición este fin de semana? | ¿Vas a salir?
¿Por qué no? | Vale. | ¿Quieres ir a bailar esta noche? | De acuerdo.
Lo siento, no puedo. | Sí, vale. | No, es que tengo que estudiar. | ¿Qué haces mañana?

Preguntar por planes e intenciones	Proponer un plan	Aceptar un plan	Rechazar un plan

7
Completa con el verbo *ir, querer* o *tener* en la forma adecuada.

1. Este año Candela y Flora .... viajar a Venezuela para ver los tepuyes.
2. Mañana .... que llamar a mi amiga Sonia porque es su cumpleaños.
3. La próxima semana mis padres .... a ir al teatro.
4. Amanda, Luis, ¿.................. cenar conmigo esta noche?
5. Chema no .... a salir esta noche porque .... que estudiar.
6. Bea no .... hablar conmigo.
7. Jorge y Lidia .... que aprender italiano porque el próximo año .... a estudiar en Roma con una beca Erasmus.

8
Relaciona las palabras de las columnas.

1. oso — a. nacional
2. parque — b. de agua
3. planta — c. hormiguero
4. salto — d. carnívora

8.1
Busca en esta sopa de letras los nombres de cinco animales que podemos encontrar en el parque nacional Canaima.

```
F I O R H O L P I O
O L N P L E I Z N T
J A G U A R O F A A
C R D E T N S R N B
C O L I B R I A L S
U T Y G F T I N O E
A D N O C A N A S N
C U L E Z I N O I T
L A J Z A O R C N L
```

9
Después de estudiar esta unidad, ¿qué otras estrategias has adquirido para aprender español? ¿Cuál te parece más útil?

---

5. 1. Comprar la tarta; 2. Poner la mesa; 3. Limpiar la casa; 4. Preparar la cena.

6. **Preguntar por planes e intenciones:** ¿Vas a salir?; ¿Qué haces mañana?; **Proponer un plan:** ¿Te apetece ver una exposición este fin de semana?; ¿Quieres ir a bailar esta noche?; **Aceptar un plan:** ¿Por qué no?; Vale; De acuerdo; Sí, vale; **Rechazar un plan:** Lo siento, no puedo; No, es que tengo que estudiar.

7. 1. quieren; 2. tengo; 3. van; 4. queréis; 5. va, tiene; 6. quiere; 7. tienen, van.

8. 1. c; 2. a; 3. d; 4. b.

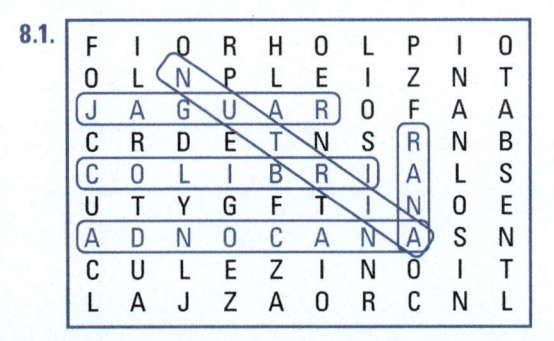

8.1.
```
F I O R H O L P I O
O L N P L E I Z N T
J A G U A R O F A A
C R D E T N S R N B
C O L I B R I A L S
U T Y G F T I N O E
A D N O C A N A S N
C U L E Z I N O I T
L A J Z A O R C N L
```

9. Respuesta abierta.

Unidad 8

Unidad

8

¿Te pones enfermo/a con frecuencia?

¿Qué haces cuando estás enfermo/a?

¿Utilizas a menudo las máquinas de venta automática? ¿Qué sueles comprar en ellas?

¿En cuál de las imágenes una persona pide algo? ¿Se hace el mismo gesto en tu país?

¿Sabes qué es la dieta mediterránea?

Cuídate mucho

Lea en voz alta el título de la unidad, *Cuídate mucho*, y pregunte a sus estudiantes qué les ocurre a las personas de la fotografía central *(están enfermas)*. Dígales que esta frase *(Cuídate mucho)* se usa cuando una persona está enferma. A continuación haga las preguntas propuestas a fin de motivarlos y activar sus conocimientos previos sobre los temas de la unidad.

Cuídate mucho

En esta unidad vas a...
- Hablar de enfermedades, dolencias y síntomas
- Hablar de los estados de ánimo
- Dar consejos, órdenes e instrucciones
- Pedir permiso, objetos y favores
- Aceptar y denegar peticiones
- Conocer la dieta mediterránea

Unidad 8

¿Qué sabes?

1. y **1.1.** Explique a sus estudiantes que van a trabajar con el léxico del cuerpo humano. Agrúpelos en parejas y plantee la actividad como una competición: ver qué pareja completa antes todas las palabras. Para la corrección, dígales que den la vuelta al libro y que comprueben sus respuestas en la actividad 1.1. Comente con los estudiantes la información del cuadro de la RAE sobre algunas variantes en este campo léxico. Tras la corrección, ponga la **proyección 29**.
1. la cabeza; **2.** el pelo; **3.** la cara; **4.** la oreja; **5.** el ojo; **6.** la nariz; **7.** la boca; **8.** el cuello; **9.** el pecho; **10.** la mano; **11.** el dedo; **12.** el estómago; **13.** la pierna; **14.** el pie; **15.** el brazo; **16.** la espalda.

El cuerpo humano
[29]

Proyecte la imagen con las respuestas correctas de la actividad 1. Para ayudarlos a memorizar el nuevo léxico, haga un juego: distribuidos en grupos pequeños, tienen un minuto para observar la imagen proyectada y memorizar las partes del cuerpo. Pasado este tiempo, pídales que cierren el libro y apague la proyección. A partir de ese momento, infórmeles de que tienen otro minuto para escribir en un papel todas las palabras que recuerden. Haga un recuento. Ganará el grupo que haya escrito un mayor número de palabras correctas.
Finalizado el juego, pídales que agrupen las palabras para designar las partes del cuerpo según su género (masculino o femenino) con el artículo determinado correspondiente, ya que, cuando vayan a usar este léxico con el verbo *doler*, será necesario usarlo.

> Para trabajar estos contenidos, realice las actividades **1** y **2**, p. **46** del *Libro de ejercicios*.

¿Qué sabes?

1 **En parejas** ¿Conoces las partes del cuerpo humano? Con tu compañero/a, completa la imagen con las palabras que faltan. Puedes usar el diccionario.

1.1 Ahora gira el libro y comprueba tus respuestas.

1. cabeza
2. pelo
3. cara
4. oreja
5. ojo
6. nariz
7. boca
8. cuello
9. pecho
10. mano
11. dedo
12. estómago
13. pierna
14. pie
15. brazo
16. espalda

RAE **LÉXICO**
Hablamos de *barriga* o *vientre* para referirnos a la parte del cuerpo correspondiente al abdomen:
—*Aquí, hijo, aquí me hizo la herida.* —¿*En el vientre, abuela?*
Español de España ▸ *barriga* : *Es que me duele la barriga.*
Español de América ▸ *panza* : *MAMÁ: Le duele la panza.*

8

2 <mark>En grupos pequeños</mark> ¿Cuáles de estos productos encuentras habitualmente en las máquinas de venta automática? ¿Qué otros productos se venden en tu país en estas máquinas?

- chocolatina
- galletas de chocolate
- bollería
- patatas fritas
- palitos de pan
- gominolas
- refrescos con azúcar
- sándwiches
- zumos

2.1 <mark>Todo el grupo</mark> Lee este titular. ¿Qué te parece la iniciativa de estas escuelas?

MADRID 14 SEPT
Varios colegios españoles apuestan por la fruta en sus máquinas de venta automática

Varias comunidades aplican medidas contra la obesidad infantil en sus centros escolares.

2.2 <mark>En parejas</mark> Imagina que tienes que decidir qué cosas se pueden comprar en las máquinas de venta automática. Habla con tu compañero/a y confecciona tu lista ideal de productos.

2.3 <mark>Todo el grupo</mark> Ahora presenta la propuesta a tus compañeros y entre todos elegid la mejor de todas.

RAE LÉXICO
Español de España ▸ zumo : *Jamás prueba el alcohol, solo agua y **zumo** de naranja.*
Español de América ▸ jugo : *Sobre una mesa con mantelito blanco hay vasos con **jugo** de naranja, platos con huevos cocidos, panes tostados y tazas de café.*

Español de España ▸ sándwich : *Anda, corre, ve a la cocina, por sí ya están los **sándwiches** de la mesa 3.*
Español de América ▸ emparedado :
*Primero tomaron café, aparecieron algunos **emparedados**, masas frescas de hojaldre, frutas…*

Unidad 8 | Cuídate mucho — ciento treinta y uno | 131

---

2. Antes de realizar la actividad, pregunte a sus estudiantes si conocen todos los nombres de los productos que aparecen en las fotografías *(chocolatina, galletas de chocolate, bollería, patatas fritas, palitos de pan, gominolas, refrescos con azúcar, sándwiches, zumos)*. Pregúnteles si en los lugares que frecuentan habitualmente hay máquinas de este tipo y qué tipo de productos venden.

2.1. - 2.3. Lea el titular y la noticia en voz alta, aclare la dudas, pídales su opinión al respecto y pregúnteles si conocen alguna iniciativa similar. A continuación haga las actividades 2.2 y 2.3. Puede añadir una condición: la lista que hagan tiene que ser saludable. Para elegir la mejor tienen que tener en cuenta dos requisitos: que sea apetitosa y saludable. Lea el cuadro de la RAE y comente con sus estudiantes las variantes léxicas. La palabra *jugo* se refiere en el español de España al líquido de los alimentos: el jugo de la carne, por ejemplo. La palabra *zumo* se usa solo para la fruta.

> Para trabajar estos contenidos, realice las actividades **3** y **4**, p. **46** del *Libro de ejercicios*.

Unidad 8

Palabras

1. Con esta actividad se pretende que los estudiantes relacionen el léxico del cuerpo humano aprendido en el apartado anterior con diferentes productos y objetos. Para ello, explique el ejemplo y anímelos a que utilicen el diccionario para buscar las palabras que no conozcan.
   1. crema antiarrugas: cara; **2.** pendientes: orejas; **3.** jabón: cuerpo/manos; **4.** gorro: cabeza; **5.** bufanda: cuello; **6.** pantalones: piernas; **7.** sandalias: pies; **8.** guantes: manos; **9.** anillo: dedos; **10.** bolso: brazo; **11.** pintalabios: boca; **12.** rímel: ojos; **13.** mochila: espalda; **14.** pañuelo de papel: nariz.

1.1. Como alternativa a la actividad propuesta, pida a las parejas que dibujen en un papel cinco objetos que asocian a cinco partes del cuerpo y que escriban debajo el nombre de los objetos. Después pídales que intercambien sus papeles con otra pareja para que esta escriba las partes del cuerpo con las que creen que sus compañeros han relacionado los dibujos. Cuando terminen, junte a las dos parejas para que comprueben sus hipótesis.

1.2. Diga a sus estudiantes que van a escuchar cuatro conversaciones en las que las personas mencionan diferentes partes del cuerpo. La actividad consiste en anotar todas las partes del cuerpo que se dicen. Ponga el audio, haga una pausa entre conversación y conversación para que puedan escribir y corrija en plenario.
[31]
1. brazos, espalda, manos, cuello; **2.** boca; **3.** mano; **4.** ojos.

2. Pida a sus estudiantes que se fijen en las fotos y que piensen en el estado de ánimo que representan las imágenes según los gestos o la expresión de la cara de las personas que aparecen. Déjeles un tiempo para responder a las preguntas. Pueden usar el diccionario o preguntarle a usted si es necesario. Tras corregir la actividad, centre la atención de sus estudiantes en el cuadro de atención y recuérdeles la diferencia entre carácter y estado de ánimo, y cómo se expresa en español: (mediante el contraste *ser/estar*).
   1. G; **2.** A; **3.** E; **4.** D; **5.** H; **6.** B; **7.** C; **8.** F.

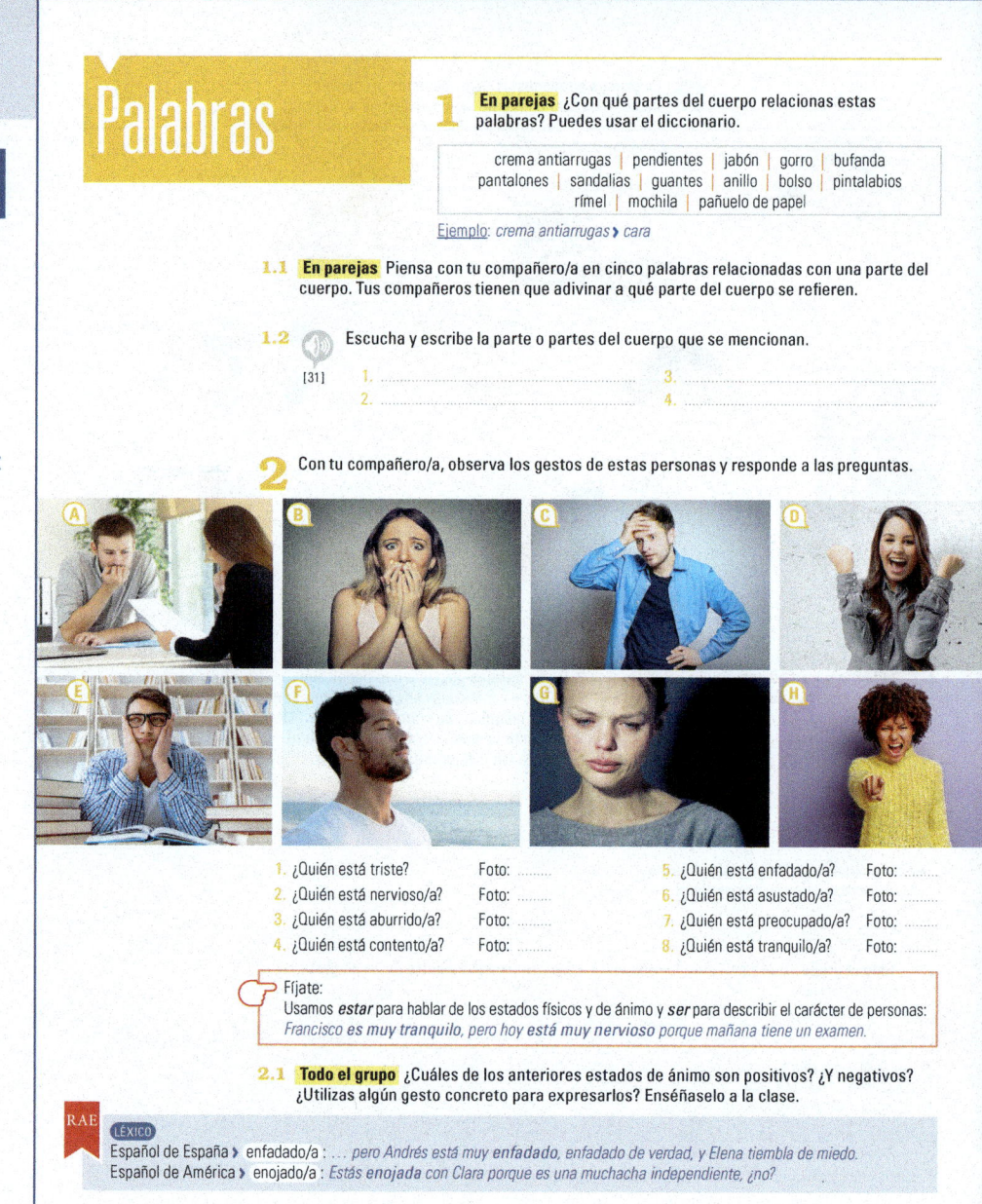

Palabras

1 **En parejas** ¿Con qué partes del cuerpo relacionas estas palabras? Puedes usar el diccionario.

crema antiarrugas	pendientes	jabón	gorro	bufanda
pantalones	sandalias	guantes	anillo	bolso	pintalabios
rímel	mochila	pañuelo de papel

Ejemplo: *crema antiarrugas ▸ cara*

1.1 **En parejas** Piensa con tu compañero/a en cinco palabras relacionadas con una parte del cuerpo. Tus compañeros tienen que adivinar a qué parte del cuerpo se refieren.

1.2 Escucha y escribe la parte o partes del cuerpo que se mencionan.
[31]
1. .... 3. ....
2. .... 4. ....

2 Con tu compañero/a, observa los gestos de estas personas y responde a las preguntas.

1. ¿Quién está triste? Foto: ...... 5. ¿Quién está enfadado/a? Foto: ......
2. ¿Quién está nervioso/a? Foto: ...... 6. ¿Quién está asustado/a? Foto: ......
3. ¿Quién está aburrido/a? Foto: ...... 7. ¿Quién está preocupado/a? Foto: ......
4. ¿Quién está contento/a? Foto: ...... 8. ¿Quién está tranquilo/a? Foto: ......

Fíjate:
Usamos *estar* para hablar de los estados físicos y de ánimo y *ser* para describir el carácter de personas: *Francisco es muy tranquilo, pero hoy está muy nervioso porque mañana tiene un examen.*

2.1 **Todo el grupo** ¿Cuáles de los anteriores estados de ánimo son positivos? ¿Y negativos? ¿Utilizas algún gesto concreto para expresarlos? Enséñaselo a la clase.

RAE LÉXICO
Español de España ▸ enfadado/a: *... pero Andrés está muy enfadado, enfadado de verdad, y Elena tiembla de miedo.*
Español de América ▸ enojado/a: *Estás enojada con Clara porque es una muchacha independiente, ¿no?*

132 | ciento treinta y dos   Unidad 8 | Cuídate mucho

2.1. Después de realizar la actividad, anime a sus estudiantes a que imiten los gestos de las personas que aparecen en la actividad 2. El objetivo es que comparen cada gesto en España con el que se hace en su país, resaltando sus semejanzas y diferencias. Aproveche para señalar la importancia de conocer el lenguaje no verbal para comunicarse en otra lengua. Haga que se fijen en la variante léxica que se menciona en el cuadro de la RAE sobre el adjetivo *enfadado/a*.
Positivos: contento/a, tranquilo/a; **Negativos:** triste, nervioso/a, aburrido/a, enfadado/a, asustado/a, preocupado/a.

3 ¿Qué les pasa a las personas de las imágenes? Completa las frases con estas palabras.

| la espalda | tos | los ojos | fiebre | la cabeza | el estómago | cansado/a |

1. Le duele ....
2. Tiene ....
3. Está ....
4. Le duele ....
5. Le pican ....
6. Le duele ....
7. Tiene ....

3.1 **En parejas** Clasifica las siguientes palabras sobre distintos síntomas de una enfermedad en la tabla. En algunos casos puede haber más de una opción.

| gripe | enfermo/a | tos | la cabeza | bien/mal | los ojos | alergia | dolor de cabeza | malo/a | un oído | cansado/a | fiebre | dolor de espalda | mareado/a | las muelas | la garganta | dolor de estómago | la nariz | vómitos | las piernas | el cuello | mareos | la espalda | los brazos |

Tiene	Le duele/duelen	Le pica/pican	Está/Se siente

- Los verbos *doler* y *picar* se construyen como el verbo *gustar*, en 3.ª persona de singular o plural:
  Le duele la cabeza.   *Le pican los brazos.*
  Son equivalentes a las expresiones *tener dolor de* y *tener picor de*, respectivamente:
  Le duelen los oídos. = Tiene dolor de oídos.
  Le pican los ojos. = Tiene picor de ojos.
- Lo mismo ocurre con verbos específicos como *marearse*, *toser* y *vomitar*:
  Se marea. = Tiene mareos.   *Tose. = Tiene tos.*   *Vomita. = Tiene vómitos.*

3.2 **En parejas** Pregúntale a tu compañero/a cómo se siente en estas situaciones.

¿Cómo te sientes cuando...

no duermes? ....
haces un viaje largo en avión? ....
estás muchas horas sentado/a? ....
andas muchas horas? ....

ves mucho tiempo la tele? ....
llevas muchas horas sin comer? ....
estudias toda la noche? ....
conduces muchas horas? ....

Ejemplo: Cuando no duermo me pican los ojos y me duele la cabeza.

Unidad 8 | Cuídate mucho   ciento treinta y tres | 133

---

3. Pida a sus estudiantes que se fijen en las situaciones que se presentan en las fotografías y que completen las frases con las palabras adecuadas. Antes de comenzar, llame su atención sobre la construcción *me duele* + *la cabeza*; escriba lo siguiente en la pizarra y recalque que en español, cuando hablamos de las partes de nuestro cuerpo, no usamos los posesivos, sino los artículos: *Me duele mi cabeza* > *Me duele la cabeza*. Deje escrita la frase en la pizarra durante la corrección por si es necesario insistir en este tema.
   1. Le duele la cabeza; 2. Tiene tos; 3. Está cansada; 4. Le duele la espalda; 5. Le pican los ojos; 6. Le duele el estómago; 7. Tiene fiebre.

3.1. Tras la corrección, reflexione con sus estudiantes sobre la combinatoria de los verbos seleccionados y las diferentes palabras propuestas en la tabla. Para ello, puede escribir en la pizarra el siguiente esquema:
   - *Tiene* + nombre sin artículo
   - *Le duele/pica* + artículo + nombre singular
   - *Le duelen/pican* + artículo + nombre plural
   - *Está/Se siente* + adjetivo o *bien/mal*

   Por último, explique el uso específico de los verbos siguiendo la explicación del cuadro de atención.
   Tiene gripe, tos, alergia, dolor de cabeza, fiebre, dolor de espalda, dolor de estómago, vómitos, mareos; **Le duele/duelen** la cabeza, los ojos, un oído, las muelas, la garganta, las piernas, el cuello, la espalda, los brazos; **Le pica/pican** los ojos, la garganta, la nariz; **Está/Se siente** enfermo/a, bien/mal, malo/a, cansado/a, mareado/a.

3.2. Actividad de interacción oral en parejas como práctica de los contenidos aprendidos en este apartado. En parejas, los estudiantes, por turnos, se hacen las preguntas propuestas. Recalque que deben utilizar la mayor cantidad de síntomas posibles y así adquirir el léxico presentado.

> Para trabajar estos contenidos, realice las actividades **5 y 6**, p. **47** y **14 y 15**, pp. **49-50** del *Libro de ejercicios*.

Unidad 8 | Cuídate mucho   133

Unidad 8

Gramática

1. Explique la morfología y los usos del imperativo según se indica en el cuadro. Dígales que los verbos irregulares en imperativo parten del presente de indicativo, así que no les resultará difícil aprenderlos. Insista en que la forma *vosotros/as* es siempre regular. En cuanto a la ortografía, preste especial atención a los verbos terminados en *-car*, *-ger*, *-gir*, *-gar* y *-zar*, ya que se producen pequeños cambios ortográficos para respetar la correspondencia entre ortografía y fonética, como se observa en el modelo del verbo *empezar*. Asimismo, comente la pérdida de la *-d-* intervocálica en la forma *vosotros/as* de los verbos reflexivos. En cuanto a los usos, insista en que el imperativo es un modo verbal muy productivo en español y que se puede utilizar en muchos contextos en los que no implica ninguna orden. Por ejemplo, cuando decimos: *Pasa, pasa,* si alguien viene a nuestra casa, es una invitación, o si decimos: *Ve al médico, tienes una tos tremenda,* estamos dando un consejo.

Antes de continuar, deténgase en el cuadro de la RAE, en el que se presentan las formas voseantes del imperativo. Si lo cree conveniente, puede ampliar con la siguiente información:

> Las formas voseantes de imperativo se crearon a partir de la segunda persona del plural, con pérdida de la *-d* final: *tomá* (< *tomad*), *poné* (< *poned*), *escribí* (< *escribid*). Por esta razón, los imperativos voseantes carecen de las irregularidades propias del imperativo de segunda persona del singular de las áreas tuteantes. Así, frente a los irregulares *di, sal, ven, ten, haz, pon, mide, juega, quiere, oye,* etc., en las zonas de voseo se usan *decí, salí, vení, tené, hacé, poné, medí, jugá, queré, oí,* etc.

Gramática

1. Imperativo afirmativo

Usamos el imperativo para **dar instrucciones**, **órdenes** y **consejos**.

- **Verbos regulares**

	Hablar	Beber	Abrir
tú	habla	bebe	abre
usted	hable	beba	abra
vosotros/as	hablad	bebed	abrid
ustedes	hablen	beban	abran

- **Verbos con irregularidades vocálicas**

	Empezar (e > ie)	Volver (o > ue)	Pedir (e > i)
tú	empieza	vuelve	pide
usted	empiece	vuelva	pida
vosotros/as	empezad	volved	pedid
ustedes	empiecen	vuelvan	pidan

Fíjate: Las irregularidades del imperativo son las mismas que las del presente (e > ie, o > ue, e > i) en las formas tú, usted y ustedes.

- **Otros verbos irregulares**

	Ser	Tener	Hacer	Poner
tú	sé	ten	haz	pon
usted	sea	tenga	haga	ponga
vosotros/as	sed	tened	haced	poned
ustedes	sean	tengan	hagan	pongan

	Ir	Venir	Salir	Decir
tú	ve	ven	sal	di
usted	vaya	venga	salga	diga
vosotros/as	id	venid	salid	decid
ustedes	vayan	vengan	salgan	digan

Fíjate: Vosotros/as es siempre regular.

- Algunos verbos sufren cambios ortográficos en las formas de *usted* y *ustedes*. Son los verbos terminados en:
  - **-car**: bus**car** > bus**que**, bus**quen**
  - **-ger**, **-gir**: ele**gir** > eli**ja**, eli**jan**
  - **-gar**: car**gar** > car**gue**, car**guen**
  - **-zar**: empe**zar** > empi**ece**, empi**ecen**

- Los verbos reflexivos en imperativo llevan el pronombre correspondiente detrás del verbo y unido a él: levantarse > levántate, levántese, levantaos, levántense.
  - En los verbos reflexivos, la forma *vosotros/as* pierde la *-d-*: levantados > levantaos.

RAE GRAMÁTICA

- En las zonas voseantes de América, el imperativo tiene una forma propia para la persona vos (*hablá, bebé, abrí, empezá, volvé, elegí, tené, hacé, poné, vení, salí, decí…*): *Empezá vos, por favor./Comé, comé, está muy bueno.*
- El verbo *ir* (imperativo *ve*) no suele utilizarse y se usa *andá* (verbo *andar*): *Andá, que es tarde.*

1.1 Completa las frases con el verbo en imperativo.

[1] .... (Hablar, vosotros) más alto, por favor, que no os oigo bien.

▶ ¿Y qué hago ahora, papá?
▷ Ahora [2] .... (poner, tú) un poco de sal y luego [3] .... (añadir, tú) la salsa de tomate.

[4] .... (Escoger, ustedes) una pareja de baile y [5] .... (practicar, ustedes) el paso nuevo.

Esta noche vamos a cenar fuera. Se queda a dormir la tía, así que [6] .... (ser, tú) buena, [7] .... (portarse, tú) bien y [8] .... (hacer, tú) caso a tu tía.

Ahora [9] .... (girar, tú) en la siguiente calle y [10] .... (ir, tú) despacito. [11] .... (Tener, tú) mucho cuidado en el cruce, que hay mucho tráfico.

[12] .... (Beber, usted) más agua, [13] .... (tomar, usted) las pastillas y [14] .... (volver, usted) dentro de una semana para ver qué tal.

2 Pronombres de objeto directo

- Muchos verbos llevan un complemento (que puede ser una persona o un objeto) llamado **objeto directo**. Cuando este complemento ya se ha mencionado anteriormente, se sustituye por un pronombre. Los pronombres de objeto directo son:

yo	me	nosotros/as	nos
tú	te	vosotros/as	os
él, ella, usted	lo/la	ellos, ellas, ustedes	los/las

Mi amiga Vanessa vive muy cerca de mi casa. La veo todos los días en la calle.

- El objeto directo va normalmente antes del verbo. Sin embargo, con el imperativo, el infinitivo y el gerundio el pronombre de objeto directo siempre se coloca **a continuación** del verbo formando una sola palabra con él:
  Coge el libro y déjalo encima de la mesa, por favor.
  Faltan dos regalos. Tienes que comprarlos hoy.
  Me encanta este libro. Estoy leyéndolo muy deprisa.

2.1 Completa los diálogos con el pronombre adecuado.

1. ▶ ¿Tienes tú las llaves del coche?
   ▷ No, ... tiene tu madre.
2. ▶ ¿Puedes dejarme el diccionario?
   ▷ Claro, cóge........
3. ▶ ¿Cómo quieres el café?
   ▷ .... quiero con leche, por favor.
4. ▶ ¿Tienes ya los regalos de Navidad?
   ▷ No, aún no. Voy a comprar........ hoy.
5. ▶ ¿Me dejas la cámara de fotos?
   ▷ Un momento. Es que ahora estoy usando........
6. ▶ ¿Puedo hacer los deberes mañana?
   ▷ No, haz........ ahora.
7. ▶ ¿Tú llevas gafas?
   ▷ Sí, pero solo .... utilizo para leer.
8. ▶ ¿Tú visitas a tus abuelos?
   ▷ Sí, por supuesto, ... veo una vez al mes.

Unidad 8 | Cuídate mucho   ciento treinta y cinco | 135

1.1. Actividad de práctica controlada sobre el imperativo.
1. Hablad; 2. pon; 3. añade; 4. Escojan; 5. practiquen; 6. sé; 7. pórtate; 8. haz; 9. gira; 10. ve; 11. Ten; 12. Beba; 13. tome; 14. vuelva.

> Para trabajar estos contenidos, realice las actividades 7-10, pp. 48-49 del *Libro de ejercicios*.

2. Explique la forma y los usos de los pronombres de objeto directo según se indica en el cuadro. Llame su atención sobre la posición que ocupan estos pronombres dentro de una oración (bien delante del verbo y separado de este, bien detrás del verbo y unido a él en el caso de los imperativos afirmativos, infinitivos y gerundios). Si lo considera oportuno, comente que, al añadir el pronombre de objeto directo al final de un imperativo, infinitivo o gerundio, esta nueva palabra puede convertirse en esdrújula y llevar tilde *(deja > déjalo, leyendo > leyéndolo…)*.

2.1. Actividad de práctica controlada sobre los pronombres de objeto directo.
1. las; 2. cógelo; 3. Lo; 4. comprarlos; 5. usándola; 6. hazlos; 7. las; 8. los.

> Para trabajar estos contenidos, realice las actividades 11-13, p. 49 del *Libro de ejercicios*.

Unidad 8

Practica en contexto

1 Pida a sus estudiantes que observen la fotografía y pregúnteles por el problema de salud que creen que tiene la mujer. Como lo más probable es que le contesten que tiene gripe o que está resfriada, anímelos a que, en parejas, discutan sobre los síntomas de una y otra enfermedad y las semejanzas y diferencias que creen que hay entre ellas. Si lo ve necesario, paséese por las mesas para solucionar las dudas de léxico que puedan tener sus estudiantes a la hora de describir los síntomas de estas enfermedades. Una vez que hayan llegado a una conclusión, realice la actividad 1.1.

1.1. Lea con sus estudiantes el texto y aclare las dudas léxicas que tengan. A continuación pregúnteles si las hipótesis que han hecho en la actividad anterior coinciden con el texto.
Puede ampliar la actividad preguntándoles si alguna vez han tenido gripe o si han estado resfriados y que describan cómo se sintieron y si tuvieron los síntomas que se indican. Si lo cree oportuno, comente con ellos el falso amigo *constipado/a*, que en español significa 'resfriado/a' y en otras lenguas, como el inglés *(constipated)*, significa 'estreñido/a'.

1.2. Antes de poner el audio, explique a sus estudiantes que van a escuchar una conversación en la que un paciente habla con su médica y le describe los síntomas que tiene. Debe explicar a sus estudiantes que el paciente puede tener gripe o un resfriado, por lo que deberán prestar atención a los síntomas que presenta. Si lo considera necesario, pídales que vuelvan a leer el texto del ejercicio anterior para que tengan claros los síntomas de estas dos enfermedades. Luego ponga el audio y pídales que tomen nota de los síntomas que presenta el paciente. No corrija aún, porque el audio continúa en la actividad 1.3, en la que podrán comprobar su respuesta.
Síntomas: le duele la garganta, tiene tos, le duele el cuerpo (sobre todo le duelen las piernas) y tiene fiebre.

1.3. Ponga el final de la conversación para corregir la actividad 1.2. Pídales también que tomen nota de las recomendaciones que le da la médica al paciente. Después corrija la actividad con todo el grupo.
El paciente tiene gripe. **Recomendaciones de la doctora:** meterse en la cama, descansar, beber mucho líquido, tomar medicamentos para la tos, el dolor y la fiebre.

Practica en contexto

1 **En parejas** ¿Sabes distinguir entre una gripe y un resfriado? ¿Cuáles son los síntomas de cada uno? Coméntalo con tu compañero/a.

1.1. Lee este artículo sobre la gripe y el resfriado, y comprueba tus hipótesis.

¿Gripe o resfriado?

Los síntomas son parecidos. La diferencia principal es que los síntomas del resfriado común normalmente no producen fiebre alta ni dolor corporal ni muscular. La gripe se caracteriza por producir fiebre alta (hasta 41 °C) y aparecer de forma repentina. Además, la gripe suele manifestarse entre noviembre y principios de la primavera, mientras que el resfriado puede hacerlo durante todo el año.

Características de la gripe
Es una enfermedad contagiosa causada por el virus *influenza*.
Síntomas:
- fiebre alta
- dolor intenso de cabeza
- dolor de garganta
- tos seca y congestión nasal
- dolor corporal y muscular
- escalofríos

Características del resfriado
Es la infección respiratoria más frecuente y contagiosa.
Síntomas:
- fiebre leve
- dolor leve de cabeza
- dolor de garganta
- estornudos y tos
- congestión nasal
- picor de ojos y nariz

1.2. Escucha la conversación entre una doctora y un paciente y toma nota de los síntomas. ¿Tiene gripe o está resfriado?

1.3. Ahora escucha el final de la conversación y comprueba tu respuesta. Después escribe las recomendaciones que le da la doctora.

2 **En parejas** Imagina que estás en una consulta de un centro de salud. Representa junto a tu compañero/a las cuatro situaciones propuestas.

Estudiante A

Síntomas: dolor de cabeza, tos seca, fiebre (39 °C) y dolor de cuerpo.

Tu paciente tiene alergia. Tus consejos: tomar medicamentos antihistamínicos, ponerse unas gotas en los ojos y vacunarse.

Síntomas: dolor de garganta, dolor al comer y fiebre.

Tu paciente tiene una contractura muscular. Tus consejos: ir a un fisioterapeuta, hacer estiramientos, tomar medicamentos para el dolor.

Estudiante B

Tu paciente tiene gripe. Tus consejos: descansar, tomar medicamentos para la fiebre y el dolor y beber muchos líquidos.

Síntomas: picor de ojos y nariz, estornudos y cansancio.

Tu paciente tiene faringitis. Tus consejos: beber mucha agua o líquidos, tomar medicamentos, tomar caramelos de miel y mantener el ambiente húmedo en casa.

Síntomas: dolor de espalda y no dormir bien.

---

2. Agrupe a sus estudiantes en parejas y asígneles un papel (A o B). Después explíqueles que van a representar tanto el papel de un médico como el de un paciente en un centro de salud. A continuación deles unos minutos para leer las situaciones y pensar en su papel, y luego pídales que lo representen. Recuérdeles que el contexto es formal, por lo que deberán utilizar la forma *usted* del imperativo. Pasee por las mesas mientras sus estudiantes representan las situaciones y aproveche para corregir los errores y solucionar las dudas que puedan tener.

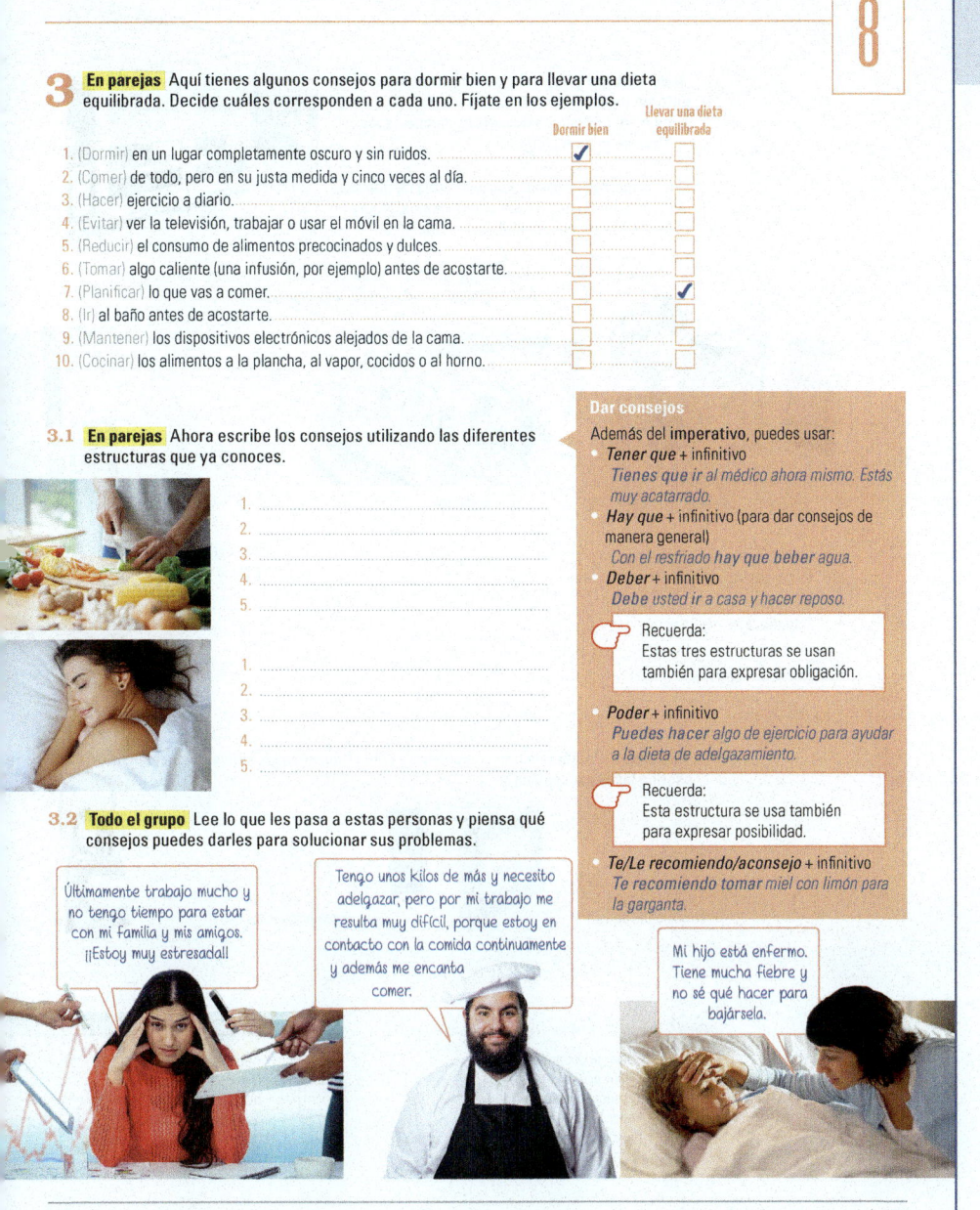

3 En parejas
Aquí tienes algunos consejos para dormir bien y para llevar una dieta equilibrada. Decide cuáles corresponden a cada uno. Fíjate en los ejemplos.

	Dormir bien	Llevar una dieta equilibrada
1. (Dormir) en un lugar completamente oscuro y sin ruidos.	✓	
2. (Comer) de todo, pero en su justa medida y cinco veces al día.		
3. (Hacer) ejercicio a diario.		
4. (Evitar) ver la televisión, trabajar o usar el móvil en la cama.		
5. (Reducir) el consumo de alimentos precocinados y dulces.		
6. (Tomar) algo caliente (una infusión, por ejemplo) antes de acostarte.		
7. (Planificar) lo que vas a comer.		✓
8. (Ir) al baño antes de acostarte.		
9. (Mantener) los dispositivos electrónicos alejados de la cama.		
10. (Cocinar) los alimentos a la plancha, al vapor, cocidos o al horno.		

3.1 En parejas
Ahora escribe los consejos utilizando las diferentes estructuras que ya conoces.

1.
2.
3.
4.
5.

1.
2.
3.
4.
5.

Dar consejos

Además del **imperativo**, puedes usar:
- **Tener que** + infinitivo
  Tienes que ir al médico ahora mismo. Estás muy acatarrado.
- **Hay que** + infinitivo (para dar consejos de manera general)
  Con el resfriado hay que beber agua.
- **Deber** + infinitivo
  Debe usted ir a casa y hacer reposo.

☞ Recuerda:
Estas tres estructuras se usan también para expresar obligación.

- **Poder** + infinitivo
  Puedes hacer algo de ejercicio para ayudar a la dieta de adelgazamiento.

☞ Recuerda:
Esta estructura se usa también para expresar posibilidad.

- **Te/Le recomiendo/aconsejo** + infinitivo
  Te recomiendo tomar miel con limón para la garganta.

3.2 Todo el grupo
Lee lo que les pasa a estas personas y piensa qué consejos puedes darles para solucionar sus problemas.

Últimamente trabajo mucho y no tengo tiempo para estar con mi familia y mis amigos. ¡¡Estoy muy estresada!!

Tengo unos kilos de más y necesito adelgazar, pero por mi trabajo me resulta muy difícil, porque estoy en contacto con la comida continuamente y además me encanta comer.

Mi hijo está enfermo. Tiene mucha fiebre y no sé qué hacer para bajársela.

---

3. Pídales que trabajen de manera individual y que, en parejas, comparen sus respuestas justificándolas si es necesario.
Dormir bien: 1, 4, 6, 8, 9; **Llevar una dieta equilibrada:** 2, 3, 5, 7, 10.

3.1. Antes de realizar la actividad, explique el cuadro de la banda lateral, en el que se recuerdan las diferentes estructuras para expresar obligación y necesidad, y para dar consejos.
Posible respuesta:
Para dormir bien…
– tienes que dormir en un lugar completamente oscuro y sin ruidos;
– hay que evitar ver la televisión, trabajar o usar el móvil en la cama;
– puedes tomar algo caliente (una infusión, por ejemplo) antes de acostarte;
– debes ir al baño antes de acostarte;
– mantén los dispositivos electrónicos alejados de la cama.

Para llevar una dieta equilibrada…
– debes comer de todo, pero en su justa medida y cinco veces al día;
– haz ejercicio a diario;
– hay que reducir el consumo de alimentos precocinados y dulces;
– tienes que planificar lo que vas a comer;
– te recomiendo cocinar los alimentos a la plancha, al vapor, cocidos o al horno.

3.2. Lea en voz alta los problemas que plantea cada uno de los personajes de las fotografías y pídales que piensen en algún consejo para ayudarlos con su problema. Recuérdeles que no pueden usar la estructura *hay que* + infinitivo, puesto que esta se utiliza para dar consejos de manera impersonal. Si quiere ampliar la actividad, utilice la **proyección 30**.

Posible respuesta:
1. Cambia de trabajo, haz yoga, trabaja menos, haz deporte…; **2.** Tienes que hacer una dieta, comer antes de ir a trabajar, hacer ejercicio…;
3. Debes llevarlo al médico, darle medicamentos, bañarlo en agua templada…

Dar consejos
[30]

Ponga la proyección y pida a sus estudiantes que, en parejas, piensen en los consejos que podrían dar a las personas que aparecen en las fotografías. Luego haga una puesta en común y corrija y comente lo que crea necesario.
Posible respuesta:
1. Te recomiendo tomar una infusión o leche caliente antes de acostarte; **2.** Haz un curso de formación y actualiza tu currículum; **3.** Puedes practicar tu español con otros estudiantes; **4.** Tienes que visitar la capital y las ciudades principales; **5.** Túmbate y pon los pies en alto; **6.** Sal a dar un paseo para relajarte y luego ponte a repasar.

Unidad 8

4. Pregunte a sus estudiantes por el tipo de máquinas que hay en su entorno más cercano. Luego pídales que digan algunas instrucciones que se dan en estas máquinas. Recuérdeles que los verbos suelen ir en imperativo cuando se dan instrucciones.

4.1. Pida a sus estudiantes que completen las instrucciones que faltan y que escriban el nombre de las máquinas que se presentan. Pregúnteles si los verbos están en la forma *tú* o *usted*. Luego coménteles que es habitual encontrar la forma *usted* en las instrucciones de las máquinas y en los manuales de instrucciones.
1. Teclee su número PIN; **2.** Retire la tarjeta. Es un cajero automático.
3. Meta la ropa; **4.** Elija el programa de lavado. Es una lavadora.
5. Seleccione la bebida; **6.** Retire la bebida. Es una máquina de café.

4.2. Ponga a sus estudiantes a trabajar en parejas y asígneles un papel (A o B). A continuación pídales que lean su información y que transformen el infinitivo en imperativo para, posteriormente, darle las instrucciones a su pareja, que deberá escribirlas para completar las instrucciones de uso de la máquina. Por último, haga la corrección con todo el grupo. Si lo considera oportuno, plantee como actividad de ampliación la elaboración de un videotutorial en el que se graben dando instrucciones de uso de una máquina que tengan en casa (horno, máquina de refrescos, impresora, lavavajillas…). Luego pueden subirlo a una plataforma de vídeos en internet y proyectarla en clase al día siguiente.
Estudiante A: 1. Pulsa/Pulse el botón de encendido; **2.** Llena/Llene el depósito de agua; **3.** Introduce/Introduzca la cápsula; **4.** Pon/Ponga la taza; **5.** Selecciona/Seleccione el tipo de café (corto o largo).
Estudiante B: 1. Abre/Abra la puerta; **2.** Mete/Meta el alimento; **3.** Selecciona/Seleccione la temperatura; **4.** Selecciona/Seleccione el tiempo; **5.** Pulsa/Pulse el botón de encendido.

> Para trabajar estos contenidos, realice las actividades **16** y **17**, p. **50** del *Libro de ejercicios*.

5 Fíjate en las siguientes imágenes y marca si la persona pide un objeto, pide un favor o pide permiso.

① ¿Puedes ayudarme a llevar estas cajas? Es que pesan mucho.
② ¿Puedo cerrar la ventana? Es que estoy resfriada.
③ ¿Me dejas el cargador? Tengo que cargar la batería.
④ ¿Puedo coger una manzana? Es que tengo mucha hambre.

	Imagen 1	Imagen 2	Imagen 3	Imagen 4
Pide un objeto.	☐	☐	☐	☐
Pide un favor.	☐	☐	☐	☐
Pide permiso.	☐	☐	☐	☐

5.1 En parejas Lee estas situaciones y represéntalas con tu compañero/a según la instrucción dada.

Estudiante A

1. Estás en casa de un/a amigo/a. Tienes mucha sed y quieres beber agua.
2. Tu amigo/a necesita un euro para comprar una bebida. Tú no tienes dinero.
3. Tu compañero/a de piso está viendo la tele con el volumen muy alto y tú quieres estudiar.
4. Trabajas en una oficina y una persona te pregunta si puede usar el servicio. Tú aceptas.
5. Trabajas en una biblioteca y tienes que colocar muchos libros en las estanterías. Pide ayuda a tu compañero/a.

Estudiante B

1. Tú y tu amigo/a estáis en tu casa. Tu amigo/a quiere un vaso de agua. Tú aceptas.
2. Quieres sacar un refresco de una máquina de venta automática, pero no tienes monedas. Pide un euro a tu amigo/a.
3. Estás viendo la tele con unos amigos. Tu compañero/a de piso te pregunta si puedes bajar el volumen porque quiere estudiar. Tú aceptas.
4. Estás esperando para hacer una entrevista de trabajo y necesitas ir al servicio porque estás nervioso/a. Pide permiso al recepcionista para ir al servicio.
5. Trabajas en una biblioteca. Tu compañero/a te pide ayuda con los libros. Tú no aceptas porque estás atendiendo al público.

Pedir un favor
- (Por favor,) ¿Puede(s) + infinitivo?
  Por favor, ¿puedes ayudarme a hacer los deberes?

Pedir un objeto
- (Por favor,) ¿Tiene(s) + nombre?
- (Por favor,) ¿Me da(s)/deja(s)/presta(s) + nombre?
  ¿Me prestas un bolígrafo, por favor?

Pedir permiso
- ¿Puedo + infinitivo?
  ¿Puedo ir al servicio?

Aceptar una petición
- Sí, claro./por supuesto.
- Sí, + imperativo
  ▶ ¿Puedo entrar?
  ▷ Sí, pasa, pasa.

👉 **Fíjate:** Es habitual repetir el imperativo para conceder permiso.

Denegar una petición
- No, lo siento, es que...
  ▶ ¿Me dejas el diccionario? Es que el mío está en casa.
  ▷ No, lo siento, es que estoy usándolo yo ahora.

👉 **Fíjate:** Es muy habitual dar una excusa o una justificación cuando no aceptamos una petición y cuando pedimos algo.

Unidad 8 | Cuídate mucho — ciento treinta y nueve | 139

Unidad 8

Cultura

1. y **1.1.** Pida a sus estudiantes que observen la fotografía y que se fijen en los productos que aparecen en ella (verduras, aceite de oliva, legumbres, pescado, frutos secos, especias, hierbas aromáticas…). Después pregunte a sus estudiantes si saben qué es la dieta mediterránea y pídales que elaboren en parejas una lista con los productos que es aconsejable consumir. Para comprobar su respuesta pídales que lean el texto de la actividad 1.1. A continuación ponga la proyección 32.

La dieta mediterránea
[32]

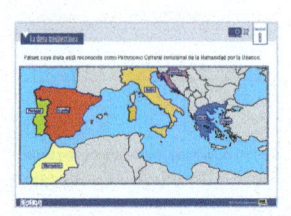

Para situar geográficamente a sus estudiantes en el área de la dieta mediterránea, proyecte el mapa e indique en líneas generales los países bañados por el mar Mediterráneo. Luego explíqueles que solo son siete los países cuya dieta está reconocida por la Unesco como Patrimonio Cultural Inmaterial de la Humanidad y que Portugal está incluido en la lista de países aunque no esté bañado por el Mediterráneo.

La dieta mediterránea

1 **En parejas** ¿Sabes qué es la dieta mediterránea? Haz con tu compañero/a una lista de los alimentos que hay que consumir en esta dieta.

1.1 Lee el artículo y comprueba tus hipótesis.

¿Qué es?
Es una valiosa herencia cultural que representa mucho más que una dieta nutricional rica y saludable. Es un estilo de vida equilibrado que recoge recetas, formas de cocinar, celebraciones, costumbres, productos típicos y actividades humanas diversas. Se da en los países de la cuenca mediterránea, especialmente en Chipre, Croacia, España, Grecia, Italia, Marruecos y Portugal.

¿Qué beneficios tiene?
Entre las muchas propiedades beneficiosas que esta dieta tiene para la salud, destaca el tipo de grasa que la caracteriza (aceite de oliva, pescado y frutos secos), las proporciones en los nutrientes principales de sus recetas (cereales y vegetales como base de los platos) y la riqueza en micronutrientes que contiene debido a la utilización de verduras de temporada, hierbas aromáticas y condimentos.

La dieta mediterránea es Patrimonio Cultural Inmaterial de la Humanidad desde 2013.

Adaptado de https://dietamediterranea.com

10 CONSEJOS BÁSICOS

1. Utiliza el **aceite** de oliva como grasa principal.

2. Consume alimentos de **origen vegetal** en abundancia: frutas, verduras y frutos secos.

3. El **pan**, la **pasta** y el **arroz** tienen que formar parte de la alimentación diaria.

4. Los alimentos **poco procesados**, frescos y de temporada son los más adecuados.

5. Consume todos los días **productos lácteos**, principalmente yogur y quesos.

6. Come **carne roja** con moderación (mejor en guisos) y las carnes procesadas en cantidades pequeñas (en bocadillos).

7. Consume **pescado** en abundancia y **huevos** con moderación (3 o 4 a la semana).

8. Toma **fruta fresca** de postre y consume dulces y pasteles ocasionalmente.

9. Bebe **agua** (debes tomar entre 1.5 y 2 l al día).

10. Realiza **actividad física** todos los días.

Para ampliar los conocimientos sobre esta dieta proponemos una actividad de producción escrita sobre los principales beneficios que aporta. Primero, haga una lluvia de ideas sobre las ventajas que creen que tiene seguir esta dieta y el porqué.

La dieta mediterránea es una fuente inagotable de beneficios para nuestro organismo, ya que se basa en la ingesta de alimentos naturales como frutas, verduras, legumbres, cereales, aceite de oliva como fuente de grasa, pescado y, en cantidades más moderadas, las carnes de aves, los huevos y los lácteos.

Después escriba en la pizarra lo siguiente: *obesidad, diabetes, enfermedades cardiovasculares, memoria* y *fracturas óseas*.

Divídalos en grupos pequeños y pídales que busquen información en internet sobre uno o varios de los problemas de salud anteriores, dependiendo del número de estudiantes que conformen la clase. Si quiere acotar la búsqueda, dígales que escriban en el buscador "Los cinco beneficios de la dieta mediterránea". Los estudiantes, después de la búsqueda, deben escribir un texto en el que se expliquen las razones por las que la dieta mediterránea es beneficiosa para prevenir o curar el problema de salud elegido. Cuando hayan terminado, corrija los textos y pídales que hagan una exposición oral a fin de compartir la información con sus compañeros.

2 **En grupos pequeños** Elabora con tus compañeros un menú para un día siguiendo las recomendaciones de la dieta mediterránea. Tienes que hacer un menú completo: desayuno, media mañana, comida, merienda y cena.

Pirámide de la dieta mediterránea

Semanal
- dulces ≤ 2 raciones
- patatas ≤ 3 raciones
- carne roja < 2 raciones
- carnes procesadas ≤ 1 ración
- carne blanca = 2 raciones
- pescado/marisco = 2 raciones
- legumbres ≥ 2 raciones

Cada día
- lácteos 2 raciones
- frutos secos/semillas/aceitunas ≤ 2 raciones
- hierbas/especias/ajo/cebolla

En las comidas principales
- frutas 1-2 raciones
- verduras ≥ 2 raciones
- aceite de oliva
- pan/pasta/arroz/cuscús/otros cereales 1-2 raciones

Actividad física diaria · Descanso adecuado · Agua e infusiones de hierbas · Productos de temporada, locales y respetuosos con el medioambiente

3 **Todo el grupo** ¿Cómo es tu alimentación? ¿Sigues la dieta mediterránea?

---

2. Antes de realizar la actividad, lea con sus estudiantes los diez consejos básicos para llevar una dieta mediterránea adecuada y, después, explique la pirámide nutricional y resuelva las dudas que pudieran tener. A continuación distribuya a sus estudiantes en pequeños grupos y pídales que elaboren un menú completo de cinco comidas para un día (desayuno, media mañana, comida, merienda y cena) siguiendo la pirámide nutricional de la dieta mediterránea. Por último, pida a los grupos que presenten sus propuestas. Si son muchos estudiantes, puede proponerles que hagan un menú para una semana; en este caso, tendrían que ponerse de acuerdo previamente para cumplir con las raciones semanales recomendadas en la pirámide. En internet puede encontrar diferentes menús y recetas basados en la dieta mediterránea si quiere ofrecerles un modelo.

3. Tras la actividad en pequeños grupos, haga una puesta en común con toda la clase para conocer los hábitos alimentarios de sus estudiantes y concienciarlos sobre lo importante que es llevar una alimentación sana.

Puede realizar esta actividad complementaria sobre los alimentos nocivos para la salud.
Para empezar, pídales que le expliquen qué es un alimento nocivo.
Es un alimento que produce efectos inaceptables para la salud de la persona que lo consume o sus descendientes. Es el que nos provoca algún tipo de efecto negativo, ya sea de forma inmediata o tras ingestas repetidas.
Luego escriba las siguientes palabras en la pizarra y pídales que busquen su definición. Haga una puesta en común para corregir y aclarar dudas.
Grasa saturada: es un tipo de grasa alimenticia que se encuentra en los alimentos de origen animal, como las carnes, los embutidos o la leche y sus derivados; **Nitrato:** sal muy nociva para la salud. Se emplea en la industria; **Sodio:** es un mineral muy importante para mantener la presión arterial. El sodio también se necesita para que los nervios, los músculos y otros tejidos corporales trabajen apropiadamente. Tomado en gran cantidad es muy nocivo; **Edulcorante:** sustancia, natural o artificial, que sirve para dotar de sabor dulce a un alimento o producto. Los edulcorantes podrían ser factores de riesgo para el cáncer, la esclerosis múltiple y otras enfermedades; **Conservante:** sustancia utilizada como aditivo alimentario que, añadida a los alimentos, detiene el deterioro causado por la presencia de diferentes tipos de microorganismos (bacterias, levaduras y mohos). A largo plazo pueden causar cáncer, diabetes o hipertensión; **Hidratos de carbono:** los hidratos de carbono, carbohidratos, glúcidos o sacáridos son las sustancias orgánicas compuestas por hidrógeno, oxígeno y carbono; consumidos en exceso, provocan obesidad e, incluso, diabetes.
Por último, pídales que, en grupos, busquen en internet cinco alimentos nocivos para la salud, a fin de presentarlos en clase, explicando el porqué e ilustrando con imágenes su exposición. Puede ponerles el siguiente ejemplo para que tengan un modelo:
Bollería industrial: apenas aporta nutrientes, tiene un alto contenido en azúcar. Son muy ricos en precursores del colesterol malo (LDL) y además son adictivos.

Para trabajar estos contenidos, realice las actividades **20** y **21**, p. **51** del *Libro de ejercicios*.

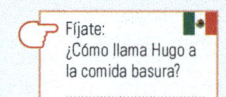

Unidad 8

Vídeo

1. Pida a sus estudiantes que observen la foto y que hagan hipótesis sobre el estado anímico de los personajes que aparecen en ella. Dígales que utilicen los adjetivos del cuadro y adviértales de que hay uno que no es adecuado a la situación.
Posible respuesta:
Hugo está preocupado; Tere está enferma; Carla está tranquila; Leo está nervioso.
El adjetivo que no es adecuado a la situación es *contento/a*.

2. Pídales que, en parejas, hagan una hipótesis sobre el contenido del vídeo que van a ver. Después haga una puesta en común para ver si coinciden.

3. Déjeles que lean las preguntas, ponga el fragmento 00:30 ○ 02:00 y dé algunos minutos para que contesten a las preguntas. Luego pídales que comparen sus respuestas con su compañero/a.
1. Le duele el estómago porque esta mañana ha comido tres o cuatro bolsas de patatas fritas en la universidad; 2. Normalmente toma comida basura; 3. No come ni fruta ni verdura.
Hugo llama a la comida basura *comida chatarra*.

3.1. Explique a sus estudiantes que van a ver un fragmento en el que Carla y Hugo le dan consejos a Leo para llevar una alimentación saludable. Pídales que lean las opciones que se dan y que marquen quién creen que dice cada frase. Para ello se tienen que fijar en la variedad de lengua que usan. A continuación pase el fragmento 01:22 ○ 02:00 y pídales que comprueben sus respuestas.
Hugo: No debes comer eso; Tienes que comer más proteínas y sobre todo mucha verdura. **Carla:** Tenés que alimentarte bien; En serio, hacele caso a Hugo; ¡No podés comer solo papas fritas!; Vos hacenos caso y comé bien.

3.2. Vuelva a leer las frases de Carla y haga que sus estudiantes se fijen en la forma que presentan los verbos *(tenés, hacele, podés, vos hacenos, comé)*. Recuerde a sus estudiantes el fenómeno del voseo (puede remitirles al cuadro de la RAE del apartado "Gramática"). Como actividad de ampliación, puede sugerirles que transformen esas formas a *tú*, que es la que utiliza Hugo, ya que, al ser mexicano, no es voseante.
La forma *vos* en los verbos; Voseo; Argentina, Uruguay y Paraguay, principalmente; Informal.

8

4 **Todo el grupo** Visiona el fragmento 02:00 ▶ 03:23 sin sonido. ¿Qué crees que le pasa a Tere? ¿Qué síntomas tiene?

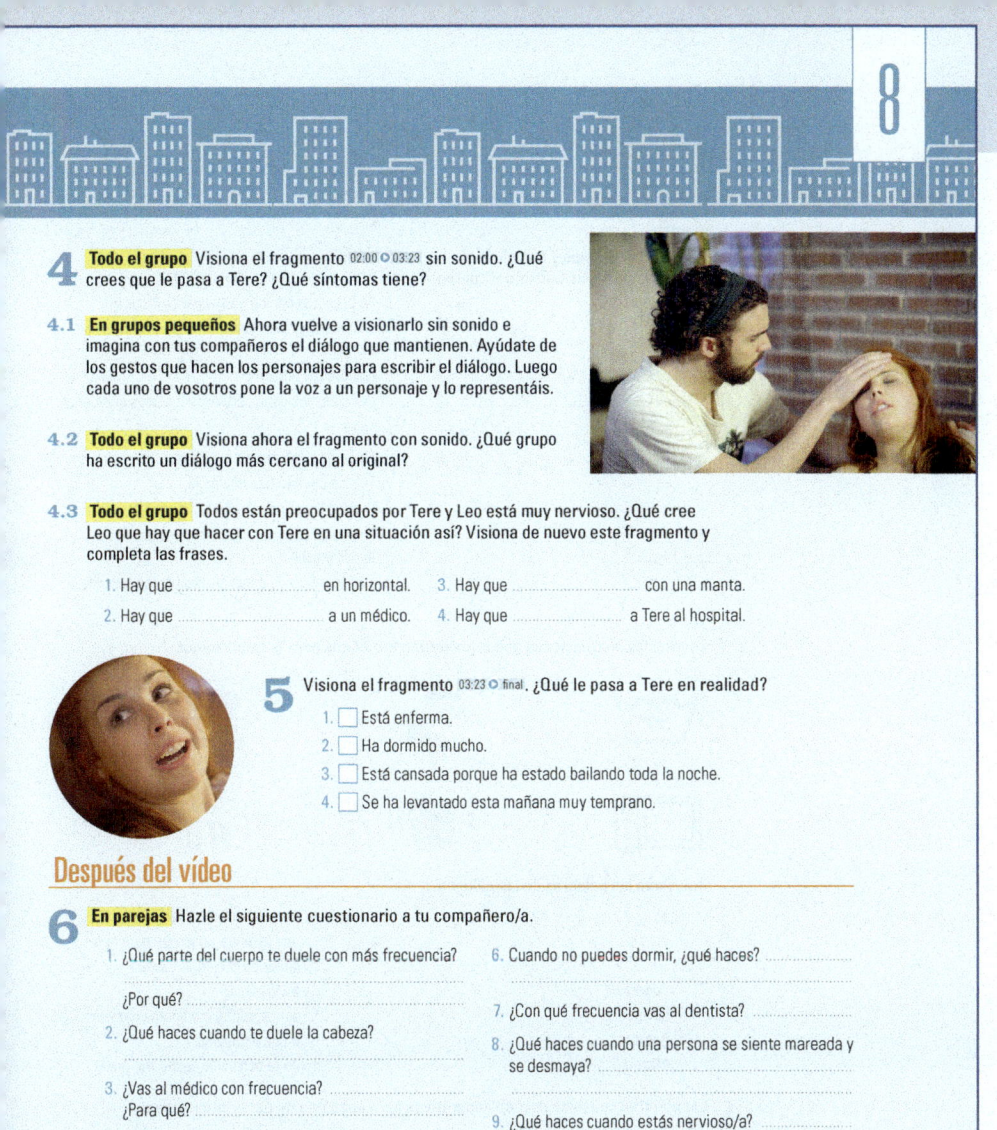

4.1 **En grupos pequeños** Ahora vuelve a visionarlo sin sonido e imagina con tus compañeros el diálogo que mantienen. Ayúdate de los gestos que hacen los personajes para escribir el diálogo. Luego cada uno de vosotros pone la voz a un personaje y lo representáis.

4.2 **Todo el grupo** Visiona ahora el fragmento con sonido. ¿Qué grupo ha escrito un diálogo más cercano al original?

4.3 **Todo el grupo** Todos están preocupados por Tere y Leo está muy nervioso. ¿Qué cree Leo que hay que hacer con Tere en una situación así? Visiona de nuevo este fragmento y completa las frases.

1. Hay que .... en horizontal.
2. Hay que .... a un médico.
3. Hay que .... con una manta.
4. Hay que .... a Tere al hospital.

5 Visiona el fragmento 03:23 ▶ final. ¿Qué le pasa a Tere en realidad?
1. ☐ Está enferma.
2. ☐ Ha dormido mucho.
3. ☐ Está cansada porque ha estado bailando toda la noche.
4. ☐ Se ha levantado esta mañana muy temprano.

Después del vídeo

6 **En parejas** Hazle el siguiente cuestionario a tu compañero/a.

1. ¿Qué parte del cuerpo te duele con más frecuencia? ¿Por qué?
2. ¿Qué haces cuando te duele la cabeza?
3. ¿Vas al médico con frecuencia? ¿Para qué?
4. ¿Qué haces cuando tienes fiebre?
5. ¿Tienes alergia a algún alimento? ¿A cuál?
6. Cuando no puedes dormir, ¿qué haces?
7. ¿Con qué frecuencia vas al dentista?
8. ¿Qué haces cuando una persona se siente mareada y se desmaya?
9. ¿Qué haces cuando estás nervioso/a?
10. ¿Llevas una dieta equilibrada? ¿Qué tomas a diario?

Unidad 8 | Cuídate mucho — ciento cuarenta y tres | 143

---

4. Reproduzca el fragmento 02:00 ▶ 03:23 sin sonido y pida a sus estudiantes que comenten los síntomas que creen que tiene Tere basándose en sus gestos y en los del resto de los personajes.
Posible respuesta:
Le duele el estómago; Le duele el cuerpo; Se siente mal; Tiene fiebre; Le duele la garganta.

4.1. Distribuya a sus estudiantes en grupos de cuatro y después vuelva a poner el fragmento sin sonido para que sus estudiantes escriban los diálogos de la situación. Cuando hayan finalizado, pídales que representen los diálogos ante la clase. Aproveche la actividad para trabajar la gestualidad, la pronunciación y la entonación durante la representación.

4.2. Pase el fragmento con volumen para comprobar sus respuestas y elegir el diálogo más ajustado a lo que ocurre realmente.

4.3. Reproduzca de nuevo el fragmento para que completen las frases. El objetivo es poner en práctica el uso de la perífrasis de obligación más los pronombres personales.
1. ponerla; 2. llamar/avisar; 3. taparla; 4. llevar.

5. Una vez corregida esta actividad, ponga el final del episodio 03:23 ▶ final para averiguar qué le pasa en realidad a Tere.
3. Está cansada porque ha estado bailando toda la noche.
Para finalizar esta parte, puede poner el capítulo completo y pedirle a un estudiante que haga un resumen del argumento.

6. Agrupe a sus estudiantes en parejas y pídales que se hagan el cuestionario mutuamente. Paséese por la clase y asegúrese de que la interacción es adecuada. Ayúdelos si lo necesitan. Para finalizar haga una puesta en común sobre las respuestas que cada uno ha dado.

Unidad 8 | Cuídate mucho   143

Unidad 8

Evaluación

1.

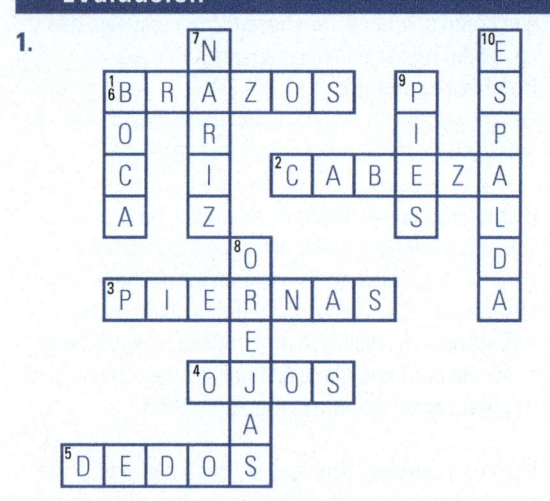

Crucigrama:
- 1/6 horizontal: BRAZOS
- 2 horizontal: CABEZA
- 3 horizontal: PIERNAS
- 4 horizontal: OJOS
- 5 horizontal: DEDOS
- 6 vertical: BOCA
- 7 vertical: NARIZ
- 8 vertical: OREJA
- 9 vertical: PIES
- 10 vertical: ESPALDA

2. Posible respuesta:
1. Lave la ropa a 30 ºC; **2.** Cierre el grifo; **3.** Escriba su contraseña; **4.** Caliente la comida en el microondas; **5.** Agite la botella antes de usar; **6.** Tire los papeles a la papelera.

3. 1. e; 2. f; 3. b; 4. a; 5. c; 6. g; 7. d.

4. Posible respuesta:
Hacer bien una entrevista de trabajo:
Sé puntual.
Ve correctamente vestido/a y contesta a todas las preguntas.
Muestra mucho interés por el puesto de trabajo.

Llevarte bien con tus compañeros de piso:
Respeta a todos tus compañeros.
Ayúdales si lo necesitan.
Participa en todas las actividades.

Evaluación

1 Lee las definiciones y completa el crucigrama con las partes del cuerpo.

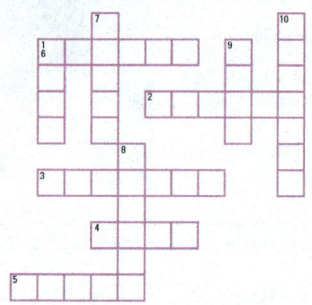

(Horizontal)
1. Los mueves mucho cuando nadas.
2. Te la cubres con un gorro cuando hace frío.
3. Las mueves continuamente cuando montas en bicicleta.
4. Los utilizas para ver.
5. Los niños los usan para decir los años que tienen.

(Vertical)
6. La abres y la cierras para comer.
7. Te pica cuando tienes alergia.
8. Puedes llevar pendientes en ellas.
9. Te duelen cuando llevas zapatos cerrados y andas mucho.
10. Te duele cuando estás mucho tiempo sentado/a.

2 Escribe las instrucciones que representan los iconos para la forma *usted*.

3 Relaciona las palabras de las columnas.

1. Ir…
2. Llamar…
3. Tomar…
4. Ponerse…
5. Lavarse…
6. Beber…
7. Meterse…

a. una crema/una tirita.
b. una aspirina/un jarabe para la tos.
c. la herida con agua y jabón.
d. en la cama.
e. al hospital/al médico/a urgencias.
f. a una ambulancia.
g. un té con limón/leche con miel.

4 Escribe tres consejos usando imperativos para cada una de estas situaciones.

Hacer bien una entrevista de trabajo	Llevarte bien con tus compañeros de piso

144 | ciento cuarenta y cuatro

Unidad 8 | Cuídate mucho

5 Lee los siguientes mensajes y relaciónalos con las imágenes.

1. ☐ Por favor, apaguen sus teléfonos móviles, la función va a empezar.
2. ☐ Coja número y espere su turno.
3. ☐ Al salir, tengan cuidado con las puertas.
4. ☐ Lea las instrucciones y, en caso de duda, consulte con su farmacéutico.
5. ☐ ¿Te queda poca batería? Carga aquí tu móvil.
6. ☐ Vamos, chicos, subid despacio y en orden.

6 Completa estas frases con el imperativo y el pronombre de objeto directo adecuados.

1. ¿Puedo usar tu móvil? Sí, ... (tomar, tú).
2. ¿Podemos abrir las ventanas? Sí, ... (abrir, vosotros).
3. ¿Puedo poner la tele? Sí, ... (poner, tú).
4. ¿Puedes dejarme los auriculares? Claro, ... (coger, tú).

6.1 Ahora escribe los imperativos anteriores en las formas *usted* y *ustedes*.

1. .... 3. ....
2. .... 4. ....

7 Completa las frases según tus reacciones.

1. Cuando estoy nervioso/a, *muevo los pies.*
2. Cuando estoy triste, ...
3. Cuando estoy contento/a, ...
4. Cuando estoy preocupado/a, ...
5. Cuando estoy aburrido/a, ...
6. Cuando estoy cansado, ...

8 Vuelve a leer el texto de la dieta mediterránea y contesta a las preguntas.

1. ¿Qué alimentos tienes que comer en las comidas principales del día?
2. ¿Cuál de estos alimentos no hay que comer todos los días?
   ☐ queso   ☐ frutos secos   ☐ pescado   ☐ cebolla
3. ¿Cuántas veces a la semana puedes comer legumbres?
4. ¿Cuántas veces a la semana se puede comer carne roja?
5. ¿Puedes comer dulces?
6. ¿Qué bebida es recomendable tomar?

9 ¿Crees que has aprendido muchas cosas en esta unidad? Escribe…

1. tres palabras relacionadas con la dieta mediterránea: ....;
2. tres palabras del cuerpo humano: ....;
3. tres imperativos irregulares: ....;
4. tres enfermedades: ....;
5. tres síntomas: ....;
6. tres estados de ánimo: ....

---

5. 1. D; 2. F; 3. E; 4. C; 5. A; 6. B.

6. 1. tómalo; 2. abridlas; 3. ponla; 4. cógelos.

6.1. 1. tómelo, tómenlo; 2. ábranlas, ábrala; 3. póngala, pónganla; 4. cójalos, cójanlos.

7. Posible respuesta:
1. … muevo los pies; 2. … como chocolate; 3. … salgo con mis amigos; 4. … doy un paseo por el parque; 5. … veo películas; 6. … me tumbo en la cama.

8. 1. Cereales, aceite, frutas y verdura; 2. pescado; 3. Dos o tres veces a la semana; 4. Una o dos veces a la semana; 5. Sí, pero una o dos veces a la semana; 6. Agua o infusiones de hierbas.

9. Posible respuesta:
1. verdura, cereales, aceite de oliva; 2. brazo, pierna, ojo; 3. ven, ten, haz; 4. gripe, resfriado, faringitis; 5. picor de ojos, dolor de garganta, fiebre; 6. nervioso/a, preocupado/a, enfadado/a.

Unidad 9

Unidad 9 Experiencias vividas

¿Alguna vez has montado en un globo aerostático?

¿Qué cosas interesantes te han pasado este año?

¿Has salido este fin de semana? ¿A dónde?

¿Qué productos compras habitualmente en el supermercado? ¿Cómo están envasados?

¿Conoces Panamá? ¿Sabes dónde está? ¿Para qué sirve el canal de Panamá?

Experiencias vividas

Lea en voz alta el título de la unidad, *Experiencias vividas*, y pregunte a sus estudiantes si alguna vez han montado en un globo aerostático como los que se ven en la fotografía central. También puede preguntarles si reconocen el lugar donde están las chicas de esta fotografía (Capadocia, Turquía). A continuación siga con el resto de las preguntas propuestas para motivarlos y activar los conocimientos previos que tengan sobre los temas propuestos. Para terminar, se puede hablar de Panamá, sobre el país y su situación geográfica, así como destacar la importancia del canal. Si están interesados, pueden buscar información en internet.

En esta unidad vas a...

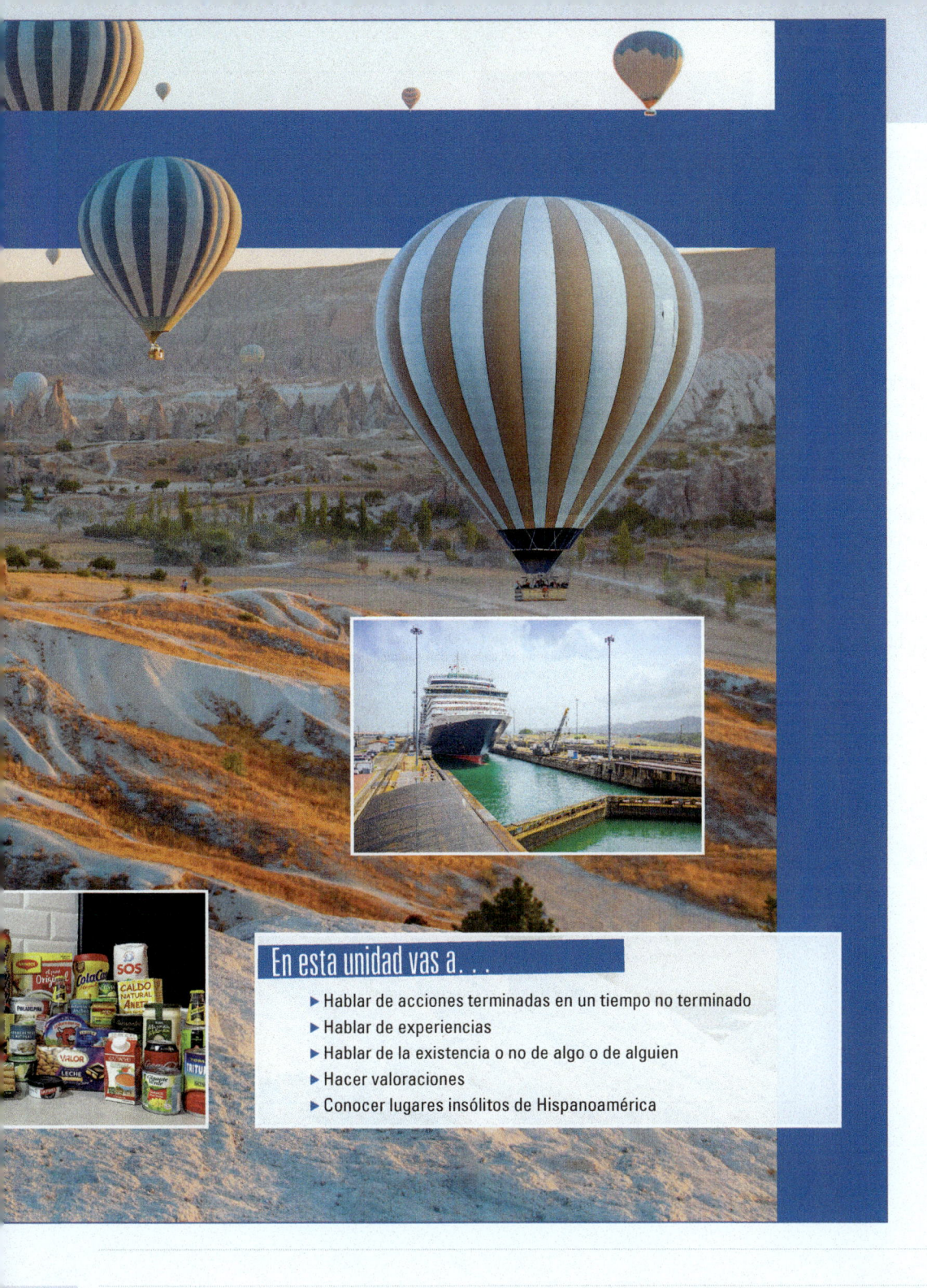

- Hablar de acciones terminadas en un tiempo no terminado
- Hablar de experiencias
- Hablar de la existencia o no de algo o de alguien
- Hacer valoraciones
- Conocer lugares insólitos de Hispanoamérica

Unidad 9 | Experiencias vividas

Unidad 9

¿Qué sabes?

1. Pregunte a sus estudiantes si la gente mayor de su país es activa. Después focalice su atención sobre la fotografías y pídales que produzcan frases como las del modelo comparando su realidad (o la de su país) con las acciones propuestas.

2. Comente con los estudiantes el título de artículo y aclare el significado de la palabra *jubilado/a*. Luego dígales que lean en voz alta los cuatro comentarios y pregúnteles si tienen la misma percepción sobre la gente mayor de su país. Anímelos a que pongan ejemplos de cada uno de los comentarios para favorecer el intercambio intercultural en la clase. Lea con ellos el cuadro de la RAE y explique las connotaciones socioculturales de utilizar la palabra *viejo/a* para referirse a una persona de edad avanzada en según qué lugares del ámbito hispano.

¿Qué sabes?

1 **Todo el grupo** ¿Cuáles de estas acciones realiza normalmente la gente mayor de tu país? ¿Qué otras cosas hacen?

Ejemplo: En mi país las personas mayores ven la tele, hacen vida social y también juegan a las cartas, pero no hacen la compra por internet.

- Ver la tele.
- Hacer turismo.
- Hacer vida social.
- Hacer la compra.
- Pasear.
- Cuidar de los nietos.

2 **Todo el grupo** Lee los siguientes comentarios extraídos de un artículo titulado "Los jubilados del siglo XXI han cambiado su rol en la sociedad". ¿Estás de acuerdo? Coméntalo con tus compañeros.

"Los mayores viven la vejez como una segunda juventud".

"Las personas entre 65 y 75 años se sienten jóvenes y autosuficientes".

"Los jubilados de hoy en día quieren saber y aprender para entender el mundo actual".

"Les gusta hablar con los jóvenes y sentirse útiles; por eso, muchos de ellos colaboran como voluntarios en alguna ONG".

RAE **LÉXICO**

- En el español de España se utilizan expresiones como *gente mayor*, *personas mayores* o *los mayores* para referirse a las personas de edad avanzada. Utilizar el adjetivo *viejo/a* se considera descortés:
  Entré en el vagón y me senté. A mi lado había un señor mayor, de esos que a la primera de cambio te cuentan su vida...
- En el español de América se usa *viejo/a* afectuosamente para dirigirse a una persona de confianza:
  (...) porque cree que su vieja es más feliz ahora que le mandó el televisor...
  También para referirse o llamar al padre o a la madre cariñosamente: *¿Lo sabe tu viejo?*

9

3 **En parejas** Gregorio está jubilado y durante su primer año de jubilación ha cambiado mucho su vida. Fíjate en las fotos y marca las cosas que ha hecho.

1. ☐ Ha empezado a hacer yoga.
2. ☐ Ha colaborado como voluntario en una ONG.
3. ☐ Ha empezado a ir a clase de pilates.
4. ☐ Ha hecho un crucero por el Caribe.
5. ☐ Ha sido abuelo por tercera vez.
6. ☐ Ha participado en una carrera solidaria.
7. ☐ Se ha apuntado a un curso de pintura.
8. ☐ Ha vuelto a la universidad para estudiar Historia, su verdadera pasión.
9. ☐ Ha hecho un safari en Kenia.
10. ☐ Ha hecho un curso de Informática.

Gregorio, 66 años, profesor de Matemáticas jubilado

3.1 **Todo el grupo** ¿Conoces a alguna persona jubilada? ¿Hace las mismas cosas que Gregorio?

3.2 **Todo el grupo** ¿Qué ha cambiado este año en tu vida?

Ejemplo: ▶ Pues yo he empezado a aprender español.
▷ Yo también. Además, he terminado la universidad.

Unidad 9 | Experiencias vividas — ciento cuarenta y nueve | 149

---

3. A través de esta actividad se introduce el tema principal de la unidad: hablar de experiencias vividas, y un nuevo tiempo verbal: el pretérito perfecto. Agrupe a sus estudiantes en parejas y preséntales al protagonista de la actividad, Gregorio. Dígales que desde que se jubiló su vida ha cambiado mucho. A continuación, para practicar la comprensión del texto a través de la imagen, pídales que se fijen en las fotos y que marquen lo que ha hecho el protagonista en este último año. Solucione las dudas de léxico que puedan surgirles.
2, 3, 5, 6, 7, 9, 10.

3.1. Actividad de interacción oral en la que se les pide que cuenten si conocen a alguna persona jubilada y que la comparen con Gregorio, indicando sus semejanzas y diferencias en cuanto a las actividades que realizan.

3.2. Plantee la pregunta de la actividad como se enuncia en el libro del estudiante. Como aún no se les ha presentado el pretérito perfecto, puede escribir la forma en la pizarra para que empiecen a familiarizarse con ella: *Este año yo he ido/estado/viajado...* Es importante que tomen conciencia de que necesitan esta forma verbal de pasado para hablar de experiencias recientes.

Unidad 9 | Experiencias vividas — 149

Unidad 9

Palabras

1. Antes de poner el audio, pida a sus estudiantes que observen los productos que se presentan en la actividad, su precio y si se venden por unidades o por kilos. Después explíqueles que van a escuchar una conversación entre una mujer y un hombre en la que se mencionarán algunos de los productos que aparecen en las imágenes. Por último, ponga el audio para realizar la actividad y corríjala.
Harina, manzanas, aceitunas, patatas fritas, atún, lechuga, tomates, leche, huevos, pan, aceite de oliva y jamón.

1.1. Antes de volver a escuchar el audio para hacer esta actividad, fije la atención de los estudiantes en el cuadro que presenta los envases y medidas más habituales de los alimentos. Comente con sus estudiantes las dudas que puedan surgir. Después ponga el audio de nuevo para que, en una escucha intensiva, anoten los productos que ha comprado Juan, los que tiene que comprar y la cantidad. Puede sugerirles una autocorrección con el cuadro de envases y medidas que han trabajado anteriormente.
Ha comprado dos paquetes de harina, un kilo de manzanas, una bolsa de patatas fritas, un bote de aceitunas, una lata de atún, dos lechugas, medio kilo de tomates, seis briks de leche; **Tiene que comprar** una docena de huevos, una barra de pan, una botella de aceite de oliva, doscientos gramos de jamón.

1.2. Pida a sus estudiantes que trabajen en parejas y haga la corrección en grupo, ya que caben varias soluciones posibles.
Posible respuesta:
Un paquete de pasta; un paquete/kilo de azúcar; una botella/un litro de agua; un bote de mermelada; una lata de sardinas; un brik/una botella/un litro de zumo; un paquete/kilo de arroz; un kilo de cebollas; un paquete/bote de salchichas/trescientos gramos de salchichas.

1.3. Actividad final de secuencia en la que los estudiantes comparan los envases y medidas de España y su país para encontrar las semejanzas y las diferencias. Cuénteles que en España no se puede comprar un huevo, o cien gramos de manzanas, por ejemplo. Sí se puede comprar la fruta por piezas: una manzana, dos naranjas…, aunque no es habitual. La carne también se compra por kilos, generalmente; el pollo por unidades si es entero; el pescado por unidades si es grande, pero por kilos si es pequeño (una merluza, un kilo de boquerones), etc.

Palabras

1. Escucha la conversación entre María y Juan y señala los productos de los que hablan.

- harina 0.60 €
- leche 0.90 €
- atún 2.25 €
- jamón 9 €/kg
- aceite 4.30 €
- pasta 0.95 €
- manzanas 1.50 €/kg
- tomates 2.20 €/kg
- aceitunas 2.00 €
- patatas fritas 1.20 €
- cebollas 1 €/kg
- sardinas 1.75 €
- pan 0.70 €
- huevos 1.35 €
- lechugas 0.85/unidad

Fíjate:
Envases
- una botella de…
- un paquete de…
- una bolsa de…
- una lata de…
- un brik de…
- un bote de…

Medidas
- una/media docena de…
- un/medio litro de…
- un kilo/medio (kilo)/(un) cuarto (de kilo) de…
- 100/200/300… gramos de…
- una barra de pan

1.1 Escucha de nuevo la conversación. ¿Qué productos ha comprado Juan? ¿Qué tiene que comprar?

Ha comprado	Tiene que comprar
2 paquetes de harina	

1.2 En parejas ¿Con qué envases o medidas relacionas estas palabras? Puede haber más de una opción.

pasta | azúcar | agua | mermelada | sardinas | zumo
arroz | cebollas | salchichas

1.3 Todo el grupo ¿Se envasan estos productos de la misma manera en tu país?

RAE LÉXICO
Español de América (Puerto Rico, El Salvador, Guatemala, Cuba, Ecuador y Panamá) ▸ **libra** (una libra equivale a 500 g):
1/2 libra (250 g) de papa criolla; 2 libras (1 kilo) de papas; 1 1/2 libras (750 g) de carne molida.
En España la libra equivale a 453 g. Su uso actual es poco frecuente:
Vendían frutas escarchadas y chocolate en medias libras de fabricación propia.
Español de América (Guatemala, Panamá, Honduras, Nicaragua, El Salvador, Colombia, México…) ▸ **galón** de agua o leche (un galón equivale a 3785 litros):
Pienso ahora en Miller, al que le bastaban diez galones de agua, bebidos sin interrupción.
Español de México ▸ **bote**: *Le pasó un bote de jugo de papaya.*
Español de América (Argentina, Uruguay, Paraguay…) ▸ **sachet** (envase de plástico en forma de bolsa o bolsita):
Pensé que pronto volvería con un sachet de leche.
Español de México ▸ **cartera** (envase de 24 huevos), **media cartera** (envase de 12 huevos):
Se acerca a la tienda y compra media cartera de huevos.

Cabe destacar el cuadro de la RAE, en el que se reflejan las diferentes palabras de este campo léxico según la zona geográfica. Preséntelo antes de realizar la actividad para que puedan comentarlo o usarlo si han estado en alguno de estos países hispanos.

Para trabajar estos contenidos, realice las actividades **1-6**, pp. **52-53** del *Libro de ejercicios*.

2 ¿Sabes qué es un banco de alimentos? Esta es la web de un banco de alimentos que quiere hacer una "Gran Recogida de Alimentos" para Navidad. Lee la información y comprueba tu respuesta.

granrecogidadenavidad.com

QUIÉNES SOMOS | GRAN RECOGIDA DE ALIMENTOS | QUIERO DONAR | HAZTE VOLUNTARIO | CONTACTO

Productos que necesitamos
Alimentos no perecederos:
✓ aceite
✓ latas de conserva (carne o pescado)
✓ alimentos infantiles
✓ pasta, arroz, legumbres
✓ leche, galletas, azúcar
...

¿SABES LO QUE SE PUEDE HACER CON LOS PRODUCTOS Y ALIMENTOS QUE DONAS?
¡NI TE LO IMAGINAS!

Un banco de alimentos es una organización benéfica sin ánimo de lucro que recoge alimentos para donarlos y distribuirlos de manera gratuita entre diferentes entidades benéficas y así dar de comer a personas sin recursos.

Recuerda:
GRAN RECOGIDA DE ALIMENTOS
Zaragoza - 1, 2 y 3 de diciembre

2.1 Todo el grupo ¿Hay bancos de alimentos en tu ciudad? ¿Colaboras con ellos? ¿Con qué productos? Cuéntaselo a la clase.

2.2 En parejas Clasifica los alimentos de las actividades 1 y 1.2 en la siguiente tabla. Luego compara con tu compañero/a.

Alimentos perecederos	Alimentos no perecederos o en conserva
huevos,	lata de atún,

2.3 En parejas Ahora vas a elaborar con tu compañero/a una cesta de donación de aproximadamente 20 €. Elige los productos mirando los precios que aparecen en la actividad 1 y algún folleto o página web del supermercado que quieras.

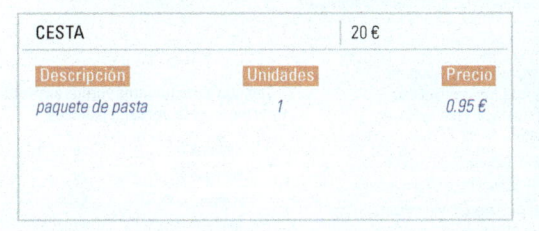

CESTA		20 €
Descripción	Unidades	Precio
paquete de pasta	1	0,95 €

CESTA DE DONACIÓN

2.4 Todo el grupo ¿Qué pareja tiene más productos en su cesta? ¿Qué pareja ha elaborado la cesta más variada?

Unidad 9 | Experiencias vividas — ciento cincuenta y uno | 151

---

2. Pregunte a sus estudiantes qué es un banco de alimentos. Deje que ellos formulen sus hipótesis. Es muy probable que también exista en su país y que ellos hayan colaborado alguna vez comprando alimentos para sus campañas. Deje que lean el texto para comprobar sus respuestas y resuelva las dudas de vocabulario. Si quiere ampliar la información, puede proporcionarles estos otros datos:

> Un **banco de alimentos** es una organización de voluntarios cuyo objetivo es recoger alimentos, especialmente no perecederos, de empresas, supermercados y particulares, para dar de comer a personas necesitadas a través de ONG, comedores sociales o mediante la entrega periódica de comida a familias necesitadas. También se recogen otros artículos de primera necesidad: productos de aseo personal, alimentos infantiles, pañales...

2.1. Pida a sus estudiantes que comenten si en su ciudad o país hay organizaciones como esta y si colaboran de alguna manera con ellas cuando se hacen recogidas.

2.2. Actividad de práctica y consolidación del léxico aprendido. Acláreles que los alimentos no perecederos tardan mucho tiempo en caducar, como por ejemplo la pasta, y que otros se conservan mucho tiempo al estar envasados en latas o en botes. Los estudiantes, en parejas, deben clasificar los alimentos que han salido en este apartado en función de este criterio. A la hora de corregir, si hay disparidad de opiniones, tienen que justificar su respuesta.
Alimentos perecederos: huevos, manzanas, pan, lechuga, tomates, zanahorias, mantequilla, jamón, cebollas, salchichas; **Alimentos no perecederos o en conserva:** lata de atún, paquete de harina, bote de aceitunas, botella de aceite, paquete de pasta, paquete de azúcar, bote de mermelada, lata de sardinas, brik de zumo, brik de leche, paquete de arroz, bolsa de patatas fritas, botella de agua.

2.3. y **2.4.** Mantenga la agrupación en parejas de la actividad anterior y propóngales que elaboren una cesta de donación con un precio de aproximadamente 20 €. Si usted dispone de folletos de algún supermercado, llévelos para que sus estudiantes tengan una referencia de los precios. También pueden obtener la información en internet. Supervise la actividad de cada pareja y, una vez que hayan elaborado sus cestas, pídales que escriban en la pizarra los productos que han seleccionado. A continuación dígales que hagan la actividad 2.4 y decidan entre todos qué cesta tiene más productos y cuál es la que tiene más variedad.

Para trabajar estos contenidos, realice las actividades **7** y **8**, p. **53** del *Libro de ejercicios*.

Unidad 9 | Experiencias vividas — 151

Unidad 9

Gramática

1. Presente el pretérito perfecto siguiendo la explicación del cuadro. Haga hincapié en la formación del participio a partir del infinitivo en los verbos regulares. Luego presente los participios irregulares. Para que sus estudiantes se familiaricen con ellos, puede preparar unas tarjetas a modo de juego de memoria (9 tarjetas con los infinitivos y otras 9 tarjetas con los participios irregulares correspondientes) para relacionar el infinitivo con el participio irregular. Asimismo, destaque los marcadores temporales que suelen aparecer con esta nueva forma verbal. Trabaje el cuadro de la RAE con sus estudiantes para que vean los diferentes usos de este tiempo en las distintas variantes. Quizá algún estudiante haya estado en contacto con alguna persona de estas zonas y esté habituado a utilizar el pretérito indefinido, lo que, en cualquier caso, es correcto.

1.1. Actividad de consolidación de los conocimientos recién adquiridos.
1. ha comprado; 2. han tomado; 3. habéis roto; 4. ha leído; 5. hemos visto; 6. ha sido; 7. has oído; 8. han salido; 9. he abierto; 10. ha escrito.

1.2. (página siguiente) Pídales que completen las frases y que, en parejas, se pregunten y contesten a las cuestiones por turnos. Pregunte a sus estudiantes qué marcadores temporales aparecen en las cuatro frases *(este mes, este año, hoy)*. Haga hincapié en la primera de ellas, en la que no aparece ningún marcador, ya que, por el contexto, se sobreentiende que el marcador es *hoy*. A continuación ponga la proyección 33 como actividad de práctica controlada complementaria.
1. has venido; 2. Has ido; 3. Has hecho; 4. te has despertado.

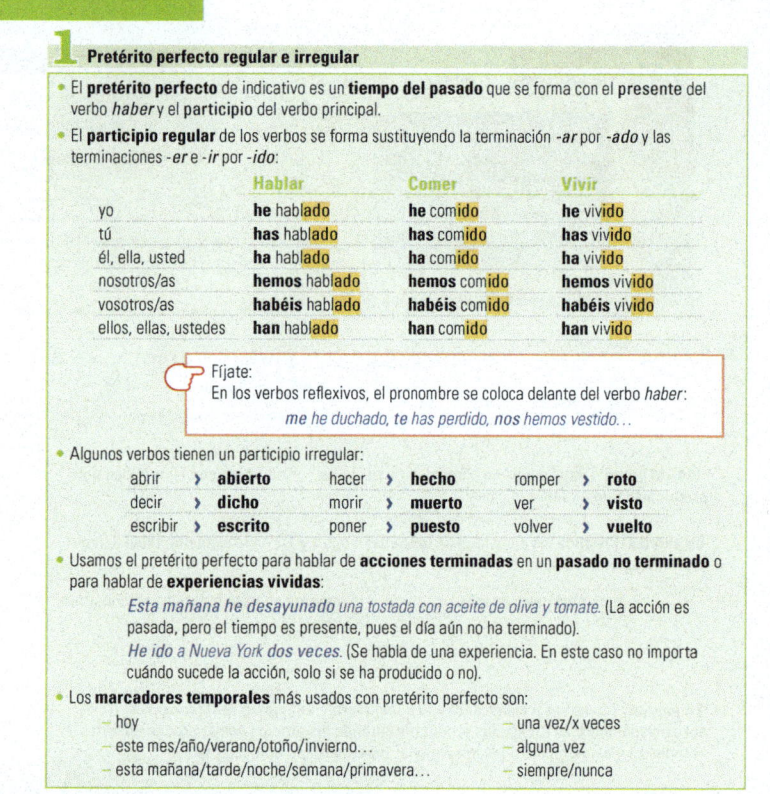

¿Qué ha hecho Mónica este mes?
[33]

Proyecte la lámina 33 y pida a sus estudiantes que, en parejas, escriban las cosas que ha hecho Mónica este mes con la ayuda de las frases del cuadro. Si lo prefiere, haga la actividad de manera oral y con todo el grupo. En este caso, elija algunos estudiantes al azar para realizar la actividad.
1. Mónica ha viajado a Ibiza; 2. Mónica ha comprado un sofá nuevo; 3. Mónica ha celebrado su cumpleaños; 4. Mónica ha ido al teatro; 5. Mónica ha hecho un curso de cocina; 6. Mónica ha visto la segunda temporada de su serie favorita.

Gramática

1 Pretérito perfecto regular e irregular

- El **pretérito perfecto** de indicativo es un **tiempo del pasado** que se forma con el **presente** del verbo *haber* y el **participio** del verbo principal.
- El **participio regular** de los verbos se forma sustituyendo la terminación *-ar* por *-ado* y las terminaciones *-er* e *-ir* por *-ido*:

	Hablar	Comer	Vivir
yo	he hablado	he comido	he vivido
tú	has hablado	has comido	has vivido
él, ella, usted	ha hablado	ha comido	ha vivido
nosotros/as	hemos hablado	hemos comido	hemos vivido
vosotros/as	habéis hablado	habéis comido	habéis vivido
ellos, ellas, ustedes	han hablado	han comido	han vivido

> Fíjate:
> En los verbos reflexivos, el pronombre se coloca delante del verbo *haber*:
> *me he duchado, te has perdido, nos hemos vestido...*

- Algunos verbos tienen un participio irregular:

abrir	>	**abierto**	hacer	>	**hecho**	romper	>	**roto**
decir	>	**dicho**	morir	>	**muerto**	ver	>	**visto**
escribir	>	**escrito**	poner	>	**puesto**	volver	>	**vuelto**

- Usamos el pretérito perfecto para hablar de **acciones terminadas** en un **pasado no terminado** o para hablar de **experiencias vividas**:
 Esta mañana he desayunado una tostada con aceite de oliva y tomate. (La acción es pasada, pero el tiempo es presente, pues el día aún no ha terminado).
 He ido a Nueva York dos veces. (Se habla de una experiencia. En este caso no importa cuándo sucede la acción, solo si se ha producido o no).
- Los **marcadores temporales** más usados con pretérito perfecto son:
  – hoy
  – este mes/año/verano/otoño/invierno…
  – esta mañana/tarde/noche/semana/primavera…
  – una vez/x veces
  – alguna vez
  – siempre/nunca

RAE GRAMÁTICA
En el español de América y en el español de España de las zonas de Galicia, Asturias, parte de León y Canarias es más frecuente el uso del pretérito indefinido en lugar del pretérito perfecto para hablar de acciones terminadas en un tiempo no terminado:
Español de América: *Estoy muy cansado porque esta mañana salí de casa muy temprano y no llegué hasta las nueve de la noche. Fue un día muy largo.*
En el español de España (salvo en las zonas mencionadas anteriormente) se dice: *Estoy muy cansado porque esta mañana he salido de casa muy temprano y no he llegado hasta las nueve de la noche. Ha sido un día muy largo.*

1.1 Conjuga los siguientes verbos en pretérito perfecto en la persona indicada.
1. comprar (él)
2. tomar (ellos)
3. romper (vosotros)
4. leer (ella)
5. ver (nosotros)
6. ser (ella)
7. oír (tú)
8. salir (ellas)
9. abrir (yo)
10. escribir (usted)

9

1.2 **En parejas** Hazle estas preguntas a tu compañero/a.

1. ¿Cómo (venir, tú) .... a clase?
2. ¿(Ir, tú) .... al cine este mes?
3. ¿(Hacer, tú) .... algún viaje este año?
4. ¿A qué hora (despertarse, tú) .... hoy?

1.3 Escucha y marca lo que ha hecho Alfredo esta semana.
[35]
1. ☐ Ha estado en Londres por trabajo.
2. ☐ Ha visto una exposición de fotografía.
3. ☐ Ha comprado los regalos de Navidad.
4. ☐ Ha celebrado el cumpleaños de su hijo.
5. ☐ Ha hecho un examen de alemán.

2 Adjetivos y pronombres indefinidos

- Los indefinidos hablan de la **existencia** o **inexistencia** de personas o cosas. Hacen referencia a una cantidad indeterminada. Pueden acompañar a un nombre (son adjetivos) o ir solos (son pronombres):

	Existencia		Inexistencia	
	Masculino	Femenino	Masculino	Femenino
Singular	*algún* + nombre m. / alguno	alguna	*ningún* + nombre m. / ninguno	ninguna
Plural	algunos	algunas	ningunos	ningunas

▶ Antonio, ¿hay algún problema?
▷ No, ninguno. = No, ningún problema.
▶ ¿Hay alguna chica rusa en clase?
▷ No, en este curso no hay ninguna (chica rusa).

Fíjate:
Ningunos/ningunas solo se usan con palabras que se construyen en plural:
Ningunos pantalones me valen.

▶ ¿Tienes unas tijeras?
▷ No, lo siento, no tengo ningunas.

- Además, hay cuatro pronombres indefinidos especiales que se refieren solo a personas y cosas:

	Existencia	Inexistencia
Personas	alguien	nadie
Cosas	algo	nada

▶ ¿Hay alguien en casa?
▷ No, creo que no hay nadie.
▶ ¿Quiere algo más?
▷ No, gracias, no quiero nada más.

Cuando usamos los indefinidos de inexistencia se incluye *no* delante del verbo.

2.1 Completa los siguientes diálogos con los indefinidos adecuados.

1. ▶ He ido a la sala de reuniones y no he visto a ....
   ▷ Pues qué raro, porque siempre hay .... a esta hora.
2. ▶ ¿Has hecho .... plan para este fin de semana?
   ▷ No, no, todavía no tengo .... plan.
3. ▶ ¿Has hecho .... esta semana?
   ▷ No, no he hecho ....
4. ▶ ¿Has comprado ya los regalos de Navidad?
   ▷ Sí, he comprado .... regalos, pero aún tengo que comprar más cosas.
   ▶ ¿Y tienes .... idea?
   ▷ Bueno, sí, tengo ....
   ▶ Jo, pues yo no tengo ....

2.2 Ahora escucha y comprueba tus respuestas.
[36]

Unidad 9 | Experiencias vividas — ciento cincuenta y tres | 153

1.3. Explique a sus estudiantes que van a escuchar una conversación entre dos personas. Previamente, pídales que lean las frases. Ponga el audio y déjeles un tiempo para responder. Luego vuelva a poner el audio para corregir la actividad. Si quiere ampliarla, puede pedirles que expliquen por qué las afirmaciones 2 y 4 son falsas.
1, 3, 5. La afirmación 2 es falsa porque la exposición que ha visto es de pintura. La 4 también es falsa porque el cumpleaños de su hijo es al día siguiente y aún no lo han celebrado.

Para trabajar estos contenidos, realice las actividades **9-11**, p. **54** del *Libro de ejercicios*.

2. Explique la forma y el uso de los adjetivos y pronombres indefinidos siguiendo la explicación del cuadro. Insista en que *algún* y *ningún* solo se usan delante de nombres masculinos en singular. Asimismo, llame su atención sobre el fenómeno de la doble negación que aparece en el cuadro destacado.

2.1. y **2.2.** Actividad de práctica controlada sobre los indefinidos. Déjeles unos minutos para resolver la actividad y luego ponga el audio para corregirla. A continuación, y como actividad de ampliación, aconsejamos utilizar la **proyección 34**.
1. nadie, alguien; **2.** algún, ningún; **3.** algo, nada; **4.** algunos, alguna, algunas, ninguna.

Los indefinidos
[34]

Proyecte la lámina 34 y pida a sus estudiantes que contesten a las preguntas utilizando los indefinidos que han estudiado y apoyándose en la información que se desprende de las imágenes.

Posible respuesta:
1. (En la caja no hay) nada; **2.** (No hay) ninguna (niña); **3.** algunos; **4.** alguien; **5.** algo; **6.** No, (no hay) nadie; **7.** No hay ningún brik de zumo./(No hay) ninguno; **8.** (En la caja fuerte hay) algunas monedas.

Para trabajar estos contenidos, realice las actividades **12 y 13**, p. **54** del *Libro de ejercicios*.

Unidad 9 | Experiencias vividas — 153

Unidad 9

Practica en contexto

1. y **1.1.** Agrupe a sus estudiantes en parejas y pídales que escriban las frases del recuadro debajo de su imagen correspondiente usando el pretérito perfecto. Recuérdeles que en la actividad aparecen varios participios irregulares. Luego dígales que tienen que ordenar las acciones cronológicamente, según su criterio. Después haga una puesta en común para corregir la actividad y ver qué orden han dado a las fotos señalando las diferencias que haya entre unas parejas y otras. A continuación ponga el audio para que comprueben su respuesta.

1. G - Se ha levantado pronto; **2.** A - Ha ido al trabajo; **3.** D - Ha tenido una reunión de trabajo; **4.** C - Ha comido con los compañeros de trabajo; **5.** J - Ha escrito unos informes; **6.** F - Ha ido a clase de yoga; **7.** E - Ha hecho la compra; **8.** L - Ha vuelto a casa; **9.** I - Ha puesto el lavavajillas; **10.** B - Ha pedido una *pizza* para cenar; **11.** H - Ha visto la televisión; **12.** K - Ha hablado con su madre por teléfono.
Una alternativa a la actividad es poner el audio en primer lugar y pedirles que ordenen las imágenes de acuerdo a lo que se dice. Una vez ordenadas las acciones, pídales que las escriban en pretérito perfecto.

1.2. Anime a sus estudiantes a que piensen en las acciones que han realizado a lo largo del día (despertarse, ducharse, desayunar, salir de casa…) y que las escriban en un papel usando el pretérito perfecto. Luego pídales que se intercambien los papeles y que comprueben si han realizado las mismas acciones. Como todos sus estudiantes, por razones obvias, se habrán levantado y habrán ido a clase, pídales que concreten las acciones con detalles como la hora, el medio de transporte que han utilizado para ir a clase, lo que han desayunado, etc. También puede pedirles que le digan qué han hecho durante el fin de semana.

Practica en contexto

1 **En parejas** Hoy Pilar ha tenido un día muy completo. Mira las fotografías y escribe debajo su actividad correspondiente. Luego ordénalas cronológicamente según tu criterio. Trabaja con tu compañero/a.

> Comer con los compañeros de trabajo. | Escribir unos informes.
> Hablar con su madre por teléfono. | Hacer la compra. | Ir a clase yoga. | Ir al trabajo.
> Levantarse pronto. | Pedir una *pizza* para cenar. | Poner el lavavajillas.
> Tener una reunión de trabajo. | Ver la televisión. | Volver a casa.

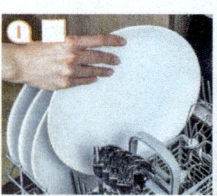

A ☐ B ☐ C ☐ D ☐

E ☐ F ☐ G [1] H ☐

Se ha levantado pronto.

I ☐ J ☐ K ☐ L ☐

1.1 Ahora escucha la conversación entre Pilar y su madre y comprueba tus respuestas anteriores.
[37]

1.2 **En parejas** ¿Qué has hecho tú hoy? Escríbelo en un papel y dáselo a tu compañero/a. ¿Habéis coincidido en algunas cosas los dos?

Ejemplo: *Los dos hemos desayunado leche con cereales.*

154 | ciento cincuenta y cuatro   Unidad 9 | Experiencias vividas

9

2 Lee el blog de Ramón y completa la información sobre su fin de semana.

www.elblogderamon.com

SÁBADO 23 📝 PUBLICADO POR RAMÓN VALLEJO A LAS 20:33

¡¡Por fin estoy en Granada!! **Esta ciudad es increíble**. No he parado desde que he llegado. Esta mañana he ido pronto a la Alhambra. **¡Qué bonita!** Esta foto es del famoso Patio de los Leones, que **me ha gustado mucho**. Y la otra es de los Jardines del Generalife. No os pongo ninguna foto del Palacio de Carlos V porque está en obras y no he podido entrar. He terminado la visita a las 3 de la tarde y después he tomado unas tapas en la calle Elvira, que está llena de bares y de gente. ¡He pagado 2 € por un refresco y una hamburguesa! Por la tarde he paseado por el Albaicín, he tomado un té y he hecho fotos de la Alhambra desde el mirador de San Nicolás.
Ya he hablado por teléfono con Jaime (mi amigo de Granada) para concretar los planes de esta noche. Vamos a cenar en su casa y luego vamos a ver un espectáculo de flamenco. Mañana os cuento qué tal...

COMENTARIOS
- Amelia: **¡Qué envidia!** Yo estoy encerrada en casa, que tengo examen el martes. ¡Pásalo muy bien!
- Carlos: ¿¿¿Solo 2 € por un refresco y una tapa??? **¡Qué barato!**

DOMINGO 24 📝 PUBLICADO POR RAMÓN VALLEJO A LAS 17:14

Escribo esta entrada desde la cafetería de la estación porque he perdido el tren. Además, estoy muy cansado porque no he dormido casi nada. **¡Qué mal!** Al final no he visto el espectáculo de flamenco ni he visitado el Sacromonte, pero **ha sido un fin de semana fantástico**.

COMENTARIOS
- Javi: ¿Que has perdido el tren? **¡Qué mala suerte!** Vas a llegar a casa muy tarde, ¿no?
- Amelia: **¡Qué pena!** La próxima vez voy contigo y vemos los dos un espectáculo de flamenco ;)

Tres cosas que ha hecho	Tres lugares que ha visitado	Tres cosas que no ha hecho

> Para hablar de las acciones previstas realizadas, se usa *ya* y para hablar de las acciones previstas que no se han realizado, pero que se tiene intención de hacer, se usa *todavía (no)* o *aún (no)*:
> - *Ya he visitado la Alhambra.*
> - *Todavía no he visto a tu hermano.* (Pero tengo intención de verlo).

2.1 Lee de nuevo el blog y fíjate en las valoraciones marcadas en negrita que hacen Ramón y sus amigos. Luego clasifícalas en positivas y negativas.

Valoraciones positivas	Valoraciones negativas

2.2 **En grupos pequeños** Piensa en tres cosas que has hecho este mes, esta semana y este fin de semana y cuéntaselo a tus compañeros. Valora lo que ellos dicen.

> Otros **adjetivos** para **valorar** son: (muy) bueno/a, (muy) malo/a, (muy) bonito/a, (muy) divertido/a, increíble, fantástico/a, genial, horrible, terrible...

Hacer valoraciones
- (No) Me ha gustado mucho.
- Me ha encantado.
- *Es/Ha sido* + adjetivo de valoración
  - ▸ ¿Te ha gustado el concierto?
  - ▹ Sí, ha sido increíble. El cantante es muy bueno.

Reaccionar valorando
- ¡Qué bien/mal/(mala) suerte/bonito/envidia/pena/barato/caro!
  - ▸ ¡Ay, Dios mío! He perdido el tren...
  - ▹ ¡Qué mala suerte!

Unidad 9 | Experiencias vividas — ciento cincuenta y cinco | 155

---

2. Proponga a sus estudiantes que lean las dos entradas de un blog en el que Ramón cuenta lo que ha hecho durante el fin de semana. Luego pídales que completen la información de los cuadros. Corrija en plenario.

Posible respuesta:

Tres cosas que ha hecho: Ha ido a la Alhambra; Ha tomado unas tapas en la calle Elvira; Ha paseado por el Albaicín; Ha tomado un té; Ha hecho fotos de la Alhambra desde el mirador de San Nicolás; Ha hablado por teléfono con su amigo Jaime; Ha dormido poco. **Tres lugares que ha visitado:** La Alhambra; El Patio de los Leones; Los Jardines del Generalife; La calle Elvira; El Albaicín; El mirador de San Nicolás. **Tres cosas que no ha hecho:** No ha podido entrar en el Palacio de Carlos V; No ha visto el espectáculo de flamenco; No ha visitado el Sacromonte.

2.1. Pida a sus estudiantes que vuelvan a leer el texto y que clasifiquen las valoraciones que aparecen en las entradas y en los comentarios en positivas y negativas. Luego hágales notar que algunas se utilizan para valorar el hecho del que se habla y otras para reaccionar con una valoración ante una información que se da. Asimismo, destaque la pertinencia de usar un presente —para valorar de manera general o de manera descriptiva— o un pretérito perfecto —para valorar una experiencia vivida—. Apóyese en los cuadros de la banda lateral para la explicación. A continuación ponga la **proyección 35**.

Valoraciones positivas: Esta ciudad es increíble; ¡Qué bonita!; Me ha gustado mucho; ¡Qué envidia!; ¡Qué barato!; Ha sido un fin de semana fantástico.
Valoraciones negativas: ¡Qué mal!; ¡Qué mala suerte!; ¡Qué pena!

Valoraciones

[35]

Proyecte la lámina 35 y pida a sus estudiantes que lean la secuencia de viñetas y que completen libremente los espacios con la valoración que mejor se adecúe a la situación. Como actividad de ampliación, pídales que representen una situación similar, pero cambiando el contenido. Para ello, agrúpelos en parejas y déjelos que preparen los diálogos antes de representarlos en clase. Aproveche esta actividad para trabajar con sus estudiantes la entonación de las frases exclamativas, así como los gestos que se manifiestan en las viñetas (alegría y sorpresa).

Posible respuesta:
1. Ha sido increíble; **2.** ¡Qué envidia!; **3.** no me ha gustado mucho; **4.** ¡Qué pena!; **5.** ¡Qué bien!; **6.** Es muy buena.

2.2. Para cerrar la secuencia, realice esta actividad en pequeños grupos. Los estudiantes se cuentan lo que han hecho este mes o este fin de semana y el resto debe reaccionar valorando con las expresiones estudiadas. Paséese por la clase y asegúrese de que han adquirido estos conocimientos.

Unidad 9 | Experiencias vividas — 155

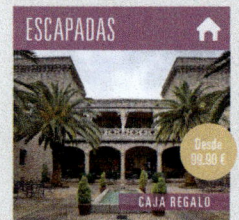

Unidad 9

3. Ponga a sus estudiantes en parejas y pídales que se realicen la encuesta mutuamente. A continuación haga la reflexión gramatical apoyándose en la explicación que se presenta en el cuadro de la banda lateral. Luego centre su atención en los marcadores de frecuencia que se utilizan para hablar de experiencias vividas. Asimismo, explique los casos de doble negación y la posición que puede ocupar el adverbio *nunca* dentro de la oración. Una vez realizada la encuesta, los estudiantes deberán valorar y dar su opinión sobre su compañero/a según los resultados del test.

3.1. Antes de comenzar la actividad centre la atención de sus estudiantes en la expresión *cajas regalo* y pregúnteles si saben qué son (se trata de una caja que no contiene ningún objeto, sino algún tipo de actividad de tiempo libre: desde ir al cine a un viaje, pasando por una comida en un restaurante especial, una actividad de aventura o una estancia en un espá, por ejemplo). En el caso de que alguno de sus estudiantes haya regalado o haya recibido como regalo alguna caja de este tipo, anímelo a que cuente su experiencia. Después pídales que lean lo que ofrecen las cuatro cajas regalo de la actividad y que piensen cuál es la caja ideal para el estudiante con quien han hecho la actividad 3 justificando su elección. Si cree que ninguna de estas cajas es la adecuada, puede buscar otra en internet y mostrarla al grupo cuando realice la puesta común. También puede imaginar una caja que contenga algo especial para su compañero/a.

3.2 **En grupos pequeños** ¿A qué compañeros de clase les regalarías las otras tres cajas? ¿Por qué? ¿Qué caja es la ideal para ti?

4 Elabora preguntas con las experiencias de la tabla. Sigue el modelo.

Experiencias	Preguntas	Nombre	N.º de veces
1. Alquilar un coche.	*¿Alguna vez has alquilado un coche?*		
2. Trabajar en un país extranjero.			
3. Ganar un premio o concurso.			
4. Enamorarse.			
5. Tener un accidente.			
6. Volver a casa más tarde de las seis de la mañana.			
7. Viajar a un país latino.			
8. Decir "te amo".			
9. Romper un objeto de valor.			
10. Ver una ópera.			
11. Abrir un regalo de otra persona.			

4.1 **Todo el grupo** Levántate y hazles estas preguntas a tus compañeros para saber quién ha vivido estas experiencias y cuántas veces. Completa el resto de la tabla. ¿Quién ha vivido más experiencias?

BELLEZA Y SALUD
Desde 39,95 €
CAJA REGALO

¿Necesitas un descanso? Disfruta de un masaje oriental o de una terapia con chocolate o haz un circuito termal. Vive una de las más de 600 experiencias en *spas*, balnearios y centros de belleza. Revitaliza tu cuerpo y relaja tu mente.
Incluye: un pase al espá o balneario o un masaje para dos personas.

¿Alguna vez has alquilado un coche?

Sí, muchas veces.

Unidad 9 | Experiencias vividas — ciento cincuenta y siete | 157

3.2. Los estudiantes deben completar la actividad comentando qué caja les regalarían a cada compañero/a y por qué. Pídales también que elijan una para ellos y que justifiquen su respuesta.

4. y **4.1.** El objetivo de estas actividades es que sus estudiantes practiquen el pretérito perfecto y los marcadores de frecuencia que han aprendido para hablar de experiencias. Para ello, pídales que escriban las preguntas de la encuesta siguiendo el modelo propuesto. Una vez que las tengan escritas, pídales que se las pregunten unos a otros, tal como se indica en el enunciado de la actividad 4.1. Procure que sus estudiantes interactúen con el mayor número de compañeros posible. Para finalizar, haga una puesta en común para saber quién ha vivido más experiencias.
1. ¿Alguna vez has alquilado un coche?; **2.** ¿Alguna vez has trabajado en un país extranjero?; **3.** ¿Alguna vez has ganado un premio o concurso?; **4.** ¿Alguna vez te has enamorado?; **5.** ¿Alguna vez has tenido un accidente?; **6.** ¿Alguna vez has vuelto a casa más tarde de las seis de la mañana?; **7.** ¿Alguna vez has viajado a un país latino?; **8.** ¿Alguna vez has dicho "te amo"?; **9.** ¿Alguna vez has roto un objeto de valor?; **10.** ¿Alguna vez has visto una ópera?; **11.** ¿Alguna vez has abierto un regalo de otra persona?

Para trabajar estos contenidos, realice las actividades **14-20**, pp. **55-56** del *Libro de ejercicios*.

Unidad 9 | Experiencias vividas

Unidad 9

Cultura

1. Antes de realizar la actividad, pregunte a sus estudiantes si reconocen el lugar que aparece en la imagen central del apartado. Si ninguno reconoce este lugar, dígales que se trata del glaciar Perito Moreno, situado en el parque nacional de los Glaciares (Argentina). Después explíqueles qué significa el adjetivo *insólito* (raro, extraño, poco común) y a continuación hágales las preguntas que se plantean en la actividad.

1.1. Antes de empezar, es aconsejable hacer un trabajo de vocabulario previo, en grupos pequeños. Dígales que, entre todos los miembros del grupo, subrayen aquellas palabras de los textos que no conocen y que traten de escribir una definición de cada una de ellas, según el contexto. Si quiere, puede proponerles las siguientes:
   1. Rareza geográfica: accidente que se produce en la tierra extraordinario o poco común; 2. Desecación: lugar u objeto que pierde la humedad; 3. Depósitos: lugar o recipiente donde se almacena o guarda algo; 4. Reserva: espacio natural donde se acumulan ciertos elementos y que son objeto de protección legal para garantizar su conservación; 5. Minerales del suelo: sustancia inorgánica que se halla en la superficie o en las diversas capas de la corteza terrestre; 6. Época seca: temporada que no llueve; 7. Pozas de agua: charca o concavidad en que hay agua detenida; 8. Inframundo: mundo de los muertos y de los espíritus; 9. Buceo arqueológico: inmersión en el agua para encontrar restos de animales, pueblos antiguos, objetos del pasado…

Después lleve a cabo una puesta en común para conocer las definiciones que han dado y rectificarlas si es necesario. A continuación pueden realizar individualmente la actividad de leer y relacionar los textos. Para terminar, corrija la actividad con el grupo y pregúnteles por la fotografía que no se corresponde con ningún texto. Aunque es muy probable que alguno de sus estudiantes reconozca el lugar, anímelos a que busquen más información sobre él en internet, como, por ejemplo, su nombre, su ubicación o el país al que pertenece la isla.

1. El Salar de Uyuni; 2. Vinicunca; 3. Los moáis (la imagen que sobra) son gigantescas estatuas monolíticas que solo se encuentran en la isla de Pascua o Rapa Nui, que pertenece a la región de Valparaíso (Chile), pero que está en la Polinesia, en medio del océano Pacífico, a 3700 km del continente americano. Los moáis son el principal atractivo turístico de dicha isla; 4. Cenotes (concretamente el cenote Ik Kil, a 3 km de Chichén Itzá).

9

insólitos de Hispanoamérica

Isla de Capurganá

Desierto de Atacama

Mapa de Centroamérica

Aconcagua

2 Completa este test para comprobar cuánto sabes de Hispanoamérica.

1. La capital más alta del mundo es...
   a. Quito.
   b. Lima.
   c. La Paz.
2. El segundo exportador mundial de flores es...
   a. México.
   b. Colombia.
   c. Guatemala.
3. ¿Cuál de estos países no tiene ejército?
   a. Costa Rica.
   b. Cuba.
   c. Nicaragua.
4. ¿Cuál de los siguientes países es uno de los principales exportadores mundiales de esmeraldas?
   a. Panamá.
   b. Colombia.
   c. Cuba.
5. Una de las mayores obras de ingeniería del mundo es...
   a. Machu Picchu.
   b. Las pirámides de Tikal.
   c. El canal de Panamá.
6. ¿Cuál es el país más pequeño de Centroamérica?
   a. Honduras.
   b. Costa Rica.
   c. El Salvador.
7. Uno de los glaciares más espectaculares del mundo está en...
   a. Chile.
   b. Cuba.
   c. Argentina.
8. La isla de Pascua, también conocida como Rapa Nui, pertenece a...
   a. Chile.
   b. Ecuador.
   c. Perú.
9. El Aconcagua, la montaña más alta de América, se encuentra en...
   a. Perú.
   b. Argentina.
   c. Chile.
10. El desierto más seco del mundo, el desierto de Atacama, está en...
    a. Chile.
    b. Perú.
    c. Bolivia.

2.1 **Todo el grupo** Corrige el test con toda la clase. ¿Cuántas preguntas has acertado?

Unidad 9 | Experiencias vividas — ciento cincuenta y nueve | 159

---

2. Pida a sus estudiantes que realicen el test de manera individual sin consultar internet. A continuación utilice la **proyección 36**, que sirve para llevar a cabo la corrección, así como para ampliar la información.
1. c; 2. b; 3. a; 4. b; 5. c; 6. c; 7. c; 8. a; 9. b; 10. a.

Test sobre Hispanoamérica
[36]

Proyecte la lámina 36 para la corrección del test. Comente con sus estudiantes la información complementaria de la proyección. Asimismo, resuelva las dudas de vocabulario que pudieran surgirles.

Como actividad de ampliación se propone un trabajo de carácter cooperativo. Divídalos en grupos. El objetivo es conocer un lugar insólito de España. Los miembros del grupo se reparten las tareas para conseguir información, mapas, imágenes y preparar una exposición con todos los medios que tengan a su alcance para presentarla al grupo de clase.

Las pautas a seguir son las siguientes:
1. Elegir un lugar y justificar su elección.
2. Repartirse la tarea de búsqueda.
3. Tomar nota de lo más relevante.
4. Buscar imágenes representativas.
5. Situar en el mapa de España el lugar insólito que han elegido.

Le sugerimos que pasee por lo grupos para ver el trabajo que han elaborado y hacer algunas aclaraciones y correcciones si las necesitan. Un vez que hayan acabado el trabajo, pueden empezar las presentaciones. Dígales que deben tomar notas, pues después deberán elegir el lugar más insólito o curioso que se haya presentado.

Para trabajar estos contenidos, realice las actividades **21-23**, p. **57** del *Libro de ejercicios*.

Unidad 9 | Experiencias vividas — 159

Unidad 9

Vídeo

1. Antes de comenzar con la actividad, escriba en la pizarra la expresión idiomática *tener un día de locos*. Después pregunte a sus estudiantes si saben qué significa y si creen que es positiva o negativa. A continuación pídales que relacionen las imágenes y las frases para completar una pequeña historia con el fin de comprender la expresión idiomática presentada.
   1. f; **2.** e; **3.** b; **4.** d; **5.** a; **6.** c.

2. Explique a sus estudiantes que van a ver a Carla y a Leo hablando mientras esperan a Tere, que llega tarde. Luego ponga el fragmento 00:30 ▶ 01:29 y pídales que respondan a las preguntas.
   1. Porque ha perdido el autobús; **2.** Toma un batido de chocolate y menta; **3.** Toma un mate cocido; **4.** Están esperando a Tere; **5.** Van a ir al cine.

2.1. Antes de realizar la actividad, comente la nota cultural y después plantéeles las preguntas.

HOSTAL Babel — Cajas y cajas y cajas...

Antes del vídeo

1 **En parejas** Cuando alguien dice que ha tenido "un día de locos", ¿cómo crees que ha sido su día? Para saberlo, relaciona las imágenes con las frases que te damos.

a. Se ha levantado tarde.
b. Ha perdido el autobús.
c. Ha tenido una reunión muy larga.
d. Ha comido muy rápido en el trabajo.
e. Se ha tirado el café encima.
f. Se ha estropeado el autobús.

Durante el vídeo

2 **En parejas** Visiona el primer fragmento del episodio (00:30 ▶ 01:29) y responde a las siguientes preguntas.

1. ¿Por qué llega tarde Leo?
2. ¿Qué toma Leo?
3. ¿Qué toma Carla?
4. ¿A quién están esperando?
5. ¿Qué van a hacer los tres?

Nota cultural
En Argentina hay dos formas de tomar la yerba mate: una es con una bombilla y un mate (que son la caña y el recipiente, respectivamente) y la otra es como una infusión normal, generalmente en bolsita. A esta última forma se la llama *mate cocido*.

2.1 ¿Alguna vez has tomado mate? ¿Dónde? Cuéntaselo a la clase.

3 Visiona el fragmento 01:35 ▶ 03:24 y elige la opción correcta.

1. ¿Dónde ha estado Leo?
   a.   b.   c.

2. En las cajas que Leo ha cargado y ha descargado en el almacén hay…
   a.   b.   c.

3. ¿Dónde ha estado Carla?
   a.   b.   c.

4 Lee lo que ha hecho Tere hoy. Después visiona el último fragmento del vídeo (03:24 ▶ final) y ordena las frases.

- [ ] Ha vuelto a su casa para cambiarse de ropa y ha cogido otra vez un autobús para ir a la cafetería.
- [ ] La ha llamado su madre y han estado hablando mucho tiempo.
- [ ] El autobús se ha estropeado y ha tenido que esperar al siguiente.
- [ ] Ha tenido una reunión con su profesor y ha estado en su despacho una hora.
- [ ] Ha tenido clases toda la mañana.
- [ ] Ha ido a la biblioteca porque necesitaba unos libros.
- [ ] Ha perdido el autobús y ha tenido que ir corriendo a su casa.
- [ ] Ha cogido un café de la máquina y se le ha caído encima.
- [ ] Se ha preparado la comida y ha tenido que comer muy rápido.

Después del vídeo

5 **En parejas** Ahora que ya conoces el día que ha tenido Tere, imagina con tu compañero/a cómo ha sido el día de Carla y escríbelo en el cuaderno.

6 **En grupos pequeños** ¿Y tú? ¿Has tenido hoy un día de locos como Tere o ha sido un día tranquilo? ¿Cómo son normalmente tus días? Cuéntaselo a tus compañeros de grupo.

Unidad 9 | Experiencias vividas   ciento sesenta y uno | 161

---

3. Explíqueles que, en el fragmento que van a ver, Leo y Carla se cuentan lo que han hecho los dos antes de ir a la cafetería. Luego dígales que lean las preguntas y que observen las imágenes para facilitarles la comprensión antes del visionado. Por último, póngales el fragmento 01:35 ▶ 03:24 y pídales que respondan a las preguntas.
   1. c (en un banco de alimentos); **2.** c (botellas de leche); **3.** b (en una librería).

4. Pida a sus estudiantes que lean las frases y que subrayen la información relevante para facilitarles la tarea. Pueden usar el diccionario si lo necesitan. Ponga el fragmento 03:24 ▶ final para realizar la actividad. Una vez que hayan terminado, haga una puesta en común para la corrección y reproduzca el vídeo completo.
   8, 5, 9, 2, 1, 6, 3, 7, 4.

5. Divídalos en parejas para realizar esta actividad. Pídales que escriban cómo ha sido el día de Carla o de cualquier otro personaje que les guste. Se trata de una actividad de producción escrita para consolidar el uso de pretérito perfecto de indicativo, estudiado en la unidad.

6. Distribuya a sus estudiantes en grupos pequeños y pídales que lleven a cabo una interacción oral contestando a las preguntas que se plantean. Paséese por los grupos para intervenir si fuera necesario.

Unidad 9 | Experiencias vividas   161

Unidad 9

Evaluación

1. **Posible respuesta:**
   Una botella de agua, una botella de aceite, dos paquetes de pan, un paquete de pasta, cuatro latas de conserva, dos botes de legumbres (un bote de lentejas y un bote de garbanzos), un bote de tomate frito, una bolsa de patatas fritas, un paquete de galletas.

2. **1.** Hemos ayudado; **2.** Hemos repartido; **3.** han donado; **4.** han participado; **5.** han colaborado; **6.** han trabajado; **7.** han cooperado.

3. Respuesta abierta.

4. **1.** f; **2.** d; **3.** b; **4.** c; **5.** a; **6.** e.

5 Observa el billete de tren de Ramón y responde a las siguientes preguntas.

```
Núm. Billete: 2787600281177
Localizador: V2TWL3          Tarifa PROMO          renfe
Salida    Valencia - Joaquín Sorolla    08:15
Llegada   Madrid - Puerta de Atocha     09:55
AVE       05161                         Turista
Coche     7                             Plaza: 04C
                                        Total: 21.95 €
Cierre del acceso al tren 2 minutos antes de la salida
```

Recuerda que para hablar del origen utilizamos la preposición *de* y para hablar del destino la preposición *a*. También usamos *a* para hablar de la hora.

1. ¿A dónde ha llegado y a qué hora?
2. ¿De dónde ha salido y a qué hora?
3. ¿Cómo se llama la estación de origen?
4. ¿Cómo se llama la estación de destino?
5. ¿En qué coche ha viajado? ¿En qué asiento?
6. ¿Cuánto ha pagado por el billete?

6 Escucha la conversación entre dos compañeros de trabajo que hablan sobre lo que han hecho este fin de semana y señala qué actividades ha realizado cada uno.
[38]

1. Ha estado con su familia. P C
2. Ha visitado a unos amigos. P C
3. Ha visitado la mezquita. P C
4. Ha montado a caballo. P C
5. Ha estado en Córdoba. P C
6. Ha descansado. P C
7. Ha visto los patios de flores. P C
8. Ha comido tapas. P C
9. Ha paseado por la sierra. P C
10. Ha estado en un pueblo. P C

Patio de flores (Córdoba)

7 Escribe frases según tus experiencias vividas o no.

Ejemplo: He viajado en avión muchas veces.

1. .... muchas veces.
2. .... una vez.
3. .... un par de veces.
4. Nunca ....

8 Contesta a las siguientes preguntas sobre el apartado "Cultura".

1. ¿Qué metal podemos encontrar en abundancia en el Salar de Uyuni?
2. ¿A cuántos metros sobre el nivel del mar se encuentra el Salar de Uyuni?
3. ¿Cuál es la mejor época para visitar Vinicunca?
4. ¿Cuántos metros mide la montaña Vinicunca?
5. ¿En qué parte de México existe un mayor número de cenotes?
6. ¿Qué animales prehistóricos se han encontrado en estos cenotes?

---

5. 1. Ha llegado a Madrid a las diez menos cinco de la mañana; **2.** Ha salido de Valencia a las ocho y cuarto de la mañana; **3.** La estación de origen se llama Joaquín Sorolla; **4.** La estación de destino se llama Puerta de Atocha; **5.** Ha viajado en el coche 7, en el asiento 4C; **6.** Ha pagado 21.95 € por el billete.

6. 1. P; 2. C; 3. C; 4. P; 5. C; 6. P; 7. C; 8. C; 9. P; 10. P.
[38]

7. Respuesta abierta.

8. 1. Litio; **2.** A 3663 metros; **3.** En agosto, que es estación seca; **4.** Mide 5200 metros; **5.** En la península de Yucatán; **6.** Elefantes, mastodontes, tigres dientes de sable y armadillos gigantes.

Unidad 10

Unidad 10 Fin de trayecto

¿Qué haces normalmente en el país donde estudias español?

¿Cómo es la gente con la que convives?

¿Qué cosas diferentes has hecho últimamente?

¿Conoces la receta de algún plato típico de otro país? ¿Cuál?

¿Quieres viajar a algún país de Hispanoamérica?

Fin de trayecto

Lea en voz alta el título de la unidad, *Fin de trayecto*, y pregunte a sus estudiantes qué les sugiere esta expresión. Si no lo saben, coménteles que es la última unidad del nivel A1, de ahí el título, y que van a revisar los contenidos más relevantes de este nivel. Asimismo, pregúnteles por qué creen que están contentas las personas que aparecen en la imagen central. Dígales que, probablemente, son estudiantes de español que van a pasar al nivel A2. A continuación hágales las preguntas propuestas con el fin de motivarlos y anticiparles algunos de los contenidos con los que van a trabajar a lo largo de esta unidad.

En esta unidad vas a...

- Hablar de acciones cotidianas, de experiencias pasadas y de planes y proyectos futuros
- Describir personas
- Dar instrucciones
- Expresar necesidad y obligación
- Conocer Colombia

Unidad 10

¿Qué sabes?

1. El objetivo de esta actividad es repasar los contenidos que se han visto a lo largo de todo el libro con un juego de tablero. Para ello, distribuya a sus estudiantes en grupos pequeños y facilíteles fichas y dados para poder desarrollar el juego. Puede usar también la **proyección 37** y realizar la actividad con todo el grupo, haciéndoles las preguntas por turnos.

Respuestas abiertas, excepto:
Casilla 2: en la farmacia; **Casilla 3:** CE, HACHE, I, CE, HACHE, I, CE, A, ESE, TE, E, ENE, A, ENE, GE, O; **Casilla 5:** mesero/a; **Casilla 6:** cuatro millones setecientos quince mil cien; **Casilla 15 (posible respuesta):** Penélope Cruz (actriz), Rafael Nadal (tenista), Carolina Herrera (diseñadora de moda); **Casilla 18:** tenis; **Casilla 19:** lunes, martes, miércoles, jueves, viernes, sábado y domingo; **Casilla 20:** enero, febrero, marzo, abril, mayo, junio, julio, agosto, septiembre, octubre, noviembre, diciembre; **Casilla 26:** celular; **Casilla 31 (posible respuesta):** el Museo Guggenheim (ver una exposición o ver la colección del museo); el Casco Viejo (tomar pinchos y beber algo); **Casilla 32 (posible respuesta):** croquetas, patatas bravas y pulpo a la gallega; **Casilla 33 (posible respuesta):** un refresco, un café y agua con gas; **Casilla 34 (posible respuesta):** una ensalada mixta, pollo asado con patatas, flan casero y agua; **Casilla 36 (posible respuesta):** "¿Me trae la cuenta, por favor?"; **Casilla 37:** papas; **Casilla 38 (posible respuesta):** tienes que ver películas o series; puedes hacer un intercambio con un nativo; **Casilla 41 (posible respuesta):** crema solar, botas de montaña y linterna; **Casilla 43 (posible respuesta):** la rana negra de Roraima y el puma; **Casilla 44:** en Barcelona; **Casilla 46 (posible respuesta):** sándwiches, refrescos, chocolatinas; **Casilla 47 (posible respuesta):** "Introduzca la tarjeta"; **Casilla 48:** living; **Casilla 53 (posible respuesta):** contento/a, triste, preocupado/a; **Casilla 55 (posible respuesta):** lata, paquete, bolsa; **Casilla 58:** carro.

10

Tablero del juego

5 De aquí y de allá: ¿Cómo se dice en Hispanoamérica camarero/a?

6 Lee este número: 4 715 100

7 AVANZA 2 CASILLAS

8 Describe tu barrio.

9 Di tres cosas que te gusta hacer cuando viajas.

32 Nombra tres tapas que puedes pedir en un bar de España.

33 Di tres bebidas que puedes pedir en un bar.

34 Pide el menú del día: un primero, un segundo, un postre y una bebida.

35 AVANZA 2 CASILLAS

10 Di cómo vas a tu escuela/trabajo.

51 Levántate y apaga la luz.

52 Pide permiso a tus compañeros para hacer algo.

53 Di tres estados de ánimo.

36 ¿Qué tienes que decir cuando quieres pagar en un restaurante?

11 ¿Dónde prefieres alojarte cuando viajas?

56 PIERDES UN TURNO

55 Di el nombre de tres envases.

54 Di tres cosas que has hecho hoy.

37 De aquí y de allá: ¿Cómo se dice en Hispanoamérica patatas?

12 Nombra un monumento que te gusta mucho y di dónde está.

41 Di tres cosas que necesitas para ir de excursión a la montaña.

40 Di una cosa que quieres hacer esta semana.

39 Propón un plan a tus compañeros para este fin de semana.

38 Da dos consejos para aprender bien español.

13 Describe el físico y el carácter de un miembro de tu familia.

18 De aquí y de allá: ¿Cómo se dice en Hispanoamérica zapatillas?

17 ¿Qué está haciendo tu profesor/a en este momento?

16 ¿Qué ropa llevas hoy?

15 Nombra tres personajes famosos del mundo hispano y di sus profesiones.

14 VUELVE A TIRAR EL DADO

Unidad 10 | Fin de trayecto — ciento sesenta y siete | 167

Juego de tablero
[37]

Instrucciones del juego
Cada uno de los componentes del grupo elige una ficha y se coloca en la casilla de SALIDA. A continuación lanzan el dado y empieza quien haya obtenido el número más alto. Esta persona vuelve a lanzar el dado para iniciar el juego, avanza tantas casillas como indique el dado y responde a la pregunta o lleva a cabo la acción que se indica en ella. En el caso de no realizar la acción o de fallar la pregunta, vuelve a la casilla en la que estaba antes de tirar el dado. En el caso de realizarla o de responder correctamente, se queda en esa casilla y el turno pasa a la persona que se encuentre a la izquierda, siguiendo el sentido de las agujas del reloj. Serán los propios integrantes del grupo quienes decidan si la persona ha realizado la acción o si ha respondido a la pregunta correctamente. Si dudan, usted puede intervenir para tomar una decisión. Gana quien alcance antes la casilla de LLEGADA. El juego termina cuando solo quede una ficha por llegar a la casilla de LLEGADA.

Casillas especiales
Las casillas de color naranja sirven para volver a tirar el dado (casillas 14, 28 y 49), para avanzar en el tablero (casillas 7 y 35), para volver a la casilla de salida (casilla 21) o para perder el turno (casillas 42 y 56). En el caso de caer en las casillas 7 o 35, el estudiante avanza dos casillas y tiene que responder a lo que se le pregunta; en caso de no hacerlo, vuelve a la casilla en la que estaba antes de caer en una de estas dos.

Unidad 10

Palabras

1. Repaso del léxico relacionado con la comida. Pida a sus estudiantes que, en parejas, resuelvan el crucigrama que se les propone con el nombre de diversos alimentos ya estudiados anteriormente.

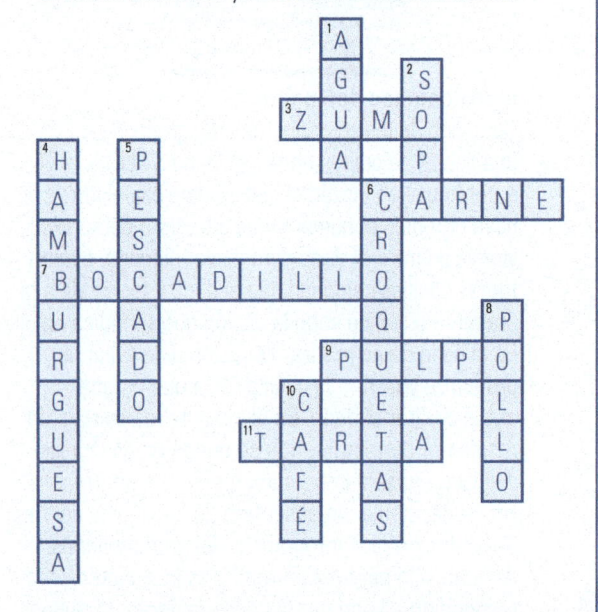

```
       ¹A
        G
        ²S
     ³Z U M O
   ⁴H    A  P
   A ⁵P  ⁶C A R N E
   M E    R
   ⁷B O C A D I L L O
   U S    Q     ⁸P
   R A   ⁹P U L P O
   G D   ¹⁰C    L
   U O   ¹¹T A R T A
   E      F     S
   S      É
   A
```

1.1. Pida a sus estudiantes que combinen individualmente las palabras de la actividad anterior con las palabras que se les proponen. Luego pídales que comparen sus respuestas con un/a compañero/a.
Repase con sus estudiantes el cuadro de la RAE, en el que se presentan las diferentes palabras que se utilizan en el español de España y de América para nombrar algunos de estos alimentos.
1. botella de **agua**; **2.** taza de **café**; **3.** ración de **pulpo/croquetas**; **4. pollo** asado; **5. tarta** de chocolate; **6. zumo** de naranja; **7. bocadillo** de jamón; **8. sopa** de verduras; **9. carne/pescado** a la plancha; **10. hamburguesa** con queso.

Palabras

1 **En parejas** Resuelve el siguiente crucigrama.

6 Vertical
6 Horizontal

RAE LÉXICO

Español de España y América ▸ tarta/pastel :
*De postre una **tarta** de almendras excelente.*
*Allí estaba mi madre, haciendo un **pastel** que olía delicioso y cantando.*
Español de América ▸ torta : *La **torta** de boda tiene cuatro enormes pisos.*
Español de Honduras ▸ queque : *Eliminar galletas dulces, **queques**...*

Español de España ▸ tapa : *Pasear por la ciudad y pararse a tomar unas **tapas** en alguno de los bares que han hecho de estas todo un arte.*
Español de América ▸ botana :
*Para abrir el apetito te presentamos esta gran variedad de **botanas**.*

Español de España ▸ zumo :
*Jamás prueba el alcohol, solo agua y **zumo** de naranja.*
Español de América ▸ jugo : *Sobre una mesa con mantelito blanco hay vasos con **jugo** de naranja, platos con huevos cocidos, panes tostados y tazas de café.*

Español de España ▸ sándwich :
*Anda, corre, ve a la cocina, por si ya están los **sándwiches** de la mesa 3.*
Español de América ▸ emparedado : *Primero tomaron café, aparecieron algunos **emparedados**, masas frescas de hojaldre, frutas...*

1.1 En parejas Combina las palabras de la actividad anterior con las palabras que te damos. Compara los resultados con tu compañero/a.

1. botella de ....
2. taza de ....
3. ración de ..../..........
4. .... asado
5. .... de chocolate
6. .... de naranja
7. .... de jamón
8. .... de verduras
9. ..../............ a la plancha
10. .... con queso

2 🔊 Escucha la siguiente conversación entre dos amigos y completa la información de la tabla.
[39]

	Pablo	Mario	M.ª Luisa	Carla
Carácter				
Gustos				

2.1 **En parejas** Observa las fotografías y busca las diferencias. Sigue el ejemplo. Luego compara con tu compañero/a.

Foto 1

Pablo lleva corbata y Mario no.

Foto 2

2.2 🔊 Escucha de nuevo la primera parte de la audición y di si las frases son verdaderas o falsas. Corrige los errores.
[39]
1. Los hermanos de Julia son Pablo, Mario, M.ª Luisa y Carla. ..... V F
2. El tío de Pablo y Mario se llama Juanjo. ..... V F
3. Juanjo es el hermano del padre de Julia. ..... V F
4. Clara es la madre de M.ª Luisa y Carla. ..... V F
5. No se sabe si Juanjo es mayor o menor que el padre de Julia. ..... V F
6. Clara es la hermana mayor de la madre de Julia. ..... V F

3 **En parejas** Ordena las letras para obtener doce palabras del cuerpo humano.

1. Z-A-B-E-C-A ▸ .....
2. P-I-N-A-E-R-S ▸ .....
3. O-S-J-O ▸ .....
4. R-A-N-Z-I ▸ .....
5. N-M-A-S-O ▸ .....
6. O-C-B-A ▸ .....
7. S-P-L-A-E-A-D ▸ .....
8. J-A-S-O-E-R ▸ .....
9. S-I-P-E ▸ .....
10. E-C-H-O-P ▸ .....
11. U-E-L-L-C-O ▸ .....
12. D-D-O-E-S ▸ .....

Unidad 10 | Fin de trayecto — ciento sesenta y nueve | 169

---

2. Actividad de repaso del léxico relacionado con la descripción del carácter. Diga a sus estudiantes que van a escuchar una conversación entre un hombre y una mujer en la que esta va a hablar de sus primos. Pídales que se centren en el carácter de estas cuatro personas y en sus gustos. A continuación reproduzca el audio.

Pablo. Carácter: Es muy serio, clásico, muy elegante y muy sociable; Gustos: Le encanta aprender idiomas y hablar con la gente.

Mario. Carácter: Es un poco tímido, muy divertido y muy inteligente; Gustos: Le gusta mucho leer y ver series de televisión.

M.ª Luisa. Carácter: Es muy alegre, simpática y muy abierta; Gustos: Le encanta salir con sus amigos.

Carla. Carácter: Es muy alegre, simpática, activa e informal; Gustos: Le encanta ir a la montaña y hacer excursiones.

2.1. Ahora sus estudiantes deberán centrarse en la ropa que llevan los gemelos (Foto 1) y las gemelas (Foto 2) y hablar de las diferencias. Pídales que hagan la actividad de manera individual y que luego comparen sus respuestas con su compañero/a.
Posible respuesta:
Foto 1: Pablo lleva corbata y Mario no; Mario lleva unos pantalones vaqueros y Pablo lleva unos pantalones grises de vestir; Pablo lleva zapatos y Mario lleva zapatillas; Mario lleva una camiseta y Pablo no.
Foto 2: Carla lleva unos pantalones cortos y una camiseta y M.ª Luisa lleva un vestido; Carla lleva zapatillas y M.ª Luisa lleva zapatos de tacón; Carla lleva unas gafas de sol (las lleva encima de la cabeza) y M.ª Luisa no.

2.2. Actividad para repasar el léxico relacionado con la familia. Ponga de nuevo el audio 39 desde el principio hasta el momento en que el hombre dice "¡Qué difícil!".
[39] **1.** Falso, los ~~hermanos~~ **primos** de Julia son Pablo, Mario, M.ª Luisa y Carla; **2.** Falso, el ~~tío~~ **padre** de Pablo y Mario se llama Juanjo; **3.** Verdadero; **4.** Verdadero; **5.** Verdadero; **6.** Falso, Clara es la hermana ~~mayor~~ **menor** de la madre de Julia.

3. Actividad para el repaso del léxico relacionado con las partes del cuerpo. Pida a sus estudiantes que, en parejas, escriban en orden las letras de las palabras.
1. CABEZA; **2.** PIERNAS; **3.** OJOS; **4.** NARIZ; **5.** MANOS; **6.** BOCA; **7.** ESPALDA; **8.** OREJAS; **9.** PIES; **10.** PECHO; **11.** CUELLO; **12.** DEDOS.

Para trabajar estos contenidos, realice las actividades **1-5**, pp. **58-59** del *Libro de ejercicios*.

Unidad 10

Gramática

1. Explique a sus estudiantes, a modo de repaso, los modelos de los verbos que son irregulares en el presente de indicativo:
   - verbos con irregularidades vocálicas (*querer, poder, jugar, repetir*);
   - verbos irregulares solo en la primera persona de singular (*hacer, salir, poner, ver, dar, estar, saber, conocer*);
   - verbos totalmente irregulares (*ser, estar, ir*);
   - verbos que tienen doble irregularidad (*tener, venir*).

1.1. A continuación dígales que van a escuchar a una chica que habla de su rutina diaria. En una primera escucha, pídales que anoten en su cuaderno las formas verbales irregulares que oigan. Una vez que hayan terminado, déjeles un tiempo para clasificar las formas verbales que han anotado en la tabla. Antes de corregir, haga una segunda escucha para que rectifiquen su respuesta si es necesario. Corrija en plenario.
[40]
e > ie: me despierto; **o > ue:** vuelvo, puedo, me acuesto; **e > i:** me visto, pido; **primera persona irregular:** salgo, hago, veo; **totalmente irregulares:** voy.

> Para trabajar estos contenidos, realice las actividades **6** y **7**, p. **60** del *Libro de ejercicios*.

2. y 2.1. Recuérdeles a sus estudiantes los usos de los verbos *ser, estar, tener* y la forma *hay*, siguiendo la explicación del cuadro. A continuación, pídales que hagan la actividad 2.1 para trabajar este contenido. Antes de darles la solución, pídales que comparen sus respuestas con un compañero/a para que puedan rectificar si tienen algún error.
1. es; 2. es; 3. Está; 4. tiene; 5. es; 6. está; 7. hay; 8. tiene; 9. hay; 10. tiene; 11. es; 12. está.

> Para trabajar estos contenidos, realice la actividad **8**, p. **60** del *Libro de ejercicios*.

2.2. Actividad de interacción oral en pequeños grupos a partir de la biografía de José Andrés para la práctica del presente de indicativo. Los estudiantes deben imaginar cómo es un día normal en su vida. Si cree que sus estudiantes tienen aún dificultades con la forma del presente de indicativo, pídales que pongan por escrito lo que han hablado en su grupo como deberes para casa.

3 Imperativo (repaso)

- Las irregularidades del imperativo son las mismas que las del presente:
  e > ie: *despierta* (tú); o > ue: *duérmase* (usted); e > i: *pidan* (ustedes)
- Recuerda que la persona *vosotros/as* es siempre regular.
- Usamos el imperativo para **dar instrucciones**, **órdenes** y **consejos**.

3.1 En parejas
¿Sabes el significado de estos verbos? Completa la receta usando la forma *tú* del imperativo.

| cortar (2) | añadir (2) | rallar | cocinar | pelar | echar | calentar | freír |

Ingredientes

Para la salsa brava:
- 4 tomates grandes maduros
- 2 cucharadas de aceite de oliva
- 1 cucharadita de azúcar
- ½ cucharadita de pimentón
- ¼ cucharadita de cayena
- 1 cucharadita de vinagre
- sal

Para las patatas:
- 2 tazas de aceite de oliva
- ½ kilo de patatas

Elaboración
Para la salsa brava, [1] _____ los tomates por la mitad y [2] _____ los. [3] _____ el aceite de oliva en una sartén y [4] _____ el tomate rallado, el azúcar, el pimentón y la cayena. [5] _____ los durante 10 minutos aproximadamente. [6] _____ el vinagre y la sal.
Para las patatas, [7] _____ las patatas, [8] _____ las en cubos y [9] _____ las en aceite de oliva. [10] _____ la salsa sobre las patatas fritas.

> **RAE — GRAMÁTICA**
> - En zonas voseantes de América, el imperativo tiene una forma propia para la persona *vos* (*hablá, bebé, abrí, empezá, volvé, elegí, sé, tené, hacé, poné, vení, salí, decí…*): *Empezá vos, por favor./Comé, comé, está muy bueno.*
> - El verbo *ir* (imperativo *ve*) no suele utilizarse y se usa *andá* (*andar*): *Andá que es tarde.*

> **RAE — LÉXICO**
> Español de España > patata:
> *Alrededor del pollo se ponen las patatas, el tocino y las cebollitas, colocándolos encima del pollo.*
> Español de América > papa:
> *Voy a asar carne de puerco con papas.*

4 Estructuras con infinitivo y gerundio (repaso)

- Hay algunas estructuras verbales que se construyen con infinitivo y que tienen diferentes significados:
  - **Obligación** o **necesidad** > *tener que, hay que*: *Tengo que terminar los deberes esta tarde.*
  - **Planes**, **proyectos** e **intenciones** > *ir a, pensar*: *Mañana pensamos ir al campo.*
  - **Deseos** > *querer*: *Queremos comprarnos un piso en Madrid.*
  - **Consejos** y **sugerencias** > *tener que, hay que, poder*: *Tienes que ir al médico.*
  - **Posibilidad** > *poder*: *Con un diccionario online puedo buscar las palabras más rápido.*
- Para expresar una **acción en desarrollo** usamos *estar* + gerundio:
  Estoy estudiando porque mañana tengo un examen.

4.1
[41] Escucha los siguientes diálogos y fíjate en las estructuras verbales que se usan. ¿Qué expresan? Escribe el número del diálogo en su lugar correspondiente.

☐ Deseos.   ☐ Intenciones.   ☐ Consejos y sugerencias.   ☐ Obligación.
☐ Acción en desarrollo.   ☐ Posibilidad.   ☐ Planes, proyectos.   ☐ Necesidad.

Unidad 10 | Fin de trayecto — ciento setenta y uno | 171

---

3. y 3.1. Explique a sus estudiantes, a modo de repaso, las formas regulares e irregulares del imperativo siguiendo la explicación del cuadro y lleve a cabo la actividad de práctica 3.1. Antes de comenzar, pídales que clasifiquen los ocho verbos de la actividad en verbos regulares (*cortar, añadir, rallar, cocinar, pelar, echar*) e irregulares (*calentar, freír*).
Repase el cuadro de la RAE sobre el uso del pronombre *vos* y las formas de imperativo de las zonas voseantes de América.
1. corta; 2. rállalos; 3. Calienta; 4. añade;
5. Cocínalos; 6. Añade; 7. pela; 8. córtalas;
9. fríelas; 10. Echa.

> Para trabajar estos contenidos, realice las actividades **9** y **10**, p. **61** del *Libro de ejercicios*.

4. Revise las estructuras con infinitivo y gerundio siguiendo la explicación del cuadro. Haga hincapié en los diferentes tipos de construcción: verbo seguido de infinitivo (*pensar, querer, poder*) o gerundio (*estar*), verbo + *que* + infinitivo (*tener que, hay que*) y verbo + *a* + infinitivo (*ir a*).

4.1. [41] La audición servirá para discriminar las estructuras verbales que se necesitan para expresar cada una de las funciones que tienen anotadas en el cuadro.
Deseos: 4; **Acción en desarrollo:** 2; **Intenciones:** 8; **Posibilidad:** 5; **Consejos y sugerencias:** 6; **Planes, proyectos:** 3; **Obligación:** 1; **Necesidad:** 7.

> Para trabajar estos contenidos, realice las actividades **11-13**, pp. **61-62** del *Libro de ejercicios*.

Unidad 10

Practica en contexto

1. Pida a sus estudiantes que observen las fotos de Instagram y que lean sus comentarios para descubrir el país en el que está José Luis. Propóngales que busquen información en internet. Si alguno de sus estudiantes conoce Cartagena de Indias, anímelo a que comparta su experiencia con los demás estudiantes.

   José Luis está en Colombia, concretamente en la ciudad de Cartagena de Indias, en el Caribe colombiano.

Practica en contexto

1 José Luis está haciendo prácticas en un hotel. Estas son las fotos que ha publicado en su cuenta de Instagram. ¿Sabes en qué país está? Busca información en internet con ayuda de los comentarios.

152 Me gusta
JoséLuis #Rascacielos de #Bocagrande. Aquí vivo ahora. Es la zona más moderna de la ciudad, aunque no tiene el encanto del centro histórico... 😔😔

174 Me gusta
JoséLuis Calle típica del centro histórico. Pasear por aquí es viajar al pasado 👍 #ArquitecturaColonial

93 Me gusta
JoséLuis El baluarte de Santo Domingo, al lado del mar. Las vistas al #Caribe desde aquí son espectaculares 👀 #CiudadAmurallada

228 Me gusta
JoséLuis #Gertrudis delante de la iglesia de Santo Domingo. ¡Me encantan las esculturas de #Botero! 👏👏👏👏

202 Me gusta
JoséLuis Vista de la ciudad con la iglesia de San Pedro Claver y Bocagrande al fondo 👍 #MeGustaEstaCiudad

306 Me gusta
JoséLuis Desayunando el mejor café del mundo con la mejor compañía. 💗 #TeQuiero #feliz

1.1 Lee el siguiente correo electrónico y completa la información.

De: José Luis **Para:** Conchita, Alfonso, Carolina

¡Hola, amigos!
¿Qué tal estáis por allí? Yo aquí muy bien, como podéis ver en Instagram. 😉 Candela ha llegado hoy a Cartagena y estoy muy feliz.
Bueno, ya tengo móvil colombiano (+57 31 860 05 33) y esta semana he encontrado casa. Es un apartamento muy bonito que está muy cerca de la oficina.
En el trabajo todo bien. Mis compañeros son muy simpáticos y me han ayudado mucho a adaptarme a la ciudad. Después del trabajo normalmente paseo por la ciudad para conocerla un poco más, salgo con mis compañeros, voy a la playa y, cuando no estoy muy cansado, salgo a cenar fuera para probar la comida colombiana, que me encanta.
Ya he visitado un par de veces el centro histórico, que está a 45 minutos andando de casa. Esta semana también he estado en el Museo Histórico de Cartagena y en la iglesia de San Pedro Claver, que es preciosa.
Mañana y el viernes, después del trabajo, voy a enseñarle a Candela un poco la ciudad. Y el fin de semana vamos a ir a la isla de Providencia. Mañana voy a comprar unas gafas y unas aletas, porque me han dicho que en Providencia puedes hacer submarinismo. ¡Qué emoción! Nunca he buceado y estoy deseando hacerlo…
Tengo que dejaros. Candela quiere salir a cenar, que tiene hambre. Esta noche voy a llevarla a cenar al restaurante Bohemia, un restaurante que fusiona la cocina colombiana con la del sur de Europa. Me lo han recomendado mis compañeros de trabajo. Después vamos a bailar salsa. ¡Azúcar! 😂
Prometo escribiros pronto.
Besos y abrazos,
JL

Hablar del presente, pasado y futuro

- Para hablar de **acciones habituales** utilizamos el presente de indicativo:
  Después del trabajo normalmente paseo por la ciudad, salgo con mis compañeros, voy a la playa y, cuando no estoy muy cansado, salgo a cenar fuera.

- Para hablar de **acciones pasadas** en un periodo de tiempo no terminado o relacionado con el presente, usamos el pretérito perfecto de indicativo:
  Candela ha llegado hoy a Cartagena.

- Para hablar del **futuro** utilizamos la estructura *ir a* + infinitivo:
  Mañana voy a comprar unas gafas y unas aletas.

Marcadores temporales

- De acciones habituales: *siempre, (casi) todos los días, normalmente, a veces, nunca…*
- De pasado reciente: *hoy, este año, esta semana, alguna vez, nunca…*
- De futuro: *esta noche, mañana, este fin de semana, la próxima semana, el año que viene…*

Encuentra en el texto…

1. una cosa que le gusta de Colombia.
2. una cosa que nunca ha hecho.
3. un lugar que va a visitar.
4. dos cosas que necesita para la excursión del fin de semana.
5. dos planes que tiene para esta noche.
6. dos estados de ánimo.
7. tres lugares de interés donde ya ha estado.
8. cuatro cosas que hace normalmente.

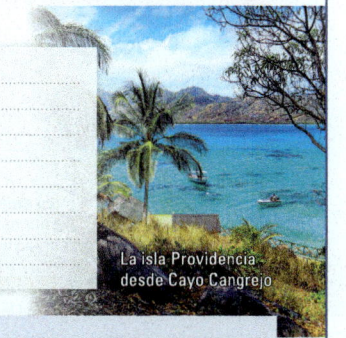

La isla Providencia desde Cayo Cangrejo

RAE · GRAMÁTICA
Recuerda que en el español de América y en el español de España de las zonas de Galicia, Asturias, parte de León y Canarias, es más frecuente el uso del pretérito indefinido en lugar del pretérito perfecto para hablar de acciones terminadas en un tiempo no terminado.
Español de América: *Estoy muy cansado porque esta mañana salí de casa muy temprano y no llegué hasta las nueve de la noche. Fue un día muy largo.*
En el español de España (salvo en las zonas mencionadas anteriormente) se dice: *Estoy muy cansado porque esta mañana he salido de casa muy temprano y no he llegado hasta las nueve de la noche. Ha sido un día muy largo.*

Unidad 10 | Fin de trayecto — ciento setenta y tres | 173

1.1. Pida a sus estudiantes que lean el correo de José Luis. A continuación revise los usos del presente, el pretérito perfecto y la perífrasis *ir a* + infinitivo tal y como se indica en el cuadro de la banda lateral. Revise, asimismo, los marcadores de frecuencia, los de pasado y los de futuro, y pídales que busquen ejemplos en el correo electrónico. Comente el cuadro de la RAE y recuérdeles que en el español de América y en el español de España de las zonas de Galicia, Asturias, parte de León y Canarias, es más frecuente el uso del pretérito indefinido en lugar del pretérito perfecto para hablar de acciones terminadas en un tiempo no terminado. Tras la corrección de esta actividad, use la **proyección 38**.
1. la comida (*para probar la comida colombiana, que me encanta*); 2. submarinismo (*Nunca he buceado*); 3. la isla de Providencia (*Y el fin de semana vamos a ir a la isla de Providencia*); 4. gafas y aletas para bucear (*Mañana voy a comprar unas gafas y unas aletas, porque me han dicho que en Providencia puedes hacer submarinismo*); 5. cenar en el restaurante Bohemia y bailar salsa (*Esta noche voy a llevarla a cenar al restaurante Bohemia [...] Después vamos a bailar salsa*); 6. feliz y cansado (*estoy muy feliz [...] cuando no estoy muy cansado*); 7. el centro histórico, el Museo Histórico de Cartagena y la iglesia de San Pedro Claver (*Ya he visitado un par de veces el centro histórico [...] Esta semana también he estado en el Museo Histórico de Cartagena y en la iglesia de San Pedro Claver, que es preciosa*); 8. pasear por la ciudad, salir con sus compañeros, ir a la playa y salir a cenar (*Después del trabajo normalmente paseo por la ciudad para conocerla un poco más, salgo con mis compañeros, voy a la playa y, cuando no estoy muy cansado, salgo a cenar fuera para probar la comida colombiana, que me encanta*).

🔊 La habitación de Candela
[38]

Pida a sus estudiantes que observen durante un minuto la proyección y dígales que se fijen bien en todos los elementos que aparecen en ella para memorizar la información. Luego quite la proyección y formúleles las siguientes preguntas:

1. ¿Qué ciudades ha visitado?
2. ¿Qué le gusta hacer?
3. ¿Qué cosas tiene que comprar?
4. ¿Qué está haciendo Popota?
5. ¿Qué va a hacer este fin de semana?
6. ¿Qué hay debajo de la cama?
7. ¿Dónde están los pantalones?

1. Ha visitado París, Londres y Barcelona; 2. A Candela le gusta tocar la guitarra y hacer fotos; 3. Tiene que comprar comida para el gato, pan, verduras y huevos; 4. Está bebiendo agua; 5. Va a ir a un concierto de Enrique Iglesias; 6. Unos zapatos negros de tacón; 7. Encima de la silla.

Unidad 10

1.2. Pida a sus estudiantes que se levanten y que realicen el cuestionario al menos a dos de sus compañeros. Puede sugerirles que reformulen las preguntas en parejas o individualmente, como prefieran, y que las escriban en una tabla, dejando dos espacios para escribir el nombre de los compañeros encuestados y poder comparar mejor los resultados.

Posible respuesta:
– ¿Qué tres cosas haces normalmente en esta ciudad?
– ¿Has estado en algún lugar esta semana? Menciona dos.
– ¿Qué lugar quieres visitar?
– ¿Qué vas a hacer esta noche?
– ¿Tienes que comprar algo? ¿Qué?
– Dime una cosa que te gusta y otra que no te gusta de tu país.
– ¿Qué planes tienes para este fin de semana?

Si lo desea, puede hacer una puesta en común para ver si coinciden en algunas de sus respuestas.

2. Explique a sus estudiantes que van a escuchar diferentes anuncios sobre las excursiones y visitas que se pueden hacer en Cartagena de Indias. Antes de escuchar el audio, lea las preguntas y solucione las dudas de léxico que puedan tener. A continuación ponga el audio para realizar la actividad y después corrija con todo el grupo.
1. c; 2. b; 3. c; 4. a; 5. c.

2.1. Distribuya a sus estudiantes, a ser posible, en cuatro equipos (o múltiplos de cuatro, si el grupo es muy numeroso) y asígneles a cada uno de ellos uno de los cuatro temas propuestos (restaurantes, museos, centros comerciales o salas de baile). Después pídales que busquen información en internet sobre el tema que les ha tocado en la ciudad de Cartagena de Indias y que completen la información de su cuadro. Por último, deberán elaborar una serie de anuncios similares a los que han escuchado en el audio anterior. Recomendamos usar la proyección 39.

Transcripción audio 42

Con el fin de facilitarles la tarea, ponga la proyección, en la que está la transcripción del audio de la actividad anterior y vuelva a reproducir la pista de audio para que sus estudiantes la tengan presente como modelo a la hora de realizar la actividad.

2.2. Pida a los estudiantes que pongan en común los resultados de la actividad y que lean los anuncios que han escrito.

Para trabajar estos contenidos, realice las actividades **14** y **15**, p. 62 del *Libro de ejercicios*.

3 **En grupos pequeños** Vamos a jugar a las instrucciones encadenadas con el mapa de situación del centro histórico de Cartagena de Indias. Un estudiante del grupo dice cómo llegar al primer lugar; su compañero/a, al siguiente, y así sucesivamente hasta completar el recorrido.

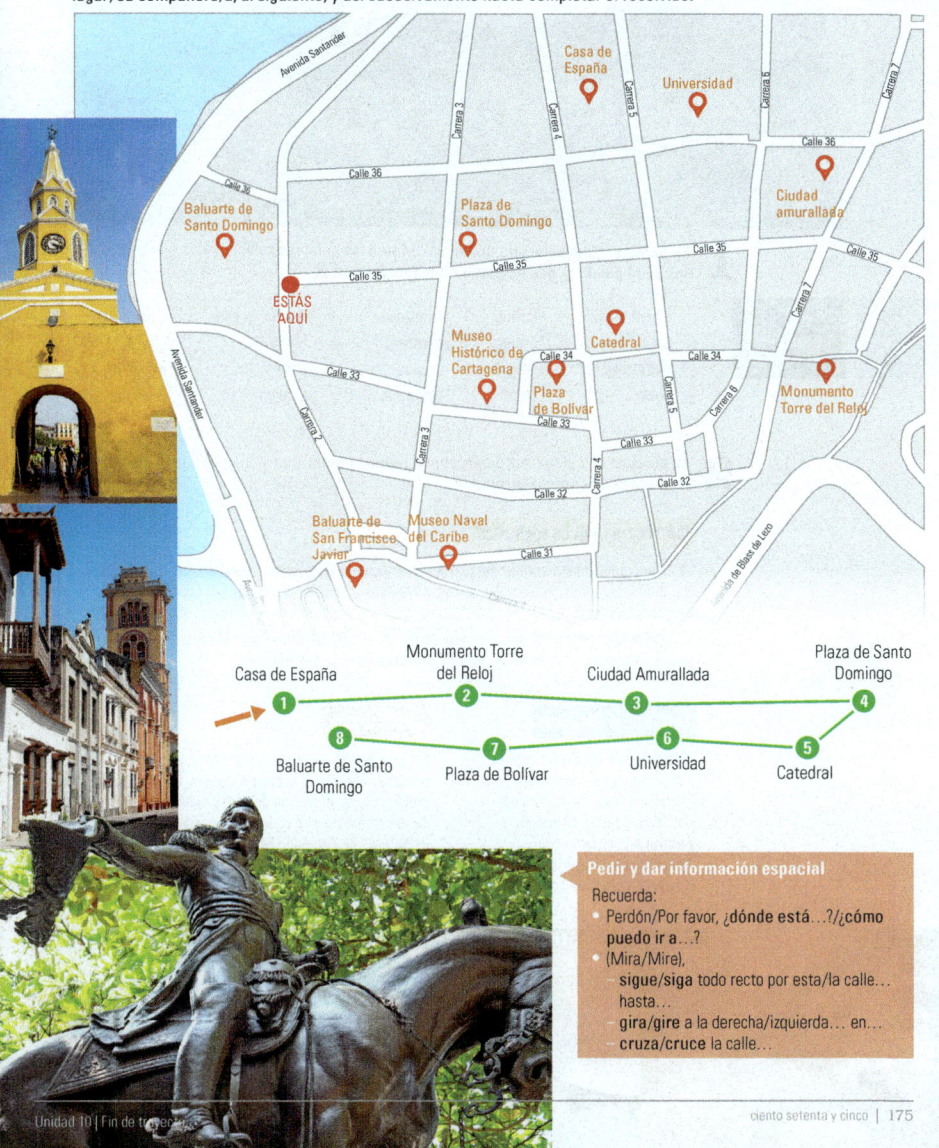

Pedir y dar información espacial

Recuerda:
- Perdón/Por favor, ¿dónde está…?/¿cómo puedo ir a…?
- (Mira/Mire),
  – sigue/siga todo recto por esta/la calle… hasta…
  – gira/gire a la derecha/izquierda… en…
  – cruza/cruce la calle…

---

3. El objetivo de esta actividad es que sus estudiantes recuerden y practiquen las estructuras de pedir y dar información espacial. Haga grupos de tres o cuatro estudiantes para jugar a las instrucciones encadenadas. El primero del grupo empieza en el punto marcado en el mapa ("ESTÁS AQUÍ") y debe preguntar a quien esté a su izquierda por el punto 1 (Casa de España). Este debe dar la instrucción al primer estudiante. Cuando haya terminado de dar la instrucción, debe preguntar a quien esté a su izquierda por cómo ir al punto 2 (Monumento Torre del Reloj) desde el punto 1 (Casa de España). Es decir, cada estudiante dará primero una instrucción y luego preguntará al estudiante de su izquierda por el punto siguiente partiendo del punto anterior. Y así sucesivamente hasta terminar con los lugares marcados en el mapa. Cuando hayan acabado pueden preguntarse libremente, pero siempre respetando que se parte desde el último lugar dado. Decida si sus estudiantes han de usar la forma *tú* o *usted* o, si lo prefiere, deje que ellos decidan cuál usar. Utilice la **proyección 40**.

Mapa turístico de Cartagena de Indias [40]

Proyecte el plano del centro de Cartagena para facilitarles la tarea y también para hacer la corrección. Una vez que hayan terminado, puede continuar un poco más con la actividad, preguntando por otros lugares que aparecen en el mapa.

Posible respuesta:

1. ▶ Perdón, ¿cómo puedo ir a la Casa de España?
   ▷ Mire, siga todo recto por la calle 35 hasta la carrera 4. Allá gire a la izquierda. Son dos manzanas.

2. ▶ Por favor, ¿dónde está el monumento Torre del Reloj?
   ▷ Sí, mira, sigue todo recto por la carrera 4, pasa la plaza de Bolívar y continúa recto hasta la calle 32. Allí gira a la izquierda. Son tres manzanas.

3. ▶ Perdón, ¿cómo puedo ir a la Ciudad Amurallada?
   ▷ Es muy fácil. Mire, siga todo recto por esta calle, la carrera 7. Son dos manzanas. Está a su izquierda.

4. ▶ Por favor, ¿dónde está la plaza de Santo Domingo?
   ▷ Vaya hasta la esquina. Allí gire a la derecha y siga recto por la calle 35. Son cuatro manzanas.

5. ▶ Por favor, ¿cómo puedo ir a la catedral?
   ▷ ¿La catedral? Está muy cerca. Mira, ve por esta calle, la calle 35, hasta la esquina y ahí gira a la derecha. Luego gira a la izquierda.

6. ▶ Perdón, ¿dónde está la Universidad?
   ▷ Sí, mire, camine hasta la esquina y gire a la izquierda en la carrera 5. Después de dos manzanas, gire a la derecha en la calle 36. Está a su izquierda.

7. ▶ Perdón, ¿cómo puedo ir a la plaza de Bolívar?
   ▷ Sí, mira, sigue recto por la calle 36 hasta la carrera 4. Ahí gira a la izquierda. Después de dos manzanas está la plaza de Bolívar. Está muy cerca de la catedral.

8. ▶ Por favor, ¿dónde está el baluarte de Santo Domingo?
   ▷ Sí, mire, siga todo recto por la calle 33 hasta la avenida Santander. Luego gire a la derecha y ahí está el baluarte de Santo Domingo.

Unidad 10 | Fin de trayecto

Unidad 10

Cultura

1. Antes de realizar la actividad, pregunte a sus estudiantes qué saben de Colombia. Luego póngalos a trabajar en parejas. Dígales que busquen información de los países fronterizos (Venezuela, Brasil, Perú, Ecuador y Panamá), que completen la actividad y que justifiquen la respuesta. No la corrija para que tengan la oportunidad de rectificar después de haber leído el texto de la actividad 2.
   Palabras no relacionadas con Colombia: Lionel Messi, Argentina; mariachis, México; tango, Argentina; tacos, México; cultura maya, México; mate, Argentina; Frida Kahlo, México.
   Palabras relacionadas con Colombia: café, salsa, Caribe, Botero, Amazonas, carnaval, arepas, Gabriel García Márquez, esmeraldas, Shakira, cordillera de los Andes.

2. Pida a sus estudiantes que lean los textos para comprobar sus respuestas anteriores. Resuelva las dudas de vocabulario que pudiera haber. Con una segunda lectura del texto, deben completar individualmente la ficha sobre Colombia y, en parejas, comprobar sus respuestas.
   1. cuatro bailes: cumbia, vallenato, salsa y rumba;
   2. dos museos: el Museo del Oro y el Museo Internacional de la Esmeralda; 3. dos artistas: Fernando Botero y Shakira; 4. una fiesta: el carnaval de Barranquilla; 5. dos comidas: la bandeja paisa y las arepas; 6. dos ríos: Amazonas y Orinoco.

   Para trabajar estos contenidos, realice las actividades **16-18**, p. **63** del *Libro de ejercicios*.

10

Vista panorámica de Cali

Región Caribe

El sol, las playas, el baile y la alegría de su gente se juntan en esta región a ritmo de cumbia y vallenato, dos de los ritmos musicales más característicos de Colombia. Barranquilla, además de ser la ciudad natal de Shakira, destaca por tener uno de los carnavales más famosos del país. Si lo que buscas es conocer el pasado colonial, Cartagena de Indias es tu destino ideal.

Región de la Orinoquía

En la zona oriental del país se extienden llanuras inmensas que esconden secretos naturales que asombran por su belleza, como Caño Cristales. Por esta región pasa uno de los ríos más importantes de Sudamérica, el Orinoco, que marca la frontera con Venezuela.

Región Pacífico

La zona costera de esta región es el escenario ideal para bucear, ver ballenas y navegar por manglares. Cali es la tercera ciudad más poblada de Colombia, además de ser uno de los principales centros económicos e industriales del país. En Cali se vive de manera muy especial la salsa, la rumba, el baile y la fiesta en la calle.

Mono ardil común

Busca en el texto...
1. cuatro bailes:
2. dos museos:
3. dos artistas:
4. una fiesta:
5. dos comidas:
6. dos ríos:

3 **Todo el grupo** ¿Cuáles son las regiones más importantes de tu país? Haz una presentación a la clase.

Esculturas de Botero en Medellín

Plantación de café en Manizales

Bandeja paisa

Como actividad de ampliación, forme grupos de tres o cuatro estudiantes y pídales que cierren el libro. A continuación escriba en la pizarra los nombres de las cinco regiones colombianas y dígales que van a participar en un concurso sobre cultura de Colombia. Después pregunte con qué región están relacionadas las siguientes palabras:

1. Cartagena de Indias: región Caribe; **2.** Café: región andina; **3.** Río Orinoco: región de la Orinoquía; **4.** Salsa: región Pacífico; **5.** Bogotá: región andina; **6.** Barranquilla: región Caribe; **7.** Botero: región andina; **8.** Rumba: región Pacífico; **9.** Río Amazonas: región de la Amazonia; **10.** Carnaval: región Caribe; **11.** Arepas: región andina; **12.** Caño Cristales: región de la Orinoquía; **13.** Museo del Oro: región andina; **14.** Cumbia: región Caribe; **15.** Cali: región Pacífico; **16.** Indígenas: región de la Amazonia; **17.** Shakira: región Caribe; **18.** Medellín: región andina; **19.** Bandeja paisa: región andina; **20.** Vallenato: región Caribe.

3. Se propone una actividad de producción oral que puede realizarse en pequeños grupos. Dígales que, tomando como muestra los textos de la actividad 2, escriban y busquen imágenes sobre una de las regiones de su país. Una vez que hayan terminado, cada grupo presenta su región en clase utilizando los medios audiovisuales e informáticos que tengan en el aula. Procure que cada grupo se ocupe de una región diferente para que durante la exposición toda la información sea desconocida, de modo que la escucha sea significativa.

Unidad 10 | Fin de trayecto

Unidad 10

Vídeo

1. Dígales que escriban hipótesis sobre los planes para el verano de los cinco personajes del hostal Babel según lo que saben de ellos. Luego pídales que las comparen con su compañero/a para ver si coinciden en sus suposiciones.

2. Distribuya a sus estudiantes en pequeños grupos y pídales que escriban los nombres de los platos de las fotografías. Después dígales que hagan hipótesis sobre las comidas que Bea ha preparado para sus huéspedes y que justifiquen sus respuestas. No dé la respuesta todavía, pues tendrán la oportunidad de comprobarla en el visionado del fragmento de la actividad 3.
   1. hamburguesa; 2. pescado a la plancha; 3. tarta; 4. verduras a la plancha; 5. empanadas; 6. pollo asado; 7. pasta; 8. tacos.

3. Ponga el fragmento 00:30 ► 02:04 para realizar la actividad y comprobar sus respuestas de la actividad 2.
   Para Hugo, platos veganos; **Para Tere,** hamburguesas de carne de ternera; **Para Carla,** pescado a la plancha; **Para Leo,** tarta de tres chocolates.

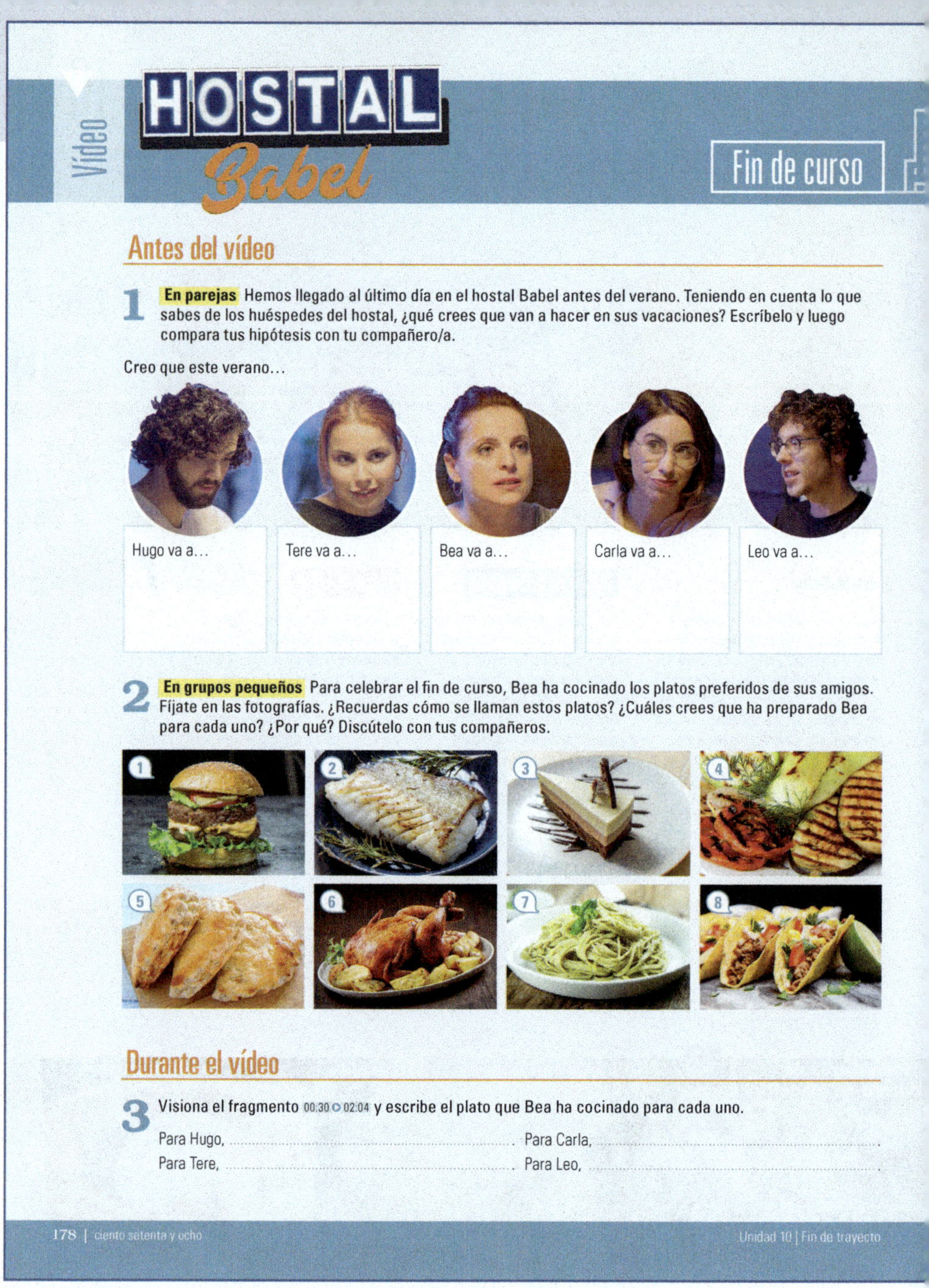

4. (Página siguiente) Antes de ver el fragmento 02:04 ► 04:30, pida a sus estudiantes que lean los doce ítems para facilitarles la tarea. Pueden usar el diccionario si tienen dudas o preguntar a sus compañeros. Después ponga el fragmento para realizar la actividad. Para terminar haga una puesta en común de las respuestas.
   1. V; 2. V; 3. F, Tere va a estudiar la semana antes del examen; 4. F, Hugo va a visitar a su familia; 5. F, Hugo va a comprar los boletos de avión mañana; 6. V; 7. F, Hugo quiere viajar por España antes de empezar el curso en la universidad; 8. V; 9. F, Bea ha hecho el Camino de Santiago dos veces; 10. V; 11. F, Leo va a pasar el verano en el hostal con Bea y con otros huéspedes; 12. V.

5. Reproduzca el fragmento 04:30 ► 05:04 y pídales que formulen hipótesis sobre los planes de Carla. Agrúpelos en parejas para que interactúen oralmente.

5.1. Ponga el fragmento 05:04 ► final para que comprueben las hipótesis de la actividad anterior. Comente con sus estudiantes la nota cultural, pues es el motivo del gag cómico. Una vez terminada la actividad, muéstreles el vídeo completo.

6. Actividad de interacción oral en la que, en plenario, hablan de sus planes y proyectos para el verano con sus compañeros.

10

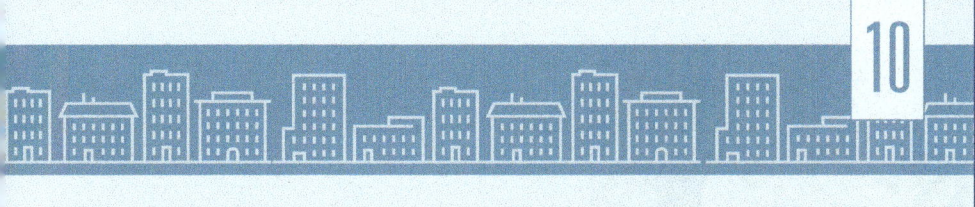

4 Visiona el fragmento 02:04 ○ 04:30, en el que nuestros amigos hablan de sus planes para las vacaciones, y di si las siguientes afirmaciones son verdaderas o falsas. Si son falsas, corrige la información.

1. Tere va a ir a Cádiz y piensa estar de fiesta todos los días. V F
2. Tere ha suspendido la asignatura de Finanzas. V F
3. Tere va a estudiar dos semanas antes del examen. V F
4. Hugo va a visitar a sus amigos en México. V F
5. Hugo ya ha comprado los boletos de avión. V F
6. Hugo va a regresar a España en agosto. V F
7. Hugo quiere viajar por Europa antes de empezar el curso en la universidad. V F
8. Hugo piensa hacer el Camino de Santiago. V F
9. Bea ha hecho el Camino de Santiago muchas veces. V F
10. Leo no piensa viajar porque ha suspendido algunas asignaturas. V F
11. Leo va a pasar el verano solo con Bea. V F
12. Bea no va a tener vacaciones este verano. V F

5 **En parejas** Carla empieza a hablar de sus planes en el fragmento 04:30 ○ 05:04. Visiona el fragmento. ¿A dónde crees que va? ¿Por qué? Habla con tu compañero/a.

5.1 Visiona la última parte del vídeo 05:04 ○ final y comprueba tus hipótesis. ¿Has acertado?

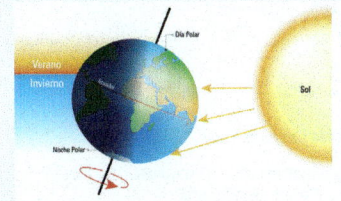

Nota cultural
Las estaciones del año ocurren en el hemisferio sur de manera inversa a como lo hacen en el hemisferio norte. En el hemisferio sur el verano se extiende entre diciembre y marzo, mientras que el invierno lo hace entre junio y septiembre.

Después del vídeo

6 **En grupos pequeños** ¿Cuáles son tus planes para este verano? ¿Piensas estudiar español? ¿Vas a hacer algún viaje? Coméntalo con tus compañeros.

7 **Todo el grupo** Y, para terminar, vamos a poner a prueba tus conocimientos sobre nuestros amigos del hostal Babel. Tu profesor/a te dará las instrucciones.

A ___
B ___
C ___
D ___
E ___
F ___
G ___
H ___
I ___
L ___
M ___
N ___
Ñ ___
P ___
R ___
S ___
T ___
U ___
V ___
X ___

---

7. Por último, se propone un juego para poner a prueba sus conocimientos sobre los personajes del hostal Babel. Forme tantos grupos como desee; si el grupo es pequeño, pueden participar de manera individual o en parejas. Pida a sus estudiantes que cojan un papel para escribir la respuesta a la pregunta que usted les haga. Como pista, tienen en el libro marcadas las palabras con tantos huecos como letras tienen. A continuación formule la primera pregunta y deles 15 segundos para que cada grupo escriba la respuesta. Luego pídales que levanten el papel y muestren su respuesta. Si es correcta, pídales que sombreen en su libro la letra acertada; si es incorrecta, pídales que la tachen. Proceda del mismo modo con el resto de las letras y haga el recuento de las letras sombreadas. Ganará el equipo que tenga más aciertos. Antes de iniciar el juego, acuerde con sus estudiantes una recompensa para el equipo ganador.
1. **A**RGENTINA; 2. **B**ABEL; 3. **C**ÁDIZ; 4. **D**ISCOTECA;
5. **E**SPAÑA; 6. **F**INANZAS; 7. **G**UACAMOLE;
8. **H**UGO; 9. **I**NVIERNO; 10. **L**EO; 11. **M**ATE;
12. **N**AVIDAD; 13. AÑO **N**UEVO; 14. **P**LATA;
15. **R**OSARIO; 16. **S**UBTE; 17. **T**Ú; 18. **U**VAS;
19. **V**EGANO; 20. MÉ**X**ICO.

Empieza con la A: Nombre del país de origen de Carla.
Empieza con la B: Nombre del hostal donde viven Hugo, Carla, Tere, Leo y Bea.
Empieza con la C: Ciudad del sur de España donde va a pasar las vacaciones Tere.
Empieza con la D: Lugar donde a Tere le gusta bailar y divertirse con sus amigos.
Empieza con la E: Nombre del país donde está el hostal.
Empieza con la F: Nombre de la asignatura que Tere ha suspendido.
Empieza con la G: Famosa salsa mexicana hecha a base de aguacate, tomate, cebolla y chile verde.
Empieza con la H: Nombre del huésped nacido en México.
Empieza con la I: Estación del año que en el hemisferio sur transcurre entre los meses de junio y septiembre.
Empieza con la L: Nombre del huésped a quien le gustan los cómics y las películas y que colabora como voluntario en un banco de alimentos.
Empieza con la M: Popular infusión que se toma con frecuencia en Argentina, Uruguay, Paraguay, Chile y Bolivia.
Empieza con la N: Nombre de la festividad que pone triste a Carla por estar lejos de su familia.
Contiene la Ñ: Nombre de la festividad que se celebra el 1 de enero.
Empieza con la P: En Hispanoamérica, sinónimo de *dinero*.
Empieza con la R: Nombre de la madre de Hugo.
Empieza con la S: Metro en Argentina.
Empieza con la T: Pronombre personal que no utiliza Carla porque en su lugar usa *vos*.
Empieza con la U: Fruta que toman los huéspedes del hostal para despedir el año viejo y celebrar la entrada en el año nuevo.
Empieza con la V: Persona que no toma alimentos de origen animal.
Contiene la X: Nombre del país de origen de Hugo.

Unidad 10 | Fin de trayecto

Unidad 10

Evaluación

1. **Posible respuesta:**
   1. Es guapo. Tiene el pelo corto y negro y los ojos oscuros. También tiene/lleva barba y bigote; **2.** La mujer es alegre, activa y simpática; **3.** Está con su mujer y sus hijos; **4.** Están en un parque; **5.** Están haciéndose una foto.

2. **1.** A mí **me** encanta ir a exposiciones; **2. A** Ramón le interesa mucho el arte; **3. Nos** duelen las piernas; **4.** ¡Sí! ¡Me encanta!; **5.** A Sonia y a Paco **les** gusta dormir hasta las diez los fines de semana; **6.** ¡A nosotros **también**!; **7. A mí** también; **8. No** me gusta nada cantar en público.

3. Respuesta abierta.

4. **1.** Tueste; **2.** Corte; **3.** frote; **4.** Ponga; **5.** añada; **6.** coloque.

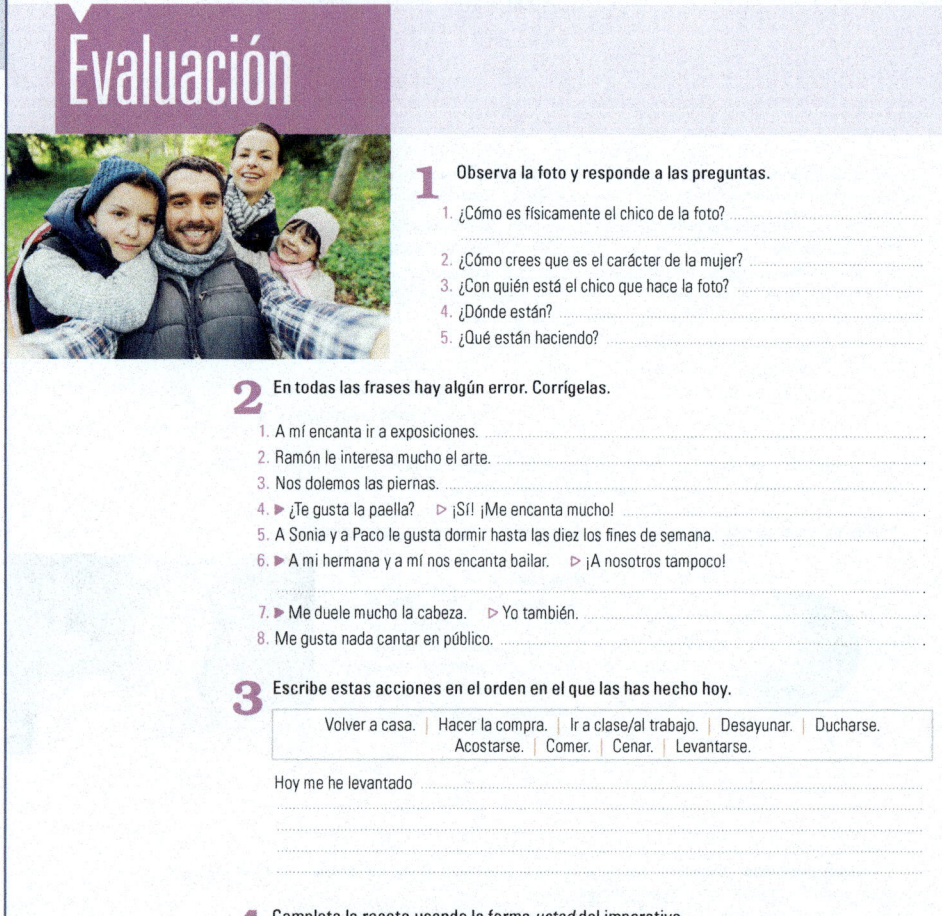

Evaluación

1 Observa la foto y responde a las preguntas.

1. ¿Cómo es físicamente el chico de la foto?
2. ¿Cómo crees que es el carácter de la mujer?
3. ¿Con quién está el chico que hace la foto?
4. ¿Dónde están?
5. ¿Qué están haciendo?

2 En todas las frases hay algún error. Corrígelas.

1. A mí encanta ir a exposiciones.
2. Ramón le interesa mucho el arte.
3. Nos dolemos las piernas.
4. ▶ ¿Te gusta la paella?   ▷ ¡Sí! ¡Me encanta mucho!
5. A Sonia y a Paco le gusta dormir hasta las diez los fines de semana.
6. ▶ A mi hermana y a mí nos encanta bailar.   ▷ ¡A nosotros tampoco!
7. ▶ Me duele mucho la cabeza.   ▷ Yo también.
8. Me gusta nada cantar en público.

3 Escribe estas acciones en el orden en el que las has hecho hoy.

| Volver a casa. | Hacer la compra. | Ir a clase/al trabajo. | Desayunar. | Ducharse. |
| Acostarse. | Comer. | Cenar. | Levantarse. |

Hoy me he levantado

4 Completa la receta usando la forma *usted* del imperativo.

PAN CON TOMATE Y JAMÓN

Ingredientes para 2 personas:
- 4 rebanadas de pan
- 100 g de jamón ibérico
- 2 tomates maduros
- aceite de oliva virgen extra
- sal

Elaboración:
[1] _____ (Tostar) el pan. [2] _____ (Cortar) los tomates por la mitad y [3] _____ (frotar) la parte cortada del tomate en el pan tostado. [4] _____ (Poner) aceite de oliva sobre el pan y [5] _____ (añadir) un poco de sal. Por último, [6] _____ (colocar) sobre la rebanada dos lonchas de jamón.

5 Completa este texto sobre la isla colombiana de Providencia con los verbos *ser*, *tener*, *estar* y *hay*.

La isla de Providencia [1] .... una isla que [2] .... en el mar Caribe y que [3] .... una superficie de 17 km². En avión [4] .... a 25 minutos de la isla de San Andrés, que a su vez [5] .... a una hora y media de vuelo desde Cartagena o Barranquilla. En los últimos años ha crecido el ecoturismo, ya que en Providencia [6] .... arrecifes de coral, una fauna y una flora marina muy ricas y sus playas [7] .... unas aguas transparentes ideales para bucear.
En la isla solo [8] .... un aeropuerto, que [9] .... el principal acceso a la isla. También [10] .... un puerto que comunica con la isla de San Andrés.
La isla de Providencia [11] .... varios hoteles y pequeñas posadas. Muchos alojamientos [12] .... casas particulares que los habitantes comparten con los turistas.

6 Observa esta reserva de billetes para ir a la isla de San Andrés y contesta a las preguntas.

Andreams   ¿Prefieres por teléfono? 900 67 14 98

Tu viaje a isla de San Andrés
✈ Vuelo: 30-Mar al 1-Abr   👤 2 adultos   Precio por persona 161.44 €

Vuela Colombia (FC 8160)
15:50 Rafael Núñez (CTG) Cartagena – Colombia
17:20 San Andres Island (ADZ), isla de San Andrés – Colombia
1 h 30 min Directo

Vuela Colombia (FC 8161)
12:00 San Andres Island (ADZ), isla de San Andrés – Colombia
13:30 Rafael Núñez (CTG) Cartagena – Colombia
1 h 30 min Directo

1. ¿Cuánto dura el viaje? ....
2. ¿Qué día sale? ....
3. ¿Qué día vuelve? ....
4. ¿A qué hora sale el vuelo de Cartagena? ....
5. ¿A qué hora llega el vuelo a Cartagena? ....
6. ¿Cómo se llama la compañía aérea? ....
7. ¿Cuál es el número de vuelo del 1 de abril? ....
8. ¿Cuánto cuesta el viaje? ....
9. ¿Cuál es el número de teléfono de reservas? ....

7 Responde a las siguientes preguntas del apartado "Cultura".

1. ¿Qué tres influencias tiene la cultura colombiana? ....
2. ¿En qué región puedes visitar una plantación de café? ....
3. ¿En qué ciudad puedes ver muchas esculturas de Fernando Botero? ....
4. ¿En qué región de Colombia está el río Orinoco? ....
5. ¿Dónde se celebra uno de los carnavales más famosos de Colombia? ....
6. ¿En qué región puedes ver ballenas? ....
7. ¿Cuáles son las tres ciudades más pobladas de Colombia? ....
8. ¿En qué región colombiana podemos encontrar culturas indígenas? ....

---

5. 1. es; 2. está; 3. tiene; 4. está; 5. está; 6. hay; 7. tienen; 8. hay; 9. es; 10. hay; 11. tiene; 12. son.

6. 1. 90 minutos (una hora y media); 2. El 30 de marzo; 3. El 1 de abril; 4. A las 15:50 (a las cuatro menos diez de la tarde); 5. A las 17:20 (a la cinco y veinte de la tarde); 6. Vuela Colombia; 7. FC 8161; 8. 161.44 € por persona; 9. 900 67 14 98.

7. 1. La herencia de los pueblos indígenas, las tradiciones españolas y las costumbres africanas; 2. En la región andina; 3. En Medellín; 4. En la región de la Orinoquía; 5. En Barranquilla; 6. En la región Pacífico; 7. Bogotá, Medellín y Cali; 8. En la región de la Amazonia.

Apéndices

- Pronunciación y ortografía 184
- Tabla de verbos 194
- Glosario 199

Pronunciación y ortografía

Ficha 1

1. y **2.** Una vez que los estudiantes han aprendido a deletrear, introducimos la composición silábica de las palabras. Pídales que, individualmente, lean la información del cuadro. Aclare las dudas que puedan surgir e insista en que, en español, no puede haber sílabas sin, al menos, una vocal. Una vez terminada la explicación, lleve a cabo la actividad 2.
1. ca-lor; **2.** sed; **3.** ham-bre; **4.** a-mi-ga; **5.** te-lé-fo-no; **6.** pan; **7.** a-ba-ni-co; **8.** za-pa-tos; **9.** ca-ma.

3. Ejercicio de fonética para acercar a los estudiantes al concepto de sílaba tónica.
Dígales que usted va a pronunciar las palabras anteriores, dejando una pausa entre una y otra. Pídales que escuchen con atención y que señalen la sílaba pronunciada con más intensidad. A la hora de pronunciar, remarque un poco la sílaba tónica, pero sin exagerar, para que no se desvirtúe la pronunciación de la palabra. Adviértales de que las palabras monosílabas pueden ser tónicas (es decir, que se pronuncian con intensidad), como en el caso de *sed* y *pan*, o no tener acento, como *el* o *un*.
1. ca-**lor**; **2.** **sed**; **3.** **ham**-bre; **4.** a-**mi**-ga; **5.** te-**lé**-fo-no; **6.** **pan**; **7.** a-ba-**ni**-co; **8.** za-**pa**-tos; **9.** **ca**-ma.

4. Pida a los estudiantes que repasen la unidad en busca de palabras de hasta cuatro sílabas. Puede, si quiere, poner un límite de palabras para agilizar la actividad si dispone de poco tiempo. Una vez que las han anotado en su cuaderno, por turnos, dicen las palabras que han encontrado en voz alta. Puede ir apuntándolas en la pizarra, recordando al mismo tiempo su significado.

Pronunciación y ortografía

Ficha 1 — La sílaba

1 Lee la información y divide las palabras en sílabas.

La sílaba

- En español, las palabras se dividen en **sílabas**:
  ca-sa, tren, ex-tran-je-ro
- Hay palabras formadas por una, dos, tres, cuatro o cinco sílabas:
  mar, si-lla, ven-ta-na, te-lé-fo-no, a-fir-ma-ti-vo
  También hay palabras con más de cinco sílabas (*i-be-ro-a-me-ri-ca-no*) pero son menos frecuentes.
- Una sílaba puede estar formada por:
  – una o varias vocales: *a-gua, ai-re*
  – una vocal y una consonante: *ca-sa, ir*
  – una vocal y varias consonantes: *a-mor, cla-se*
- Cuando una palabra tiene dos o más sílabas, una de ellas se pronuncia con más énfasis que el resto. Es la **sílaba tónica**:
  ca-sa, extran-je-ro, si-lla, ven-ta-na, te-lé-fo-no, a-fir-ma-ti-vo, a-mor, cla-se; a-gua

Fíjate: No hay sílabas solo con consonantes.

2 Divide las palabras resaltadas en sílabas.

1. Tener **calor**
2. Tener **sed**
3. Tener **hambre**
4. Mi **amiga**
5. El **teléfono**
6. El **pan**
7. El **abanico**
8. Los **zapatos**
9. La **cama**

3 Escucha cómo pronuncia estas palabras tu profesor/a y marca la sílaba tónica.

4 Busca en la unidad palabras con una, dos, tres y cuatro sílabas y anótalas.

Ficha 2 — Los sonidos

1 Escucha los siguientes pares de palabras y repite. No importa ahora su significado.
[43]
- pero – perro
- peces – peses
- manco – mango
- jara – jarra
- casa – caza
- pagar – pajar
- sepa – cepa
- quiso – guiso
- suelo – suero
- helar – errar
- churro – chulo
- mesa – meza

2 Marca las palabras que escuchas. No importa su significado.
[44]
☐ liga ☐ bajo ☐ zueco ☐ cazo ☐ loza ☐ perra
☐ rama ☐ guerra ☐ coro ☐ mango ☐ zeta ☐ hora

3 Escucha la canción y marca las palabras que oyes.
[45]
☐ quinto ☐ cuántos ☐ Suiza ☐ Francia ☐ Marruecos ☐ tener
☐ café ☐ agua ☐ ¿Qué tal? ☐ sueco ☐ flamenco ☐ cinco
☐ México ☐ tango ☐ Guinea ☐ playa ☐ pagar ☐ rojo

4 Ahora lee la canción y comprueba tu respuesta anterior.

Mi casa está en un quinto piso,
desde aquí puedo ver todo Madrid.
Miro hacia el sur y me imagino
que me voy de viaje muy lejos de aquí.

Estribillo
Quiero viajar por todo el mundo,
desde Guinea hasta Hong Kong.
Quiero viajar por todo el mundo,
desde la India a Nueva York.

Ir a una playa al sur de Francia,
visitar La Habana y tocar el bongo,
cantar flamenco en Sevilla,
¿qué tal ir a Marruecos
y luego volar a Japón?

Estribillo

Sueño viajar por todo el planeta,
¡cuántos amigos deseo tener!
Sueño viajar por todo el planeta,
¡cuántos amigos deseo tener!

Bailar un tango en Argentina,
cantar en Memphis un *rock and roll*,
comer pimiento rojo en México,
cruzar la línea del ecuador.

Estribillo

Pronunciación y ortografía

Ficha 2

1. Esta actividad y la siguiente trabajan con pares mínimos, esto es, con pares de palabras que solo se diferencian en un sonido. Los que se tratan aquí, aunque de forma somera, son algunos de los pares de fonemas que más problemas ocasionan en el aprendizaje del español. Si lo cree oportuno, puede hacer que, por turnos, repitan los pares de palabras y que practiquen con ellas.
[43]

2. Los estudiantes deben seleccionar, de las palabras que escuchan, aquellas que coincidan con el listado de la actividad.
[44]
Rama, guerra, zueco, mango, loza, perra.

3. Se trata de una canción en la que se pide a los estudiantes que identifiquen palabras que contienen algunos de los sonidos que han practicado de manera aislada en las actividades anteriores. Después de una primera escucha, puede dejarles un tiempo para que cotejen sus resultados en parejas si lo considera oportuno.
[45]
Quinto, México, cuántos, tango, ¿Qué tal?, Guinea, Francia, playa, Marruecos, flamenco, tener, rojo.

4. Se facilita la letra de la canción para que los estudiantes puedan autocorregirse.

Apéndices

Ficha 3

1. El objetivo de esta actividad es fijar la pronunciación de las vocales en español. Antes de comenzar con la escucha, pídales que se fijen en las fotografías que ilustran la posición de la boca en la pronunciación de las vocales.
   Anímeles a hacer pruebas ellos mismos para que noten cómo se modifica la apertura de la boca según la vocal que se pronuncie. Ponga la grabación dos veces seguidas y, en la tercera, pídales que repitan las palabras que van a escuchar.

2. Actividad para el reconocimiento activo de las vocales. En este caso la escucha es más activa, pues los estudiantes tienen que clasificar las palabras según la vocal que contienen. Ponga el audio, que ya contiene pausas para escribir, y repítalo si lo cree necesario.
   A: manzana, casa, cantar; **E:** pez, beber, mente; **I:** Pili, ir, gris; **O:** ojos, sol, color; **U:** un, tutú, mus.

3. Explique lo que es un diptongo siguiendo la explicación del cuadro de atención y dígales que los ejemplos que aparecen a continuación son muestras de todos los posibles diptongos que pueden formarse. Ponga el audio. Luego reprodúzcalo de nuevo y pídales que repitan.

3.1. Pídales que busquen algunos ejemplos más de diptongos. Sugiérales que pueden buscarlos en los textos que han aparecido en la unidad. Hágales la pregunta que se plantea. La combinación *ou* es muy poco frecuente en español y casi todas las palabras que existen con este diptongo provienen de otras lenguas: *bourbon, boutique, limousine*…

3.2. En esta actividad se reflexiona y se muestran ejemplos orales de palabras que se diferencian solamente por una vocal. El objetivo es hacer consciente al estudiante de la importancia que tiene una pronunciación correcta de las vocales que forman un diptongo.

Ficha 3 — Vocales y diptongos

1 Escucha y repite. No importa el significado de las palabras.

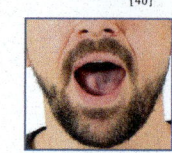

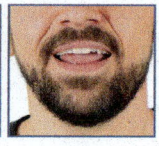

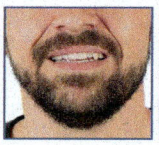

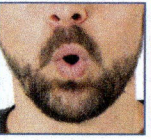

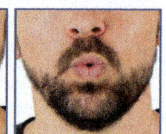

2 Escucha y clasifica las palabras según la vocal que contienen.

A	E	I	O	U

3 Escucha estas palabras que contienen diptongos en español.

> Un diptongo es la aparición en una misma sílaba de dos vocales distintas que se pronuncian juntas.

- **AI** ▸ b**ai**-lar
- **EI** ▸ p**ei**-ne
- **OI** ▸ **oi**-go
- **AU** ▸ **Au**-ro-ra
- **EU** ▸ **Eu**-ro-pa
- **OU** ▸ es-ta-d**ou**-ni-den-se
- **IA** ▸ ma-g**ia**
- **IE** ▸ h**ie**-lo
- **IO** ▸ Ma-r**io**
- **UA** ▸ g**ua**-po
- **UE** ▸ h**ue**-vo
- **UO** ▸ mons-tr**uo**
- **UI** ▸ c**ui**-dar
- **IU** ▸ c**iu**-dad

3.1 Ahora busca una palabra más para cada grupo. ¿Hay alguno que no puedes completar?

3.2 Escucha estos pares de palabras. ¿Qué diferencia hay? ¿Significan lo mismo? ¿Se te ocurre alguno más? Anótalo.

- vida – viuda
- huevo – hubo
- mido – miedo
- piano – pino
- luego – Lugo
- lavo – labio

> Siempre debes pronunciar las dos vocales que forman el diptongo. Si no, puede haber confusiones, ya que hay palabras que solo se diferencian por una vocal.

Tengo miedo.   *Mido dos metros diez.*

Ficha 4 — Contraste de los sonidos /g/, /x/ y /k/ y las letras *g/j*

1 Escucha estas series de palabras y repite. No importa su significado.
[50]

2 Aquí tienes una serie de pares mínimos, parejas de palabras que son iguales excepto por un sonido. Marca, en cada par, cuál de ellas escuchas primero.
[51]
- casa – gasa
- coco – cojo
- lijar – ligar
- mago – majo
- goma – coma
- rasgar – rascar

3 Lee la información y escucha la pronunciación de estas palabras.
[52]

Letras *g/j*	
Sonido /x/	**Sonido /g/**
• **g** + e, i: *gente, girasol*	• **g** + a, o, u: *galleta, gordo, guapo*
• **j** + a, e, i, o, u: *jamón, jefe, jirafa, joven, jueves*	• **gu** + e, i: *Miguel, guitarra*

3.1 Completa las siguientes palabras con *g, gu* o *j*.

1. ca___ón   4. ___ema   7. mon___a   10. ___ato   13. á___ila   16. ___azpacho
2. o___o   5. ___irasol 8. ima___en   11. ___orro   14. ___afas   17. ___ersey
3. má___ico   6. ___untos 9. traba___o 12. ___errero 15. ___ía   18. abri___o

3.2 Relaciona algunas de las palabras anteriores con estas imágenes.

1. ___ 2. ___ 3. ___ 4. ___ 5. ___
6. ___ 7. ___ 8. ___ 9. ___ 10. ___

3.3 Ahora busca todas las palabras de la actividad 3.1 en el diccionario para comprobar que están bien escritas.

Ficha 4 (clave)

1. Pida a los estudiantes que repitan las palabras que escuchen. El audio está preparado para que tengan tiempo de repetir. Agrupando las palabras por fonemas representativos, los estudiantes fijan ese sonido en su mente.
[50]

2. Actividad que entrena a los estudiantes para discriminar sonidos muy cercanos.
[51]
1. casa; 2. majo; 3. cojo; 4. goma; 5. ligar; 6. rasgar.

3. Explique primero el cuadro de ortografía y ponga la audición para fijar la relación entre sonido y grafía.
[52]

3.1. Pídales que completen los huecos con las letras que faltan, según lo aprendido. Posteriormente, déjeles un tiempo para que cotejen sus resultados con los de su compañero/a.
1. cajón; 2. ojo; 3. mágico; 4. gema; 5. girasol;
6. juntos; 7. monja; 8. imagen; 9. trabajo; 10. gato;
11. gorro; 12. guerrero; 13. águila; 14. gafas;
15. guía; 16. gazpacho; 17. jersey; 18. abrigo.

3.2. 1. girasol; 2. gato; 3. gorro; 4. gema; 5. gafas;
6. águila; 7. monja; 8. ojo; 9. jersey; 10. abrigo.

3.3. Propóngales que busquen las palabras de la actividad 3.1 en un diccionario para comprobar que las han escrito correctamente.

Ficha 5

1. Pida a los estudiantes que repitan las palabras que escuchen. El audio está preparado para que tengan tiempo para repetir. El objetivo es que se familiaricen con estos sonidos.

[53]

1.1. Ejercicio de discriminación de pares mínimos. Indique a los estudiantes que deben numerar las palabras de la lista según el orden en el que las escuchen.
1. azar; 2. losa; 3. pozo; 4. caso; 5. cazo; 6. paso; 7. poso; 8. loza; 9. asar; 10. pazo.

[54]

2. Antes de escuchar el audio, indique a los estudiantes que lean con detenimiento el cuadro ortográfico sobre las letras *c/z/s*. Coménteles que, en las zonas seseantes, los hablantes necesitan conocer la ortografía de las palabras para escribirlas correctamente, pues no se discriminan estos sonidos en el habla, pero sí en la escritura. Después realice la escucha para que escriban las palabras y déjeles un tiempo para que cotejen sus resultados con los de su compañero/a. En plenario, comente con ellos cómo se sienten al pronunciar los sonidos /s/ y /θ/, si les parece fácil, difícil o si es más cómodo para ellos sesear. Es muy probable que por una cuestión de economía fonética los estudiantes opten por sesear, ya que el fonema /s/ está presente en un gran número de sistemas fonéticos de otras lenguas y requiere un menor esfuerzo articulatorio.
Tenga en cuenta que el seseo es un fenómeno que está aceptado en la norma culta de las variantes hispanoamericanas y del español meridional (Andalucía y Canarias) y que se dan pocos casos de ambigüedad semántica, los cuales se pueden resolver por el contexto *(cierra/sierra; caza/casa)*.
1. cinco; 2. casa; 3. zapato; 4. gracias; 5. piscina; 6. pasar; 7. siesta; 8. cero; 9. sueco; 10. azul; 11. cerca; 12. cielo; 13. suponer; 14. difícil; 15. sábado.

[55]

3. Pídales que relacionen las imágenes con una palabra de la actividad anterior.
1. zapato; 2. cero; 3. siesta; 4. cielo; 5. difícil; 6. piscina.

Ficha 5 — Contraste de los sonidos /s/ y /θ/ y las letras *c/z/s*

1 Escucha y repite. No importa el significado de las palabras.
[53]

1.1 Ahora marca el orden en el que se dicen las siguientes palabras. No importa su significado.
[54]

☐ pazo ☐ poso ☐ loza ☐ losa ☐ paso
☐ asar ☐ pozo ☐ caso ☐ azar ☐ cazo

2 Observa cómo se escriben estos sonidos. Luego escucha y escribe.
[55]

> **Fíjate:**
> En algunas zonas de España, así como en Hispanoamérica, se produce un fenómeno fonético conocido como **seseo**.
> El seseo consiste en pronunciar las letras *c* (ante *e, i*) y *z* (ante *a, o, u*) con el sonido que corresponde a la letra *s* (/s/).

Letras *c/z/s*

Sonido /θ/	Sonido /s/
• **c** + e, i: *doce, cinco*	• **s** + a, e, i, o, u: *casa, piso, sueco, semana, siete*
• **z** + a, o, u: *Zaragoza, suizo, azul*	

1. _____   6. _____   11. _____
2. _____   7. _____   12. _____
3. _____   8. _____   13. _____
4. _____   9. _____   14. _____
5. _____   10. _____ 15. _____

3 Relaciona algunas de las palabras anteriores con estas imágenes.

Ficha 6 — Contraste de los sonidos /l/, /r/ y /rr/ y las letras r/rr

1. Escucha y repite. No importa el significado de las palabras.
[56]

/l/			/r/			/rr/		
luna	miel	alcalde	pera	arado	oro	hierro	roto	rústico
ulular	limón		mirar	permitir		rabia	carroña	

2. Practica con los siguientes pares de palabras pronunciándolos en voz alta.

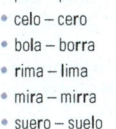

- para – parra
- pelo – perro
- celo – cero
- bola – borra
- rima – lima
- mira – mirra
- suero – suelo

parra, mirra, lima, suero

3. Une con líneas las palabras que se dicen.
[57]

ROPA	MAR	PERRO	RIMA
MORAL	MAL	LILA	PERRA
RAMO	SUELO	LIMA	LAPA
RARO	SUERO	LATA	PERA

HIELA	CELO	CHURRO	CARETA
LISA	ALA	VARA	CORO
AHORRA	CORRO	ARA	BARRA
CARO	LABIO	CARRO	AHORA

4. Primero, lee la información y luego escribe las palabras que escuchas.
[58]

Escribir r o rr

Posición	Sonido suave	Sonido fuerte
Al principio de palabra	No existe	Letra **r**: *rama, rojo, rubia*
Entre vocales	Letra **r**: *hora, Uruguay, amarillo*	Letra **rr**: *carro, perro, parra*
Al final de palabra o sílaba	Letra **r**: *amar, partir, esconder*	No existe
Tras las consonantes *l*, *n* y *s*	No existe	Letra **r**: *Enrique, Israel, alrededor*

1. .... 6. ....
2. .... 7. ....
3. .... 8. ....
4. .... 9. ....
5. .... 10. ....

Pronunciación y ortografía — ciento ochenta y nueve | 189

Ficha 6

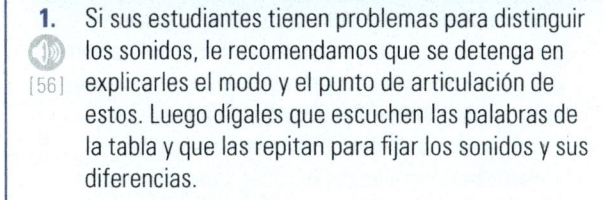

1. Si sus estudiantes tienen problemas para distinguir los sonidos, le recomendamos que se detenga en explicarles el modo y el punto de articulación de estos. Luego dígales que escuchen las palabras de la tabla y que las repitan para fijar los sonidos y sus diferencias.
[56]

2. Haga distintas repeticiones individuales y corales para confirmar que pronuncian correctamente los diferentes sonidos. Hágales notar la importancia de la pronunciación para diferenciar pares de palabras.

3. Si los estudiantes muestran dificultades, haga dos escuchas. En la primera, pídales que escuchen y presten atención. En la segunda, deben realizar la tarea de la actividad: unir mediante una línea las palabras que oigan.
[57]
Ropa, mal, lima, pera, lata, suero, raro.
Churro, vara, ala, corro, labio, caro, ahorra, lisa, celo.

4. Comente con ellos la información del cuadro y practique la pronunciación. Después realice la actividad y déjeles un tiempo para que cotejen sus resultados en pequeños grupos antes de dar la solución en plenario.
[58]
1. hierro; **2.** parar; **3.** coral; **4.** enriquecer; **5.** raro; **6.** repisa; **7.** María; **8.** enrabietar; **9.** puro; **10.** reparar.

Ficha 7

1. Primero pida que lean el cuadro de información y cerciórese de que lo han comprendido. Explique en qué consiste el yeísmo (pronunciar las consonantes /ll/ y /y/ de forma idéntica) y que la pronunciación yeísta es la más habitual en gran parte de las variantes dialectales del español. Posteriormente deben repetir las palabras de la lista para practicar estos sonidos.

1.1. Ejercicio de reconocimiento de las consonantes palatales. En una primera escucha, pídales que focalicen su atención en los sonidos. En una segunda escucha, indíqueles que escriban en su cuaderno el número de la palabra en el apartado correspondiente.
/ch/: 2, 3, 4, 7; /y/: 1, 5, 6, 8.

1.2. 1. lluvia; 2. yo; 3. yegua; 4. llaves; 5. yema; 6. pollo; 7. rayo; 8. llorar.

Una vez corregida la actividad, dirija la atención de los estudiantes al cuadro en el que se explican algunas peculiaridades de la letra *y*: la transformación de la conjunción *y* en *e* delante de una palabra que comience por *i-* o *hi-* (*amable e inteligente, padre e hijo*), por un lado, y el doble carácter de esta letra como vocal y consonante según la posición que ocupe dentro de la sílaba (*rey* > /rei/, *reyes* /reyes/), por otro.
Si lo considera oportuno, coménteles que la conjunción disyuntiva *o*, al igual que ocurre con la conjunción *y*, se transforma en *u* delante de una palabra que comience por *o-* u *ho-* (*uno u otro, estufas u hornos*).

2. Actividad de dictado. Recuerde que el audio está preparado para que los estudiantes tengan tiempo de escribir. No obstante, puede realizar una segunda escucha, si lo cree necesario, o parar la reproducción.
Me llamo Yolanda. Llevo dos años viviendo en Uruguay trabajando como profesora. Doy clase de francés e inglés, y también algunas clases de apoyo escolar. Cuando llegué, descubrí un bello país que me ha acogido de maravilla. Los uruguayos son gente muy amable que siempre está dispuesta a ayudar. Ya me siento aquí como en casa.

Ficha 7 — Los sonidos /ch/, /y/. La letra *y*

1 Lee la información y luego escucha y repite las palabras que aparecen debajo.

Los sonidos /ch/, /y/. La letra *y*

- /ch/ es un sonido que se compone de dos letras: *chocolate, chico*.
- La letra *y* tiene dos pronunciaciones:
    – Como vocal, se pronuncia igual que /i/, como en las palabras *hoy* o *hay*.
    – Como consonante, se pronuncia /y/, un sonido muy similar al de /ll/: *yema, oye, calle*.
En muchas zonas hispanohablantes, los sonidos /y/ y /ll/ se pronuncian igual.

| • yuca • yegua | • mayoría • ayudar | • rayo • playa | • muchacho • chorizo | • chato • chaqueta | • bache • pecho |

1.1 A continuación vas a oír una serie de palabras con un número. Escucha atentamente y coloca el número de cada palabra en el recuadro correspondiente. No importa el significado de las palabras.

/ch/ ☐☐☐☐   /y/ ☐☐☐☐

1.2 Completa con *y* o *ll*.

1. ....uvia   2. ....o   3. ....egua   4. ....aves
5. ....ema   6. po....o   7. ra....o   8. ....orar

Recuerda:
- Cuando la letra *y* es conjunción y la palabra siguiente comienza por la letra *i*, la *y* se cambia por *e*: *Sonia habla francés e inglés*.
- La letra *y* puede pronunciarse como vocal o como consonante cuando aparece ante otra vocal: *doy, Paraguay, rey/desmayar, trayecto, reyes*

2 Teniendo en cuenta todo lo que has aprendido hasta ahora, escucha y escribe en tu cuaderno lo que se dicta.

Ficha 8 — La tilde diacrítica

1 Lee en voz alta estos pares de palabras. ¿Hay alguna diferencia en su pronunciación?

- tu/tú
- el/él
- se/sé
- mi/mí
- te/té
- si/sí

2 Lee esta información y después elige la opción correcta.

La tilde diacrítica

- **tu** › adjetivo posesivo:
  Esta tarde voy a tu casa.
- **el** › artículo determinado:
  El colegio está un poco lejos.
- **se** › pronombre personal:
  Todos los días se levanta tarde.
- **mi** › adjetivo posesivo:
  Este es mi libro.
- **te** › pronombre personal:
  ¿Qué te pasa? ¿Estás enfermo?
- **si** › conjunción condicional:
  Si queréis, vamos al cine esta tarde.

- **tú** › pronombre personal:
  Eso lo has dicho tú.
- **él** › pronombre personal:
  Me voy en coche con él.
- **sé** › presente del verbo saber (yo):
  Ya sé dónde están las llaves.
- **mí** › pronombre personal:
  ¿Este regalo es para mí? ¡Qué bien!
- **té** › nombre (infusión):
  He comprado un té rojo buenísimo.
- **sí** › adverbio afirmativo:
  ▶ *Oye, ¿puedo usar tu teléfono?*

Fíjate: Esta tilde sirve para diferenciar dos o más funciones de una misma palabra.

1. Ya se/sé que debo esforzarme má[s]
2. El/Él ha preparado la cena esta no[che]
3. Mi/Mí padre es arquitecto.
4. El/Él amigo de Juan es muy amabl[e]
5. Si/Sí, ya lo he visto.
6. La obra se/sé estrena en el teatro
7. Tu/Tú tienes que estudiar más.
8. ¡Qué frío! ¿Nos tomamos un te/té?
9. Si/Sí vienes, te daré la maleta.
10. Ya te/té he dicho que no puedo ir.
11. Podemos ver la película en tu/tú c[asa]
12. A mi/mí me gusta jugar en el parq[ue]

3 Escucha y escribe correctamente las frases.
[62]
1. ....
2. ....
3. ....
4. ....
5. ....
6. ....
7. ....
8. ....

Pronunciación y ortografía — ciento noventa y uno | 191

Ficha 8

1. Con la lectura en voz alta y en grupo se pretende que se den cuenta de que estos pares de palabras no tienen ninguna diferencia en cuanto a su pronunciación, al igual que el resto de las palabras monosílabas, y que la tilde, tal y como se explica en el cuadro de atención, se usa para diferenciar dos o más funciones de la palabra.

2. Explique el acento diacrítico con ayuda del cuadro y los ejemplos. Pase a la actividad y dígales que tienen que elegir el monosílabo con o sin tilde según la función que realiza la palabra dentro de la frase. El contexto los ayudará en la elección. Actividad de corte estratégico para que el estudiante pueda aplicar estos conocimientos en las destrezas escritas y le sirva de ayuda, tanto para la comprensión de los textos como para su producción.
1. sé; **2.** Él; **3.** Mi; **4.** El; **5.** Sí; **6.** se; **7.** Tú; **8.** té; **9.** Si; **10.** te; **11.** tu; **12.** mí.

3. Dictado para la práctica y la consolidación de los conocimientos adquiridos. Entre frase y frase se hace una pausa para que haya suficiente tiempo para escribir, por lo que no es necesario que detenga el audio. Si lo cree necesario, puede hacer una segunda escucha. A la hora de corregir, focalice su atención solamente en las palabras monosílabas que tienen que ver con el contenido presentado: el acento diacrítico.
[62]
1. Me gusta mucho tu casa; **2.** Sí, por favor, pasa; **3.** No sé si tengo tiempo; **4.** Para mí, es el mejor del mundo; **5.** Él es el amigo del que te hablé; **6.** ¡Eh!, tú, ¿dónde vas?; **7.** Si te duele el estómago, tómate un té; **8.** Ven a mi casa y vemos la tele.

Ficha 9

1. Diga a los estudiantes que van a escuchar una serie de palabras que contienen el sonido /ñ/. Se trata de una actividad inicial de reconocimiento de este sonido. Ponga el audio e indíqueles que repitan las palabras. Recuerde que este está preparado para que tengan tiempo de repetir.
   [63]

2. En esta segunda actividad, también de reconocimiento, se establece el contraste entre los sonidos /n/ y /ñ/ en pares de palabras. Ponga el audio dos veces y propóngales que, en parejas, comprueben los resultados. A continuación proceda a una tercera escucha para una corrección final. La palabra *mino* se define en el *DLE* como interjección que se usa para llamar al gato.
   [64]
   1. Miño; 2. caña; 3. mano; 4. pena; 5. maño; 6. mino; 7. peña; 8. cana.

3. Actividad de reconocimiento del sonido /ñ/ en contraste con otras consonantes.
   [65]
   Niño/nicho; España/espada; callo/caño; moño/mocho; uña/hucha; baña/baya.

Ficha 9 — Contraste de los sonidos /n/ y /ñ/

1 [63] El sonido /ñ/ es característico del castellano. Escucha y repite.

España   niño   regañar
año   piña   cariño   muñeca

2 [64] Numera las siguientes palabras según el orden en el que aparecen. Observa la diferencia de pronunciación entre /n/ y /ñ/.

☐ peña ☐ mano ☐ maño ☐ caña
☐ cana ☐ Miño ☐ mino ☐ pena

Peña   **Cana**   **Mino**

Peña: pico o montaña.
Cana: pelo blanco.
Miño: río de Galicia, al noroeste de España.
Maño/a: persona originaria de Aragón, al este de España.
Mino: sinónimo de *gato*.
Caña: instrumento que se usa para pescar.
Pena: tristeza.

3 [65] Escucha y completa los siguientes pares de palabras con consonantes. Ten en cuenta que, en cada par, una de las palabras siempre va a contener la eñe y la otra puede contener cualquier consonante.

1. ni___o – ni___o   3. ca___o – ca___o   5. u___a – hu___a
2. Espa___a – espa___a   4. mo___o – mo___o   6. ba___a – ba___a

Ficha 10 — Las frases interrogativas y exclamativas

1 Lee atentamente la información del siguiente cuadro y compárala con lo que sucede en tu lengua. ¿En qué se diferencia del español? ¿Existen en ella estos signos de puntuación?

Los signos de interrogación y de exclamación

- Los signos de interrogación y de exclamación se usan para representar en la escritura enunciados interrogativos y exclamativos directos:
    - ¿Has comido en casa?
    - ¿Dónde has comprado ese traje?
    - ¡Eso es una injusticia!
    - ¡Qué magnífica pintura!
- Como puedes observar, en español tanto los signos de interrogación como los de exclamación son dos: de apertura (¿ ¡) y de cierre (? !), y se colocan al principio y al final de cada enunciado.

    Es obligatorio poner los dos signos y nunca se escribe punto después de ellos.

2 A continuación tienes el esquema entonativo básico del español. Escucha atentamente el siguiente audio y repite.
[66]

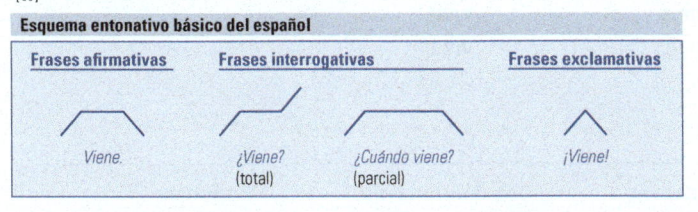

Esquema entonativo básico del español

Frases afirmativas	Frases interrogativas		Frases exclamativas
Viene.	¿Viene? (total)	¿Cuándo viene? (parcial)	¡Viene!

3 Vas a escuchar un diálogo en una verdulería. Presta atención a la entonación y escribe los signos de interrogación y exclamación que faltan.
[67]

> **Recuerda:**
> Las partículas interrogativas *qué, dónde, cuándo, cómo*… se acentúan en las preguntas y exclamaciones.

- ▷ Hola, buenos días.
- ▶ Buenos días.
- ▷ Qué desea.
- ▶ Tiene pimientos.
- ▷ Sí. Tenemos pimientos rojos y verdes.
- ▶ Cuánto cuesta el kilo.
- ▷ Los pimientos rojos están a dos cincuenta euros el kilo y los verdes, a dos euros.
- ▶ Qué caros los pimientos rojos. Póngame mejor medio kilo de pimientos verdes, por favor.
- ▷ Aquí tiene. Desea algo más.
- ▶ No, nada más. Cuánto es.
- ▷ Es un euro con veinticinco, por favor.
- ▶ Aquí tiene, gracias.
- ▷ A usted.

Pronunciación y ortografía — ciento noventa y tres | 193

Ficha 10

1. Para la realización de la actividad recomiende a los estudiantes una primera lectura del cuadro explicativo de forma individual y, posteriormente, una discusión en parejas sobre las dos preguntas que plantea el enunciado. Sobre el modo de emplear los signos, recuérdeles que hay casos especiales, como en los mensajes de texto del móvil o los redactados en soportes similares, en los que es frecuente la omisión de los signos de apertura (¿ y ¡), aunque esto no se considera un uso aceptado de los signos.

2. Esta actividad se centra en la entonación, un fenómeno esencial del idioma y de su aprendizaje, porque permite al hablante garantizar la comunicación y el dominio de la lengua. Además, saber entonar es una destreza independiente de las demás implicadas en el aprendizaje del idioma, por lo que requiere una dedicación y una práctica específicas por parte del estudiante.
[66]
Explíqueles que van a trabajar dos patrones entonativos básicos del español: el ascendente y el descendente. Así, antes de observar el cuadro ilustrativo de la actividad, pida que escuchen el audio y que identifiquen cuáles de las frases de la grabación son ascendentes y cuáles descendentes. Como actividad complementaria, puede realizar un ejercicio de sensibilización sobre la importancia de saber pronunciar con la entonación adecuada. Escriba en la pizarra una frase en la que no haya ningún signo de puntuación, por ejemplo: *Vamos a la playa*. Luego lea la frase de las siguientes formas: *Vamos a la playa*, *¡Vamos a la playa!*, *¿Vamos a la playa?*, *¡Vamos, a la playa!*, y pregunte a cuál de las cuatro hace referencia la frase que hay en la pizarra. Sin signos de puntuación o sin la entonación no es posible reconocer lo que el interlocutor quiere transmitir, lo cual demuestra en qué medida es importante que pronunciemos con la entonación adecuada.

3. En esta actividad se pretende que el estudiante sepa reconocer la equivalencia entre la entonación y los signos de exclamación e interrogación.
[67]

- ▶ ¡Hola, buenos días!
- ▷ ¡Buenos días!
- ▶ ¿Qué desea?
- ▷ ¿Tiene pimientos?
- ▶ Sí. Tenemos pimientos rojos y verdes.
- ▷ ¿Cuánto cuesta el kilo?
- ▶ Los pimientos rojos están a dos cincuenta euros el kilo y los verdes, a dos euros.
- ▷ ¡Qué caros los pimientos rojos! Póngame mejor medio kilo de pimientos verdes, por favor.
- ▶ Aquí tiene. ¿Desea algo más?
- ▷ No, nada más. ¿Cuánto es?
- ▶ Es un euro con veinticinco, por favor.
- ▷ Aquí tiene, gracias.
- ▶ A usted.

Apéndices

Tabla de verbos

Presente de indicativo

Verbos regulares

1.ª conjugación -AR CANTAR	2.ª conjugación -ER COMER	3.ª conjugación -IR VIVIR
cant**o**	com**o**	viv**o**
cant**as**	com**es**	viv**es**
cant**a**	com**e**	viv**e**
cant**amos**	com**emos**	viv**imos**
cant**áis**	com**éis**	viv**ís**
cant**an**	com**en**	viv**en**

Verbos reflexivos regulares

Bañarse	Ducharse	Lavarse	Levantarse	Peinarse
me baño	**me** ducho	**me** lavo	**me** levanto	**me** peino
te bañas	**te** duchas	**te** lavas	**te** levantas	**te** peinas
se baña	**se** ducha	**se** lava	**se** levanta	**se** peina
nos bañamos	**nos** duchamos	**nos** lavamos	**nos** levantamos	**nos** peinamos
os bañáis	**os** ducháis	**os** laváis	**os** levantáis	**os** peináis
se bañan	**se** duchan	**se** lavan	**se** levantan	**se** peinan

Verbos irregulares

Verbos con irregularidad vocálica

• E > IE

Cerrar	Comenzar	Despertarse	Divertirse	Empezar
c**ie**rro	com**ie**nzo	me desp**ie**rto	me div**ie**rto	emp**ie**zo
c**ie**rras	com**ie**nzas	te desp**ie**rtas	te div**ie**rtes	emp**ie**zas
c**ie**rra	com**ie**nza	se desp**ie**rta	se div**ie**rte	emp**ie**za
cerramos	comenzamos	nos despertamos	nos divertimos	empezamos
cerráis	comenzáis	os despertáis	os divertís	empezáis
c**ie**rran	com**ie**nzan	se desp**ie**rtan	se div**ie**rten	emp**ie**zan

Entender	Merendar	Pensar	Perder	Querer
ent**ie**ndo	mer**ie**ndo	p**ie**nso	p**ie**rdo	qu**ie**ro
ent**ie**ndes	mer**ie**ndas	p**ie**nsas	p**ie**rdes	qu**ie**res
ent**ie**nde	mer**ie**nda	p**ie**nsa	p**ie**rde	qu**ie**re
entendemos	merendamos	pensamos	perdemos	queremos
entendéis	merendáis	pensáis	perdéis	queréis
ent**ie**nden	mer**ie**ndan	p**ie**nsan	p**ie**rden	qu**ie**ren

194 | ciento noventa y cuatro   Tabla de verbos

- **O › UE**

Acordarse	Acostarse	Almorzar	Contar	Dormir	Encontrar
me acuerdo	me acuesto	almuerzo	cuento	duermo	encuentro
te acuerdas	te acuestas	almuerzas	cuentas	duermes	encuentras
se acuerda	se acuesta	almuerza	cuenta	duerme	encuentra
nos acordamos	nos acostamos	almorzamos	contamos	dormimos	encontramos
os acordáis	os acostáis	almorzáis	contáis	dormís	encontráis
se acuerdan	se acuestan	almuerzan	cuentan	duermen	encuentran

Poder	Recordar	Resolver	Soler	Soñar	Volver
puedo	recuerdo	resuelvo	suelo	sueño	vuelvo
puedes	recuerdas	resuelves	sueles	sueñas	vuelves
puede	recuerda	resuelve	suele	sueña	vuelve
podemos	recordamos	resolvemos	solemos	soñamos	volvemos
podéis	recordáis	resolvéis	soléis	soñáis	volvéis
pueden	recuerdan	resuelven	suelen	sueñan	vuelven

- **E › I**

Elegir	Pedir	Reírse	Repetir	Servir	Vestirse
elijo	pido	me río	repito	sirvo	me visto
eliges	pides	te ríes	repites	sirves	te vistes
elige	pide	se ríe	repite	sirve	se viste
elegimos	pedimos	nos reímos	repetimos	servimos	nos vestimos
elegís	pedís	os reís	repetís	servís	os vestís
eligen	piden	se ríen	repiten	sirven	se visten

- **U › UE**
- **I › Y**

Jugar	Concluir	Construir	Contribuir	Destruir	Huir
juego	concluyo	construyo	contribuyo	destruyo	huyo
juegas	concluyes	construyes	contribuyes	destruyes	huyes
juega	concluye	construye	contribuye	destruye	huye
jugamos	concluimos	construimos	contribuimos	destruimos	huimos
jugáis	concluís	construís	contribuís	destruís	huis
juegan	concluyen	construyen	contribuyen	destruyen	huyen

Verbos irregulares en la primera persona

• **Verbos en -ZC-**

Conducir	Conocer	Producir	Traducir	Obedecer
condu**zco**	cono**zco**	produ**zco**	tradu**zco**	obede**zco**
conduces	conoces	produces	traduces	obedeces
conduce	conoce	produce	traduce	obedece
conducimos	conocemos	producimos	traducimos	obedecemos
conducís	conocéis	producís	traducís	obedecéis
conducen	conocen	producen	traducen	obedecen

Otros irregulares en primera persona

Caer	Hacer	Poner	Salir	Traer	Valer
caigo	**hago**	**pongo**	**salgo**	**traigo**	**valgo**
caes	haces	pones	sales	traes	vales
cae	hace	pone	sale	trae	vale
caemos	hacemos	ponemos	salimos	traemos	valemos
caéis	hacéis	ponéis	salís	traéis	valéis
caen	hacen	ponen	salen	traen	valen

Dar	Saber	Ver
doy	**sé**	**veo**
das	sabes	ves
da	sabe	ve
damos	sabemos	vemos
dais	sabéis	veis
dan	saben	ven

Verbos con dos irregularidades

Decir	Oír	Oler	Tener	Venir
digo	**oigo**	**hue**lo	**tengo**	**vengo**
dices	oyes	**hue**les	**tie**nes	**vie**nes
dice	oye	**hue**le	**tie**ne	**vie**ne
decimos	oímos	olemos	tenemos	venimos
decís	oís	oléis	tenéis	venís
dicen	oyen	**hue**len	**tie**nen	**vie**nen

Verbos con irregularidades propias

Haber	Ir	Estar	Ser
he	voy	estoy	soy
has	vas	estás	eres
ha	va	está	es
hemos	vamos	estamos	somos
habéis	vais	estáis	sois
han	van	están	son

> **Recuerda:**
> - El verbo *haber* solo se usa para formar los tiempos compuestos de los verbos.
> - Cuando funciona como verbo impersonal, tiene una forma especial en presente, *hay*:
>   *Hay un árbol en la esquina.*
>   *Hay árboles en el parque.*
> - El verbo *estar* cambia la sílaba tónica habitual del presente de indicativo en todas las personas excepto en *nosotros/as* y *vosotros/as* (por eso algunas formas llevan tilde).

Verbos que se construyen como *gustar*

Doler	Encantar	Molestar	Parecer
me duele/duelen	me encanta/encantan	me molesta/molestan	me parece/parecen
te duele/duelen	te encanta/encantan	te molesta/molestan	te parece/parecen
le duele/duelen	le encanta/encantan	le molesta/molestan	le parece/parecen
nos duele/duelen	nos encanta/encantan	nos molesta/molestan	nos parece/parecen
os duele/duelen	os encanta/encantan	os molesta/molestan	os parece/parecen
les duele/duelen	les encanta/encantan	les molesta/molestan	les parece/parecen

Imperativo afirmativo

Verbos regulares

	1.ª conjugación -AR CANTAR	2.ª conjugación -ER COMER	3.ª conjugación -IR VIVIR
tú	canta	come	vive
usted	cante	coma	viva
vosotros/as	cantad	comed	vivid
ustedes	canten	coman	vivan

Verbos irregulares

Irregularidades vocálicas

• E > IE

Cerrar	Empezar	Pensar
cierra	empieza	piensa
cierre	empiece	piense
cerrad	empezad	pensad
cierren	empiecen	piensen

• O > UE

Contar	Dormir	Volver
cuenta	duerme	vuelve
cuente	duerma	vuelva
contad	dormid	volved
cuenten	duerman	vuelvan

Tabla de verbos

• U > UE	• E > I			• I > Y	
Jugar	**Elegir**	**Pedir**	**Vestir**	**Construir**	**Huir**
ju**e**ga	el**i**ge	p**i**de	v**i**ste	constru**y**e	hu**y**e
ju**e**gue	el**i**ja	p**i**da	v**i**sta	constru**y**a	hu**y**a
jugad	elegid	pedid	vestid	construid	huid
ju**e**guen	el**i**jan	p**i**dan	v**i**stan	constru**y**an	hu**y**an

Verbos completamente irregulares

Decir	**Hacer**	**Ir**	**Oír**	**Poner**	**Salir**	**Ser**	**Tener**	**Venir**
di	**haz**	**ve**	**oye**	**pon**	**sal**	**sé**	**ten**	**ven**
diga	**haga**	**vaya**	**oiga**	**ponga**	**salga**	**sea**	**tenga**	**venga**
decid	haced	id	oíd	poned	salid	sed	tened	venid
digan	**hagan**	**vayan**	**oigan**	**pongan**	**salgan**	**sean**	**tengan**	**vengan**

☞ La 2.ª persona del plural *(vosotros/as)* del imperativo es siempre regular.

Verbos reflexivos

Acostarse	**Despertarse**	**Dormirse**	**Levantarse**	**Reírse**	**Vestirse**
ac**ué**sta**te**	desp**ié**rta**te**	d**ué**rme**te**	lev**á**nta**te**	r**í**e**te**	v**í**ste**te**
ac**ué**ste**se**	desp**ié**rte**se**	d**ué**rma**se**	lev**á**nte**se**	r**í**a**se**	v**í**sta**se**
acosta**os**	desperta**os**	dorm**íos**	levanta**os**	re**íos**	vest**íos**
ac**ué**sten**se**	desp**ié**rten**se**	d**ué**rman**se**	lev**á**nten**se**	r**í**an**se**	v**í**stan**se**

Pretérito perfecto de indicativo

Verbos regulares

1.ª conjugación -AR CANTAR	2.ª conjugación -ER COMER	3.ª conjugación -IR VIVIR
he cant**ado**	**he** com**ido**	**he** viv**ido**
has cant**ado**	**has** com**ido**	**has** viv**ido**
ha cant**ado**	**ha** com**ido**	**ha** viv**ido**
hemos cant**ado**	**hemos** com**ido**	**hemos** viv**ido**
habéis cant**ado**	**habéis** com**ido**	**habéis** viv**ido**
han cant**ado**	**han** com**ido**	**han** viv**ido**

Participios irregulares

abrir > **abierto**	escribir > **escrito**	poner > **puesto**	romper > **roto**
cubrir > **cubierto**	hacer > **hecho**	prever > **previsto**	satisfacer > **satisfecho**
decir > **dicho**	imprimir > **impreso, imprimido**	resolver > **resuelto**	ver > **visto**
descubrir > **descubierto**	morir > **muerto**	revolver > **revuelto**	volver > **vuelto**

Glosario

En mi lengua — **En mi lengua** — **En mi lengua**

A
- Abdomen, el
- Abierto/a
- Abogado/a, el/la
- Abrigo, el
- Abrir
- Acá
- Acampada, la
- Acampar
- Aceite, el
- Aceptar
- Acostarse
- Adecuado/a
- Adelgazar
- Adosado/a
- Aeropuerto, el
- Afeitarse
- Afición, la
- Aficionado/a, el/la
- Afirmaciones, las
- Afirmativo/a
- Agenda, la
- Agradable
- Agua, el
- Ahí
- Ahorrar
- Aire acondicionado, el
- Alegre
- Alimentarse
- Alimento, el
- Alimentación, la
- Alioli, el
- Al
- Almacén, el
- Almendra, la
- Almuerzo, el
- Alquilar
- Alquiler, el
- Altitud, la
- Allá
- Allí
- Amable
- Amarillo/a
- Amigo/a, el/la
- Anaconda, la
- Animal, el
- Antiguo/a
- Añadir
- Apagar
- Aparcamiento, el
- Apartamento, el
- Apellido, el
- Apetito, el
- Aprender
- Apto/a
- Aquí
- Arepa, la
- Armadillo, el
- Armario, el
- Arqueológico/a
- Arquitectura, la
- Arrastrar
- Arroba, la
- Arroz, el
- Artesanía, la
- Artista, el/la
- Asado/a
- Ascensor, el
- Así
- Atención, la
- Auditorio, el
- Autobús, el
- Autosuficiente
- Ave, el
- Avión, el
- Ayuntamiento, el
- Azúcar, el
- Azul

B
- Bailar
- Bajar
- Bajo/a
- Balcón, el
- Balneario, el
- Banco de alimentos, el
- Banco, el
- Bandera, la
- Baño, el
- Barato/a
- Barca, la
- Barco, el
- Barra (de pan), la
- Barriga, la
- Barrio, el
- Basura, la
- Bechamel, la
- Belleza, la
- Bello/a
- Benéfico/a
- Beso, el
- Biblioteca, la
- Bicicleta, la
- Bienestar, el
- Bienvenido/a
- Billete, el
- Blanco/a
- Boca, la
- Bocadillo, el
- Bolsa, la
- Bombero/a, el/la
- Bonito/a
- Bote, el
- Botella, la
- Brazo, el
- Brusco/a
- Bucear
- Bufé, el
- Bufete (de abogados), el
- Buitre, el
- Buscar

C
- Cabeza, la
- Café, el
- Cafetería, la
- Caja, la
- Calamar, el
- Calefacción, la
- Calentar
- Calle, la

	En mi lengua		En mi lengua		En mi lengua
Callejero/a		Claro/a		Cueva, la	
Cama, la		Clásico/a		Cultura, la	
Cansado/a		Cocina, la		Cumbre, la	
Capital, la		Cocinar		Cumpleaños, el	
Cara, la		Coche, el			
Carne, la		Colega, el/la		**D**	
Carnívoro/a		Colegio, el		Danza, la	
Caro/a		Colibrí, el		Dato, el	
Carrera (universitaria), la		Colonial		Dedo, el	
		Colorido/a		Delante	
Carrera (de correr), la		Comer		Deletrear	
		Comida, la		Dentista, el/la	
Casa, la		Cómodo/a		Deporte, el	
Casero/a		Completar		Deportivo/a	
Cata (de vinos), la		Conceder		Derecha, la	
Catedral, la		Conclusión, la		Desarrollo, el	
Causa, la		Concurso, el		Desayunar	
Cayena, la		Conducir		Desayuno, el	
Cebolla, la		Conductor/a, el/la		Descansar	
Celebrar				Descanso, el	
Cementerio, el		Conmigo		Descortés	
Cena, la		Conquistador, el		Desecación, la	
Cenar		Consejo, el		Deseo, el	
Céntrico/a		Consumir		Desierto, el	
Centro comercial, el		Contacto, el		Despertar(se)	
		Contaminante		Después	
Centro de salud, el		Contar		Destacar	
		Contenedor, el		Detrás	
Centro, el		Contento/a		Deuda, la	
Cereal, el		Cooperación, la		Día, el	
Cerrado/a		Correo electrónico, el		Difícil	
Cerrar				Dinero, el	
Cerro, el		Correr		Dirección, la	
Cesta, la		Costa, la		Discurso, el	
Chalé, el		Costar		Diseñador/a gráfico/a, el/la	
Chancla, la		Costumbre, la			
Chatear		Crema, la		Disfrutar	
Chile, el		Cristalino/a		Divertido/a	
Chocolatina, la		Croqueta, la		Doble (adj.)	
Chorizo, el		Crucero, el		Docena, la	
Cifra, la		Cuarto, el		Documental, el	
Cine, el		Cuello, el		Doler	
Circuito, el		Cuento, el		Donar	
Ciudad, la		Cuero, el		Donativo, el	
Civilización, la		Cuerpo, el		Dormitorio, el	

200 | doscientos   Glosario

200   Apéndices

	En mi lengua		En mi lengua		En mi lengua
Ducha, la		Estrella, la		Gramo, el	
Ducharse		Estudio, el		Grande	
Dulce		Exactitud, la		Grasa, la	
Durante		Excursión, la		Gratuito/a	
		Extensión, la		Gripe, la	
E				Guía, el/la	
Ecológico/a		**F**		Gustar	
Económico/a		Fácil			
Echar		Faringitis, la		**H**	
Edad, la		Farmacéutico/a, el/la		Habitación, la	
Edificio, el				Habitual	
Educación, la		Farmacia, la		Hacer	
Emblemático/a		Fauna, la		Hambre, el	
Empezar		Favor, el		Hamburguesa, la	
Empresa, la		Fecha, la		Harina, la	
En cubos		Festividad, la		Helado, el	
Enamorarse		Festivo/a		Herencia, la	
Encantar		Fiebre, la		Hermano/a, el/la	
Encerrado/a		Flan, el		Histórico/a	
Encuesta, la		Flora, la		Hoja, la	
Enfadado/a		Fomentar		Hojaldre, el	
Enfermedad, la		Formulario, el		Hora, la	
Enfermo/a		Freír		Horario, el	
Entrada, la		Frigorífico, el		Hospital, el	
Entrar		Frijol, el		Hostal, el	
Entrecot, el		Frontera, la		Huevo, el	
Envasado/a		Frotar		Humanidad, la	
Envase, el		Fruta, la			
Equipamiento, el		Fuente, la		**I**	
Escalada, la		Fusionar		Ideal	
Escalera, la				Identificar(se)	
Escalofrío, el		**G**		Idioma, el	
Escaparse (viaje rápido)		Gafas, las		Iglesia, la	
		Garaje, el		Importante	
Escenario, el		Gas, el		Incluido/a	
Esclavo, el		Gastronomía, la		Indígena, el/la	
Escribir		Genial		Infantil	
Escultura, la		Gente, la		Infección, la	
Esencia, la		Gesto, el		Informal	
Esmeralda, la		Gimnasio, el		Informe, el	
Espacioso/a		Glaciar, el		Inframundo, el	
Espectáculo, el		Globo aerostático, el		Infusión, la	
Estación, la				Ingeniería, la	
Estadio, el		Gordo/a		Ingeniero/a, el/la	
Estómago, el		Gorro, el		Ingrediente, el	

Glosario

Apéndices

	En mi lengua		En mi lengua		En mi lengua
Inscripción, la		Llegada, la		Mirador, el	
Insólito/a		Local, el		Mismo/a	
Interesante		Local (adj.)		Mixto/a	
Interesar		Localización, la		Moderno/a	
Invertir		Localizar		Montaña, la	
Ir		Loncha, la		Monumento, el	
Irregular		Lucro, el		Mosaico, el	
Irse		Luego		Mucho/a	
Isla, la		Lugar, el		Mueble, el	
Izquierda, la		Lujo, el		Muralla, la	
		Luminoso/a		Muscular	
J				Museo, el	
Jabón, el		**M**			
Jaleo, el		Madre, la		**N**	
Jamón, el		Maíz, el		Nacionalidad, la	
Jardín, el		Manglar, el		Naranja, la	
Jersey, el		Mano, la		Nariz, la	
Jubilación, la		Mantel, el		Nativo/a, el/la	
Jubilado/a		Mañana, la		Naturaleza, la	
Juego, el		Maquillaje, el		Navaja, la	
Jugar		Maquillar(se)		Necesidad, la	
Jugo, el		Marca, la		Nervioso/a	
Juventud, la		Marisco, el		Niebla, la	
		Marisquería, la		Nieto/a, el/la	
L		Masaje, el		Noche, la	
Labio, el		Mate, el		Nochevieja, la	
Lado, el		Matemáticas, las		Nombre, el	
Lana, la		Maya		Nunca	
Lata, la		Mayor		Nutria, la	
Largo/a		Medicamento, el			
Lavadora, la		Medioambiente, el		**O**	
Lavar(se)		Mediodía, el		Obligación, la	
Lavavajillas, el		Melón, el		Oficina, la	
Leche, la		Menú, el		Oído, el	
Leer		Mercado, el		Ojo, el	
Legumbre, la		Merendar		Ordenador, el	
Lento/a		Merienda, la		Oreja, la	
Letra, la		Merluza, la		Oriental	
Levantar(se)		Mesa, la		Orquesta, la	
Libre		Mesero/a, el/la		Oso hormiguero, el	
Libro, el		Meseta, la			
Litio, el		Metro, el		**P**	
Litro, el		Microondas, el		Padre, el	
Llamativo/a		Mineral, el		Paella, la	
Llanura, la					

	En mi lengua		En mi lengua		En mi lengua
Palacio, el		Planta, la		Recepción, la	
Palomitas, las		Plantación, la		Recepcionista, el/la	
Pan, el		Plato (de comida), el		Receta, la	
Panorámico/a		Playa, la		Recoger	
Paquete, el		Plaza, la		Recolectar	
Paracaídas, el		Poder		Recurso (económico), el	
Parada (de autobús), la		Pollo, el		Refresco, el	
Paraguas, el		Poner		Relacionar	
Pared, la		Portarse		Relajante	
Pareja, la		Posada, la		Reloj, el	
Parque, el		Postre, el		Reportaje, el	
Parrillada, la		Práctico/a		Respirar	
Pasear		Preferir		Restaurante, el	
Paseo, el		Premio, el		Rojo/a	
Pasta, la		Preocupado/a		Ropa de abrigo, la	
Pastilla, la		Preparar		Ruido, el	
Patata, la		Prestigioso/a		Ruidoso/a	
Patio, el		Problema, el		Ruina, la	
Peculiar		Profesión, la		Ruta, la	
Pecho, el		Promover			
Pedir		Propuesta, la		**S**	
Película, la		Proteína, la		Sacar (al perro)	
Peligroso/a		Puesto, el		Sal, la	
Pelo, el		Pulpo, el		Salchicha, la	
Peluquería, la		Punto, el		Salir	
Península, la		Puntual		Salmón, el	
Perecedero/a		Purificado/a		Salón, el	
Perro/a, el/la				Salud, la	
Pescado, el		**Q**		Saludar	
Pescar		Querer		Sardina, la	
Picadillo, el		Queso, el		Sed, la	
Picante				Segunda mano, (ser de)	
Picar		**R**		Seguro, el	
Pie, el		Ración, la		Selva, la	
Pimentón, el		Rallado/a		Semana, la	
Pinar, el		Rallar		Semanal	
Pincho, el		Rana, la		Senderismo, el	
Pino, el		Rápel, el		Sensibilización, la	
Piña, la		Rápido/a		Serie, la	
Piscina, la		Rascacielos, el		Series de televisión, las	
Piso, el		Razón, la		Serio/a	
Pista (de tenis, de padel...), la		Realizar			
Plancha, a la		Rebanada, la			
		Rebozar			

	En mi lengua		En mi lengua		En mi lengua
Seta, la		Tortilla, la		Verde	
Siempre		Tos, la		Verdura, la	
Siesta, la		Toser		Vestir(se)	
Siguiente		Tostada, la		Vez, la	
Silla, la		Tostado/a		Viajar	
Sociable		Trabajador/a, el/la		Vinagre, el	
Sofá, el		Trabajar		Visionar	
Solidario/a		Trabajo, el		Vistas, las	
Sopa, la		Tranquilidad, la		Vivienda, la	
Sostenible		Tranquilo/a		Volcán, el	
Suavizar		Transbordador, el		Voleibol, el	
Submarinismo, el		Transporte, el		Voluntario/a (en un trabajo)	
Sugerir		Traslado, el		Volver	
Supermercado, el		Trayecto, el		Vómito, el	
		Tren, el		Vuelo, el	

T

		Triste			
Taller (de coches), el		Trocear		**Y**	
Tapa, la		**U**		Ya	
Tarta, la				Yegua, la	
Taxi, el		Ubicación		Yoga, el	
Teatro, el		Urbanización, la		Yogur, el	
Teléfono, el		Urbano/a			
Temprano		Urgencias, las		**Z**	
Terapia, la		Útil		Zapato, el	
Terminar				Zapatilla, la	
Tiempo libre, el		**V**		Zona, la	
Tienda, la		Variado/a		Zoo, el	
Tienda de campaña, la		Vaso, el		Zumo, el	
Tomar		Vejez, la			
		Ventilador, el			

Actividades con el corpus lingüístico CORPES XXI de la RAE

Introducción

Una de las características de Frecuencias es el uso de dos de los corpus lingüísticos de la RAE –El Corpus del Español del Siglo XXI (CORPES XXI) y el Corpus de Referencia del Español Actual (CREA)[1]– para establecer frecuencias de uso léxico, combinaciones de palabras, usos gramaticales, geográficos, etc., y ofrecer diferencias entre las variantes del español de España y de América usando ejemplos de lengua **auténticos** procedentes de muestras reales de lengua escrita.

Este uso viene destacado en el libro del estudiante mediante unos cuadros que usted puede utilizar según los intereses y necesidades de su grupo de estudiantes, así como en alguna de las actividades propuestas.

> **RAE COMUNICACIÓN**
> Español de España ▸ ¿Qué hora es? : *Pero ¿qué hora es? ¿Las siete ya?*
> Español de América ▸ ¿Qué horas son? : *–¿Qué horas son, compañero? –Van a dar las cinco.*
> Español de España ▸ **Son las** + hora + **menos cuarto** : *Son las once menos cuarto.*
> Español de América ▸ **Son (un)/Falta un cuarto para** + hora : *Sí, son cuarto para las doce de la noche.*

En los niveles A (1 y 2) hemos extraído del CORPES XXI léxico y expresiones, algunos aspectos gramaticales de interés en las variantes del español y asociaciones de palabras, dando prioridad a la enseñanza/aprendizaje del léxico porque consideramos que es uno de los pilares fundamentales de la comunicación tanto oral como escrita. Adquirir la competencia léxica significa conocer el significado de palabras (sustantivos, adjetivos, verbos…) y expresiones y saber utilizarlas con sus significados específicos en los contextos situacionales que aparezcan en el discurso.

En el curso se han trabajado estas zonas geográficas:

- **Zona 1.** México, Centroamérica y Caribe: México, Guatemala, Honduras, El Salvador, Costa Rica, Nicaragua, Panamá, Cuba, República Dominicana, Puerto Rico, Venezuela.
- **Zona 2.** España.
- **Zona 3.** Argentina. Se ha reflejado en ocasiones la variante argentina por su peculiaridad e importancia.

Tipología de actividades para realizar con la base del CORPES XXI

Estos son los tipos de actividades que proponemos para trabajar el corpus con sus estudiantes en algunas unidades:

1. Extracción de las **palabras y expresiones** más frecuentes, teniendo en cuenta la zona (1, 2 o 3) para establecer su uso en contexto.
2. Extracción de **formas, tiempo y modo** de los verbos para comprobar algunos de sus usos, seleccionando las frases más relevantes.
3. Extracción de **asociaciones de palabras** de uso frecuente en las zonas con las que trabajamos. Por ejemplo, adjetivos con los que se combina más frecuentemente el adverbio *muy*.

---

[1] CORPES XXI y CREA son de acceso gratuito a través de la plataforma de la RAE: https://www.rae.es/

Tenga en cuenta que la propia búsqueda de datos ayuda a los estudiantes a reflexionar sobre varios puntos del sistema lingüístico del español, ya que, para realizar dicha búsqueda, deben completar una serie de apartados en la base de datos: lema, forma, clase de palabra, modo, tiempo, persona, número…

Se aconseja que estas actividades las realicen en parejas o grupos pequeños bajo su supervisión y que concluya siempre las tareas propuestas con una puesta en común de los resultados.

Le sugerimos también que proyecte los resultados de la búsqueda para corregir o aclarar dudas, o bien para realizar la actividad directamente en grupo plenario si lo cree conveniente.

Antes de empezar a realizar la primera actividad, es recomendable que les muestre la base de datos y les explique el funcionamiento básico. También puede hacer la primera actividad de manera conjunta, proyectándola e indicándoles los pasos a seguir tal y como se ha diseñado en las tareas propuestas (ver, por ejemplo, la primera actividad) para que se familiaricen con el procedimiento. Se han añadido las imágenes de las diferentes búsquedas como muestra.

Aunque las actividades siguen la progresión del *Libro del estudiante*, pueden realizarse independientemente, según los intereses de los estudiantes y su propio criterio.

Asimismo, usted puede realizar todas aquellas búsquedas que crea convenientes en cualquier momento o tarea y crear sus propias actividades a medida, tomando como modelo las que le ofrecemos a continuación.

Actividades

Unidad 2. Actividad 3.1. "Gramática"

Se plantea una tarea sobre las formas *hay/está(n)* + artículo indeterminado/determinado que les permitirá comprobar que la regla que han estudiado se refrenda con el uso.

Pídales que hagan tres búsquedas:

1. La forma *hay + un* (también puede pedirles que la hagan con el resto de los artículos: *una*, *unos*, *unas*) y que anoten un ejemplo.
2. La forma *está + el* (también puede pedirles que la hagan con el resto de los artículos: *la*, *los*, *las*) y que anoten un ejemplo.
3. La forma *está + un* para comprobar que el corpus no obtiene ningún resultado.

Haga una puesta en común y aclare las dudas.

Para realizar las búsquedas deberán seguir estos pasos una vez que se encuentren en la página inicial del CORPES XXI, apartado **"Concordancias"**:

HAY + UN
Lema: haber
Forma: hay
Clase de palabra: verbo
Modo: indicativo
Clicar: Proximidad
Forma: un
Clicar: Subcorpus
Origen: España
Zona lingüística: España
Clicar: Concordancia

ESTÁ + EL
Lema: estar
Forma: está
Clase de palabra: verbo
Modo: indicativo
Tiempo: presente
Persona: tercera
Número: singular
Clicar: Proximidad
Forma: el
Clicar: Subcorpus
Origen: España
Zona lingüística: España
Clicar: Concordancia

ESTÁ + UN
Lema: estar
Forma: está
Clase de palabra: verbo
Modo: indicativo
Tiempo: presente
Persona: tercera
Número: singular
Clicar: Proximidad
Lema: un
Clicar: Subcorpus
Origen: España
Zona lingüística: España
Clicar: Concordancia

Apéndices

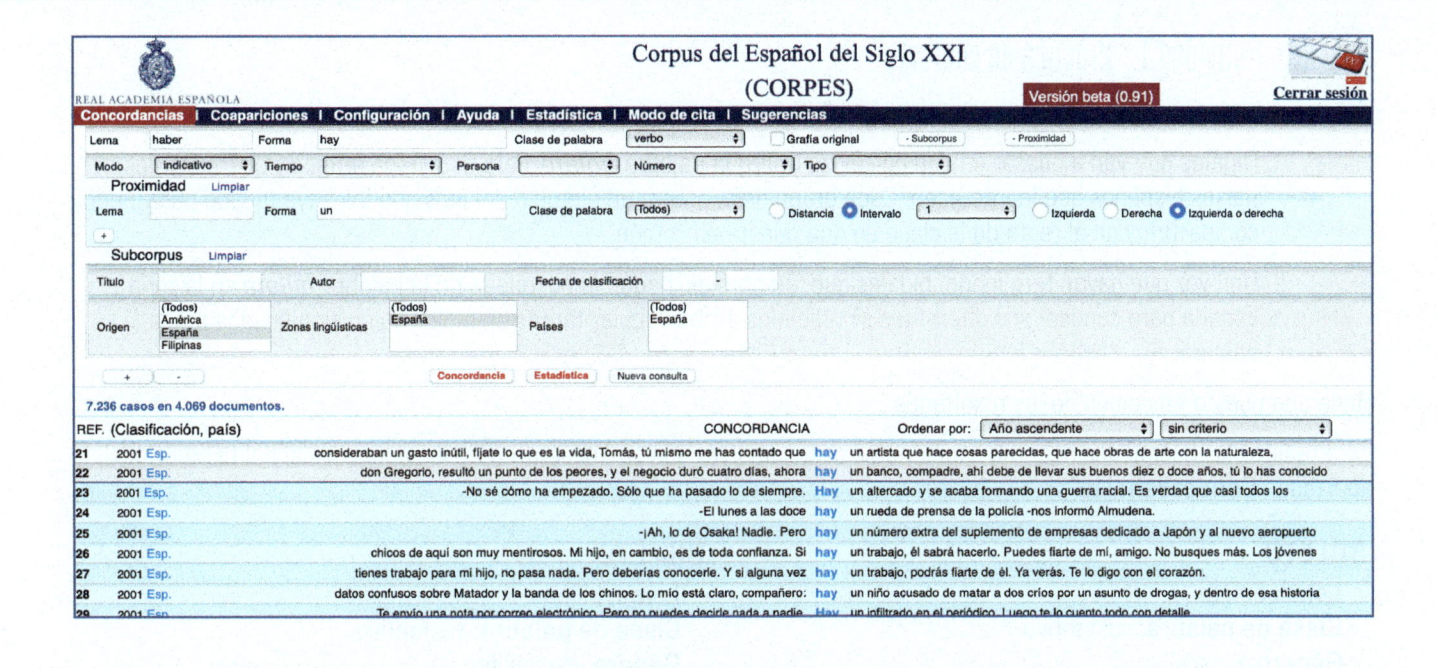

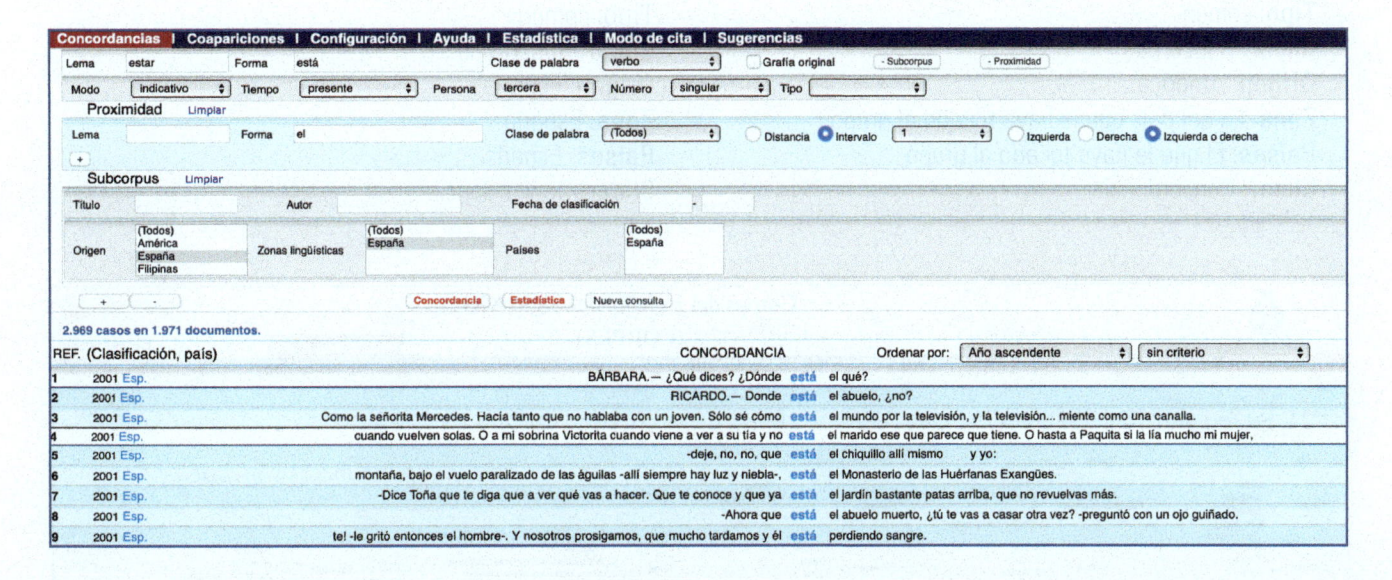

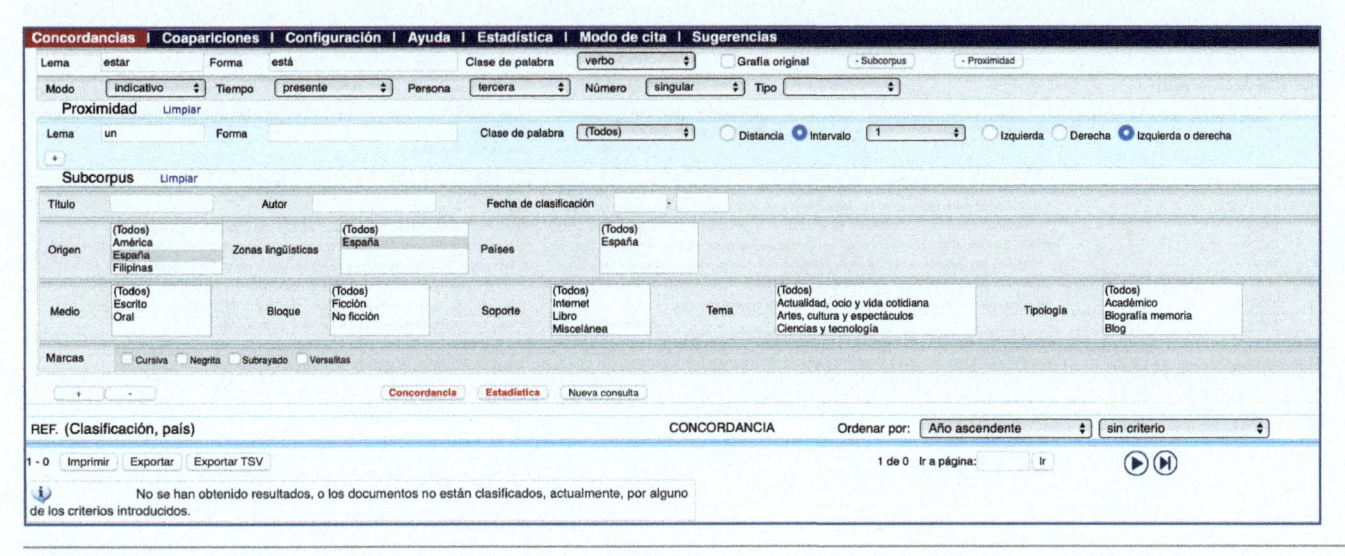

Unidad 3. Actividad 1. "Practica en contexto"

Se propone una actividad con las palabras *boleto/billete*.

1. Dígales que van a buscar en qué países se utiliza la palabra *boleto*. Para ello, haga grupos y distribuya los países hispanos que le interesen. Cada grupo debe anotar un ejemplo del país que les haya tocado para luego compartirlo con el resto de la clase en una puesta en común.

2. Una vez que hayan terminado, pídales que, en parejas, hagan la búsqueda de la palabra *billete* en la zona España para conocer sus diferentes significados. Deben copiar tantos ejemplos como significados tenga la palabra.

Haga una puesta en común de los resultados.

Para realizar las búsquedas deberán seguir estos pasos una vez que se encuentren en la página inicial del CORPES XXI, apartado **"Concordancias"**:

BOLETO

Lema: boleto
Clase de palabra: sustantivo
Género: masculino
Tipo: común
Clicar: Subcorpus
Origen: América
Zona: La del país que le haya tocado al grupo
Países: El que le haya tocado al grupo
Clicar: Concordancia

BILLETE

Lema: billete
Clase de palabra: sustantivo
Género: masculino
Tipo: común
Clicar: Subcorpus
Origen: España
Zona: España
Países: España
Clicar: Concordancia

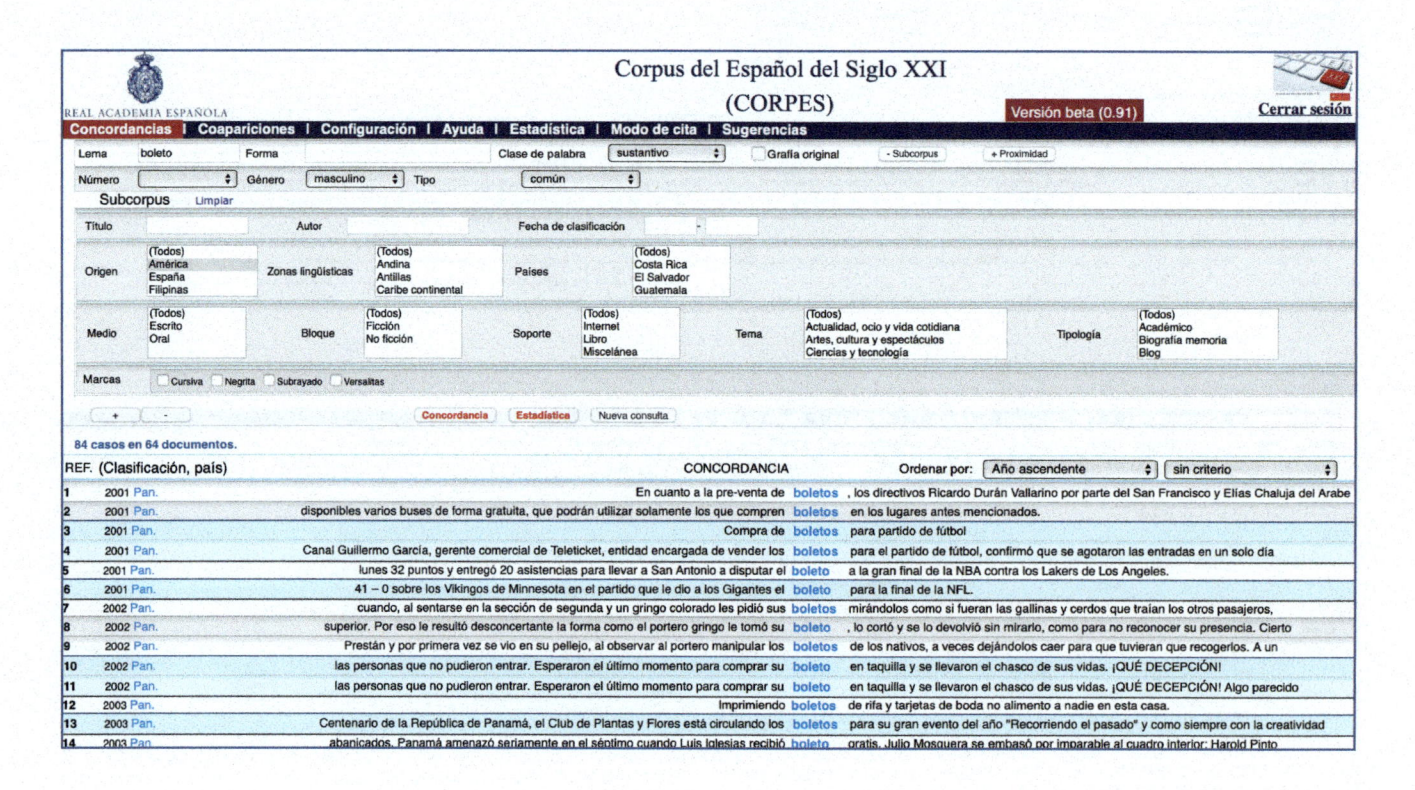

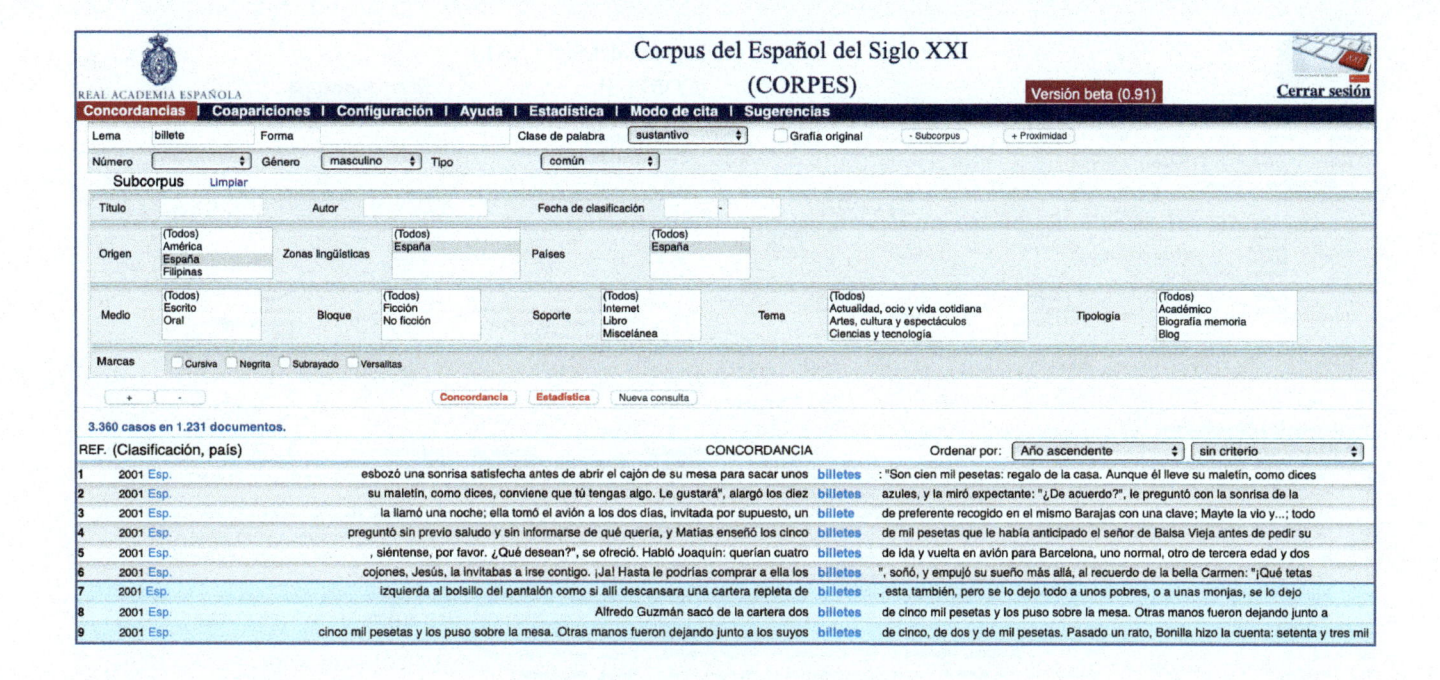

Unidad 4. Actividad 1. "Gramática"

Se propone una actividad para trabajar las formas verbales *tú tienes/vos tenés*.

Primero recuérdeles que, como han visto, el español de Argentina, Uruguay, Paraguay, Honduras y El Salvador, entre otros países, se caracteriza por el uso de la segunda persona del singular *vos* en lugar de *tú*.

El voseo afecta tanto al sistema pronominal como al verbal. El presente de indicativo, en concreto, tiene formas propias: *vos caminás*, *vos tenés*, *vos repatís*.

Propóngales que, en parejas o grupos pequeños, hagan dos búsquedas:

1. La forma *tienes*. Pídales que anoten tres ejemplos.

2. La forma *tenés*. Dígales que busquen en qué países se utiliza dicha forma y que anoten un ejemplo de cada país. Para ello, tendrán que consultar las diferentes páginas de la base de datos. (Ver ejemplo de la captura).

Después haga una puesta en común para comprobar los resultados y aclare las dudas.

Para realizar las búsquedas deberán seguir estos pasos una vez que se encuentren en la página inicial del CORPES XXI, apartado **"Concordancias"**:

TIENES	TENÉS
Lema: tener	**Lema:** tener
Forma: tienes	**Forma:** tenés
Clase de palabra: verbo	**Clase de palabra:** verbo
Modo: indicativo	**Modo:** indicativo
Tiempo: presente	**Tiempo:** presente
Persona: segunda	**Persona:** segunda
Número: singular	**Número:** singular
Clicar: Subcorpus	**Clicar:** Subcorpus
Origen: España	**Origen:** América
Zona lingüística: España	**Zona lingüística:** todos
Países: España	**Clicar:** Concordancia
Clicar: Concordancia	

Apéndices

209

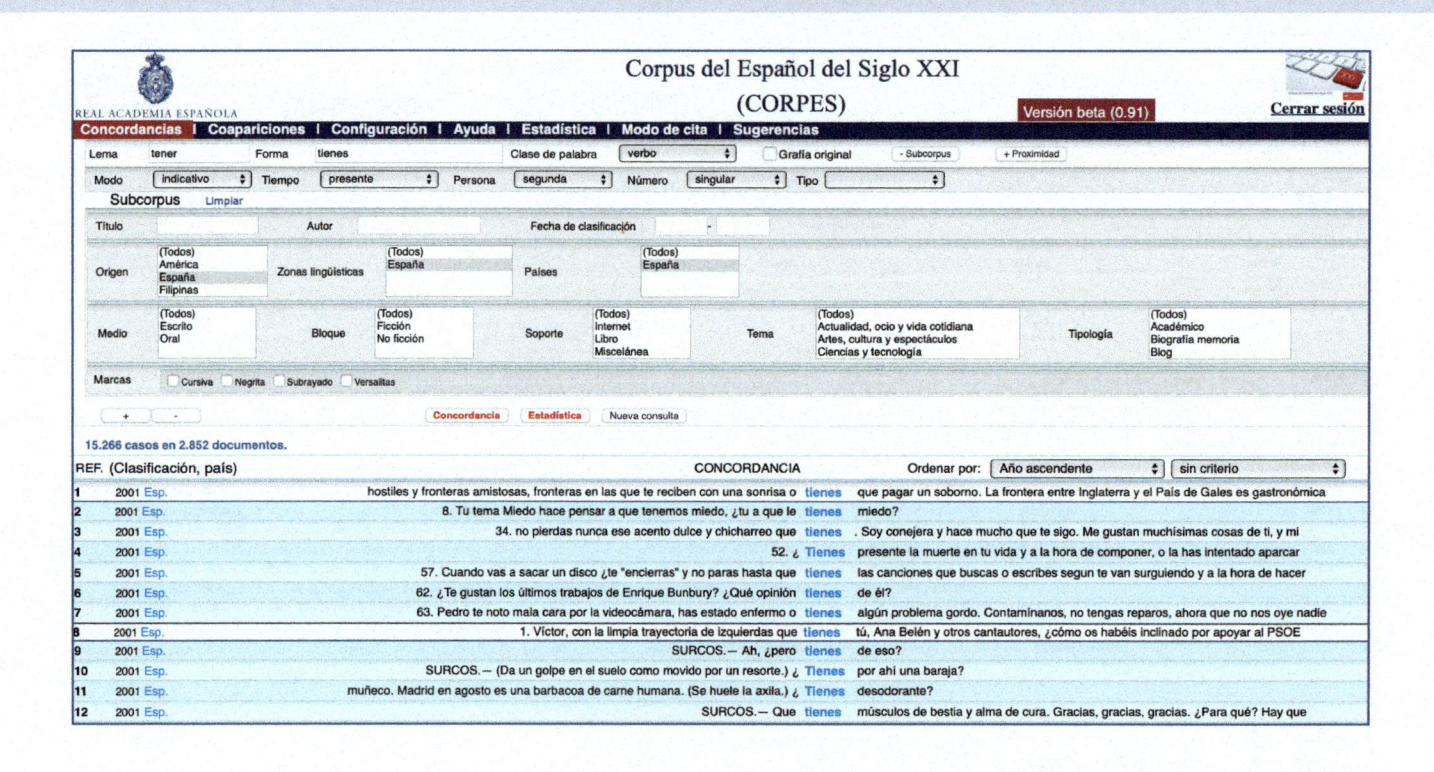

Screenshot 1

Corpus del Español del Siglo XXI (CORPES) — Versión beta (0.91)

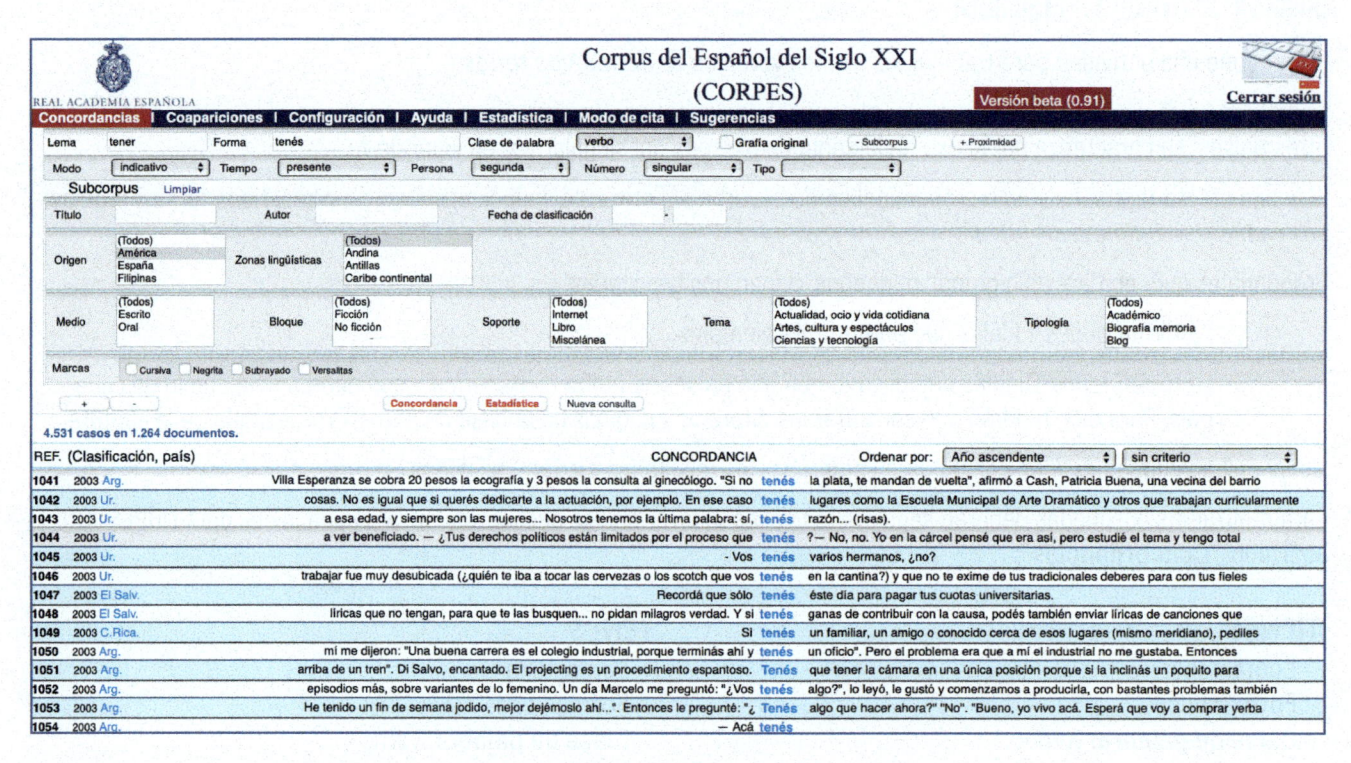

REAL ACADEMIA ESPAÑOLA

Concordancias | Coapariciones | Configuración | Ayuda | Estadística | Modo de cita | Sugerencias

- Lema: tener | Forma: tienes | Clase de palabra: verbo | Grafía original | - Subcorpus | + Proximidad
- Modo: indicativo | Tiempo: presente | Persona: segunda | Número: singular | Tipo:

Subcorpus Limpiar

- Título: | Autor: | Fecha de clasificación: -
- Origen: (Todos) América España Filipinas | Zonas lingüísticas: (Todos) España | Países: (Todos) España
- Medio: (Todos) Escrito Oral | Bloque: (Todos) Ficción No ficción | Soporte: (Todos) Internet Libro Miscelánea | Tema: (Todos) Actualidad, ocio y vida cotidiana Artes, cultura y espectáculos Ciencias y tecnología | Tipología: (Todos) Académico Biografía memoria Blog
- Marcas: Cursiva Negrita Subrayado Versalitas

Concordancia | Estadística | Nueva consulta

15.266 casos en 2.852 documentos.

#	REF. (Clasificación, país)	CONCORDANCIA	Ordenar por: Año ascendente / sin criterio
1	2001 Esp.	hostiles y fronteras amistosas, fronteras en las que te reciben con una sonrisa o tienes	que pagar un soborno. La frontera entre Inglaterra y el País de Gales es gastronómica
2	2001 Esp.	8. Tu tema Miedo hace pensar a que tenemos miedo, ¿tu a que le tienes	miedo?
3	2001 Esp.	34. no pierdas nunca ese acento dulce y chicharreo que tienes	. Soy conejera y hace mucho que te sigo. Me gustan muchísimas cosas de ti, y mi
4	2001 Esp.	52. ¿ Tienes	presente la muerte en tu vida y a la hora de componer, o la has intentado aparcar
5	2001 Esp.	57. Cuando vas a sacar un disco ¿te "encierras" y no paras hasta que tienes	las canciones que buscas o escribes según te van surgiendo y a la hora de hacer
6	2001 Esp.	62. ¿Te gustan los últimos trabajos de Enrique Bunbury? ¿Qué opinión tienes	de él?
7	2001 Esp.	63. Pedro te noto mala cara por la videocámara, has estado enfermo o tienes	algún problema gordo. Contamínanos, no tengas reparos, ahora que no nos oye nadie
8	2001 Esp.	1. Víctor, con la limpia trayectoria de izquierdas que tienes	tú, Ana Belén y otros cantautores, ¿cómo os habéis inclinado por apoyar al PSOE
9	2001 Esp.	SURCOS.— Ah, ¿pero tienes	de eso?
10	2001 Esp.	SURCOS.— (Da un golpe en el suelo como movido por un resorte.) ¿ Tienes	por ahí una baraja?
11	2001 Esp.	muñeco. Madrid en agosto es una barbacoa de carne humana. (Se huele la axila.) ¿ Tienes	desodorante?
12	2001 Esp.	SURCOS.— Que tienes	músculos de bestia y alma de cura. Gracias, gracias, gracias. ¿Para qué? Hay que

Screenshot 2

Corpus del Español del Siglo XXI (CORPES) — Versión beta (0.91)

- Lema: tener | Forma: tenés | Clase de palabra: verbo
- Modo: indicativo | Tiempo: presente | Persona: segunda | Número: singular | Tipo:
- Origen: (Todos) América España Filipinas | Zonas lingüísticas: (Todos) Andina Antillas Caribe continental

4.531 casos en 1.264 documentos.

#	REF.	CONCORDANCIA	
1041	2003 Arg.	Villa Esperanza se cobra 20 pesos la ecografía y 3 pesos la consulta al ginecólogo. "Si no tenés	la plata, te mandan de vuelta", afirmó a Cash, Patricia Buena, una vecina del barrio
1042	2003 Ur.	cosas. No es igual que si querés dedicarte a la actuación, por ejemplo. En ese caso tenés	lugares como la Escuela Municipal de Arte Dramático y otros que trabajan curricularmente
1043	2003 Ur.	a esa edad, y siempre son las mujeres... Nosotros tenemos la última palabra: sí, tenés	razón... (risas).
1044	2003 Ur.	a ver beneficiado. — ¿Tus derechos políticos están limitados por el proceso que tenés	? — No, no. Yo en la cárcel pensé que era así, pero estudié el tema y tengo total
1045	2003 Ur.	- Vos tenés	varios hermanos, ¿no?
1046	2003 Ur.	trabajar fue muy desubicada (¿quién te iba a tocar las cervezas o los scotch que vos tenés	en la cantina?) y que no te exime de tus tradicionales deberes para con tus fieles
1047	2003 El Salv.	Recordá que sólo tenés	éste día para pagar tus cuotas universitarias.
1048	2003 El Salv.	líricas que no tengan, para que te las busquen... no pidan milagros verdad. Y si tenés	ganas de contribuir con la causa, podés también enviar líricas de canciones que
1049	2003 C. Rica.	Si tenés	un familiar, un amigo o conocido cerca de esos lugares (mismo meridiano), pedíles
1050	2003 Arg.	mí me dijeron: "Una buena carrera es el colegio industrial, porque terminás ahí y tenés	un oficio". Pero el problema era que a mí el industrial no me gustaba. Entonces
1051	2003 Arg.	arriba de un tren". Di Salvo, encantado. El projecting es un procedimiento espantoso. Tenés	que tener la cámara en una única posición porque si la inclinás un poquito para
1052	2003 Arg.	episodios más, sobre variantes de lo femenino. Un día Marcelo me preguntó: "¿Vos tenés	algo?", lo leyó, le gustó y comenzamos a producirla, con bastantes problemas también
1053	2003 Arg.	He tenido un fin de semana jodido, mejor dejémoslo ahí...". Entonces le pregunté: "¿ Tenés	algo que hacer ahora?" "No". "Bueno, yo vivo acá. Esperá que voy a comprar yerba
1054	2003 Arg.	— Acá tenés	

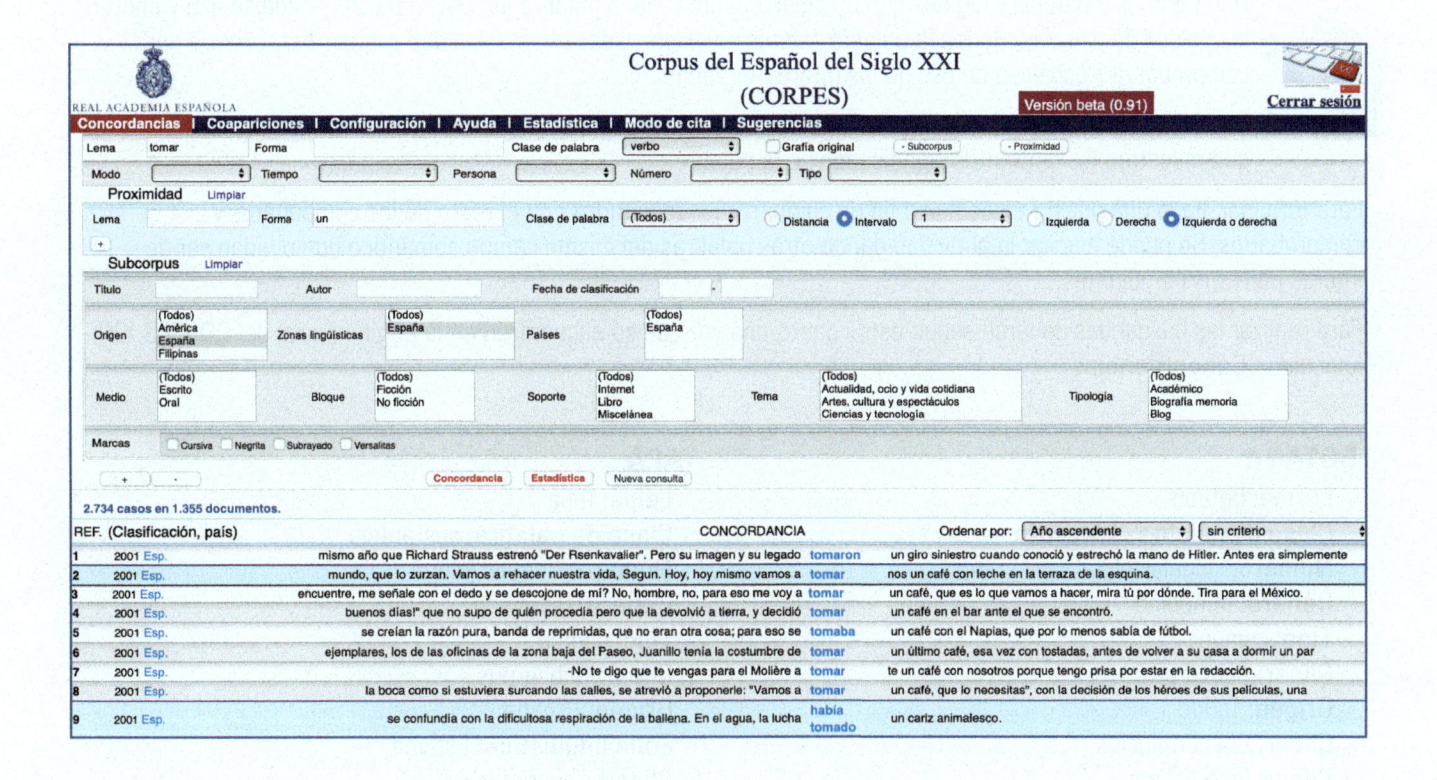

Unidad 5. Actividad 2.2. "Palabras"

Es una actividad propuesta para adquirir léxico asociando palabras con los verbos *tomar un/una* y *jugar a*. Solo se trabaja con la variante del español de España.

Distribuya a sus estudiantes en grupos de dos parejas y asigne a cada pareja del grupo las búsquedas que se proponen:

1. Deben buscar *tomar un* y *tomar una* y copiar tres ejemplos del corpus con otras palabras asociadas que no hayan salido en la unidad. Si lo desea, puede ampliar la búsqueda al plural: *unos* y *unas*.

2. Deben buscar *jugar a* y *jugar al* y copiar tres ejemplos del corpus con otras palabras asociadas que no hayan salido en la unidad.

Pueden usar el diccionario si lo necesitan. Para terminar, pida al grupo que intercambien sus frases. A continuación haga una puesta en común de todos los grupos anotando en la pizarra todas las asociaciones que hayan encontrado.

Para realizar las búsquedas deberán seguir estos pasos una vez que se encuentren en la página inicial del CORPES XXI, apartado **"Concordancias"**:

TOMAR + UN/UNA
Lema: tomar
Clase de palabra: verbo
Clicar: Proximidad
Forma: un/una
Clase de palabra: todos
Intervalo: 1
Clicar: Subcorpus
Origen: España
Zona lingüística: España
Clicar: Concordancia

JUGAR + A/AL
Lema: jugar
Clase de palabra: verbo
Clicar: Proximidad
Forma: a/al
Clase de palabra: todos
Intervalo: 1
Clicar: Subcorpus
Origen: España
Zona lingüística: España
Clicar: Concordancia

Apéndices

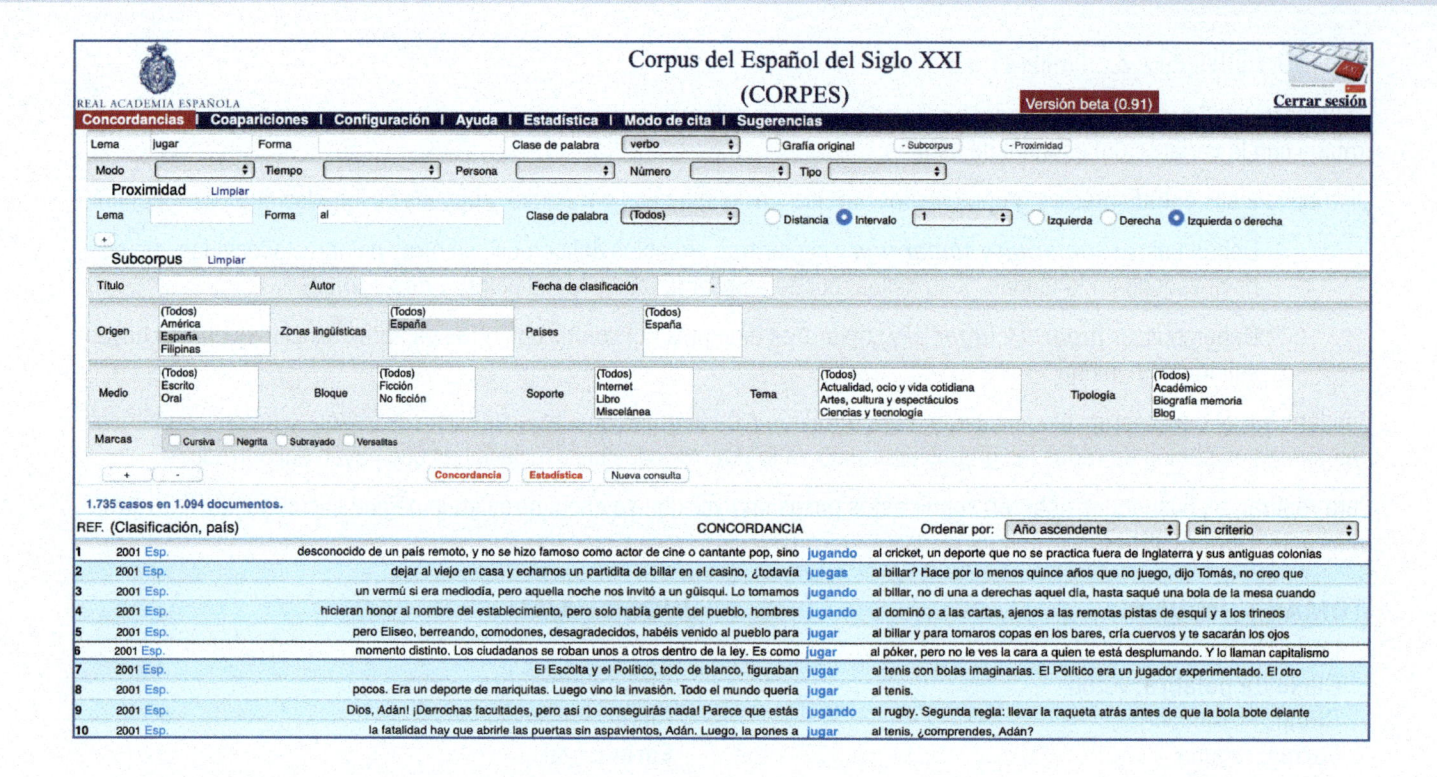

Unidad 6. Actividad 4. "Practica en contexto"

Se propone una actividad con las palabras *botana(s)/tapa(s)*.

1. Dígales que van a buscar en qué países de la zona de México y Centroamérica se utiliza la palabra *botana(s)*. Haga grupos o parejas y dígales que escriban ejemplos de la palabra del país o países donde se usa y anoten los países de esa zona donde la palabra *botana* no existe. Después pídales que cliquen **Estadística** para comprobar la frecuencia de uso de las diferentes zonas.

2. Dígales que hagan una búsqueda de la palabra *tapa(s)* en español de España y que escriban algunos ejemplos que muestren los diferentes significados de la palabra.

Para terminar, haga una puesta en común a fin de compartir los resultados con el resto de los compañeros y comprobarlos. Se puede ampliar la actividad dando otras palabras del mismo campo semántico que puedan ser de interés para sus estudiantes.

Para realizar las búsquedas deberán seguir estos pasos una vez que se encuentren en la página inicial del CORPES XXI, apartado **"Concordancias"**:

BOTANA

Forma: botana
Clase de palabra: sustantivo
Número: singular/plural
Género: femenino
Tipo: común
Clicar: Subcorpus
Origen: Todos
Clicar: Concordancias
Clicar: Estadística

TAPA

Lema: tapa
Clase de palabra: sustantivo
Número: singular/plural
Género: femenino
Tipo: común
Clicar: Subcorpus
Origen: España
Zona lingüística: España
Clicar: Concordancia

Apéndices

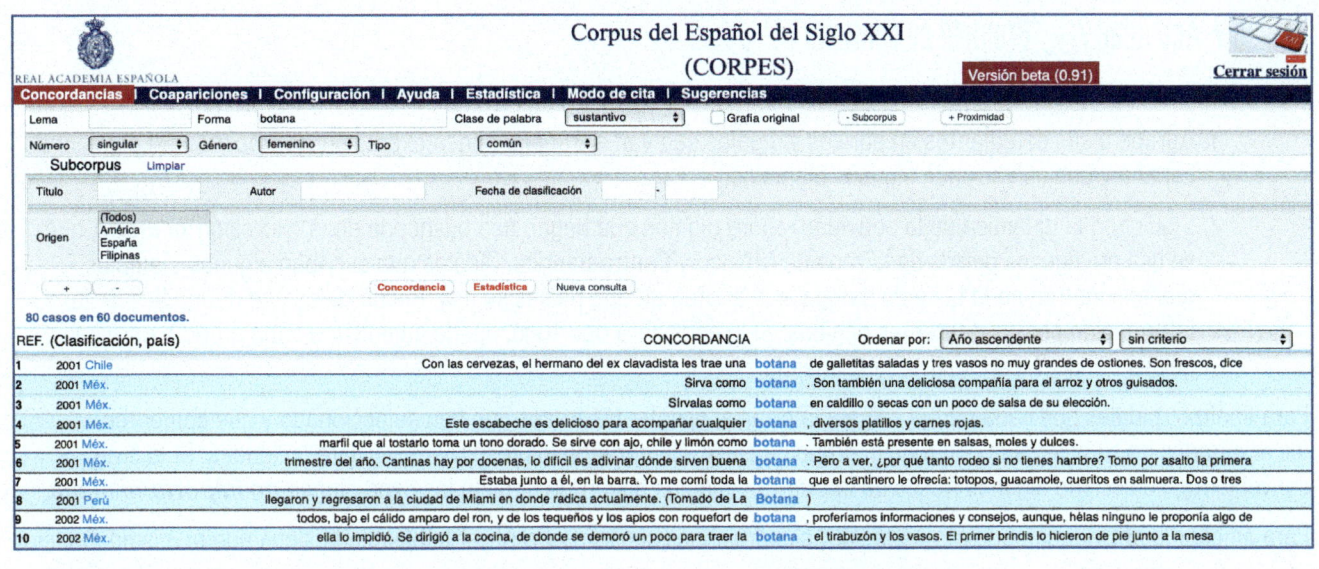

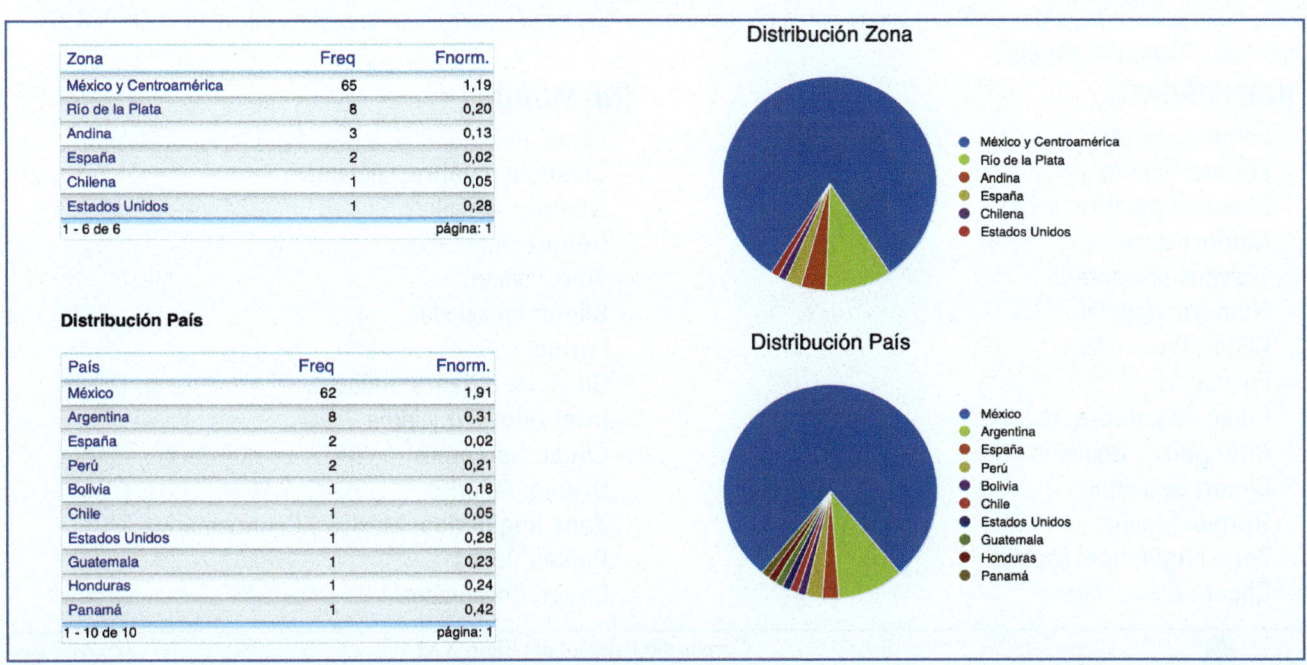

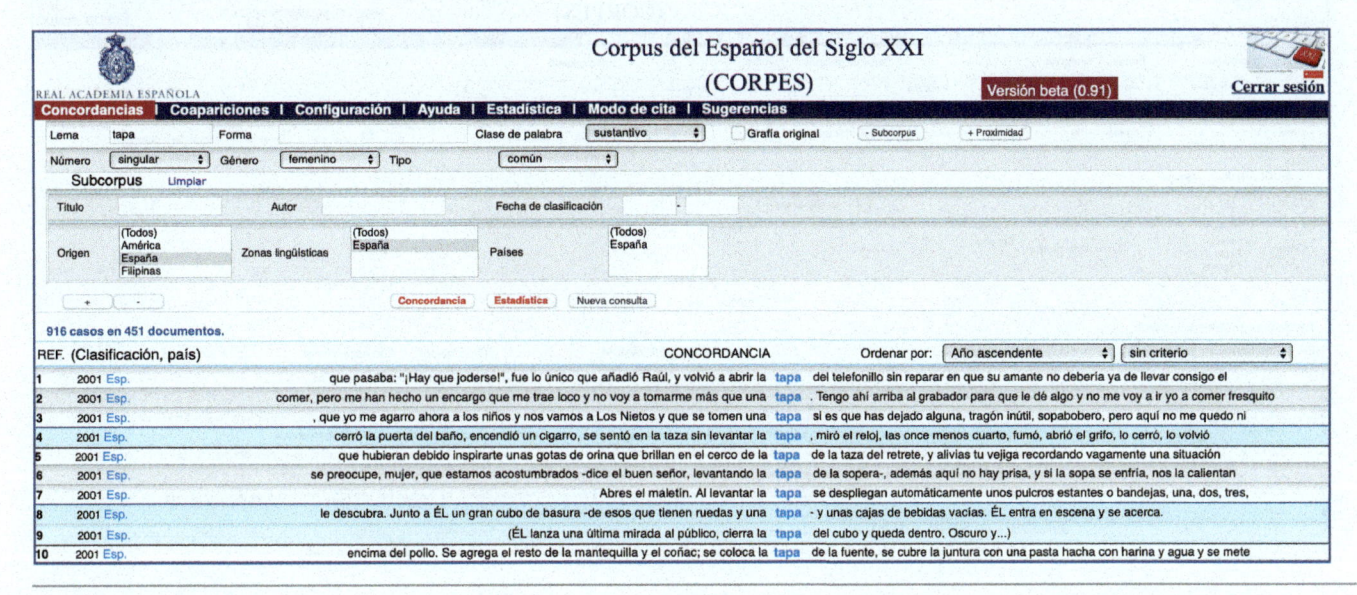

Unidad 7. Actividad 2.1. "Practica en contexto"

Se presenta una actividad sobre las expresiones *no importa* y *ni modo*.

1. Agrupe a sus estudiantes en parejas y dígales que van a trabajar con la expresión *no importa* del español de España y que seleccionen algunos ejemplos.

2. Siguiendo la dinámica de la actividad, ahora dígales que hagan una búsqueda de la expresión *ni modo*, que se usa en algunos países de la zona de México y Centroamérica. Pídales que escriban algunos ejemplos que encuentren en la base de datos y que anoten en qué países se usa. Recuérdeles que deben buscar la información por las diferentes páginas. Si lo considera oportuno, puede adjudicar a cada grupo o pareja los países donde deben realizar la búsqueda.

Para finalizar, pídales que cada pareja salga a la pizarra, escriba las frases que han seleccionado y que comenten los resultados de su búsqueda con todo el grupo de clase. Compruebe los resultados y aclare las dudas. Si lo cree conveniente, seleccione algunas frases de la pizarra y dígales que intercambien las expresiones *no importa/ni modo*.

Para ampliar la actividad puede ofrecerles otras expresiones similares y realizar la búsqueda siguiendo el mismo modelo.

Para realizar las búsquedas deberán seguir estos pasos una vez que se encuentren en la página inicial del CORPES XXI, apartado **"Concordancias"**:

(NO) IMPORTA
Lema: importar
Forma: importa
Clase de palabra: verbo
Modo: indicativo
Tiempo: presente
Número: singular
Clicar: Proximidad
Forma: no
Clase de palabra: todos
Intérvalo: 1, izquierda
Clicar: Subcorpus
Origen: España
Zona lingüística: España
Clicar: Concordancia

(NI) MODO
Lema: modo
Clase de palabra: sustantivo
Número: singular
Género: masculino
Tipo: común
Clicar: Proximidad
Forma: ni
Clase de palabra: todos
Intervalo: 1, izquierda
Clicar: Subcorpus
Origen: América
Zona lingüística: México y Centroamérica
Países: Todos
Clicar: Concordancia

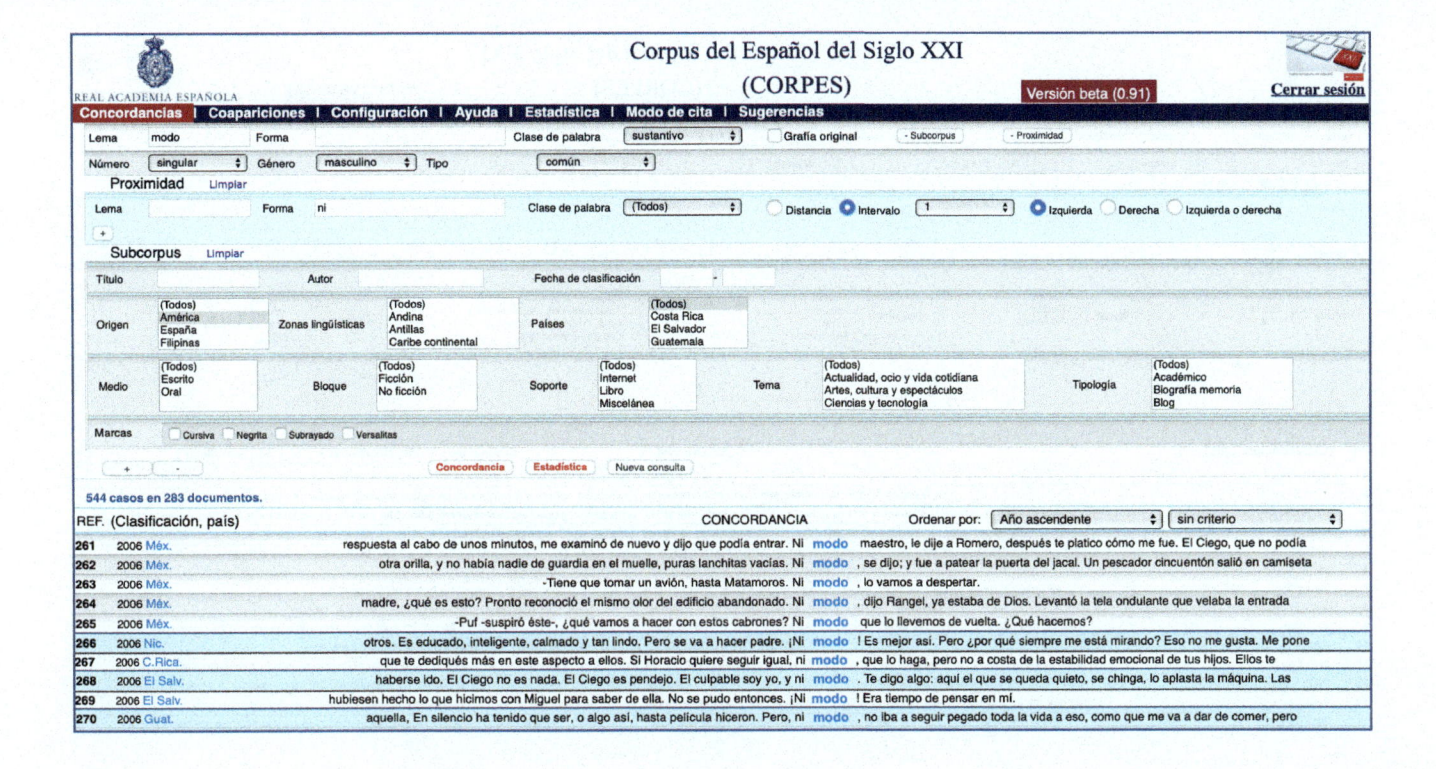

Unidad 8. Actividad 2.1. "Palabras"

Se propone una comparativa sobre la frecuencia de uso de los adjetivos *enfadado(a)/enojado(a)* entre España y la zona México-Centroamérica.

1. Distribuya a sus estudiantes en grupos y adjudíqueles una palabra: *enfadado(a)* o *enojado(a)*.

2. Pídales que hagan una búsqueda en la base de datos para conocer en qué países se usa cada adjetivo y que copien algunos ejemplos de cada uno.

3. Al finalizar, deben clicar en **"Estadística"** para comprobar la frecuencia de uso según la zona.

Para corregir, le sugerimos que haga una puesta en común. Cada grupo debe explicar los resultados obtenidos, compararlos con los de los otros grupos y dar los ejemplos que han escrito. Después, entre todos, comenten el apartado **"Estadística"** para analizar el uso de los adjetivos en las diferentes zonas. El uso de *enojado(a)* es más frecuente en el español de América, mientras que en el español de España es *enfadado(a)*.

Para realizar las búsquedas deberán seguir estos pasos una vez que se encuentren en la página inicial del CORPES XXI, apartado **"Concordancias"**:

ENFADADO

Lema: enfadar
Forma: enfadado
Clase de palabra: verbo
Clicar: Subcorpus
Origen: Todos
Clicar: Concordancias
Clicar: Estadística

ENOJADO

Lema: enojar
Forma: enojado
Clase de palabra: verbo
Clicar: Subcorpus
Origen: Todos
Clicar: Concordancias
Clicar: Estadística

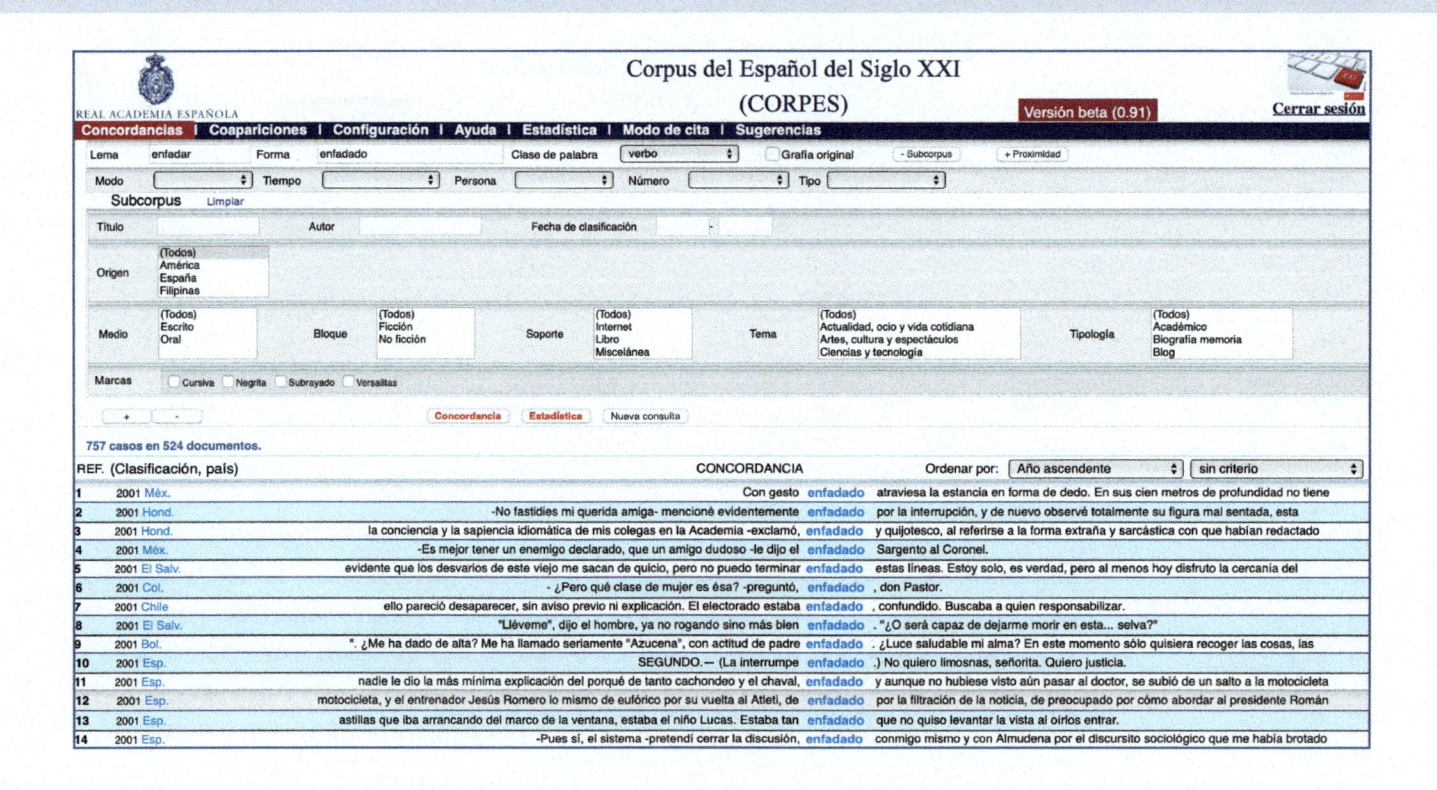

Corpus del Español del Siglo XXI (CORPES)

REAL ACADEMIA ESPAÑOLA — Versión beta (0.91) — Cerrar sesión

Concordancias | Coapariciones | Configuración | Ayuda | Estadística | Modo de cita | Sugerencias

| Lema | enfadar | Forma | enfadado | Clase de palabra | verbo | | Grafía original | - Subcorpus | + Proximidad |

Modo | Tiempo | Persona | Número | Tipo

Subcorpus Limpiar

Título | Autor | Fecha de clasificación

Origen: (Todos) / América / España / Filipinas

Medio: (Todos) / Escrito / Oral — Bloque: (Todos) / Ficción / No ficción — Soporte: (Todos) / Internet / Libro / Miscelánea — Tema: (Todos) / Actualidad, ocio y vida cotidiana / Artes, cultura y espectáculos / Ciencias y tecnología — Tipología: (Todos) / Académico / Biografía memoria / Blog

Marcas: Cursiva Negrita Subrayado Versalitas

Concordancia Estadística Nueva consulta

757 casos en 524 documentos.

	REF. (Clasificación, país)	CONCORDANCIA	Ordenar por: Año ascendente	sin criterio
1	2001 Méx.	Con gesto *enfadado* atraviesa la estancia en forma de dedo. En sus cien metros de profundidad no tiene		
2	2001 Hond.	-No fastidies mi querida amiga- mencioné evidentemente *enfadado* por la interrupción, y de nuevo observé totalmente su figura mal sentada, esta		
3	2001 Hond.	la conciencia y la sapiencia idiomática de mis colegas en la Academia -exclamó, *enfadado* y quijotesco, al referirse a la forma extraña y sarcástica con que habían redactado		
4	2001 Méx.	-Es mejor tener un enemigo declarado, que un amigo dudoso -le dijo el *enfadado* Sargento al Coronel.		
5	2001 El Salv.	evidente que los desvaríos de este viejo me sacan de quicio, pero no puedo terminar *enfadado* estas líneas. Estoy solo, es verdad, pero al menos hoy disfruto la cercanía del		
6	2001 Col.	- ¿Pero qué clase de mujer es ésa? -preguntó, *enfadado*, don Pastor.		
7	2001 Chile	ello pareció desaparecer, sin aviso previo ni explicación. El electorado estaba *enfadado*, confundido. Buscaba a quien responsabilizar.		
8	2001 El Salv.	"Llévame", dijo el hombre, ya no rogando sino más bien *enfadado*. "¿O será capaz de dejarme morir en esta... selva?"		
9	2001 Bol.	". ¿Me ha dado de alta? Me ha llamado seriamente "Azucena", con actitud de padre *enfadado*. ¿Luce saludable mi alma? En este momento sólo quisiera recoger las cosas, las		
10	2001 Esp.	SEGUNDO.— (La interrumpe *enfadado*.) No quiero limosnas, señorita. Quiero justicia.		
11	2001 Esp.	nadie le dio la más mínima explicación del porqué de tanto cachondeo y el chaval, *enfadado* y aunque no hubiese visto aún pasar al doctor, se subió de un salto a la motocicleta		
12	2001 Esp.	motocicleta, y el entrenador Jesús Romero lo mismo de eufórico por su vuelta al Atleti, de *enfadado* por la filtración de la noticia, de preocupado por cómo abordar al presidente Román		
13	2001 Esp.	astillas que iba arrancando del marco de la ventana, estaba el niño Lucas. Estaba tan *enfadado* que no quiso levantar la vista al oírlos entrar.		
14	2001 Esp.	-Pues sí, el sistema -pretendí cerrar la discusión, *enfadado* conmigo mismo y con Almudena por el discurso sociológico que me había brotado		

Frecuencia absoluta: 757   **Documentos:** 524   **Frecuencia normalizada:** 2,69 casos por millón

Distribución Zona

Zona	Freq	Fnorm.
España	616	6,83
México y Centroamérica	53	0,97
Río de la Plata	29	0,74
Caribe continental	19	0,54
Andina	16	0,74
Antillas	13	0,65
Chilena	7	0,41
Estados Unidos	3	0,84
Guinea Ecuatorial	1	1,13

1 - 9 de 9   página: 1

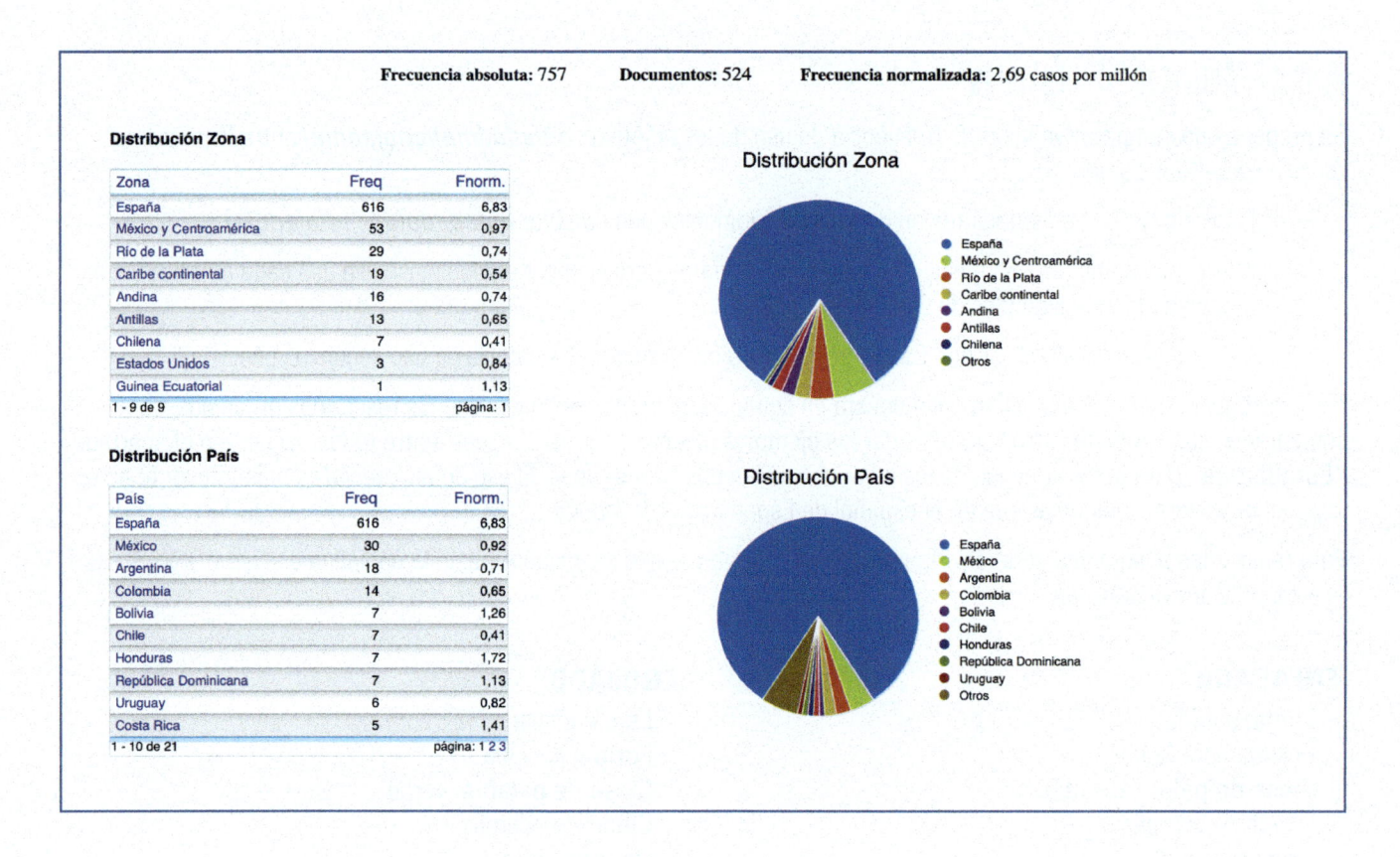

Distribución Zona (gráfico circular): España, México y Centroamérica, Río de la Plata, Caribe continental, Andina, Antillas, Chilena, Otros

Distribución País

País	Freq	Fnorm.
España	616	6,83
México	30	0,92
Argentina	18	0,71
Colombia	14	0,65
Bolivia	7	1,26
Chile	7	0,41
Honduras	7	1,72
República Dominicana	7	1,13
Uruguay	6	0,82
Costa Rica	5	1,41

1 - 10 de 21   página: 1 2 3

Distribución País (gráfico circular): España, México, Argentina, Colombia, Bolivia, Chile, Honduras, República Dominicana, Uruguay, Otros

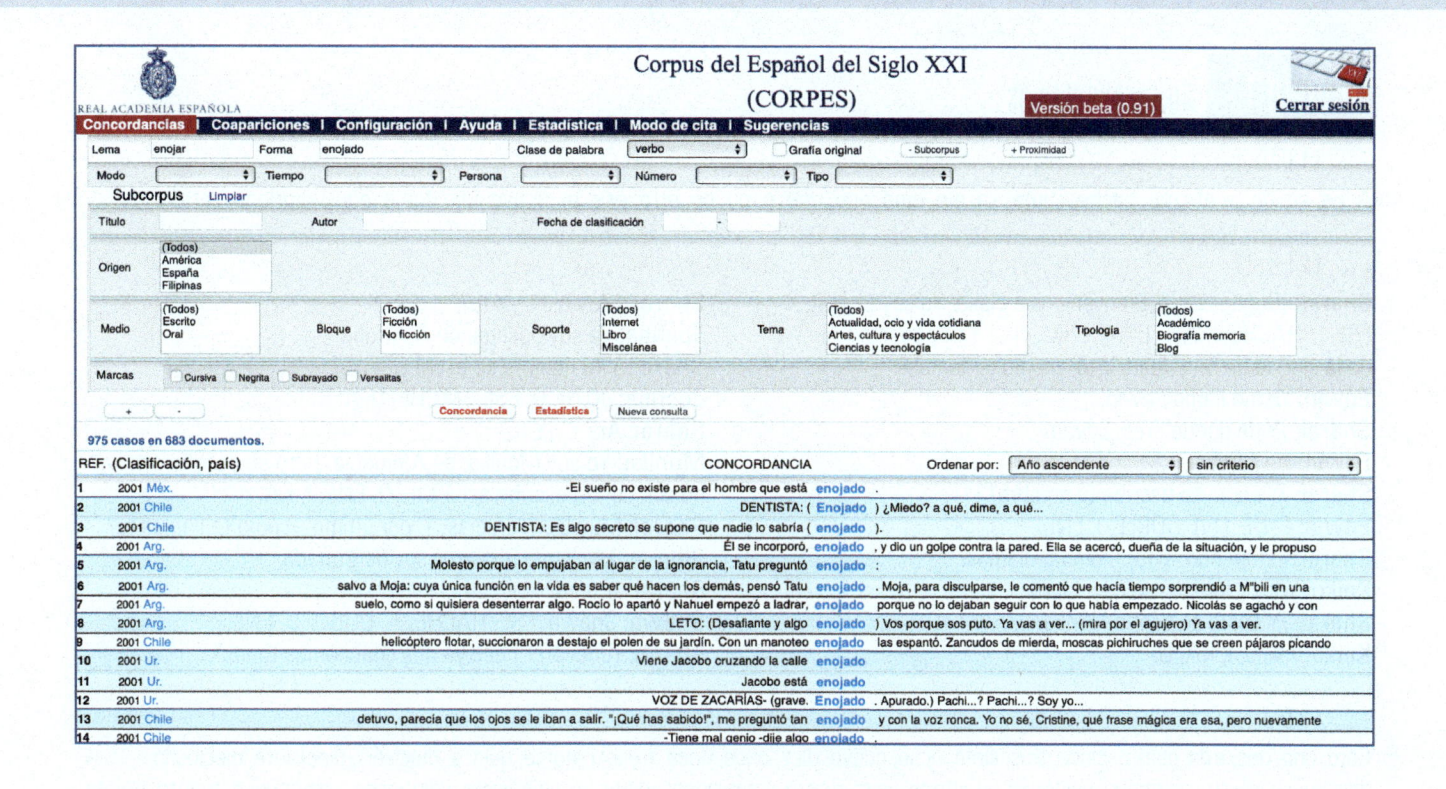

Corpus del Español del Siglo XXI (CORPES)

Versión beta (0.91)

Concordancias | Coapariciones | Configuración | Ayuda | Estadística | Modo de cita | Sugerencias

Lema: enojar   Forma: enojado   Clase de palabra: verbo   ☐ Grafía original   - Subcorpus   + Proximidad

Modo: [ ]   Tiempo: [ ]   Persona: [ ]   Número: [ ]   Tipo: [ ]

Subcorpus Limpiar

Título: [ ]   Autor: [ ]   Fecha de clasificación: [ ] - [ ]

Origen: (Todos) / América / España / Filipinas

Medio: (Todos) / Escrito / Oral   Bloque: (Todos) / Ficción / No ficción   Soporte: (Todos) / Internet / Libro / Miscelánea   Tema: (Todos) / Actualidad, ocio y vida cotidiana / Artes, cultura y espectáculos / Ciencias y tecnología   Tipología: (Todos) / Académico / Biografía memoria / Blog

Marcas: ☐ Cursiva ☐ Negrita ☐ Subrayado ☐ Versalitas

Concordancia   Estadística   Nueva consulta

975 casos en 683 documentos.

REF. (Clasificación, país)   CONCORDANCIA   Ordenar por: Año ascendente | sin criterio

#	Año	País	Concordancia
1	2001	Méx.	-El sueño no existe para el hombre que está *enojado* .
2	2001	Chile	DENTISTA: (*Enojado*) ¿Miedo? a qué, dime, a qué...
3	2001	Chile	DENTISTA: Es algo secreto se supone que nadie lo sabría (*enojado*).
4	2001	Arg.	Él se incorporó, *enojado* , y dio un golpe contra la pared. Ella se acercó, dueña de la situación, y le propuso
5	2001	Arg.	Molesto porque lo empujaban al lugar de la ignorancia, Tatu preguntó *enojado* :
6	2001	Arg.	salvo a Moja: cuya única función en la vida es saber qué hacen los demás, pensó Tatu *enojado* . Moja, para disculparse, le comentó que hacía tiempo sorprendió a M"bili en una
7	2001	Arg.	suelo, como si quisiera desenterrar algo. Rocío lo apartó y Nahuel empezó a ladrar, *enojado* porque no lo dejaban seguir con lo que había empezado. Nicolás se agachó y con
8	2001	Arg.	LETO: (Desafiante y algo *enojado*) Vos porque sos puto. Ya vas a ver... (mira por el agujero) Ya vas a ver.
9	2001	Chile	helicóptero flotar, succionaron a destajo el polen de su jardín. Con un manoteo *enojado* las espantó. Zancudos de mierda, moscas pichiruches que se creen pájaros picando
10	2001	Ur.	Viene Jacobo cruzando la calle *enojado*
11	2001	Ur.	Jacobo está *enojado*
12	2001	Ur.	VOZ DE ZACARÍAS- (grave. *Enojado* . Apurado.) Pachi...? Pachi...? Soy yo...
13	2001	Chile	detuvo, parecía que los ojos se le iban a salir. "¡Qué has sabido!", me preguntó tan *enojado* y con la voz ronca. Yo no sé, Cristine, qué frase mágica era esa, pero nuevamente
14	2001	Chile	-Tiene mal genio -dije algo *enojado* .

Frecuencia absoluta: 975   **Documentos:** 683   **Frecuencia normalizada:** 3,46 casos por millón

Distribución Zona

Zona	Freq	Fnorm.
México y Centroamérica	358	6,58
Río de la Plata	279	7,20
Chilena	99	5,87
España	80	0,88
Andina	64	2,97
Caribe continental	46	1,32
Antillas	36	1,80
Estados Unidos	7	1,97
Guinea Ecuatorial	4	4,52

1 - 9 de 9   página: 1

Distribución País

País	Freq	Fnorm.
México	241	7,45
Argentina	210	8,31
Chile	99	5,87
España	80	0,88
Paraguay	38	6,07
Uruguay	31	4,28
Colombia	30	1,39
Honduras	30	7,38
Bolivia	27	4,86
Guatemala	25	5,92

1 - 10 de 22   página: 1 2 3

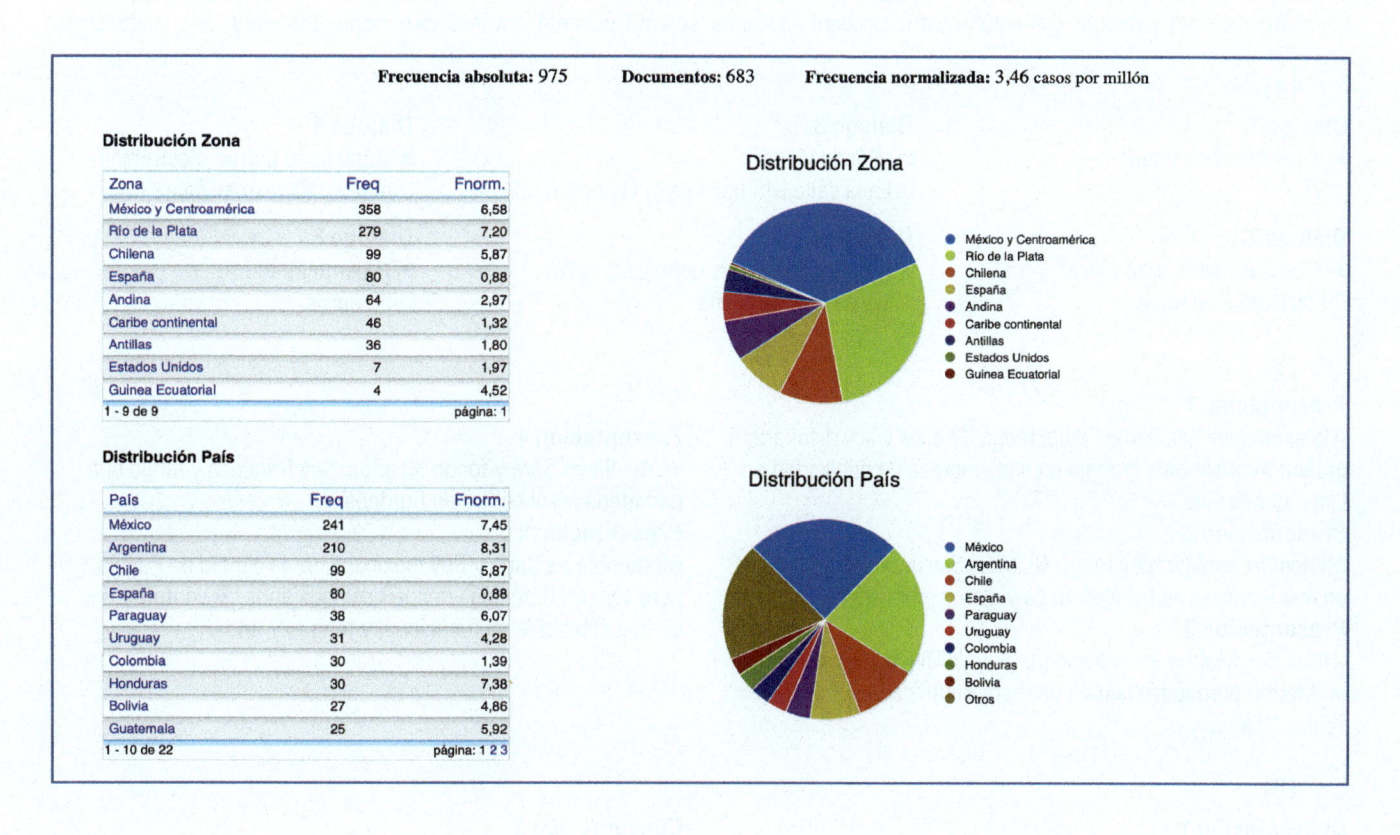

Apéndices   217

Transcripciones

Unidad 1 — Nos presentamos

[1]

A, be, ce, de, e, efe, ge, hache, i, jota, ka, ele, eme, ene, eñe, o, pe, cu, erre, ese, te, u, uve, uve doble, equis, i griega, zeta.

[2]

Sharai: ¡Buenos días! Bienvenidos a clase. Yo soy Sharai… ESE… HACHE… A… ERRE… A… I… Y soy puertorriqueña, de la ciudad de San Juan. Y tú, ¿cómo te llamas?
Edwin: Yo me llamo Edwin.
Sharai: ¿Y de dónde eres, Edwin?
Edwin: De Filipinas.
Sharai: ¿Y cómo se escribe tu nombre?
Edwin: E, DE, UVE DOBLE, I, ENE.
Sharai: Estupendo. Y tú, ¿cómo te llamas?
Keiko: Yo soy Keiko y soy de Japón.
Sharai: ¿Y cómo se escribe Keiko?
Keiko: KA, E, I, KA, O.
Sharai: Muy bien. ¿Y tú?
Joshua: Yo soy Joshua, de Australia.
Sharai: Y tu nombre se escribe…
Joshua: JOTA, O, ESE, HACHE, U, A.
Sharai: Ajá… ¿Y tú?
Monika: Yo soy Monika, de Alemania. Pero se escribe con ka, no con ce. Se escribe así: EME, O, ENE, I, KA, A.
Sharai: Muy bien, gracias. Y, por último, ¿cómo te llamas tú?
Shawn: Me llamo Shawn y soy de Canadá.
Sharai: ¿Cómo?
Shawn: Shawn. ESE, HACHE, A, DOBLE U, ENE.
Sharai: ¡Chévere! Pues ya nos conocemos todos.

[3]

Cero, uno, dos, tres, cuatro, cinco, seis, siete, ocho, nueve, diez, once, doce, trece, catorce, quince, dieciséis, diecisiete, dieciocho, diecinueve, veinte, veintiuno, veintidós, veintitrés, veinticuatro, veinticinco, veintiséis, veintisiete, veintiocho, veintinueve, treinta, treinta y uno, treinta y dos, cuarenta, cuarenta y cuatro, cincuenta, sesenta, setenta, ochenta, noventa, cien, ciento uno, ciento dos, ciento once.

[4]

Diálogo 1
▶ ¿Cuántos años tiene?
▷ 67.

Diálogo 2
▶ ¿Cómo se llama esta plaza?
▷ Plaza del 2 de Mayo.

Diálogo 3
▶ ¿Dónde vives?
▷ En la calle Marqués de la Ensenada, 13.

Diálogo 4
▶ ¿Cuántos números tiene esta calle?
▷ 12, es muy pequeña.

Diálogo 5
▶ ¿Cuál es tu correo electrónico?
▷ maria70@mixmail.com

Diálogo 6
▶ ¿Cuánto es todo?
▷ 50 euros.

[5]

Presentación 1
¡Hola, amigos! Me llamo Paula, tengo 33 años y soy diseñadora gráfica. Actualmente trabajo en una empresa de publicidad en Lima, donde vivo.

Presentación 2
Mi nombre es Marina y tengo 48 años. Soy ucraniana y trabajo en una empresa de transporte de viajeros en Kiev.

Presentación 3
¡Hola! Soy Malthe y soy cocinero. Soy de Dinamarca, pero vivo en Madrid porque trabajo en un restaurante de alta cocina. Tengo 40 años.

Presentación 4
Yo me llamo Sara y tengo 30 años. Soy francesa y tengo una panadería en el centro de Burdeos.

Presentación 5
Mi nombre es Carlos. Soy mexicano, de la ciudad de Puebla, pero vivo en Barcelona desde hace dos años. Soy informático en una compañía multinacional y tengo 27 años.

[6]

Conversación 1
▶ Oye, Jesús, ¿ya te vas?
▷ Sí, Sara está sola con la niña y tengo que regresar a casa.
▶ Bueno, pues nos vemos mañana.
▷ De acuerdo, pues hasta mañana.
▶ Adiós, buenas tardes.

Conversación 2
Hola a todos, buenas noches. Bienvenidos a la entrega de premios al mejor empleado del mes. Quiero agradecer…

Conversación 3
▶ ¿Dónde vas?
▷ Voy un momento al coche, que tengo que coger unas cosas. Vuelvo enseguida.
▶ Vale, venga, hasta luego.

Conversación 4
Bueno, pues muchas gracias a todos. Disfruten de la fiesta y buenas noches.

[7]
Doce, noventa y cuatro, once, seis, sesenta y tres, ochenta y cuatro, setenta y seis, dos, cuarenta y nueve, catorce, uno, diecinueve, setenta y uno, cincuenta y cinco, veintiocho, dieciséis.

[8]

País 1
Ele, u, e, zeta, uve, e, a, ene, e.

País 2
Uve, a, ele, i, be, i, o.

País 3
Ese, a, erre, de, u, hache, ene, o.

País 4
Be, u, a, ce.

País 5
I griega, u, a, erre, a, ge, pe, a.

Unidad 2 — Mi casa, mi barrio

[9]

Oferta 1
Hola, buenas tardes. Tenemos una oferta de alquiler que le puede interesar. Es un piso en la calle Viriato. Está muy bien de precio, solo 965 euros al mes. Es un piso de 65 m^2, exterior, muy céntrico y luminoso. Tiene dos dormitorios, un salón amplio, una cocina, un baño y tres balcones. El piso es de segunda mano y no tiene muebles, pero está recién reformado. Además, la cocina está equipada con cocina de gas, nevera y lavadora. En cuanto al edificio, tiene cuatro plantas y el que se alquila es un segundo piso. El único inconveniente es que no tiene ascensor, pero tiene aire acondicionado y la calefacción es central.

Oferta 2
Buenas tardes. Soy Carmen Calvo, de la inmobiliaria buscacasas.com. Tenemos un chalé precioso de 125 m^2, dos plantas, con vistas al mar y que está en primera línea de playa. Tiene tres dormitorios, un salón-comedor, cocina americana, dos baños, una terraza de 35 m^2 y un garaje para dos coches. El chalé está totalmente amueblado. Hay camas y armarios en todos los dormitorios. En el salón-comedor hay dos sofás, un sillón, una televisión y un juego de mesa con seis sillas. Por supuesto, el chalé tiene aire acondicionado en todas las habitaciones. En cuanto a la cocina, también está equipada: tiene cocina eléctrica, nevera, lavadora, lavavajillas, horno y microondas. El precio del alquiler es de solo 790 euros al mes.

[10]

1. Buscamos un chalé de tres dormitorios con jardín en una urbanización, con colegios cerca y centro comercial. Alquiler o compra.
2. Necesito alquilar una habitación amueblada en un piso compartido. Barato y bien comunicado.
3. Busco un estudio exterior y céntrico, sin amueblar y con cocina equipada, en un barrio con tiendas, bares y restaurantes. Solo alquiler.
4. Queremos alquilar un piso sin amueblar de dos dormitorios, en un barrio tranquilo y bien comunicado, con ascensor y calefacción central.
5. Queremos comprar un piso de dos dormitorios en un barrio céntrico o cerca del centro. No queremos un bajo ni un piso sin ascensor.
6. Tenemos dos perros y necesitamos una casa fuera de la ciudad, con un jardín grande y garaje para dos coches. Solo alquiler.

[11]

1. Chalé con jardín, 891 euros.
2. Habitación con baño para compartir, 222 euros.
3. Piso de dos habitaciones, 484 euros.
4. Apartamento en el centro de la ciudad, 528 euros.
5. Piso de dos dormitorios con garaje, 632 euros.
6. Casa de tres habitaciones, 979 euros.
7. Apartamento amueblado con aire acondicionado, 757 euros.
8. Piso interior de tres dormitorios sin ascensor, 365 euros.
9. Chalé con jardín y piscina, 1000 euros.

[12]
Javier: ¿Sí?
Sonia: ¡Hola, Javier! ¿Qué tal?
Javier: ¡Hola, Sonia! Muy bien, ¿y tú?
Sonia: Muy bien... Oye, mira, te llamo porque hay una oferta de un piso que seguro que te interesa.
Javier: ¿Sí? A ver, cuéntame.
Sonia: Pues es un piso de dos dormitorios, exterior y con ascensor.
Javier: ¿Y tiene calefacción?
Sonia: Sí, sí, por supuesto. Calefacción central.
Javier: Genial. ¿Y cuánto cuesta?
Sonia: 900 euros. Está muy bien, ¿no?
Javier: Sí, sí, el precio está muy bien. ¿Y dónde está? ¿Está en el centro?
Sonia: No, no está en el centro. Pero el anuncio dice que está bien comunicado.
Javier: Vale, pues lo miraré. Muchas gracias, Sonia.

Unidad 3 Vamos de viaje

[13]
▶ Mira, estas son las fotos de mis vacaciones.
▷ Ay, a ver, a ver...
▶ Mira, este es el parque Tres de Febrero, pero se conoce popularmente con el nombre de *Bosques de Palermo*.
▷ ¡Qué lindo es!
▶ Sí, y muy grande. Dentro hay un jardín japonés muy curioso.
▷ ¿Y este palacio de color rosa?
▶ No es un palacio; es la Casa Rosada, que es donde vive el presidente.
▷ ¡Ah!
▶ La Casa Rosada está enfrente de la plaza de Mayo. Y, aquí, a la derecha de la foto, se ve la Pirámide de Mayo, que es un monumento dedicado a la Revolución de Mayo.
▷ ¡Epa! ¡Plaza de Mayo, Pirámide de Mayo, Revolución de Mayo...! ¡Qué curioso!
▶ Ja, ja, ja...
▷ ¿Y esta otra? También es de color rosa.
▶ Sí, es el Museo Nacional de Bellas Artes. Es un museo muy interesante porque tiene una colección permanente...

[14]
Marta: Antonio, ¿ya tienes planes para tus vacaciones?
Antonio: No, aún no. ¿Y tú?
Marta: Yo tampoco, pero más o menos sé lo que quiero.
Antonio: ¿Y qué quieres?
Marta: Pues este año quiero conocer una cultura diferente y disfrutar de la naturaleza. ¡Ah! Y quiero ir en barco. ¡Es tan relajante...!
Antonio: ¡Ay, en barco! Pues ahora que lo dices, yo también quiero ir en barco porque nunca lo he hecho.
Marta: Mi problema es que tengo muchos días de vacaciones, pero poco dinero. No sé... Tengo que buscar ofertas de viajes.
Antonio: Pues yo justo lo contrario. Tengo dinero, pero pocos días de vacaciones. Yo también quiero conocer una cultura diferente y disfrutar de la naturaleza, pero también quiero visitar ciudades y algún museo.
Marta: ¡Pues yo lo que quiero es descansar!

[15]
Recepcionista: ¿Es la primera vez que visitan Antigua o conocen ya la ciudad?
Juan: Es la primera vez. ¿Tiene un plano de la ciudad?
Recepcionista: Sí... Miren... Nosotros estamos acá, en la Primera Calle Poniente. El centro histórico está muy cerca, pueden ir caminando. En el centro pueden visitar la plaza Central, la catedral, la iglesia de la Merced, el parque Central, la calle del Arco, las ruinas... Hay una oficina de turismo en el centro, allá les informarán.
Ana: ¿Y fuera de la ciudad?
Recepcionista: Pues pueden visitar el cerro de la Cruz, que está muy cerca de la iglesia de la Merced. También pueden visitar el volcán de Agua o la finca Filadelfia para ver las plantaciones de café. No están muy lejos.
Juan: ¿Y cómo podemos ir?
Recepcionista: Al cerro de la Cruz pueden ir caminando, pero también pueden ir en taxi.
Ana: ¡Genial!
Recepcionista: Para ir al volcán de Agua y a las plantaciones de café pueden ir en camioneta o en carro privado con una excursión turística. El volcán está a unos once kilómetros y la finca Filadelfia está a tres kilómetros más o menos.
Ana: ¿Y cuánto cuestan las excursiones?
Recepcionista: El cerro de la Cruz y el centro son gratis. La visita al volcán cuesta entre 90 y 175 dólares, dependiendo del número de personas, y la visita a las plantaciones de café cuesta unos 18 dólares.
Juan: Pues muchas gracias.
Recepcionista: De nada.

[16]

Ana: Disculpe, ¿cómo podemos ir a la iglesia de la Merced? ¿Está muy lejos?
Señora: No, no, pueden ir caminando. Miren, estamos acá, en la terminal de autobuses. Crucen la calle Alameda Santa Lucía y después sigan todo recto por la Tercera Calle Poniente hasta la Sexta Avenida Norte, es la segunda cuadra. Allá giren a la izquierda y sigan todo recto hasta la Primera Calle Poniente, cerca de las ruinas de Santa Catalina. Crucen la calle y allá está la iglesia de la Merced.
Juan: ¡Muchas gracias!
Señora: De nada.

Unidad 4 — Mi casa, mi barrio

[17]

Maite: ¿Tienes ya zapatos para la fiesta de Jaime?
Luis: ¡Qué va! Es que no tengo tiempo para ir de tiendas.
Maite: Puedes mirar en internet. ¿Conoces la página tuarmario.com?
Luis: No.
Maite: A mí me gusta mucho. Mira… Así aprovecho y hago yo también unas compras.
Luis: ¡Tienen muchas cosas!
Maite: Sí… Mira, aquí hay unos zapatos marrones de piel muy elegantes.
Luis: Mmm… Es que estoy buscando unos zapatos negros…
Maite: Ya… ¿Y necesitas camisas? Mira esta camisa azul. Es muy bonita, ¿verdad?
Luis: Sí, es preciosa. Me gusta mucho.
Maite: Y tienen de diferentes colores. También hay camisetas de niño de colores. Yo necesito comprarle una o dos a mi hijo. ¡Ah! Y unas zapatillas, que las que tiene le están pequeñas.
Luis: Mira, estas rojas son muy bonitas.
Maite: Sí, además a Pedro le gusta mucho ese color. Creo que voy a comprarle las zapatillas rojas y una camiseta blanca. Y yo voy a comprarme unos pantalones vaqueros, que están muy baratos y tengo pocos vaqueros.
Luis: Pues a mí me gusta la camisa azul. Creo que voy a comprármela… Y también me voy a comprar unos pantalones cortos para el verano, que no tengo.
Maite: ¿Los rosas?
Luis: No, esos no. A ver qué otros colores tienen…

[18]

Descripción 1
▶ ¿Este es tu hermano Ernesto?
▷ Sí, con su nueva pareja, Alejandra. Ahora están haciendo un crucero por el Caribe.
▶ No parece él, como siempre es tan serio…
▷ ¿Mi hermano? No, no… ¡Qué va! Es muy alegre, lo que pasa es que es muy tímido y por eso parece serio.
▶ Ah…
▷ Es muy gracioso, porque su novia es muy bajita y él es muy alto…
▶ Ja, ja, ja…

Descripción 2
▶ ¿Y estos quiénes son?
▷ Estos son mis compañeros de trabajo.
▶ Ja, ja, ja… ¡Qué graciosos!
▷ Sí, son muy simpáticos todos.
▶ ¿Y quién es Juan?
▷ Es el chico de la barba y la camisa de cuadros. El que está haciendo la foto. Es muy divertido y siempre está organizando comidas y cenas con los compañeros. Es muy sociable, la verdad.
▶ ¡Y es muy guapo!
▷ Sí, y es muy simpático.
▶ ¿Y estas de aquí quiénes son?
▷ Estas son las chicas del departamento de comunicación y los chicos son dos ingleses que están haciendo prácticas en la empresa.

Descripción 3
▶ ¿Y esta quién es?
▷ Es mi prima Julia. Está estudiando ruso en Moscú.
▶ ¿Ruso? ¡Qué difícil!
▷ Sí, pero es una chica muy inteligente y muy sociable y ya tiene muchos amigos en la residencia.
▶ ¡Qué bien!

Descripción 4
▶ ¿Y esta quién es?
▷ Es mi amiga Claudia. Ahora está trabajando en Estados Unidos. Es diseñadora gráfica.
▶ ¿Y está contenta allí?
▷ Sí, pero dice que trabaja mucho. De todas formas es una chica muy inteligente y trabajadora, seguro que puede con el trabajo. El problema es que todavía no tiene muchos amigos y ella es un poco tímida.
▶ Ya… ¿Y esa de ahí quién es?
▷ ¿La mujer de la camisa roja?
▶ Sí, esa.
▷ Es su jefa. Claudia dice que es un poco antipática y que no tiene mucho contacto con ella.

🔊 [19]

Mónica: Oye, Ana, tú tienes una familia grande, ¿no?
Ana: Sí, sí, muy grande. Bueno, tengo muchos tíos y primos, pero mi familia directa no es muy grande.
Mónica: ¿Cuántos sois?
Ana: Pues, mira: mis padres, mi hermana Sandra y yo.
Mónica: ¿Y los ves con mucha frecuencia?
Ana: Sí, todas las semanas veo a mis padres porque viven cerca de mi casa y como con ellos con frecuencia.
Mónica: ¿Y a tu hermana?
Ana: A mi hermana la veo mucho porque tenemos muy buena relación y estamos muy unidas. Vamos al centro comercial y tomamos un café, compramos ropa, hablamos... A veces también ceno con ella y su marido Raúl en restaurantes.
Mónica: Tu hermana tiene un hijo, ¿verdad?
Ana: Sí, Óscar. Tiene 4 años y es muy guapo. Es moreno como su padre y tiene los ojos azules como mi hermana. A veces voy a casa de mi hermana y leo cuentos con él, vamos al parque o pintamos.
Mónica: ¿Y ves a tus primos y a tus tíos?
Ana: Pues la verdad es que los veo solo a veces. En Navidad, cuando celebro mi cumpleaños o cuando voy al pueblo en verano. A los que veo con más frecuencia es a mis abuelos. Normalmente paseo con ellos por el parque los domingos.

Unidad 5 | Igual que todos los días

🔊 [20]

Persona 1
Me llamo Sebastián, tengo 75 años y, como no trabajo, mi día es muy tranquilo. Me levanto pronto, desayuno, leo el periódico, me visto, hago la compra y como. Después de comer, duermo la siesta y cuando me despierto, me tomo un café con leche y galletas y doy un paseo. Después ceno y me acuesto.

Persona 2
Yo me llamo Julia y tengo 40 años. Trabajo de nueve a seis de la tarde, por eso por la mañana no tengo tiempo para hacer nada. Después del trabajo, juego al tenis y, cuando llego a casa, ceno, leo mi correo, me lavo la cara y me acuesto.

Persona 3
Yo me llamo Andrea y estudio Biología en la universidad. Tengo clases solo por la mañana. Luego como en la cafetería y estudio en la biblioteca hasta las ocho de la tarde. Después salgo a cenar con mis compañeros de piso. Cuando llego a casa, juego un poco con la Play y me acuesto.

🔊 [21]

Persona 1
Yo vivo sola, por eso pongo la lavadora una vez a la semana.

Persona 2
Normalmente salgo de casa a las ocho y cuarto porque el autobús pasa a las ocho y veinte, pero los viernes salgo más tarde porque las clases empiezan a las nueve y media.

Persona 3
Mi papá y yo damos un paseo por el campo todos los domingos antes de comer.

Persona 4
Martín no se duerme hasta que le cuento un cuento. Su favorito es *El libro de la selva*.

Persona 5
Mi mujer y yo nos repartimos las tareas de casa. Ella, por ejemplo, prepara el desayuno y yo hago la cama.

Persona 6
Los viernes, cuando vuelvo del trabajo, estoy tan cansada que no quiero cocinar, así que pedimos una *pizza*. ¡A los niños les encanta!

🔊 [22]

Entrevistador: Hoy estamos preguntando a la gente cómo es su día normal. Perdona, ¿puedes contestar a una pregunta?
Gema: Sí, claro.
Entrevistador: ¿Cómo es un día normal para ti?
Gema: Pues, mira: yo me despierto muy pronto, a las seis y media de la mañana. Me ducho, me visto, desayuno y salgo de casa a las siete y cuarto. Trabajo de ocho a cinco de la tarde en una empresa multinacional. A media mañana voy a una cafetería con mis compañeros para tomar un café y vuelvo al trabajo. De dos a tres como y trabajo dos horas más. Después de trabajar, normalmente

vuelvo a casa, pero a veces paso por el supermercado y hago la compra. Todos los días corro por el parque una hora antes de cenar. Cuando llego a casa, me ducho y preparo la cena o pido una *pizza* o *sushi*, que me encanta. Siempre me acuesto pronto, normalmente sobre las diez y media.

Entrevistador: ¿Y para ti?
Ernesto: A ver, yo me despierto a las siete, desayuno leche con cereales, me visto y me voy al instituto. Las clases empiezan a las ocho y media y terminan a las dos y media. A las once y media como un bocadillo y vuelvo a clase. Después del instituto vuelvo a casa y como con mi hermana. Todos los días duermo una siesta de media hora. Luego estudio hasta las seis, meriendo y doy un paseo con mi novia o salgo con mis amigos. Vuelvo a casa, me ducho y ceno con mis padres a las nueve y media. Después de cenar, juego con el móvil o el ordenador y me acuesto a las once y media.

[23]

1. El tren con destino a Córdoba saldrá del andén 4 a las doce menos diez.

2. ▶ Perdona, ¿qué hora es?
   ▷ Sí... Eh... Son las cuatro y cuarto.
   ▶ Gracias.

3. ▶ ¿Qué horas son?
   ▷ Faltan veinte para las cinco.

4. ▶ ¿A qué hora haces la pausa?
   ▷ A la una menos cinco.

5. ▶ ¿A qué hora abre la panadería?
   ▷ Abre a las seis y media de la mañana.
   ▶ ¡Uy, qué pronto!

6. ▶ Y tú, ¿a qué hora sales de trabajar?
   ▷ A las seis de la tarde.

Unidad 6 — No me gusta, ¡me encanta!

[24]

Hola a todos. Me llamo Íñigo, tengo 33 años, soy ingeniero y trabajo en una empresa de desarrollo industrial. Vivo en el centro de Bilbao, una ciudad preciosa en el norte de España. Bilbao tiene una oferta cultural muy interesante. Los miércoles, por ejemplo, el cine es más barato y siempre que puedo voy a ver una película con mi pareja. En Bilbao también hay muchos bares y los viernes mis amigos y yo tomamos unos pinchos por el Casco Viejo, que es la mejor zona para tomar algo. Los domingos, cuando nuestro equipo de fútbol, el Athletic, juega en casa, voy al estadio de San Mamés a ver el partido. También voy casi todos los meses a un concierto de *jazz*. En Bilbao hay conciertos de *jazz* todo el año. Y también voy con mucha frecuencia al Museo Guggenheim porque siempre hay exposiciones muy interesantes. Si queréis disfrutar, tenéis que venir a Bilbao.

[25]

Entrevistador: Hoy nuestra invitada es la escritora Aurora Valle. Bienvenida, Aurora.
Aurora: Hola, buenas tardes.
Entrevistador: Tus libros se han llevado al cine y a la televisión, así que vamos a empezar por el cine. ¿A ti te gusta el cine?
Aurora: ¿El cine? Mucho, me gusta mucho. Me encanta ir al cine, comprar palomitas y ver la película.
Entrevistador: ¿Y ver películas en casa?
Aurora: La verdad es que me gusta poco... Prefiero la atmósfera del cine, con las luces apagadas.

Entrevistador: ¿Y ves la tele?
Aurora: Uf, la tele no me gusta nada. Solo veo series, pero prefiero verlas por internet, sin anuncios.
Entrevistador: ¿Entonces te gustan las series? Porque yo me pierdo con tantas series. Hay muchas, ¿no? Demasiadas, en mi opinión...
Aurora: Tienes razón. A mí me gustan bastante las series, pero como tú dices hay muchísimas y no todas son buenas. Ahora estoy viendo una que...

[26]

Entrevistador: ¡Hola! ¿Podéis contestar a unas preguntas?
Chico: ¡Hola!
Chica: Sí, claro.
Entrevistador: Es una encuesta sobre las actividades de tiempo libre de los españoles.
Chico: Ah, vale.
Entrevistador: ¿Qué os gusta hacer en vuestro tiempo libre?

Chica: Pues a mí me gusta mucho salir con mis amigos. También me gusta mucho ir al cine, pasear por la ciudad, salir a correr para hacer un poco de deporte...
Entrevistador: ¿Y a ti?
Chico: Pues a mí también me gusta ir al cine, salir a correr por el campo... Bueno, y salir con los amigos, claro... Pero lo que no me gusta es pasear por la ciudad. Es muy aburrido.

Entrevistador: ¿Y os gusta ir a discotecas?
Chica: Uy, sí, a mí sí.
Chico: A mí no. No me gusta la música de las discotecas.
Entrevistador: ¿Y los conciertos os gustan?
Chico: A mí sí.
Chica: Sí, a mí también. Me gusta escuchar la música en directo.
Entrevistador: ¿Y veis mucho la televisión?
Chica: ¡Uy, no! Yo no veo la tele. No me gusta nada.
Chico: A mí tampoco me gusta. Yo solo veo series por internet.
Entrevistador: Y, por último, ¿os gusta chatear?
Chico: Sí, claro, me gusta mucho.
Chica: A mí también.
Entrevistador: Pues ya hemos terminado. Muchas gracias.
Chica: De nada.
Chico: Un placer.

[27]

Diálogo 1
Camarero: ¡Hola, chicos! ¿Qué queréis tomar?
Chico 1: Pues yo quiero un sándwich mixto con huevo y de beber un zumo de naranja.
Chico 2: Yo quiero una hamburguesa San Isidro y una Coca-Cola.
Camarero: ¿La quieres con patatas fritas o con ensalada?
Chico 2: Con patatas.
Camarero: ¿Y tú?
Chica: Pues yo no sé qué quiero… ¿De qué son los bocadillos?
Camarero: Mira, los tienes de atún, tortilla francesa, tortilla de patatas, jamón, queso, chorizo…
Chica: ¿Y de calamares?
Camarero: No, no me quedan calamares, lo siento.
Chica: Vale, no pasa nada. Pues otro sándwich mixto, pero sin huevo.
Camarero: ¿Y de beber?
Chica: Pues… una botella de agua.
Camarero: ¿Con gas o sin gas?
Chica: Sin gas, sin gas.
Camarero: ¿Queréis una ración para picar mientras hacemos los sándwiches y la hamburguesa?
Chica: Vale… ¿Os gustan las patatas con alioli?
Chico 2: A mí sí.
Chico 1: A mí también.
Chica: Pues una de patatas con alioli.
(…)
Chica: ¿Cuánto es todo?
Camarero: Pues son 26 con 30, chicos.

Diálogo 2
Camarero: Buenos días.
Señor: Buenos días.
Camarero: ¿Qué quieren tomar?
Señora: Sí… De primero, yo quiero paella.
Camarero: ¿Y usted?
Señor: Una pregunta: ¿qué son los huevos Benedictine?
Camarero: Pues son huevos escalfados que se sirven sobre una tostada de pan, que también lleva jamón y salsa holandesa. Están muy buenos.
Señor: Bueno, pues para mí unos huevos Benedictine.
Camarero: ¿Y de segundo?
Señora: Pues yo, salmón a la plancha.
Señor: Y yo, el entrecot de ternera.
Camarero: ¿Y de beber?
Señora: Agua con gas.
Señor: Y yo, sin gas, por favor.
Camarero: Muy bien. Enseguida les traigo las bebidas.
(…)
Camarero: ¿Les ha gustado?
Señora: Sí, sí, muy bueno todo.
Señor: Sí, los huevos estaban muy buenos, por cierto.
Camarero: Muchas gracias… ¿Qué van a tomar de postre?
Señora: Pues para mí, un flan casero.
Señor: Y, para mí, tarta de chocolate.
(…)
Camarero: ¿Van a tomar café?
Señora: No, no, gracias.
Señor: Yo tampoco, gracias. ¿Nos trae la cuenta, por favor?
Camarero: Sí, ahora mismo. ¿Van a pagar en efectivo o con tarjeta?
Señora: En efectivo.
Camarero: Pues… dos menús del día… son 23 con 80.

Unidad 7 — Buenas intenciones

[28]

Diálogo 1
Amigo: Hola, Ramón. ¿Qué haces esta tarde? ¿Quieres ir al cine?
Ramón: Uf… No puedo, lo siento. Es que mañana viene un amigo de Londres a casa y tengo que limpiar. Además, tengo que ir al dentista a las cinco de la tarde y luego tengo que llevar el coche al taller.
Amigo: Entonces hablamos el fin de semana que viene.
Ramón: Vale.

Diálogo 2
Amiga: Oye, Susana, ¿tienes planes para este fin de semana?
Susana: Sí, tengo muchos planes... El viernes voy a cenar a un restaurante indio y luego voy a bailar a una discoteca nueva con unas amigas. El sábado voy a ir de excursión a la montaña.
Amiga: ¿Y el domingo?
Susana: El domingo no pienso hacer nada.

Diálogo 3
Ángel: Mamá, papá, ¿vosotros podéis conceder deseos?
Padre: Depende del deseo... ¿Qué deseos tienes?
Ángel: De mayor quiero ser bombero.
Padre: Mmm... Para eso tienes que esperar.
Ángel: También quiero tener un coche.
Madre: También tienes que esperar.
Ángel: Y hoy quiero cenar helado.
Madre: Bueno, hoy puedes tomar helado, pero primero tienes que comerte toda la sopa.
Ángel: ¡Bien!

[29]
Amiga: Inma, ¿qué vas a hacer este fin de semana?
Inma: Pues voy a ir a Cuenca a hacer una excursión en piragua.
Amiga: ¡Qué bien! ¿Vas sola?
Inma: No, voy con unas amigas del trabajo.
Amiga: ¿Y qué actividades vais a hacer?
Inma: Pues mira, vamos a ir en piragua por el río Guadiela y vamos a ver buitres, que hay muchos. Por la noche vamos a acampar y el domingo por la mañana vamos a bañarnos en el río; después, vamos a hacer un pícnic.
Amiga: Muy bien. ¿Y qué tienes que llevar?

Inma: Tenemos que llevar ropa cómoda, una toalla, un bañador y unas chanclas. Además, tenemos que llevar protector solar, una gorra, unas zapatillas de deporte o unas botas y una linterna.
Amiga: ¿Y la comida?
Inma: La comida está incluida en la oferta.
Amiga: ¿Y tenéis que llevar tienda de campaña?
Inma: ¡Ah, sí, claro! Por cierto, también tenemos que llevar unos prismáticos. ¿Tú tienes unos para dejarme?
Amiga: No, lo siento.
Inma: Vaya, voy a tener que preguntárselo a Carlos.

[30]

Diálogo 1
▶ Oye, Virginia, ¿haces algo este fin de semana?
▷ No. ¿Por qué?
▶ ¿Te apetece ir a las islas Cíes?
▷ ¿A las Cíes?... ¡Sale, vamos!, pero hay que reservar antes, ¿no?
▶ Sí, tengo una reserva, pero mi hermana no puede venir conmigo y me sobra un billete.
▷ ¡Genial!

Diálogo 2
▶ Pepe, ¿te apetece ir mañana a coger setas al bosque? ¡Es muy divertido!
▷ No, lo siento. Es que mañana voy a comer a casa de mi amigo Rafa.
▶ Bueno, no te preocupes. Voy a llamar a Pilar, que a ella también le encanta ir de excursión al campo.

Diálogo 3
▶ ¿Quieres ir el sábado a visitar las cuevas del Drach?
▷ Sí, vale. ¿Es muy caro?
▶ No, qué va, 15 euros los adultos y 8 euros los niños. Puedes llevar a Marta. Además, durante la visita hay un concierto de música clásica.
▷ ¡Qué bien! Porque a Marta le encanta la música.

Unidad 8 Cuídate mucho

[31]

1. Bueno, hoy vamos a trabajar principalmente los músculos de los brazos. ¿Preparados? Muy bien, pues empezamos por un ejercicio con la barra. Primero, con la espalda recta, sujetad la barra con las manos separadas. Después levantad los brazos hacia adelante y subid las manos hasta tocar el cuello.

2. Bueno, vamos a ver qué le pasa. Abra la boca. Mmm... Sí, parece faringitis. Le voy a recetar unas pastillas para bajar la irritación.

3. ▶ Mamá, ¿podemos ir a casa de la abuela?
   ▷ Claro. Dame la mano, que vamos a cruzar la calle.

4. ▶ ¿Y este chico tan guapo quién es?
   ▷ Es mi primo David.
   ▶ ¡Qué ojos más lindos tiene!
   ▷ Sí, todo el mundo se lo dice.

🔊 [32]

Doctora: Buenos días, siéntese… ¿Qué le pasa?
Paciente: Buenos días, doctora. Me duele la garganta.
Doctora: ¿Y tiene tos?
Paciente: Sí.
Doctora: ¿Le duele el cuerpo?
Paciente: Pues la verdad es que sí. Me duelen las piernas sobre todo.
Doctora: ¿Y tiene fiebre?
Paciente: Sí, 38 y medio.
Doctora: Entiendo… Usted…

🔊 [33]

Doctora: Entiendo… Usted tiene gripe. En esta época es normal.
Paciente: ¿Y qué puedo hacer, doctora?
Doctora: Bien, para empezar, métase en la cama y descanse. Beba mucho líquido: agua, zumos… Tome estos medicamentos para la tos, el dolor y la fiebre. Aquí tiene la receta.
Paciente: Muchas gracias, doctora.

Unidad 9 | Igual que todos los días

🔊 [34]

Juan: ¡Hola, María!
María: ¡Hola, Juan! ¿Has ido ya al supermercado?
Juan: Sí, ya he comprado todo lo que necesitamos.
María: ¿Has comprado la harina y las manzanas para la tarta?
Juan: Sí, he comprado dos paquetes de harina y un kilo de manzanas.
María: ¿Y las aceitunas y las patatas fritas?
Juan: También. Una bolsa de patatas fritas y un bote de aceitunas. Y también he comprado una lata de atún, dos lechugas y medio kilo de tomates para hacer esta noche una ensalada. ¿Te apetece?
María: Genial… ¿Y la leche?
Juan: Que sí, María. He comprado seis briks de leche.
María: ¿Y los huevos?
Juan: ¡Ay, los huevos! Se me han olvidado. Bajo un momento y los compro. ¿Cuántos compro?
María: Una docena de huevos y compra también una barra de pan y una botella de aceite de oliva, que hay poco en casa.
Juan: ¡Vale, vale, cuántas cosas!
María: ¡Ah! Y jamón. Doscientos gramos.
Juan: María, la próxima vez vas tú.
María: Ja, ja, ja…

🔊 [35]

Amiga: Por fin es viernes, ¿eh, Alfredo?
Alfredo: ¡Sí, por fin!
Amiga: Te veo cansado… ¿Qué tal te ha ido la semana?
Alfredo: Uf, ha sido una semana intensa…
Amiga: ¿Ah, sí? ¿Por qué?
Alfredo: Pues, mira, para empezar he tenido mucho trabajo en la oficina. Incluso he tenido que viajar a Londres para solucionar unos problemas. He pasado dos días allí.
Amiga: ¿Dos días?
Alfredo: Sí, pero no todo ha sido trabajo, ¿eh? He aprovechado y he ido a ver una exposición de Dalí.
Amiga: ¿Y los regalos de Navidad?
Alfredo: Los he comprado allí.
Amiga: ¡Genial! Yo aún tengo que comprarlos, no he tenido tiempo… Por cierto, el cumpleaños de tu hijo es esta semana, ¿no?
Alfredo: Sí, es mañana. Vamos a celebrarlo en casa. ¿Quieres venir?
Amiga: Vale, ¿por qué no?
Alfredo: Estupendo. Así también celebramos que he aprobado el examen de alemán de este lunes.
Amiga: ¡Ah!, ¿sí? ¡Enhorabuena!
Alfredo: ¡Gracias!

🔊 [36]

1. ▶ He ido a la sala de reuniones y no he visto a nadie.
   ▷ Pues qué raro, porque siempre hay alguien a esta hora.

2. ▶ ¿Has hecho algún plan para este fin de semana?
   ▷ No, no, todavía no tengo ningún plan.

3. ▶ ¿Has hecho algo esta semana?
   ▷ No, no he hecho nada.

4. ▶ ¿Has comprado ya los regalos de Navidad?
   ▷ Sí, he comprado algunos regalos, pero aún tengo que comprar más cosas.
   ▶ ¿Y tienes alguna idea?
   ▷ Bueno, sí, tengo algunas.
   ▶ Jo, pues yo no tengo ninguna.

[37]

Madre: Hola, Pilar, hija. ¿Qué tal estás?
Pilar: Hola, mamá. Muy bien, ¿y tú?
Madre: Pues como siempre… ¿Qué tal te ha ido el día?
Pilar: Bien, aunque estoy un poco cansada.
Madre: ¿Y eso por qué?
Pilar: Porque me he levantado pronto y he ido al trabajo y ¡hemos tenido una reunión de más de tres horas!
Madre: ¡Uy, qué barbaridad, hija!
Pilar: Sí, mamá. Al terminar, he comido con los compañeros de trabajo en un restaurante que hay cerca de la oficina. Después he escrito los informes de la reunión y he ido a clase de yoga para relajarme un poco, y, al terminar, he hecho la compra. Y luego he vuelto a casa y he puesto el lavavajillas.
Madre: ¿Y has cenado, hija?
Pilar: Sí, he pedido una *pizza* por teléfono y he visto un rato la televisión.
Madre: ¿Una *pizza*? ¡Hija, siempre comes lo mismo!
Pilar: Ya, mamá, pero es que estoy tan cansada cuando vuelvo…
Madre: Bueno, bueno… Pues descansa, Pilar, que mañana hay que madrugar. Un beso, cariño. Buenas noches.
Pilar: Gracias, mamá. Igualmente. Buenas noches.

[38]

Carlos: Hola, Paula, buenos días.
Paula: Hola, Carlos.
Carlos: ¿Te apetece un café?
Paula: No, mejor un té.
Carlos: Vale, pues un té. Bueno, ¿y qué tal tu fin de semana?
Paula: Genial. He estado en el pueblo de mis abuelos.
Carlos: ¿Y cómo se llama el pueblo?
Paula: Albarracín, en Teruel.
Carlos: ¡Ay, qué bonito! Es un pueblo medieval precioso.
Paula: Sí, a mí me encanta ir allí.
Carlos: ¿Y qué has hecho?
Paula: Pues he visitado a mis tíos y a mis primos, he dado paseos por la sierra, he montado a caballo, he descansado… ¿Y tú?
Carlos: Pues yo he ido a Córdoba a ver a unos amigos.
Paula: ¿A Córdoba? ¡Qué bien!
Carlos: La verdad es que sí. Hemos hecho lo típico: hemos visitado la mezquita, hemos tomado tapas en el barrio de la Judería…
Paula: La Judería, ¡qué bonita! ¿Y has estado en las ruinas de Medina Azahara? Están muy cerca de la ciudad.
Carlos: No, no hemos tenido tiempo.
Paula: Qué pena, porque son muy bonitas.
Carlos: Ya, pero hemos visto los patios de flores, que en mayo están abiertos al público.
Paula: ¡Los patios de flores! ¡Qué envidia!

Unidad 10 Fin de trayecto

[39]

Amigo: Oí, Julia, ¿y estos de acá quiénes son?
Amiga: Son mis primos.
Amigo: ¿Y son todos gemelos?
Amiga: Sí… Mirá, estos son mis primos Pablo y Mario, los hijos de mi tío Juanjo, el hermano de mi papá. Y estas son María Luisa y Carla, las hijas de mi tía Clara, la hermana pequeña de mi mamá.
Amigo: ¿Y cómo los diferenciás? ¡Son idénticos!
Amiga: No te creas. Físicamente son iguales, pero tienen gustos totalmente diferentes y no se parecen en nada en el carácter.
Amigo: ¡Qué difícil!
Amiga: No, mirá… Pablo es muy serio, clásico y muy elegante. Es que trabaja en un hotel de lujo y tiene que ir siempre muy bien vestido.
Amigo: Normal…
Amiga: Sí… Además, le encanta aprender idiomas y hablar con la gente. Es que es muy sociable, ¿sabés?
Amigo: ¿Y Mario? Parece muy sociable también, ¿no?
Amiga: No, no… Mario es un poco tímido, aunque cuando lo conocés bien es muy divertido. Y también es muy inteligente. Le gusta mucho leer y ver series de televisión.
Amigo: ¿Y tus primas?
Amiga: Pues mirá, las dos son muy alegres y simpáticas. Pero María Luisa, que es la que lleva el vestido, es muy abierta y le encanta salir con sus amigos.
Amigo: ¿Y la otra?
Amiga: Carla es más activa e informal que su hermana y le encanta ir a la montaña y hacer excursiones.
Amigo: ¡Pues sí que son diferentes tus primos!
Amiga: Sí, la verdad es que los cuatro son muy distintos.

[40]

Me despierto a las ocho menos cuarto de la mañana. Desayuno, me ducho, me visto y salgo de casa a las ocho y media. Trabajo de ocho a seis de la tarde en un bufete de abogados. A media mañana tomo un café con mis compañeros y luego vuelvo al trabajo. De dos a cuatro como y trabajo dos horas más. Después de trabajar, normalmente vuelvo a casa, pero a veces hago la compra en el supermercado o veo a algún amigo. Cuando puedo, voy al gimnasio y hago yoga. ¡Es muy relajante! Cuando llego a casa, me ducho y preparo la cena o pido una *pizza* o *sushi*, que me encanta. A veces veo la tele un rato o leo, pero normalmente me acuesto pronto.

[41]

Diálogo 1
▶ Marina, ¿te apetece dar un paseo?
▷ Ay, lo siento, pero no puedo. Es que tengo que trabajar.

Diálogo 2
▶ Oye, ¿qué estás haciendo?
▷ Estoy viendo una película muy divertida.

Diálogo 3
▶ Jesús, ¿qué vas a hacer esta noche?
▷ Voy a cenar con unos amigos.

Diálogo 4
▶ Este año quiero irme de vacaciones en julio.
▷ ¿En julio? Es muy caro. Yo prefiero septiembre. Además, hay menos gente.

Diálogo 5
▶ No me gusta nada viajar en tren.
▷ Pues a mí me encanta porque puedes ver el paisaje.

Diálogo 6
▶ Nunca he estado en Colombia.
▷ ¿No? Pues tienes que ir: es un país de contrastes.

Diálogo 7
▶ Voy a la calle. ¿Quieres algo?
▷ Sí, leche. Hay que comprar leche, que no tenemos.

Diálogo 8
▶ Está decidido. La semana que viene pienso ir todos los días al gimnasio.
▷ Pues me parece muy bien.

[42]

Caminata por las murallas de La Heroica
Este es un plan perfecto para los turistas que quieren conocer la historia de la ciudad, apreciando las vistas del Caribe con la brisa del mar.

Buceo en Barú
Un programa inolvidable para los amantes del deporte y la aventura es pasar el día buceando. Su plan de medio día incluye instructores, transporte en barco y el equipo de buceo. Pueden llevar la comida o pagar 10 000 pesos. Más información en nuestra web.

Islas del Rosario
A 46 kilómetros de Cartagena se encuentran las islas del Rosario, el lugar ideal para los que buscan un día de diversión y naturaleza. Se pueden visitar las islas en barco, pasar una tarde con los delfines en uno de los espectáculos del Oceanario o practicar el buceo en el Parque Nacional Natural Corales del Rosario. Visite la web de parques nacionales del Gobierno de Colombia para saber más.

Visita gastronómica por Bazurto
En este mercado puede comprar diferentes productos de la región, hablar con los comerciantes mientras toma una limonada o aprender a distinguir los diferentes tipos de pescado. Después, puede comprar lo que quiere almorzar y aprender a preparar un plato típico con estos productos en Playa de Manzanillo. Tan solo son 200 000 pesos por persona. Llamen ahora al +571 210 14 92 o escriban a clubsocialbazurto@mail.com.

Sobre ruedas
Cartagena se puede recorrer escuchando rumbas en una chiva típica con un grupo de música caribeña y un guía. El recorrido empieza en Bocagrande y pasa por los principales barrios de la ciudad. Durante el *tour*, la chiva realiza paradas para probar la comida caribeña. El horario es de lunes a domingo de ocho de la mañana a seis de la tarde. Para más información, visite nuestra web.

Transcripciones Pronunciación y ortografía

Ficha 2

🔊 [43]

pero – perro	peces – peses	manco – mango	jara – jarra
casa – caza	pagar – pajar	sepa – cepa	quiso – guiso
suelo – suero	helar – errar	churro – chulo	mesa – meza

🔊 [44]

Lija, rama, vago, guerra, zueco, corro, caso, mango, loza, seta, perra, hola.

🔊 [45]

Mi casa está en un quinto piso,
desde aquí puedo ver todo Madrid.
Miro hacia el sur y me imagino
que me voy de viaje muy lejos de aquí.

Estribillo
Quiero viajar por todo el mundo,
desde Guinea hasta Hong Kong.
Quiero viajar por todo el mundo,
desde la India a Nueva York.
Ir a una playa al sur de Francia,

visitar La Habana y tocar el bongo,
cantar flamenco en Sevilla,
¿qué tal ir a Marruecos
y luego volar a Japón?

(Estribillo)

Sueño viajar por todo el planeta,
¡cuántos amigos deseo tener!
Sueño viajar por todo el planeta,
¡cuántos amigos deseo tener!

Bailar un tango en Argentina,
cantar en Memphis un *rock and roll*,
comer pimiento rojo en México,
cruzar la línea del ecuador.

(Estribillo)

Ficha 3

🔊 [46]

Ala, maza, sábana, mar, azahar, albahaca, sal.
Él, descender, prender, merengue, sed, creer.
Dividir, pitiminí, di, Quintín, sí, pil-pil, mi.
Oso, olor, rococó, doloroso, son, horroroso, pozo.
Su, humus, pus, runrún, tul, zulú, plus.

🔊 [47]

Un, pez, ojos, manzana, Pili, beber, tutú, casa,
ir, sol, mus, color, cantar, gris, mente.

🔊 [48]

Bailar, peine, oigo, Aurora, Europa, estadounidense, magia,
hielo, Mario, guapo, huevo, monstruo, cuidar, ciudad.

🔊 [49]

Vida - viuda, huevo - hubo, mido - miedo, piano - pino,
luego - Lugo, lavo - labio.

Ficha 4

🔊 [50]

Gusano, gárgara, guerra, guirnalda,
venganza, fango, goloso.
Cartera, cuco, casaca, clínica, crudo,
queso, quimera.
Jamón, jarra, genio, gitano, junco, jocoso,
reloj.

🔊 [51]

casa - gasa
majo - mago
cojo - coco
goma - coma
ligar - lijar
rasgar - rascar

🔊 [52]

Gente, girasol.
Jamón, jefe, jirafa, joven, jueves.
Galleta, gordo, guapo.
Miguel, guitarra.

Apéndices

229

Ficha 5

🔊 [53]

Azul, zapato, pez, cereza, cizaña, zueco, hoz, zócalo, cinta, palacio.
Soso, sándalo, esperar, sístole, sol, más, suspiro, sepia, mesas, oscuro.

🔊 [54]

1. azar	3. pozo	5. cazo	7. poso	9. asar
2. losa	4. caso	6. paso	8. loza	10. pazo

🔊 [55]

1. cinco	4. gracias	7. siesta	10. azul	13. suponer
2. casa	5. piscina	8. cero	11. cerca	14. difícil
3. zapato	6. pasar	9. sueco	12. cielo	15. sábado

Ficha 6

🔊 [56]

Luna, ulular, miel, limón, alcalde.   Pera, mirar, arado, permitir, oro.   Hierro, rabia, roto, carroña, rústico.

🔊 [57]

Ropa, mal, lima, pera, lata, suero, raro.   Churro, vara, ala, corro, labio, caro, ahorra, lisa, celo.

🔊 [58]

Hierro, parar, coral, enriquecer, raro, repisa, María, enrabietar, puro, reparar.

Ficha 7

🔊 [59]

Yuca, yegua, mayoría, ayudar, rayo, playa, muchacho, chorizo, chato, chaqueta, bache, pecho.

🔊 [60]

1. yugular	3. macho	5. payaso	7. chamuscar
2. chepa	4. pichón	6. baya	8. mayo

🔊 [61]

Me llamo Yolanda. Llevo dos años viviendo en Uruguay trabajando como profesora. Doy clase de francés e inglés, y también algunas clases de apoyo escolar. Cuando llegué, descubrí un bello país que me ha acogido de maravilla. Los uruguayos son gente muy amable que siempre está dispuesta a ayudar. Ya me siento aquí como en casa.

Ficha 8

🔊 [62]

1. Me gusta mucho tu casa.
2. Sí, por favor, pasa.
3. No sé si tengo tiempo.
4. Para mí, es el mejor del mundo.
5. Él es el amigo del que te hablé.
6. ¡Eh!, tú, ¿dónde vas?
7. Si te duele el estómago, tómate un té.
8. Ven a mi casa y vemos la tele.

Ficha 9

🔊 [63]

España, niño, regañar, año, piña, cariño, muñeca.

🔊 [64]

1. Miño
2. caña
3. mano
4. pena
5. maño
6. mino
7. peña
8. cana

🔊 [65]

Niño - nicho, España - espada, callo - caño, moño - mocho, uña - hucha, baña - baya.

Ficha 10

🔊 [66]

Viene; ¿Viene?; ¿Cuándo viene?; ¡Viene!

🔊 [67]

▶ ¡Hola, buenos días!
▷ ¡Buenos días!
▶ ¿Qué desea?
▷ ¿Tiene pimientos?
▶ Sí. Tenemos pimientos rojos y verdes.
▷ ¿Cuánto cuesta el kilo?
▶ Los pimientos rojos están a dos cincuenta euros el kilo y los verdes, a dos euros.
▷ ¡Qué caros los pimientos rojos! Póngame mejor medio kilo de pimientos verdes, por favor.
▶ Aquí tiene. ¿Desea algo más?
▷ No, nada más. ¿Cuánto es?
▶ Es un euro con veinticinco, por favor.
▷ Aquí tiene, gracias.
▶ A usted.

Transcripciones *Hostal Babel*

Episodio 1 — ¡Bienvenido al hostal Babel!

Bea: Hostal Babel, diga… Sí… ¡Hola! ¿Eres Hugo? Sí, yo soy Bea, encargada del hostal. Sí… ¿Ya estás aquí? Espera y bajo para ayudarte.
Carla: ¿Está acá?
Tere: ¿El nuevo?
Bea: Sí, chicas, bajo un momento.
Tere: ¿Es el chico nuevo?
Bea: Sí.
Tere: ¿De dónde es?
Carla: ¿El chico nuevo?
Tere: Sí. No… no es español, ¿no?
Carla: No, es de Hispanoamérica.
Tere: ¿De qué país?
Carla: No sé. Quizás de Argentina, como yo.
Tere: ¿Y cómo se llama?
Carla: Creo que se llama Hugo.
Tere: ¿Hugo?
Carla: Sí, Hugo. Es un nombre muy lindo.
Tere: ¿Cómo se escribe?
Carla: ¡No puede ser! ¿En serio no sabés escribir "Hugo"?
Tere: Bueno, es el primer Hugo que conozco. ¿Cómo se escribe?
Carla: ¿En serio no lo sabés escribir?
Tere: Sí lo sé. Lo que no sé es si es… con hache o sin hache.
Carla: Con hache. Hache, u, ge, o.
Tere: Hugo.
Bea: Hola, chicas, este es Hugo.
Tere y Carla: ¡Hola! ¡Hola!
Bea: Es nuestro nuevo huésped. Es de México.
Hugo: Sí, acabo de llegar a España. Del aeropuerto directamente al hostal Babel.
Tere: Pues, encantada, Hugo. Soy Tere. Soy estudiante y tengo diecinueve años.
Hugo: ¡Mucho gusto en conocerte, Tere! ¿Qué estás estudiando?
Tere: Dirección de Empresas.
Hugo: ¡Ah, qué buena onda, muy interesante!
Carla: Yo soy Carla. Tengo veinticuatro años y estudio Filosofía. Bueno, ya acabé la carrera. Ahora estoy haciendo una maestría y trabajando.
Hugo: Mucho gusto en conocerte, Carla. ¿En qué trabajas?
Carla: Bueno, ahora trabajo medio día como moza en una cafetería. Ya sabés, para pagar la maestría y ganar un poco de plata.
Hugo: Eres argentina, ¿verdad?
Carla: ¿Cómo lo supiste?
Hugo: Pues por tu acento.
Carla: Sí.
Hugo: ¡Órale! Me encanta Argentina…
Carla: ¿En serio?
Hugo: Sí, de verdad. ¿De qué ciudad eres?
Carla: De Rosario.
Hugo: Ay, qué bien, yo solo conozco Buenos Aires.
Bea: Vienes a estudiar, ¿verdad, Hugo?
Hugo: Sí, estoy en España para estudiar Veterinaria.
Tere: ¿Cuántos años tienes?
Hugo: Veinte.
Tere: ¿Es tu primera vez en España?
Hugo: Sí, así es. ¿Por qué la pregunta?
Tere: ¡Por esto!
Hugo: ¡Ah!
Tere: Es para ti, para tu nueva habitación.
Hugo: ¡Ay! ¡Qué detalle más bonito! ¡Me encanta! ¡Muchísimas gracias! Dibujas superbién, ¿eh?
Bea: Bueno, chicas, dejemos a Hugo que viene cansado del viaje. Ven, te voy a enseñar tu habitación.
Tere y Carla: ¡Hasta luego! ¡Adiós!
Hugo: ¡Chao!
Carla: Así que por eso lo de deletrear.
Tere: ¡Claro!
Carla: ¡Menos mal que no lo escribiste sin hache!

Episodio 2 — Este barrio

Hugo: Entonces si nuestro hostal está aquí, la entrada del metro está aquí. La línea 3, ¿verdad?
Carla: Sí. Y la parada del colectivo está enfrente.
Hugo: Ah…
Tere: Para ir a la universidad tienes que coger la línea 12.
Hugo: ¿Es mejor tomar el metro o el camión?
Carla: A la mañana es mejor tomar el metro o el subte, como lo llamamos en Argentina, porque el colectivo tarda más por el tránsito. El subte es mucho más rápido. Más tarde, tardan lo mismo.
Hugo: Ok, ok… ¿Y en esta colonia hay algún restaurante vegano?
Tere: ¿Un restaurante vegano?
Hugo: Sí, es que soy vegano. No como ni carne, ni pescado, ni…
Tere: Pues no tengo ni idea…
Carla: En este barrio no, pero a la izquierda de esta plaza que está acá hay un restaurante vegano buenísimo.
Hugo: ¿Tú también eres vegana?
Carla: No, pero me gusta probar comidas diferentes.
Tere: También hay tres supermercados. El más cercano está aquí, al final de la calle, a la izquierda. Si caminas desde aquí son cinco minutos.
Carla: Y en el barrio también hay una biblioteca. Al final de esta calle… de acá.
Tere: ¿En serio? ¿Hay una biblioteca en el barrio? ¡No lo sabía!
Carla: ¡Claro! ¡Vos no entrás en una biblioteca nunca!

Tere: Muy graciosa. ¿Y tú en una discoteca? A ver, señorita "sabelotodo", ¿dónde hay una discoteca en el barrio?
Carla: Creo que hay una, pero no sé muy bien por dónde está…
Tere: Pues está aquí, a tres calles de nuestro hostal, justo donde empieza esta avenida. Está muy bien. Yo voy mucho, sobre todo los fines de semana.
Hugo: A mí es que no me interesan mucho ni las bibliotecas ni las discotecas.
Tere: El gimnasio más cercano está en esta calle, a dos manzanas de aquí. Yo voy cuatro veces a la semana.
Hugo: Tampoco voy al gimnasio. Yo practico yoga.
Carla: ¿Yoga? Creo que no hay ningún estudio de yoga en este barrio, pero tenés que preguntarle a Bea. ¿Querés saber algo más?
Hugo: Eh… Sí, por ejemplo, dónde hay una tienda de alimentos naturistas…
Tere: ¿Alimentos ecológicos?
Hugo: Sí, me gusta comprar alimentos sanos.
Carla: Mirá, si hay algún lugar donde los venden, yo no sé dónde está.
Tere: ¿Yoga? ¿Alimentos ecológicos? Tú eres un poco raro, ¿no?
Carla: ¡Tere, por favor!
Hugo: No, Carla, no hay problema. Estoy acostumbrado. Todavía hay mucha gente que se sorprende por estas cosas.
Tere: Mira, hablando de gente rara…
Leo: Hola a todas. Supongo que nadie va a ayudarme, ¿verdad? Traigo una silla nueva para mi habitación.
Hugo: Yo te ayudo.
Leo: Hola, soy Leo.
Hugo: Hola, yo me llamo Hugo. Mucho gusto en conocerte.
Carla: Es el huésped nuevo. Llegó ayer.

Tere: Sí, es de México. Tiene veinte años, es vegano y, en vez de ir al gimnasio, hace yoga.
Hugo: ¡Qué bien! Qué agradable manera de presentarme. ¿Tú también vives en el hostal, Leo?
Leo: Sí.
Hugo: ¡Ah!
Tere: Bueno, Leo pasa mucho tiempo en su habitación.
Hugo: ¿Qué estudias, Leo?
Leo: Esto… Química.
Tere: No, en su habitación no estudia mucho. Lo que más hace es jugar a videojuegos y leer cómics. Es el chico que más sabe de pelis y cómics del mundo.
Leo: Bueno, yo…
Hugo: Entonces tu cuarto es el que está en el pasillo a la derecha.
Carla: No, ese es el mío. El cuarto de Leo está al fondo del pasillo, al lado del baño chico.
Tere: Mi habitación es la primera de la… de la izquierda. La que está enfrente es la de Bea.
Hugo: Órale, es que aún no me oriento bien dentro del hostal… ¿Hay dos baños?
Carla: Sí, uno chico y uno grande que está justo en la entrada.
Hugo: ¡Ah! ¿El que está enseguida de mi puerta?
Leo: No, esa es la puerta del armario de las cosas de la limpieza.
Hugo: ¡Soy un desastre para orientarme!
Carla: ¡Vas a necesitar un mapa del hostal más grande que este!
Tere: ¡Así no vas a encontrar una tienda de alimentos ecológicos nunca!

Episodio 3 — Días de fiesta

Carla: ¡Mmm! Esta cena especial tiene una pinta… ¡Sos divina, Bea!
Bea: Bueno, es una pequeña despedida para mis amigos. Todos os vais fuera a pasar estos días de fiesta.
Tere: Sí, te dejamos sola y tranquila en casa unos días.
Bea: Claro, por fin sola unos días en casa. ¡Esta es mi manera de daros las gracias!
Hugo: Qué bien, Bea, pero nos vas a extrañar…
Bea: Eso es verdad. ¿A dónde os vais de viaje?
Tere: Yo me voy a Cádiz con unas amigas. ¡Queremos estar de fiesta todo el día! No voy a acostarme temprano ni una sola noche. No voy a dormir mucho. ¡Ya dormiré al regresar!
Bea: ¿Has reservado en el albergue de mis amigos?
Tere: Sí, son muy simpáticos. Tenemos reserva para todas. Nos vamos en furgoneta. Es un viaje largo, pero es divertido viajar todas juntas. ¡Y barato!
Carla: A mí no me gusta viajar en furgoneta o combi, como la llamamos nosotros, prefiero ir en tren.
Hugo: ¿Cádiz está en Andalucía? Al sur de España, ¿no?
Carla: Debajo de Sevilla, al sur del sur.

Hugo: Es que aún no conozco bien España y no me oriento bien.
Tere: No, ya sabemos que no eres muy bueno con la orientación.
Bea: ¿Y tú a dónde vas, Hugo?
Hugo: A Barcelona. Quiero conocerla. Dicen que es una ciudad muy bonita y atractiva. Ya tengo los boletos de avión. Una pregunta, ¿saben cómo llegar del aeropuerto a la ciudad? ¿Está muy lejos del centro?
Carla: Es muy fácil, si no querés gastar mucha plata en un taxi, podés tomar el subte, la línea 9.
Leo: Creo que hay un autobús que pasa cada diez minutos. Cuesta cinco euros.
Hugo: ¿Conoces Barcelona, Leo?
Leo: Sí, voy todos los años a la convención de fans de Star Wars.
Tere: ¿Al encuentro de fans de Star Wars? ¡Qué friki eres!
Bea: ¿Dónde vas a ir tú, Leo?
Leo: A Londres. Hay un vuelo muy barato. Solo 35 euros.
Bea: ¿Ida y vuelta?
Leo: Sí. ¿A que es barato?

Hugo: ¿Dónde lo compras?
Leo: En una página de internet. Si estás atento puedes encontrar ofertas muy interesantes.
Bea: ¿Vas con amigos?
Leo: No, voy solo. Me gusta viajar solo.
Hugo: Pues yo no conozco Londres. Quiero ir pronto. Es mi primera vez en Europa y… ¡aún tengo mucho que conocer!
Bea: ¿Y tú, Carla? ¿A dónde te vas de viaje?
Carla: A un pueblito que está en Asturias. Se llama Cudillero.
Bea: Lo conozco. Es un sitio espectacular. Tengo amigos allí.
Tere: ¡Pero tú tienes amigos en todos lados, Bea!
Bea: Sí. Conozco gente de todo el mundo. Me encanta viajar, Tere.
Hugo: ¿Te gusta el turismo rural, Carla?
Carla: Mmm… Sí y no.
Hugo: ¿Qué quieres decir con eso?
Carla: Significa que me gusta disfrutar de la naturaleza, caminar por los bosques, nadar en los ríos, hacer senderismo, subir a montañas. Pero a la hora del alojamiento, me gusta comer bien y tener comodidades.
Tere: Claro, las sensaciones de la naturaleza pero las comodidades de la civilización, ¿no?
Carla: Eso es, exactamente. Nada de dormir en lugares fríos, ni incómodos. Nada de albergues ruidosos, de tiendas, de *campings*. Me gusta disfrutar de las comodidades: calefacción, un buen restaurante, toallas suaves…
Leo: ¡Un viaje de lujo!
Carla: Bueno, más o menos. Por eso voy a hacer una reservación en una habitación espectacular en un hotel de lujo que está en la mitad de la naturaleza. Habitación luminosa y *jacuzzi*. Pasear, leer, charlar… Voy con un grupo de compañeros de la maestría.
Tere: ¡Reunión de filósofos, qué divertido!
Carla: Bueno, cada uno se divierte como quiere.
Bea: Pues la verdad es que todos vuestros planes me parecen maravillosos, pero yo creo que voy a ser yo la que va a pasar mejor estos días de puente.
Tere: ¿Por qué? ¿A dónde te vas?
Bea: A ningún sitio. Me quedo aquí en el hostal. Voy a estar libre y solita. Toda la casa para mí. ¡Voy a ser la mujer más feliz del mundo!
Tere: ¡Venga ya, Bea! ¡Nos vas a echar de menos!
Leo: ¡Pero si no puedes vivir sin nosotros!
Bea: Sí, claro, con lo bien que voy a estar yo sola! ¿Qué os creéis? ¿Que soy vuestra madre? Por cierto, ¿alguien quiere ensalada?

Episodio 4 — Navidad en Babel

Bea: ¡Me encanta la Navidad!
Leo: Sí, es una fiesta muy especial.
Carla: A mí también me gusta mucho, aunque me bajonea un poco.
Leo: ¿Triste? Pero ¿por qué?
Carla: ¿Por qué? ¿Vos con quién vas a pasar la Nochebuena?
Leo: ¡Con mi familia, claro!
Carla: Justamente por eso: yo estoy muy lejos de mi familia.
Hugo: Claro, a mí me pasa igual. Es mi primera Navidad lejos de mi país y de mi casa.
Bea: ¿Cómo es tu familia, Hugo?
Hugo: Pues yo soy el mayor de tres hermanos. Está mi hermano Alberto y mi hermana Juanita, que es la más pequeña.
Carla: ¿Cuántos años tiene?
Hugo: Solo diez, es la pequeña de la familia. La quiero mucho. Es… es un pequeño diablillo. Es a la que más voy a extrañar… Aquí está.
Bea: ¿Esa es tu hermana? ¡Qué niña más guapa!
Carla: Sí, tiene unos ojos negros muy lindos.
Leo: ¡Tiene cara de ser una niña muy inteligente!
Hugo: Sí, me llevo muy bien con ella. Es un poco traviesa, pero es muy divertida.
Carla: Se parece un poco a vos.
Hugo: ¡Nooo! ¡Ella es mucho más bonita! Se parece a mi madre.
Leo: ¿En serio? ¿Cómo es tu madre?
Hugo: Espera, aquí tengo… Voy a buscar una foto de ella… ¡Aquí está!
Bea: ¡¿Esa es tu madre?! Parece muy joven.
Hugo: Sí, gracias. ¿Se te figura? Pues tiene cuarenta y seis años.
Bea: ¡Ja! Pues parece más joven. ¡Qué guapa es!
Carla: Tiene un pelo largo y negro muy lindo.
Leo: ¡Es mexicana, no hay duda! ¿Cómo se llama?
Hugo: Rosario. Y esa mujer más gordita que está enseguida de ella es mi tía Margarita, su hermana.
Bea: Tiene una sonrisa preciosa, parece muy simpática.
Hugo: Sí, es un amor. Cocina muy bien. En mi casa normalmente es mi padre quien cocina, pero para las ocasiones especiales son mi madre y mi tía quienes cocinan.
Bea: ¿Ocasiones especiales?
Hugo: Sí, por ejemplo, la Navidad. Todas las Navidades cenamos con mi tío Luis y mi tía Gabriela, que es hermana de mi padre. Y, además, vienen mis primos y mis primas… ¡Nos reunimos mucha familia en casa!
Carla: ¿Y tu mamá y tu tía cocinan para todos?
Hugo: ¡Claro! Y además vienen mis abuelos también.
Leo: Una cena familiar grande, ¿eh? En mi casa solo cenamos mis padres, mi hermano y yo.
Hugo: Pues en mi casa nos reunimos mucha gente. Esperen, aquí tengo una foto donde estamos todos juntos… ¡Aquí!
Bea: ¿Este es tu padre? ¿El que tiene bigote?
Hugo: ¿El de la corbata? Sí, se llama Eusebio.
Carla: Parece muy serio.
Hugo: Sí, normalmente lo es. Me llevo bien con él, pero es verdad que a veces puede parecer un poco serio.

Bea: ¿Y este de aquí con el pelo corto es tu hermano?
Hugo: ¿El de la camisa azul? Sí, ese es mi hermano Alberto. Es muy tímido, pero es muy buen estudiante. Y ese de aquí, [el] de la camiseta de cuadros, es mi primo Claudio.
Leo: ¿Y esa chica tan guapa del pelo largo y rubio?
Hugo: ¡Ah! Ella es mi prima Laura. ¡Canta muy bien!
Carla: ¿Canta?
Hugo: Sí, y además toca el violín. Laura estudia música. Y todos los años, después de cenar, nos da un pequeño concierto de violín frente a la chimenea. Es una tradición familiar. Miren, aquí está una foto de mi prima tocando ya hace algunos años.
Bea: Oye, tú no estás en la foto…
Hugo: ¡Pues no, Bea, claro que no! ¡Yo estoy tomando la foto!
Bea: Carla, ¿nos enseñas tú las fotos de tu familia?
Carla: La verdad es que no tengo fotos acá. Y preferiría no verlas en este momento.
Bea: ¿Por qué?
Carla: Ya te dije, me pone un poco mal no cenar con ellos estas Navidades.

Bea: ¡Venga! Esta vez vamos a cenar Hugo, tú y yo aquí en el hostal.
Hugo: Y, si quieren, puedo preparar algún platillo típico de México.
Bea: ¡Qué buena idea! Yo puedo preparar un plato típico de Argentina en honor a Carla. ¡Vas a sentirte como en casa!
Carla: ¿Sabés hacer comida argentina?
Bea: Alguna cosa sé. Ya sabes que yo tengo muchos amigos por todo el mundo. Vamos a pasar unas fiestas estupendas los tres.
Hugo: Y además podemos salir de fiesta. Dicen que la Nochevieja en esta ciudad es muy divertida.
Bea: ¡Claro que sí! Yo me tengo que comprar alguna ropa especial para esta Navidad. Unos zapatos nuevos y un abrigo que necesito. Podemos ir de compras juntas, Carla.
Carla: Yo también me quiero comprar un vestido nuevo para estas fiestas. Así que bárbaro. ¡Vamos a ir de compras las dos!
Hugo: Yo puedo ir con ustedes también si…
Bea: ¿Ir de compras con dos chicas? ¿Estás seguro?

Episodio 5 — El olor de tu café

Carla: ¡Mmm, me encanta el olor de tu café!
Bea: Está recién hecho. Aquí tienes tostadas, cereales y fruta.
Carla: Gracias, Bea, pero a esta hora normalmente no como nada, solo voy a tomar café.
Bea: Qué temprano te levantas hoy, ¿no?
Carla: Sí, normalmente me despierto a las ocho… y desayuno a las nueve y media, más o menos.
Bea: Pues son las… siete y cuarto.
Carla: Sí, muy temprano para mí.
Bea: ¿Y eso por qué?
Carla: Hoy tengo que estar en la facultad más temprano. A las nueve menos cuarto tengo una reunión con el director de mi maestría.
Bea: ¿Entonces hoy no vas al trabajo?
Carla: Sí, claro que sí, pero un poco más tarde, a las diez y media.
Bea: Pues, mira, es la primera vez que coincidimos en el desayuno.
Carla: Sí. ¿Y vos, normalmente, a qué hora desayunás?
Bea: Pues a esta. Todos los días me levanto a las siete menos cuarto. Me ducho, desayuno y luego voy un rato al gimnasio hasta las nueve más o menos.
Carla: ¿Tan temprano?
Bea: Sí. Y luego comienzo a trabajar y no tengo tiempo de nada que no sea trabajo. ¡En este hostal siempre estoy muy ocupada!
Carla: Ya lo sé… Sos la primera que se levanta, ¡y la última que se acuesta!
Bea: Bueno, la primera que se levanta sí, pero no te creas que soy la última en irme a dormir.
Carla: ¿No?
Bea: No. Muchas noches, cuando me voy a la cama, normalmente a las doce, es cuando está por aquí Leo, que es un animal nocturno.
Carla: ¿A las doce? ¡Yo normalmente me acuesto a las diez!
Bea: Pues Leo siempre cena más tarde de las doce.
Carla: ¡Como los vampiros!
Bea: Sí. Luego ve la tele hasta no sé qué hora… Algunas veces, a las tres de la mañana, está aquí viendo la tele solo en el sofá.
Carla: Yo no puedo hacer eso. A la mañana tengo clase, a la tarde trabajo. ¡Los días se me hacen tan largos! Solo tengo de dos a tres una pausa para comer. Y, cuando llego a casa a la noche, estoy siempre muy cansada. Ceno, estudio un poco hasta las diez, ¡y a dormir!
Bea: Eso es porque eres una chica muy estudiosa y responsable, Carla, y por eso llegarás muy lejos en lo que te propongas…
Tere: ¿Eso que huelo es el café de Bea?
Carla: Mirá, hablando de chicas estudiosas y responsables…
Bea: ¡Qué temprano estás hoy levantada, Tere! ¡No puedo creerlo!
Tere: ¡Ni yo! Nunca me levanto tan pronto.
Bea: Lo sé, lo sé.
Tere: ¡Qué bien huele! ¿Puedo ponerme un café?
Bea: Claro. Nunca pruebas mi café cuando está recién hecho.
Tere: Sí. Yo creo que es la primera vez desde que estoy en este hostal. ¡Me encanta tu café, Bea!
Carla: ¿Y por qué te levantás tan temprano hoy, Tere?
Tere: Tengo cita con el dentista.
Carla: ¿Tan temprano?
Tere: Sí. Tiene que ser a esta hora, porque a las nueve y media tengo clases.
Bea: ¿Y por qué no pides la cita por la tarde?
Tere: A las cuatro tengo clase de Estadística y, después, dos horas más de prácticas. Imposible ir al dentista por la tarde.

Carla: ¿Y a la mañana también tenés clase?
Tere: A las doce y media tengo libre, pero normalmente es cuando voy al gimnasio.
Carla: Podés faltar, no pasa nada.
Tere: No, al gimnasio no puedo faltar. Prefiero despertarme pronto.
Carla: Entonces, ¡a madrugar!
Bea: Bueno, chicas, yo prefiero mirarlo por el lado bueno: esta mañana estamos las tres desayunando juntas. Eso pasa pocas veces.
Tere: ¡Atención, atención! ¡Desayuno especial en el hostal Babel! ¡Desayunamos todos juntos!
Bea: Bueno, todos no, faltan Leo y Hugo.
Tere: ¿Leo? ¡Imposible!
Carla: Ese no se levanta a esta hora nunca.
Leo: ¡Puaj!, ¿eso que huelo es el café de Bea?

Episodio 6 — Unas tapas muy ricas

Hugo: ¡Qué lugar más agradable!
Tere: Sí, me encanta la decoración.
Hugo: Carla siempre dice que le gusta mucho la cafetería donde trabaja. Y es verdad. Es un sitio muy bonito.
Tere: Además dice que se come muy bien.
Hugo: ¿Carla trabaja aquí de cocinera?
Tere: No, de camarera.
Hugo: Ah, bien, de mesera. ¿Nos sentamos entonces?
Tere: Sí. Seguro que Carla viene a atendernos.
Hugo: Espero que sí.

Hugo: ¡Qué cómodos son estos sillones!
Tere: Sí. Me encanta su diseño. Son muy bonitos.
Hugo: Oye, ¿Carla sabe que venimos a visitarla?
Tere: Yo no le he dicho nada.
Hugo: ¡Bien! ¡Una visita sorpresa!
Tere: ¡Mmm! ¡Me encantan las sorpresas!
Hugo: ¡A ver ahora qué pido yo para comer! ¡El eterno problema de los veganos!
Tere: Supongo que los veganos tenéis muchos problemas cuando coméis fuera de casa.
Hugo: Claro, por eso cuando salgo a cenar tengo que elegir muy bien el sitio. ¡No hay muchos restaurantes con comida vegana!
Tere: Pero siempre hay algún plato solo con vegetales. Mira la carta, seguro que algo puedes comer...
Hugo: Sí, estoy acostumbrado.
Carla: Hola, bienvenidos, ¿qué van a...? ¡Chicos!
Tere: ¡Hola, Carla!
Hugo: ¡Hola!
Carla: ¡Hola! ¡Qué sorpresa verlos acá! ¡Qué lindo!
Hugo: Hemos venido para comer algo.
Tere: Bueno, y para darte una sorpresa.
Carla: ¡Me encantan las sorpresas! Bueno, ¿qué van a tomar?
Tere: Mmm... Yo, un refresco de cola.
Hugo: Agua, por favor.
Carla: ¿Y qué van a comer? ¿Miraron la carta?
Tere: Hugo sí, yo todavía no.

Carla: Tenemos menú, pero a los clientes les gustan mucho las tapas.
Tere: Tomar unas tapas estaría bien.
Carla: La paella está buenísima y tiene mucho éxito.
Hugo: ¿Es vegetal?
Carla: No, tiene marisco.
Tere: Pero tienes tortilla, ¿verdad?
Carla: Sí. El cocinero prepara una tortilla buenísima.
Tere: Vale, pues para mí un pincho de tortilla y una tapa de paella.
Carla: ¿Y vos, Hugo? Supongo que paella no, ¿pero un rico pincho de tortilla?
Hugo: No, gracias. El *omelette* tiene huevo.

Tere: ¿Tampoco comes huevos?
Hugo: No.
Carla: ¿Y queso? Tenemos una tabla de quesos riquísima.
Hugo: Ni queso ni leche. Nada de origen animal.
Carla: ¿Un sándwich vegetal?
Hugo: ¿Con pan integral?
Carla: No, con pan normal.
Hugo: Entonces tampoco lo como.
Carla: Querido, entonces no sé qué ofrecerte.
Hugo: Espera... Esta hamburguesa...
Tere: ¿Hamburguesa?
Hugo: Aquí dice: "Hamburguesa especial, acompañada de papas hervidas y ensalada", ¿verdad?
Carla: Sí.
Hugo: Con cebolla y lechuga...
Carla: Sí.
Hugo: ¿Con pepinillo y tomate?
Carla: Sí.
Tere: ¡No entiendo nada!
Hugo: Muy fácil: quiero una hamburguesa especial con todo... ¡pero le quitas la carne y el pan!
Carla: ¡Marchando!
Hugo: Gracias.

Episodio 7 Uvas y campanadas

Bea: ¿Todo el mundo tiene ya preparadas las uvas?
Tere: ¡Sí!
Leo: ¡Yo solo tengo once!
Tere: No puede ser. Las he preparado yo. Tienes que tener doce.
Leo: Pues, mira… Solo hay once.
Tere: Toma, ya tienes doce.
Leo: ¡Gracias! Ahora sí.
Carla: Entonces, a ver si lo entiendo: tengo que comerme estas doce uvas antes de que suene la última campanada del año, ¿no?
Hugo: Sí, y si lo consigues, es señal de buena suerte.
Bea: ¡Pero no todas a la vez! Tienes que comer una uva por cada campanada.
Tere: Claro. Con la última campanada tomas la última uva.
Leo: Es fácil: doce campanadas, doce uvas.
Carla: ¡Qué costumbre tan rara!
Hugo: Cada lugar tiene sus tradiciones, claro…
Bea: ¿Cómo se celebra el Año Nuevo en Argentina, Carla?
Carla: Hay varias tradiciones. Es muy frecuente mandar mensajes de feliz año a tus familiares y amigos. En Argentina, algunas personas esa noche tienen que estrenar ropa para tener un buen año.
Tere: ¿En serio?
Carla: Sí. Y les cuento una costumbre muy divertida: es que hay que regalar, entre mujeres, bombachas rosadas. Y hay algunas personas que también tienen la costumbre de usar ropa blanca. Todo para tener un buen año, como símbolo de purificación y para tener buena salud.
Leo: ¡Odio la ropa blanca!
Tere: ¡Claro, tú solo usas ropa negra!
Bea: Y en México, Hugo, ¿qué es lo tradicional?
Hugo: Pues allí lo de las doce uvas también lo hacemos.
Carla: ¿Sí?
Hugo: Sí, claro. Pero tenemos algunas costumbres un poco más extrañas.
Leo: ¿Extrañas? ¿Como cuáles?
Hugo: Por ejemplo, la de barrer toda la casa y sacar la suciedad por la puerta principal.
Carla: ¿Barrer toda la casa y sacar la basura por la puerta principal? ¿Para qué?
Hugo: Pues no lo sé… Para sacar fuera las malas energías y así preparar terreno para recibir las buenas vibraciones… Otra costumbre es la de caminar con una maleta por un buen rato, dentro o fuera de la casa, para viajar mucho durante el año.
Leo: ¡Sí que es una tradición extraña!
Hugo: Pues esta les va a encantar: ¡nos ponemos dinero dentro de los zapatos!

Bea: ¿Dinero dentro de los zapatos?
Hugo: Sí. Para atraer el dinero, ya saben, para la prosperidad económica. Yo ahorita mismo lo llevo, mira…
Leo: ¡Pues sería mejor poner billetes de cien!
Tere: ¡Chicos, las campanadas!
Bea: No, tranquilos, aún quedan unos minutos.
Tere: Quiero comerme las uvas ya… ¡Quiero salir de fiesta!
Bea: ¿A dónde vas a ir, Tere?
Tere: Me voy a casa de unos amigos y después a una discoteca donde hay una fiesta toda la noche. ¿Alguien quiere venir?
Hugo: ¿Una fiesta que dura toda la noche?
Tere: Sí. ¡Voy a estar bailando toda la noche! ¿Te vienes?
Hugo: Creo que sí. Me dan ganas de acompañarte esta noche. Seguro que va a ser divertido.
Tere: ¡Claro! ¿Alguien más quiere venir?
Leo: Yo quiero ir con vosotros. No tengo plan.
Tere: ¡Estupendo! Carla, ¿quieres venir tú también?
Carla: ¿Yo? ¡No! Mañana quiero levantarme temprano.
Tere: ¡Pero, chica! ¿No vas a salir? ¡Es la última noche del año! ¡Es Nochevieja!
Carla: No. Creo que voy a quedarme acá en casa.
Tere: Mira, si quieres puedo dejarte alguna ropa mía para que te traiga un poco de suerte en tus deseos de año nuevo.
Carla: Para cumplir mis sueños no necesito suerte, solo mucho, mucho… trabajo.
Tere: ¿Ah, sí? ¿Qué deseos tienes para el nuevo año?
Carla: Muy simple. Este año tengo que terminar el trabajo de mi maestría. Ese es mi mayor deseo. Y ustedes, ¿qué deseos tienen?
Leo: Pues yo pienso pasar más tiempo con mis padres, la verdad.
Hugo: Yo voy a viajar más por España. Hay muchos lugares que quiero conocer.
Tere: Yo voy a estudiar un poco más. ¡Este año voy a aprobar todo con buena nota!
Leo: ¡Para cumplir ese deseo tendrías que comerte doce mil uvas!
Carla: Y vos, ¿qué deseos tenés, Bea?
Bea: Mi deseo para este año nuevo es… algo muy personal. ¡No pienso decirlo!
Tere: ¡Venga, Bea, dilo!
Hugo: ¡Chicos, ya están las campanadas!
Todos: ¡Que lo cuente! ¡Que lo cuente!
Bea: No pienso decirlo…, no pienso decirlo.
Hugo: ¡Eh, que ya están comenzando las campanadas!
Bea: ¡¡Sí!! ¡Esa es la primera! ¡Venga, todos a comer!

Episodio 8 — ¿Enferma?

Leo: Dame la jarra, necesito un vaso de agua.
Carla: ¿Estás bien, Leo? No estás comiendo nada.
Leo: No, estoy bien. Es solo que me duele un poco el estómago.
Carla: ¿El estómago? ¿Pero estás mal? ¿Te duele mucho?
Leo: No, no es nada, solo que me molesta un poco. Creo que esta mañana he tomado algo en la facultad que me ha sentado mal.
Carla: ¿Qué comiste?
Leo: Sinceramente, tres o cuatro bolsas de patatas fritas.
Carla: ¿Tres o cuatro? ¡Pero, querido…!
Leo: Tengo poco tiempo entre clase y clase. Los miércoles no puedo comer nada más.
Hugo: ¡Papas fritas! ¡Eso es comida chatarra!
Leo: Lo sé, pero hay una máquina de venta automática en el pasillo y al final, ya ves… patatas fritas y un refresco.
Hugo: ¡Pero eso es horrible! La alimentación es muy importante, Leo. No debes comer eso. Y, además, no es bueno para tu salud…
Leo: Ya lo sé, señor Vida Sana.
Carla: En serio, hacele caso a Hugo. Tenés que alimentarte bien. Con el ritmo de vida que tenés y estudiando, ¡no podés comer solo papas fritas!
Hugo: Sí, tienes que comer más proteínas y sobre todo mucha verdura. ¡Tú nunca comes fruta!
Leo: ¡Ay! Ya lo sé, señor Vegetales. Gracias por el consejo.
Carla: Vos hacenos caso y comé bien.
Carla: ¡Tere! ¿Estás bien?
Hugo: Tienes muy mal aspecto.
Tere: Sí. He estado en la cama toda la tarde. Por favor, dadme un vaso de agua…
Carla: ¡Dejá que te ayude!
Hugo: ¡Agárrate a mi brazo!
Leo: ¡Ponedla en el sofá!
Tere: Chicos, no hace falta, solo necesito un vaso de…
Hugo: Mira, ¡agarra mi mano, yo te ayudo!
Leo: ¡Hay que ponerla en horizontal!
Tere: De veras, no hace falta, estoy bien…
Carla: Recostate en el sofá.
Leo: Hay que llamar a un médico.
Hugo: ¿Tienes calentura?
Carla: Estirá las piernas.
Leo: ¿Dónde está el termómetro?
Hugo: En el cajón.
Leo: ¡Hay que taparla con una manta!
Tere: Chicos, de veras que…
Hugo: ¿Dónde está Bea? ¡Hay que avisar a Bea!
Leo: Tápala bien, hasta los pies.
Carla: ¿Te duele acá?
Tere: No, no me duele, es que…
Carla: ¿Y acá?
Leo: ¡Hay que avisar a un médico!
Tere: Chicos…

Hugo: Mira, ponte el termómetro… Y pásame la bufanda.
Carla: ¡Tapate bien la garganta!
Leo: ¡Que alguien llame a un médico, por favor!
Tere: Chicos…
Bea: ¿Pero qué está pasando aquí?
Leo: ¡Bea, por fin! ¡Hay que llevar a Tere al hospital!
Hugo: Está muy mal…
Bea: ¿Muy mal? No, chicos, lo único que le pasa es que no ha dormido nada.
Carla: ¿Que no durmió?
Bea: ¡No! La señorita ha llegado esta mañana muy temprano a casa. ¡De una fiesta! Lo único que ocurre es que lleva toda la noche bailando sin parar. ¡Eso es todo lo que le pasa a esta "enfermita"!
Carla: ¡No me digas! Bueno, mejor así.
Bea: Sí. Yo vengo del súper, de comprarle sopa. Eso es todo lo que necesita Tere. ¡Sopa y a dormir!
Tere: ¡Yo solo quería un vaso de agua!

Episodio 9 — Cajas y cajas y cajas…

Leo: Hola, Carla.
Carla: Hola, Leo.
Leo: ¿Llevas mucho esperando?
Carla: No, hace un ratito nomás que llegué.
Leo: Perdona por el retraso, es que he perdido el autobús.
Carla: No pasa nada. ¿Querés un café? Cris, ¿le traés a mi amigo un…?
Leo: Un batido de chocolate y menta, por favor.
Carla: ¡Ay, cierto! Nunca me acuerdo de que no tomás café… Solo tomás cosas raras… Y para mí un mate cocido, por favor, Cris.
Camarera: Marchando…
Leo: ¿En esta cafetería venden mate?
Carla: ¡Claro! No es muy habitual, pero algunos clientes lo piden. ¡Y no solamente los argentinos!
Leo: ¿Tere aún no ha llegado?
Carla: No, todavía no.
Leo: Pues la película empieza dentro de veinte minutos. Esta es capaz de no aparecer y… ¡nos ha invitado ella!
Carla: Debe de estar por llegar. Gracias, Cris… ¿Y vos, Leo, esta tarde dónde estuviste?
Leo: En el banco de alimentos.
Carla: ¿Un banco de alimentos?
Leo: Sí, colaboro como voluntario.
Carla: ¿Y qué hacés allí?
Leo: Pues básicamente cargar y descargar cajas en el almacén.

Carla: ¿Cajas?
Leo: Sí, cajas, cajas y cajas: algunas con bolsas de arroz, otras con latas de tomate, con botellas de leche… cajas y más cajas. Hasta me duele un poco la espalda.
Carla: Pero lo hacés por solidaridad, no lo olvides…
Leo: ¡Sí! Me siento bien, pero algunas tardes es un poco cansado. ¡Pero, bueno, me gusta sentirme útil con los demás!
Carla: Y a mí me gusta tener un amigo solidario como vos.
Leo: ¿Y tú qué has hecho en tu tarde libre?
Carla: Compré algunas cosas.
Leo: ¿Ropa?
Carla: No, ropa no. Libros.
Leo: ¿Libros?
Carla: Sí, libros. Estoy preparando el trabajo de la maestría y tengo que hacer algunas lecturas. Así que esta tarde fui a un par de librerías buscando algunos libros.
Leo: ¿Por qué no los compraste por internet?
Carla: Porque me encantan las librerías.
Leo: ¿Te encantan las librerías?
Carla: Sí. Me gusta caminar por sus pasillos, mirar las estanterías, tocar los libros, olerlos…
Leo: ¿Oler libros?
Carla: Sí. Los que amamos los libros lo sabemos: los libros tienen un olor especial.
Leo: Pero los libros solo huelen… a… a libro, ¿no?
Carla: No, Leo. Los libros nuevos huelen de una manera, los libros usados huelen de otra manera y los libros antiguos también tienen su propio olor… ¡Me encanta!
Leo: Pues nunca me había fijado.
Carla: ¡Eso es porque vos no amás los libros!
Tere: ¡Chicos, perdonad, no he podido llegar antes!
Carla: Hola, Tere.
Leo: No te preocupes. Yo he llegado hace un ratito…
Tere: Pues, perdonad, ha sido un día de locos.
Carla: ¿Pero qué te pasó?
Tere: Pues he tenido clases toda la mañana, y luego he tenido una reunión con mi profesor, y he estado en su despacho una hora. Y luego he perdido el autobús y he tenido que correr hasta mi casa. Y luego me he preparado la comida y he tenido que comer superrápido. Y luego me ha llamado mi madre y hemos estado hablando un montón de rato. Y luego he ido a la biblioteca porque necesitaba unos libros. Bueno, y luego he cogido un café de la máquina y se me ha caído por encima y he estado con la ropa llena de café. He tenido que volver a casa, me he cambiado de ropa, y luego he tenido que coger otra vez el bus para venir hasta aquí… ¿Y a que no sabéis qué me ha pasado? ¡Algo increíble!
Leo: ¿Te has encontrado con unos extraterrestres?
Tere: ¡El autobús se ha estropeado! Y hemos tenido que esperar al próximo. ¡Eso no me ha pasado nunca!
Carla: Chicos, tenemos que irnos ya si no queremos llegar tarde al cine.
Tere: Sí, pero… ¡en autobús no, por favor!

Episodio 10 Fin de curso

Tere: ¡Esta cena está riquísima, Bea!
Carla: ¡Sí, me encanta cómo cocinás, Bea!
Bea: Os prometí haceros una supercena para celebrar el fin de curso ¡y lo que prometo, tengo que hacerlo!
Leo: Y, además, lo has preparado todo tú sola, sin ayuda de ninguno de nosotros.
Bea: Bueno… Es un regalo especial para mis huéspedes favoritos.
Hugo: Y, además, tuviste la atención de preparar algunos platos veganos para mí. ¡Eres la mejor, Bea!
Bea: ¡Claro que sí! ¿Cómo voy a olvidarme de mi pequeño vegano?
Leo: Carla, ¿me pasas las patatas?
Carla: Claro…, servite…
Leo: Gracias.
Tere: La verdad es que nos has preparado todos nuestros platos favoritos.
Bea: Claro, para la chica más loca y divertida del hostal, las hamburguesas de carne de ternera que tanto le gustan.
Tere: ¡Me encantan!
Bea: Y para la filósofa más trabajadora y estudiosa…
Carla: ¡Pescado a la plancha! ¡Me encanta! ¡Un millón de gracias, Bea!
Leo: Pues yo tengo que darte gracias por el postre que has preparado.
Bea: Sí, la tarta de tres chocolates, me encanta prepararla. Es una receta de mi abuela Mabel. He aprendido de ella todo lo que sé sobre cocina.
Tere: Hugo, ¿me pasas la salsa esa?
Hugo: Sí, claro, Tere, pero ten cuidado porque ya repetiste tres veces…
Tere: No, voy a ponerme un poco, voy a dejar un poco para los demás.
Bea: Bueno, chicos, decidme, ¿qué es lo que vais a hacer este verano?
Tere: Yo no tengo planes muy concretos. Voy a volver a Cádiz y voy a pasarme de fiesta todos los días. En la playa de día y en la discoteca de noche.
Hugo: Pero, Tere, reprobaste una materia, ¿no piensas estudiar nada?
Tere: Sí, claro que voy a estudiar. En septiembre tengo que examinarme de Finanzas. Pero es una asignatura muy fácil, yo creo que la dejaré para la última semana de verano, justo antes del examen.
Bea: ¡Esta Tere siempre tan estudiosa!
Tere: El verano es para la fiesta y la diversión, no para el estudio… ¡Hay que divertirse!
Bea: Eso también es verdad… ¿Y tú, Hugo? ¿Qué piensas hacer?

Hugo: Yo pienso regresar a mi país. Tengo muchas ganas de volver a ver a mi familia.
Bea: ¡Viva México!
Hugo: Sí, mañana mismo compro los boletos de avión.
Carla: ¿Y vas a pasar todo el verano allá?
Hugo: No, solo un mes. Luego regreso a España porque tengo que solucionar algunos asuntos de la matrícula de la universidad para el próximo año.
Bea: ¿Vas a volver en agosto?
Hugo: Sí, en agosto. Porque, además, antes de que comience el curso nuevo quiero viajar un poco más por España. Quiero hacer el Camino de Santiago. Creo que puede ser una buena idea para conocer más sobre este país.
Bea: ¡Sí que lo es! ¡Y te va a encantar!

Hugo: ¿Tú lo hiciste, Bea?
Bea: Sí, lo hice dos veces. Pero para hacerlo bien hay que llegar al final, a la catedral de Santiago.
Hugo: Eso quiero hacer.
Bea: Pues te va a encantar. ¿Y tú, Leo? ¿Qué piensas hacer?
Leo: Yo me quedo aquí. No he tenido buenas notas. ¡He suspendido cuatro asignaturas! Pienso estar todo el verano estudiando. Este verano no voy a tener vacaciones.
Bea: Así que vamos a estar todo el verano juntos aquí.

Leo: Creo que sí, Bea. ¡Voy a ser el único huésped del hostal Babel en todo el verano!
Bea: Bueno, no creas que vas a ser el único. En verano llegan turistas y se llena todo el hostal. Es un ambiente distinto al vuestro, pero así es este negocio. ¡Así que yo tampoco tendré vacaciones de verano!
Hugo: ¿Y tú, Carla? ¿Dónde piensas pasar el verano?
Carla: En ningún lugar…
Tere: ¿No vas a ir a ningún sitio?
Carla: No, para mí no es verano…
Leo: ¿Entonces no vas a tener vacaciones?
Carla: Sí, pero no van a ser de verano…
Hugo: ¡No comprendo nada!
Carla: Para mí va a ser invierno.
Leo: ¿Invierno? ¿Estás loca?
Carla: No entienden nada, ¿no? Pero les digo la verdad…
Bea: Lo que quiere decir Carla es que se irá a su país, a Argentina, y allí ahora no es verano… ¡Es invierno!
Hugo: Claro, el hemisferio sur…
Carla: Sí, voy a pasar todo el invierno con mi familia. Recuerden que cuando acá es verano, allá es invierno.
Leo: ¡Es verdad! ¡Qué tontos!
Tere: ¡Pues felices vacaciones de invierno, Carla!
Carla: Gracias.

Once upon a time in a great big wood stood a little old house.

A little old man and a little old woman lived there, with Little Girl Lucy and Little Dog Turpie.

When it was bedtime, the little old man and his little old wife slept in a big bed, Little Girl Lucy slept in a little bed and Little Dog Turpie slept in a basket.

One night, when all was quiet and still . . .

the Hobyahs came!

Scampering through the woods they came, swishing their wild brave tails and shouting:

'Hobyah! Hobyah! Hobyah!
See our sack!
Let's pop Little Lucy in
And never bring her back!'

Little Dog Turpie heard the Hobyahs and barked. How he barked! 'Bow-wow-wow!' The Hobyahs were terrified. They stopped swishing their brave tails and ran away.

The little old woman heard Turpie and sat up. 'Stop that barking!' she said crossly. 'I can't sleep a wink with all that row!'

The next day she had an idea. 'We can't have a barking dog in the bedroom,' she said. 'Let's shut him in the cellar.'

And that evening she took Little Dog Turpie and shut him in the cellar for the night.

So all was quiet and still.

But the Hobyahs came again! Scampering they came, swishing their tails and shouting:

'Hobyah! Hobyah! Hobyah!
We've come back
To pop Little Lucy
Into the sack!'

Little Dog Turpie heard the Hobyahs and scratched the cellar door open. And how he barked! 'Bow-wow-wow!' The Hobyahs were frightened again, and they stopped swishing their tails and ran away.

BOW-WOW-WOW!

Next day the little old man was cross. 'I couldn't sleep a wink for all that barking!' he said. And he had an idea. He fetched a saw, some planks and a hammer and built a little kennel in the garden.

That evening he took Little Dog Turpie and shut him in the kennel for the night. They went to bed and all was quiet and still.

But not for long!

'Hobyah! Hobyah! Hobyah!' echoed through the woods as the Hobyahs came scampering and swishing their brave tails.

*'When we pop Lucy
Into this sack
We'll carry her off
And never come back!'*

Little Dog Turpie heard the Hobyahs coming and broke the kennel open. 'Bow-wow-wow!' he barked, and he barked so loudly that the Hobyahs ran away with their tails between their legs.

The little old people were very cross and said they hadn't slept a wink. 'We can't have a barking dog around the house,' they said, and the next day they took Little Dog Turpie to market and sold him to a farmer.

And that night all was quiet and still at the little old house in the wood.

But sure enough, the Hobyahs came again! They kept quiet this time as they scampered into the house, up into the bedroom, popped Lucy into the sack and carried her off, with a swishing of their wild brave tails.

Nobody heard a sound.

They ran back to the Hobyah house and hung up the sack, with Lucy in it, by the door. They knocked on the sack and shouted:

'*Look me! Look me!
We've got Lucy!*'

Then they went to bed, because Hobyahs sleep in the daytime.

The next day Little Girl Lucy cried a great deal, until there was a scratching at the door of the Hobyah house. It was Little Dog Turpie! He had escaped from the farmer and came to find Lucy just in time.

He bit the sack open and let Lucy out, and she ran to hide in the woods. Little Dog Turpie climbed into the sack and waited until it was dark.

And when the Hobyahs woke up that night, they came bouncing down, dancing with delight. They swished their brave tails as they knocked on the sack and shouted:

'Hobyah! Look me!
We've got Little Lucy
For tea!'

But it was Little Dog Turpie who sprang from the sack!

BOW-WOW-WOW!

'Bow-wow-wow!' he barked, and with his sharp little teeth he snipped off the Hobyahs' tails, snip-snap-snip!

And without their wild brave tails the Hobyahs weren't brave any more, and ran away. They ran so far that they never came back.

The little old man and his little old wife couldn't sleep a wink that night for worrying about Lucy. They were sorry to have sold Little Dog Turpie who would have kept the Hobyahs away.

But in the morning they heard a merry little bark, 'Bow-wow-wow!'
Little Dog Turpie came bounding in, and Little Girl Lucy came running after! And how they all hugged and kissed and danced around!